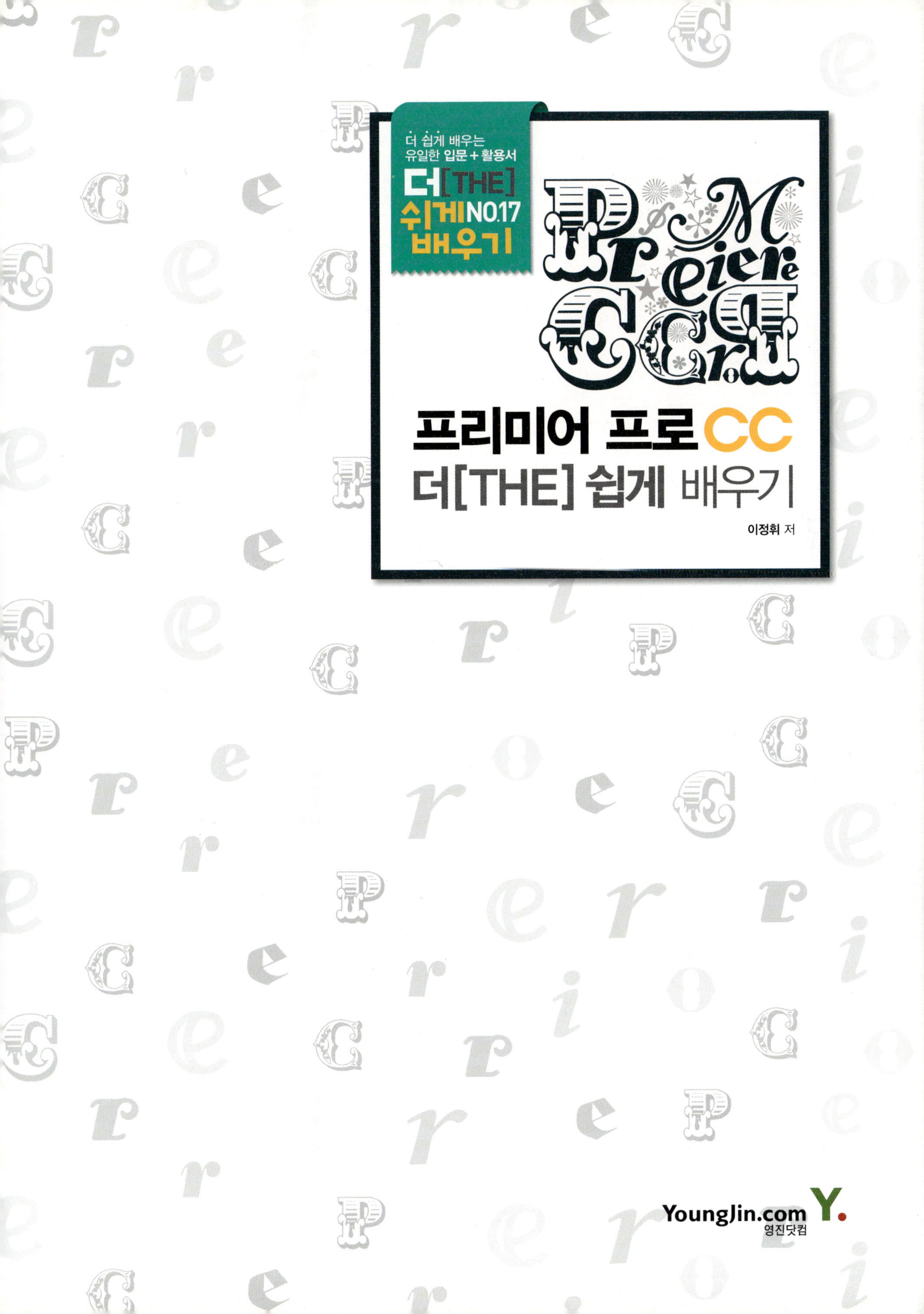

더 쉽게 배우는
유일한 입문 + 활용서
더 [THE]
쉽게 NO.17
배우기
프리미어 프로 CC
더[THE] 쉽게 배우기
이정휘 저
YoungJin.com
영진닷컴

프리미어 프로 CC 더 쉽게 배우기

ISBN : 978-89-314-4812-2

독자님의 의견을 받습니다.
이 책을 구입한 독자님은 영진닷컴의 가장 중요한 비평가이자 조언가입니다. 저희 책의 장점과 문제점이 무엇인
지, 어떤 책이 출판되기를 바라는지, 책을 더욱 알차게 꾸밀 수 있는 아이디어가 있으면 이메일, 또는 우편으로 연
락주시기 바랍니다. 의견을 주실 때에는 책 제목 및 독자님의 성함과 연락처(전화번호나 이메일)를 꼭 남겨 주시
기 바랍니다. 독자님의 의견에 대해 바로 답변을 드리고, 또 독자님의 의견을 다음 책에 충분히 반영하도록 늘 노
력하겠습니다.

이 메 일 : support@youngjin.com
주　　소 : (우)08505 서울 금천구 가산디지털2로 123 월드메르디앙벤처센터 2차 10층 1016호
등　　록 : 2007. 4. 27. 제16-4189호

STAFF

저자 이정휘 | **책임** 김태경 | **진행** 성민 | **본문 편집** 고은애 | **본문 디자인** 지화경 | **표지 디자인** 임정원

INTRODUCTION 들 어 가 면 서

추운 겨울이 지나가고 점점 따스한 햇살이 많아지는 계절이 다가옵니다. 새로운 마음가짐을 가지고 밀려오는 시간에 맞춰서 생활하다 보면 벌써 이만큼 시간이 났다는 것을 알 수 있습니다. 지나가는 시간에 많은 추억을 남기려 노력하지만 우리는 그 많은 추억을 기억하지 못하곤 합니다. 그래서, 사진이나 그림 등을 통해서 추억을 남겨놓곤 하지요.

이 추억이 되는 사진이나 영상이 나와 우리 가족, 친구들과 같이 즐거움을 공유하는 수단이 되기도 합니다. 사진이나 영상을 가지고 추억을 느끼거나 즐거울 수도 있지만 편집을 통해 보다 더 재미있고 더 즐거움을 만끽할 수 있을 것입니다. 이런 편집을 도와주는 영상 편집 프로그램 중에 대표적이 것이 프리미어 프로입니다.

프리미어 프로는 제작사인 어도비와 같이 많은 발전을 이룩해 왔는데 특히, 하드웨어의 발전과 카메라 등과 같은 영상 장비의 발전에 발맞추어 보다 빠른 처리를 위해 클라우드 방식으로 언제 어디서나 다운받아서 설치가 가능하고 빠른 업데이트를 할 수 있게 되었습니다

이 책은 보다 빠르게 발전하는 프리미어 프로에 쉽게 접근하고 배울 수 있도록 만들었습니다. 전문가 보다는 영상 편집에 자신이 없거나 처음 편집 프로그램을 접하는 독자를 위주로 하나씩 배워가며 편집의 즐거움을 알 수 있도록 노력하였습니다. 이 책이 나올 수 있도록 도움을 주신 영진닷컴과 IT Valley 인재개발원 이민욱 대표님, 그리고 사랑하는 가족들에게 감사의 마음을 전합니다.

저자 이정휘

미리보기

이 책은 프리미어 프로 CC를 처음 사용하는 입문자들이 체계적으로 학습할 수 있도록 6개의 PART로 구성되어 있으며, 각각의 PART는 Lesson과 따라하기 형식의 Step으로 세분화되어 있습니다. 각 Lesson의 시작 부분에는 '기초탄탄' 코너를 마련하여 어떤 내용을 학습하게 되는지 살펴보고, 중요하게 사용하는 대화상자나 메뉴들의 기능들도 소개합니다. 'Tip', '문제 해결' 코너에서는 따라하기 단계별 참고 내용을 소개합니다. 그럼 미리 보기 내용을 통해 프리미어 프로 CC 더 쉽게 배우기를 간략하게 소개합니다.

Lesson
프리미어 프로 CC의 다양한 기능을 Lesson으로 구성합니다.

Step
본격적인 학습 코너로써 따라하기 형식으로 구성하여 프리미어 프로 CC의 기능을 쉽게 익힐 수 있도록 유도합니다.

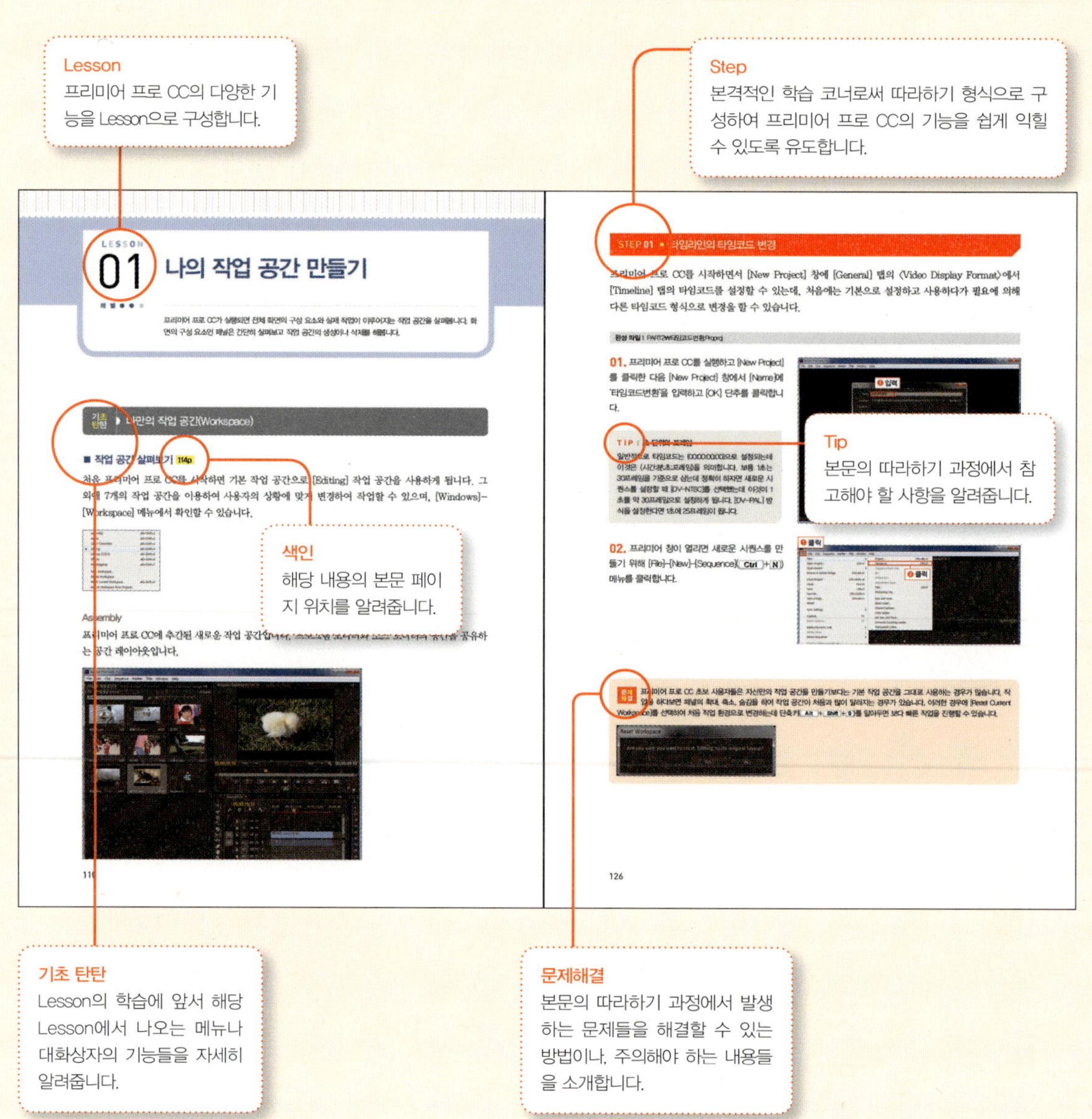

색인
해당 내용의 본문 페이지 위치를 알려줍니다.

Tip
본문의 따라하기 과정에서 참고해야 할 사항을 알려줍니다.

기초 탄탄
Lesson의 학습에 앞서 해당 Lesson에서 나오는 메뉴나 대화상자의 기능들을 자세히 알려줍니다.

문제해결
본문의 따라하기 과정에서 발생하는 문제들을 해결할 수 있는 방법이나, 주의해야 하는 내용들을 소개합니다.

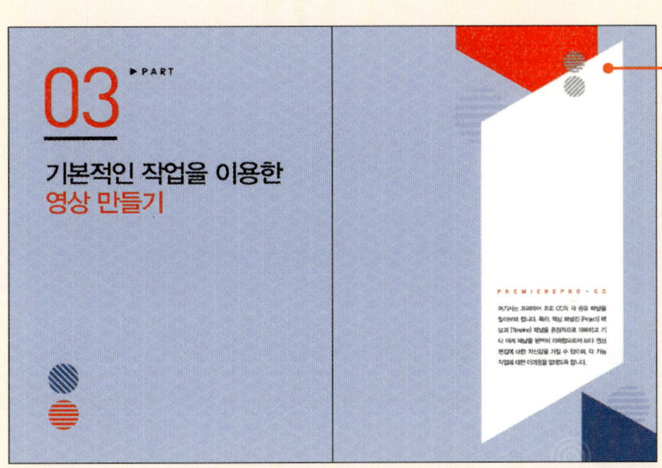

PART

총 6개의 PART로 구성되어 있으며 PART
의 시작 전에 배우게 될 내용을 간략하게
살펴봅니다.

PART Summary

PART에서 배운 프리미어 프로 CC의 핵
심 내용을 다시 한 번 복습할 수 있도록
간단히 요약해서 소개합니다.

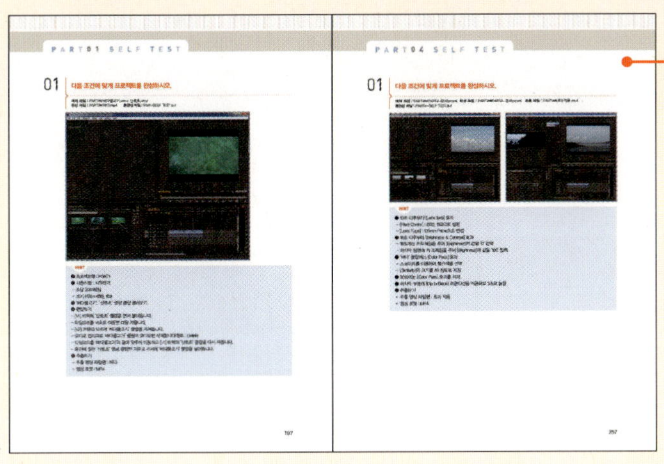

SELF TEST

PART에서 배운 내용을 바탕으로 문제를
풀어볼 수 있는 코너입니다.

이 책의 구성

프리미어 프로 CC를 쉽고 빠르게 학습할 수 있도록 구성되어 있는 '프리미어 프로 CC 더 쉽게 배우기'의 PART별 구성을 간단히 소개합니다.

프리미어 프로 CC 시작하기

프리미어 프로 CC는 대표적인 영상 편집 프로그램으로 하드웨어, 특히 그래픽카드의 발전에 맞춰서 많은 업그레이드를 거쳤습니다. 또한 이전 버전과는 다르게 클라우드 시스템의 도입으로 영상 편집을 처음 접하는 사람이나 전문적인 편집을 원하는 사람 모두가 손쉽게 작업할 수 있게 되었습니다. PART 01에서는 프리미어 프로의 역사와 종류, 그리고 새로운 기능을 알아보며 변경된 설치 방법과 기본적인 사용법을 소개합니다.

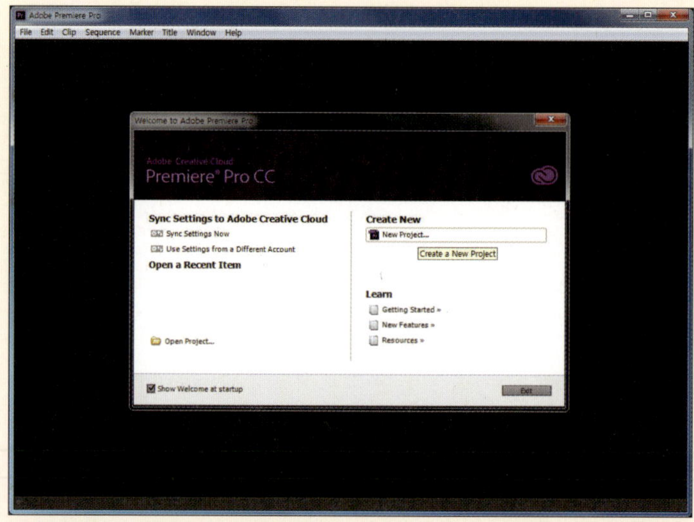

프리미어 프로 CC 구성 요소 알아보기

PART 01에서 프리미어 프로 CC의 전체적인 개념과 환경을 다루었습니다. PART 02부터는 실제 각각의 구성 요소를 살펴보면서 보다 상세한 사용법을 익혀봅니다. 프리미어 프로 CC의 구성 요소들을 정확히 알아야 보다 빠른 작업을 할 수 있습니다.

기본적인 작업을 이용한 영상 만들기

PART 03에서는 프리미어 프로 CC의 중요 패널을 알아봅니다. 특히, 핵심 패널인 [Project] 패널과 [Timeline] 패널을 중점적으로 이해하고, 기타 여러 패널을 완벽히 이해함으로써 영상 편집에 대한 자신감을 가질 수 있을 것입니다.

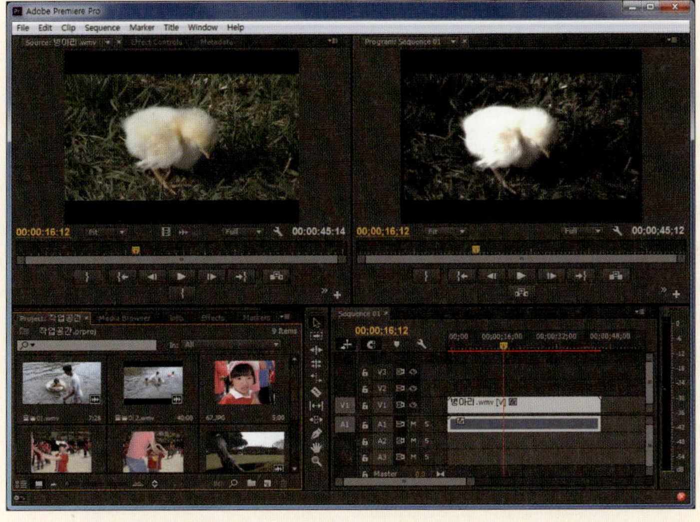

PART 04

이펙트와 트랜지션을 이용한 영상 작업

이펙트(Effect, 효과)와 트랜지션(Transition, 장면 전환)은 프리미어 작업에서 원하는 영상을 만들기 위해 가장 필요한 부분입니다. 다양한 이펙트와 트랜지션은 사용자가 암기하여 사용할 수 없을 정도로 많고 계속적으로 업데이트되기 때문에, PART 04에서는 이펙트와 트랜지션의 핵심 사용법을 익히고 효과를 극대화하는 방법을 소개합니다.

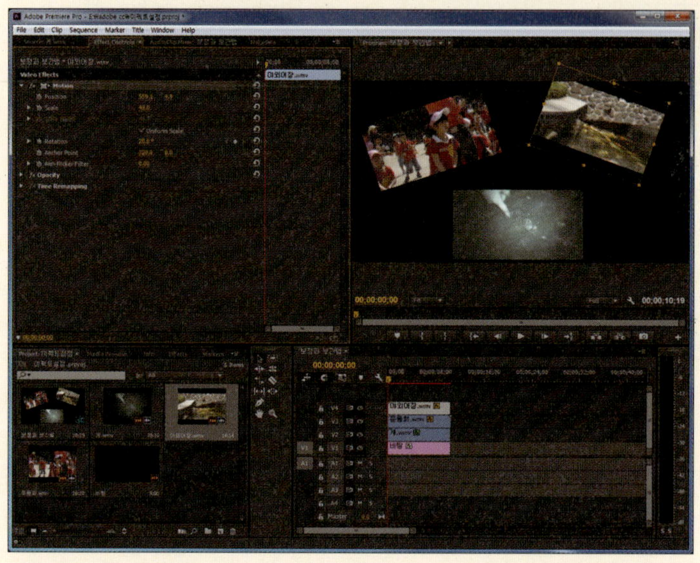

PART 05

자막을 이용하여 다양한 영상 작업하기

영상의 편집은 '이펙트와 트랜지션을 얼마나 잘 적용하여 원하는 영상으로 편집하고 추출하는가?' 에 있습니다. 여기에 사람들로 하여금 보다 많은 내용을 전달하려면 자막 작업이 필수적입니다. 자막은 영상의 완성도를 높이기 위해서 반드시 알아야 하는 내용입니다.

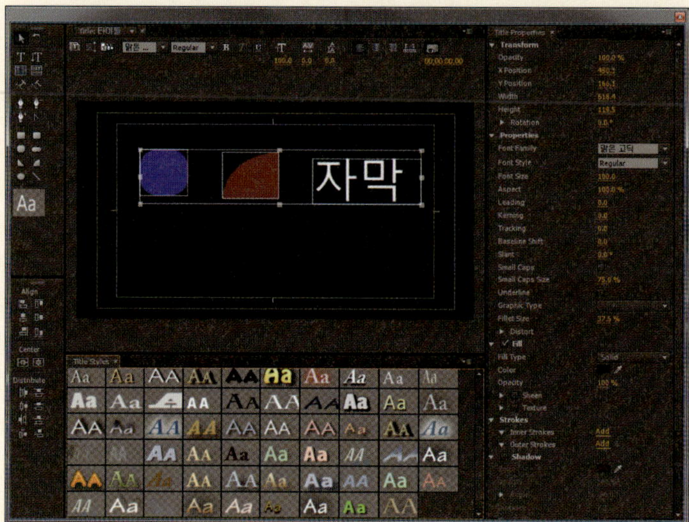

실전에서 사용하기 위한 영상 작업

PART 06에서는 지금까지 배워본 여러 가지 프리미어 기법을 사용하여 영상을 만들어 봅니다. 실제 종합적인 실전 방법을 통해 영상을 완성해 보고 통합적으로 어떻게 만들어 나갈 것인지 생각해 봅니다.

부록 DVD

이 책에서 제공하는 부록 DVD에는 각 Part별 예제 파일과 완성 파일이 수록되어 있습니다. 부록 DVD의 파일들은 내 컴퓨터에서 복사한 후에 사용할 것을 권장합니다.

■ 예제 파일 사용법

부록 DVD의 각 Part별 폴더에는 각 Part별로 제공하는 예제 파일과 완성 파일이 수록되어 있습니다.

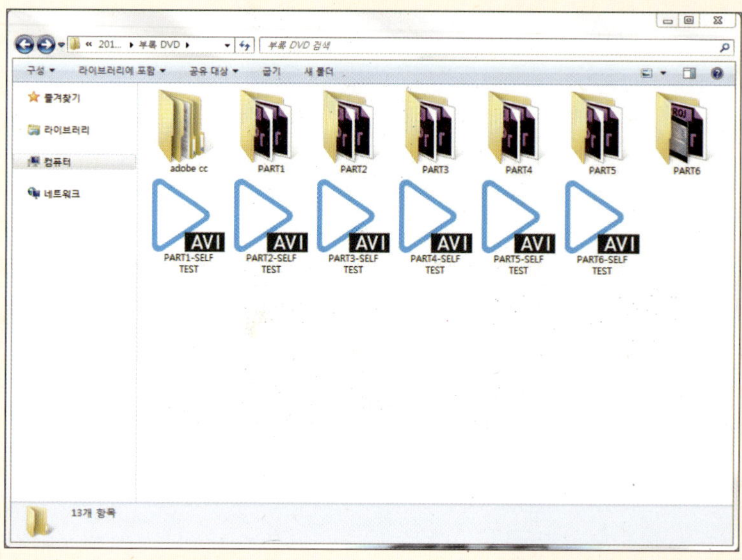

부록 DVD 데이터를 보면 따라하기에 필요한 파일들의 경우 [Source] 폴더에 들어있습니다. 완성 파일은 하드디스크의 어디에 설치해도 [Adobe Source\Source] 경로가 아닌 이상 링크가 달라서 그림과 같은 화면이 나올 것입니다.

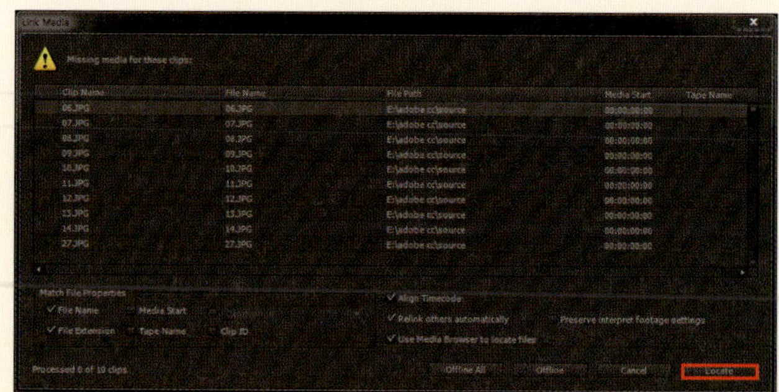

위와 같은 화면이 나오면 [Link Media] 창의 [Locate]를 클릭하고 다음과 같은 창이 나오면 직접 [Source] 폴더를 선택하고 [OK] 버튼을 클릭하면 됩니다.

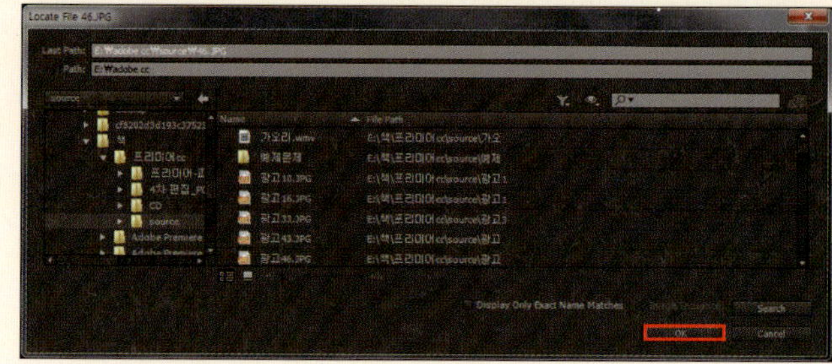

■ **홈페이지에서 부록 DVD 자료 다운로드 받는 법**

이 책에서 제공하는 부록 DVD의 내용은 영진닷컴 홈페이지(www.youngjin.com)의 [고객센터]-[부록CD 다운로드] 게시판에서 검색 창에 도서명이나 키워드를 입력한 후 다운로드 받아 사용하실 수 있습니다.

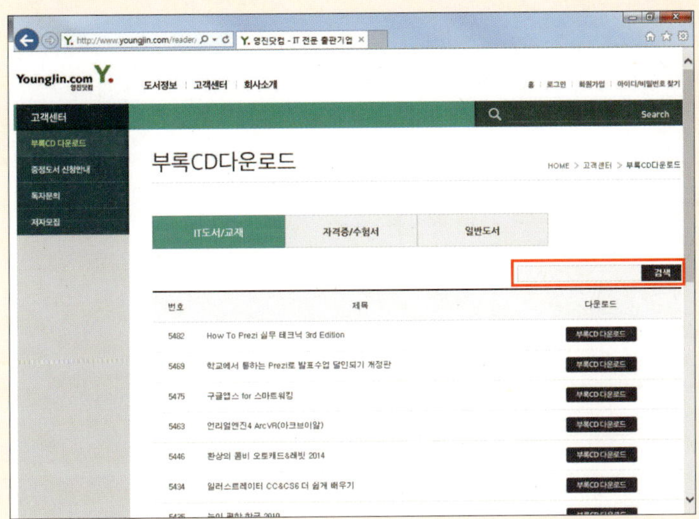

목차

PART 01

프리미어 프로 CC 시작하기

PART 02

프리미어 프로 CC 구성 요소 알아보기

자막을 이용하여 다양한 영상 작업하기

프롤로그

이펙트(Effect)와 트랜지션(Transition)

[Effects] 패널에 있는 [Presets], [Video Effects], [Video Transitions], [Lumetri Looks] 그룹의 이펙트들과 트랜지션들을 상세히 알아봅니다. 이 부분은 라이브러리와 같이 잘 보았다가 편집 시 유용하게 사용하기 바랍니다.

01. Presets

■ 기본 기능

자주 사용하는 이펙트들 중에 설정 값들을 미리 모아 두는 Bin과 같은 역할입니다. 단순히 이펙트들만 넣어둔 것이 아니라 그 중에 자주 사용하는 설정 부분을 따로 분리하여 사용자가 보다 쉽게 적용할 수 있습니다. 기본적으로 7개 정도의 이펙트들을 가져다 놓고 사용합니다. 보다 자세한 사항은 [Video Effects]에서 다룹니다.

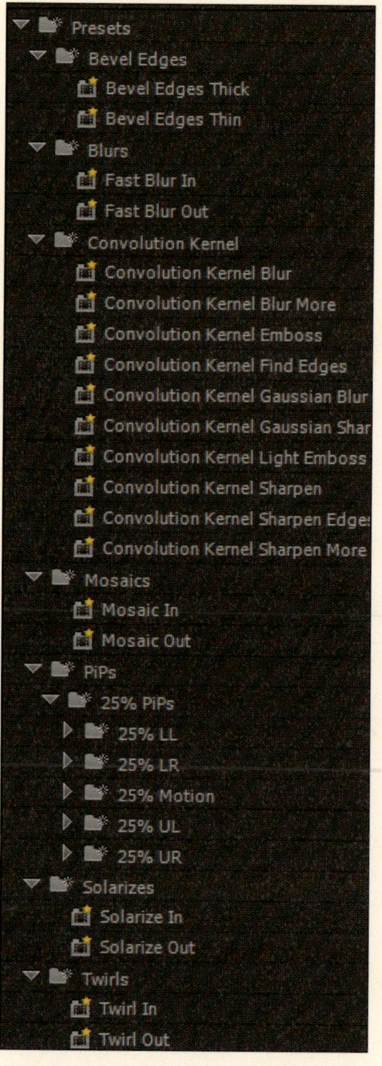

■ PiPs(25% PiPs)

다른 이펙트들은 [Video Effects]의 효과를 보다 상
세히 나누어 설정하는 것이지만 PiPs는 효과를 사
용하기 보다는 기본 [Motion] 속성을 미리 지정하
여 빠르게 화면의 움직임을 설정하는 것입니다.
전체 영상의 크기를 25%로 줄여줍니다.

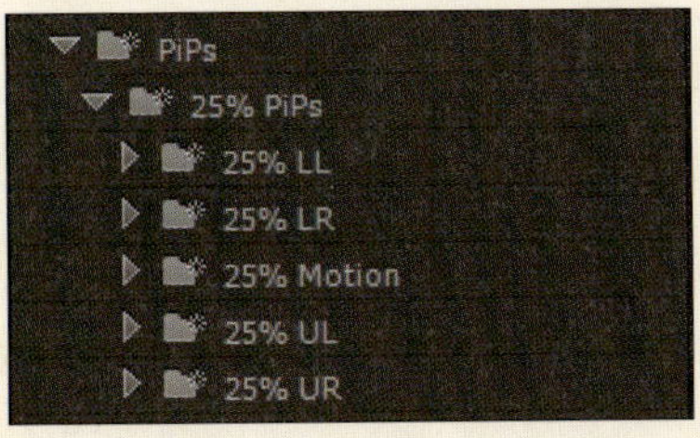

- 25% LL : 왼쪽 하단에 위치합니다.
- 25% LR : 오른쪽 하단에 위치합니다.
- 25% UL : 왼쪽 상단에 위치합니다.
- 25% UR : 오른쪽 상단에 위치합니다.
- 25% Motion : 다른 이펙트와 다르게 방향을 정해서 움직임을 표현합니다. 예를 들어, [PiP 25% LL to LR]은 클립의 맨
  처음 프레임에 왼쪽 하단의 위치점(Position)과 마지막 프레임에 오른쪽 하단의 위치점(Position)이 생겨 진행을 하면
  왼쪽 하단에서 오른쪽 하단으로 이동하게 됩니다.

- 나머지 속성값(기준은 25% UL)
- [PiP값] Scale Down from Full : 전체 화면에서 [PiP값] 방향으로 축소됩니다.

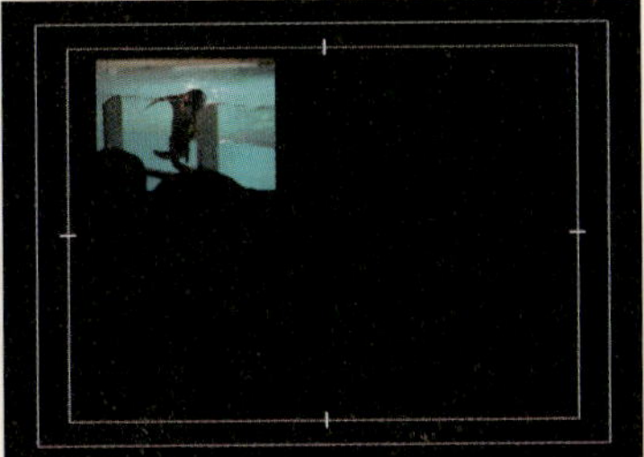

- [PiP값] Scale In : [PiP값]의 방향과 크기만큼 페이드 인을 합니다.

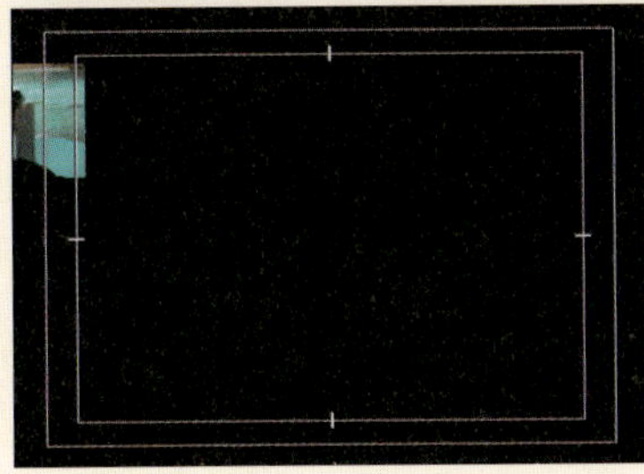
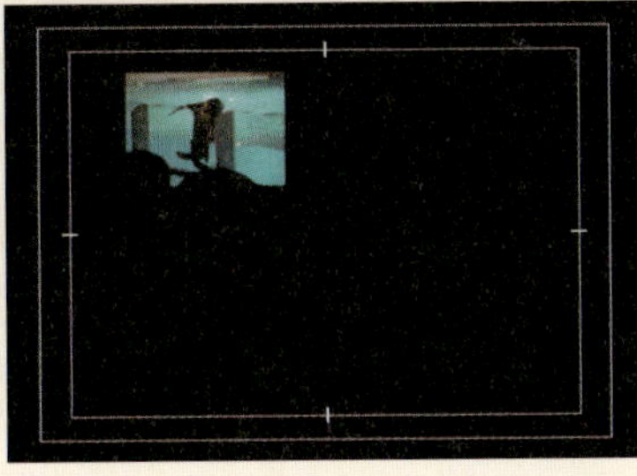
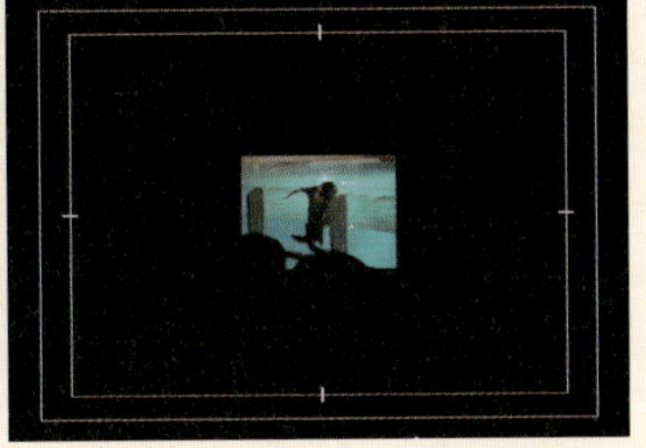

• [PiP값] Scale out : [PiP값]의 방향과 크기만큼 페이드 인을 하고 뒤에서 페이드 아웃을 합니다.

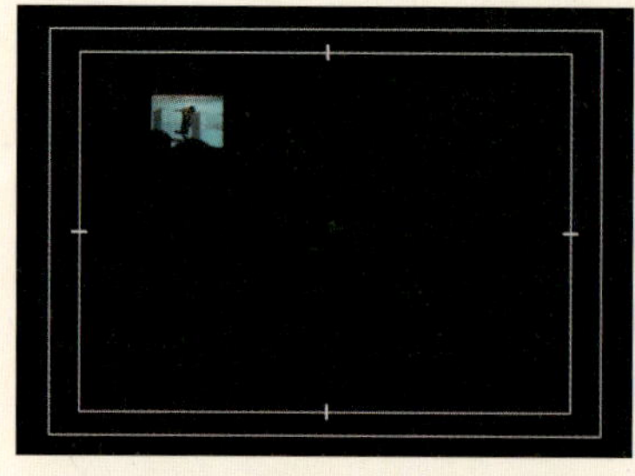  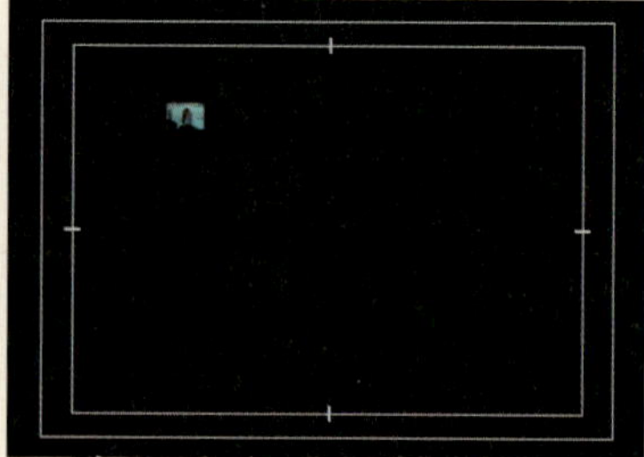

• [PiP값] Scale Up to Full : [PiP값]의 방향에서 전체 화면으로 확대됩니다.

• [PiP값] Slide In Left : 왼쪽에서 [PiP값] 방향으로 이동한 후 가운데로 위치하도록 합니다.

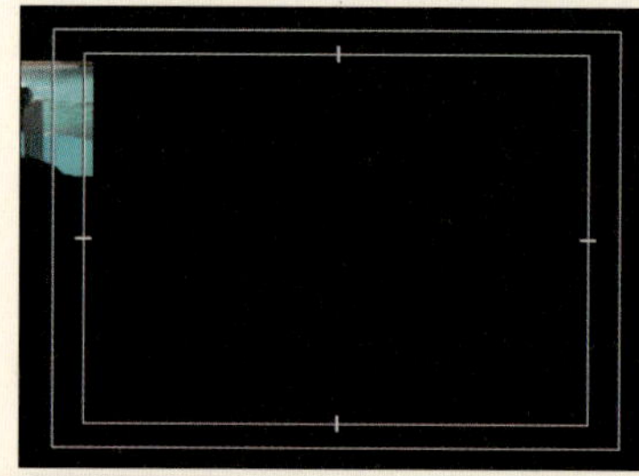  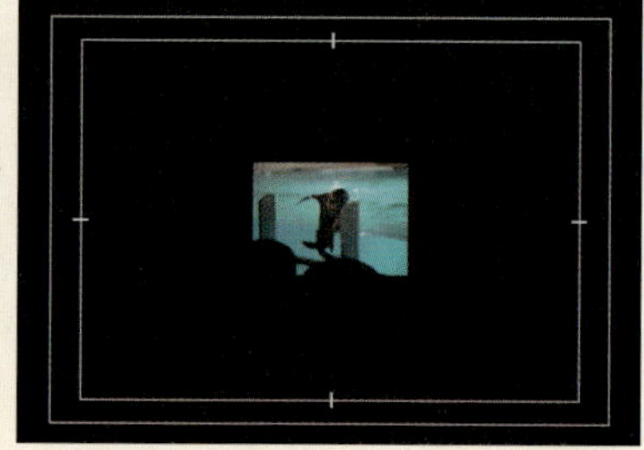

• [PiP값] Slide In Right : 오른쪽에서 [PiP값] 방향으로 이동한 후 가운데로 위치하도록 합니다.

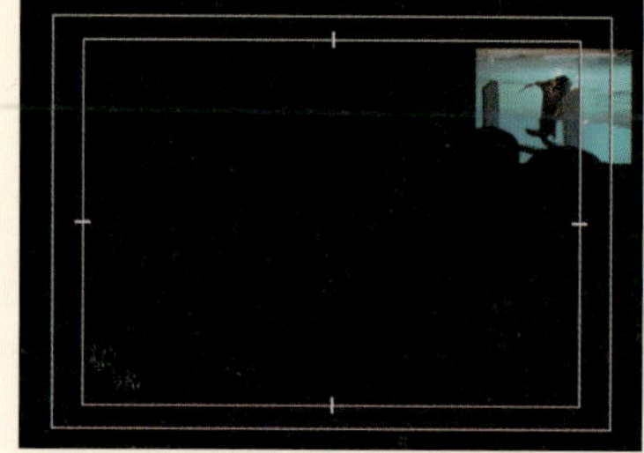 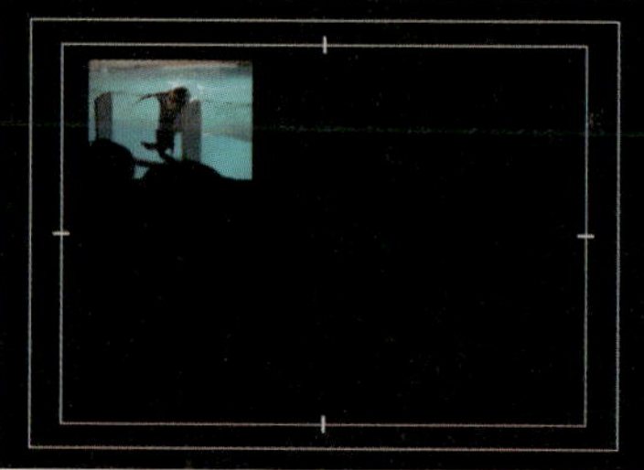 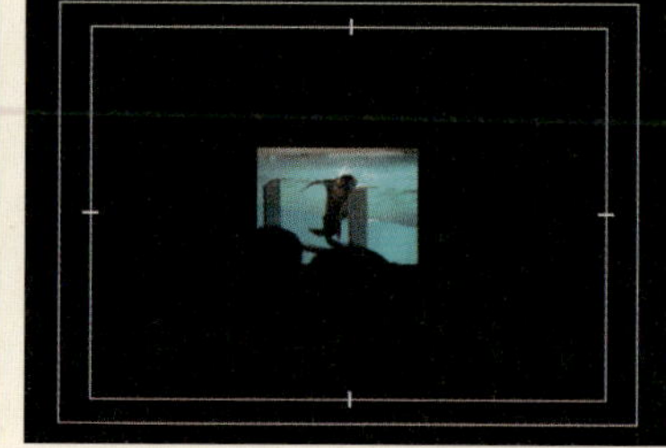

• [PiP값] Scale out : [PiP값]의 방향과 크기만큼 페이드 인을 하고 뒤에서 페이드 아웃을 합니다.

• [PiP값] Spin In : 영상이 점점 회전하면서 [PiP값] 방향으로 나타납니다.

 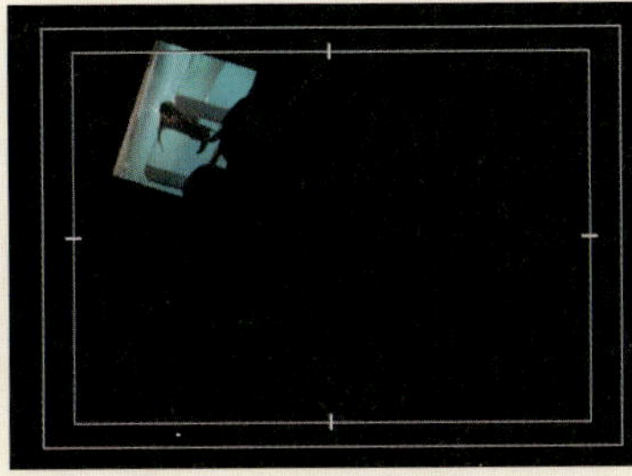 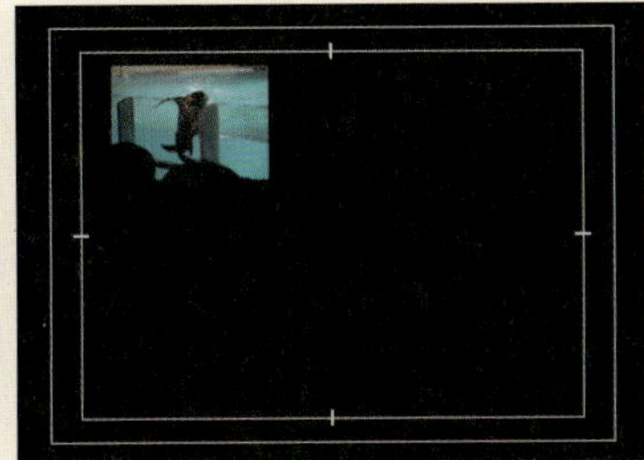

• [PiP값] Spin In Left : 왼쪽에서 회전하면서 [PiP값] 방향으로 들어옵니다.

 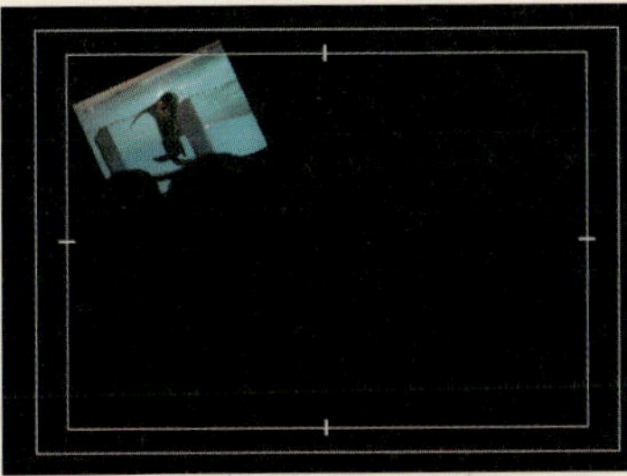 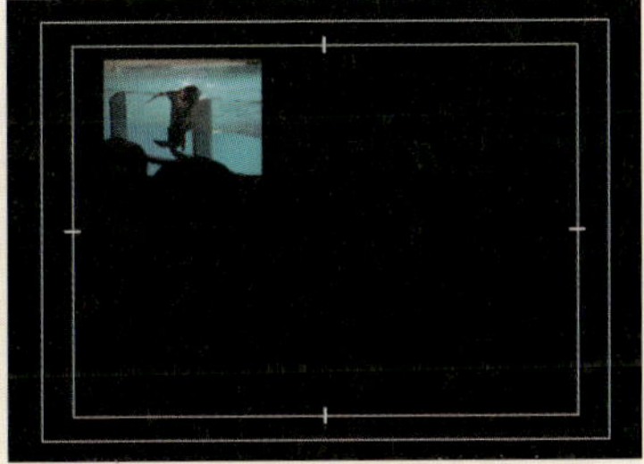

• [PiP값] Spin In Right : 오른쪽에서 회전하면서 [PiP값] 방향으로 들어옵니다.

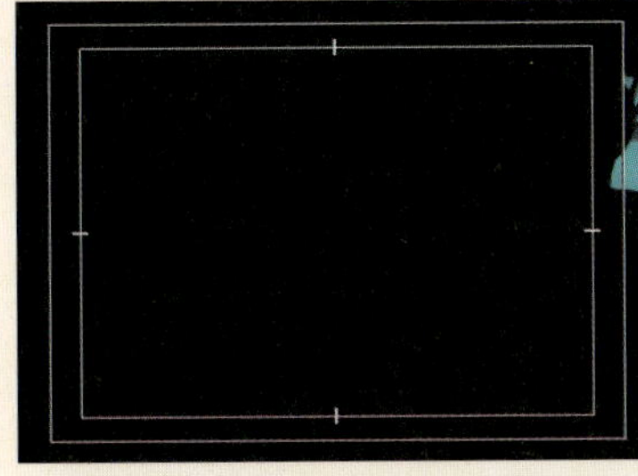 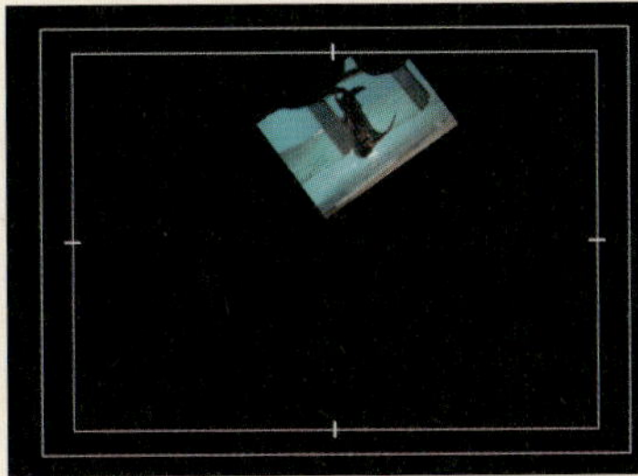 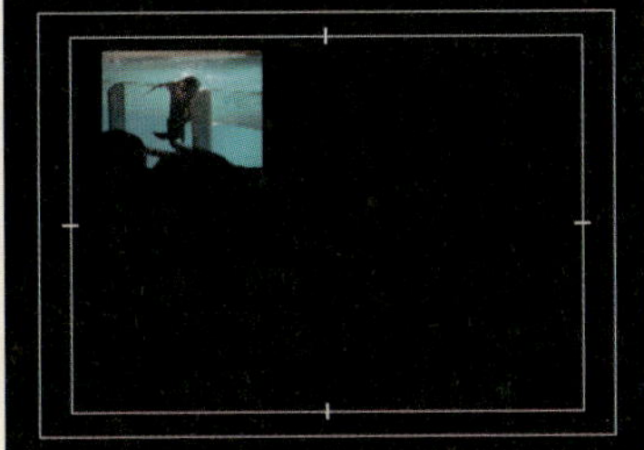

• [PiP값] Spin Out : 영상이 점점 회전하면서 [PiP값] 방향에서 그대로 축소되어 없어집니다.

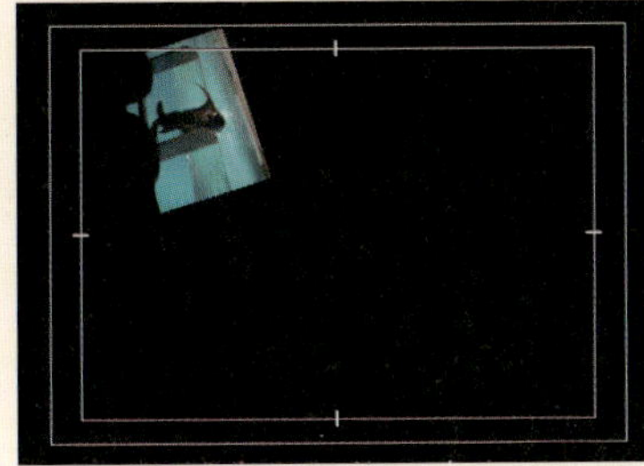 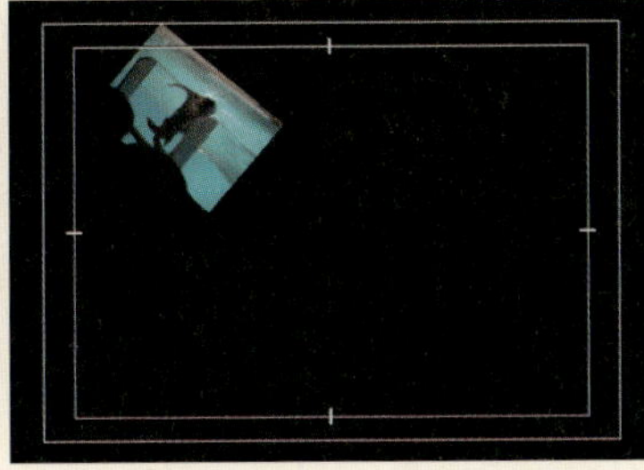 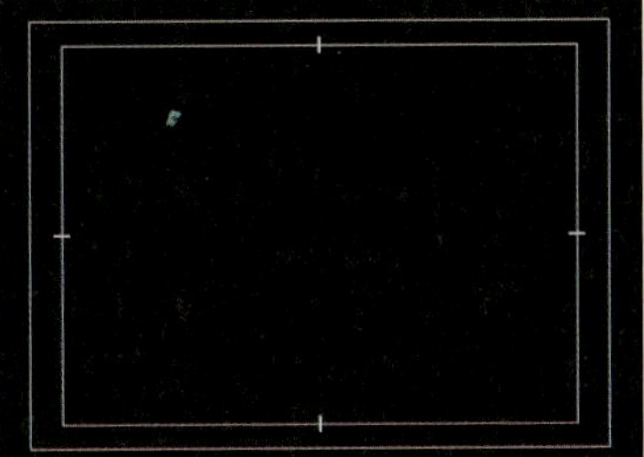

• [PiP값] Spin In : 영상이 점점 회전하면서 [PiP값] 방향으로 나타납니다.

• [PiP값] Spin Out Left : 영상이 점점 회전하면서 [PiP값] 방향에서 그대로 왼쪽으로 날아가 없어집니다.

• [PiP값] Spin Out Right : 영상이 점점 회전하면서 [PiP값] 방향에서 그대로 오른쪽으로 날아가 없어집니다.

02. Video Effects

트랜지션과 함께 편집 시 가장 많이 사용하는 비디오 이펙트에 대해 알아봅니다. 이전 버전(CS6)과 달리 추가되는 부분보다는 생략되는 부분이 많이 있습니다. 정확한 이펙트 효과를 알고 적용해 봅니다.

■ Adujst

주로 클립의 색상을 조정하기 위한 이펙트입니다. 클립의 색상 보정 시 많이 사용합니다. 다음의 4가지 공통적인 옵션을 가지고 있습니다.

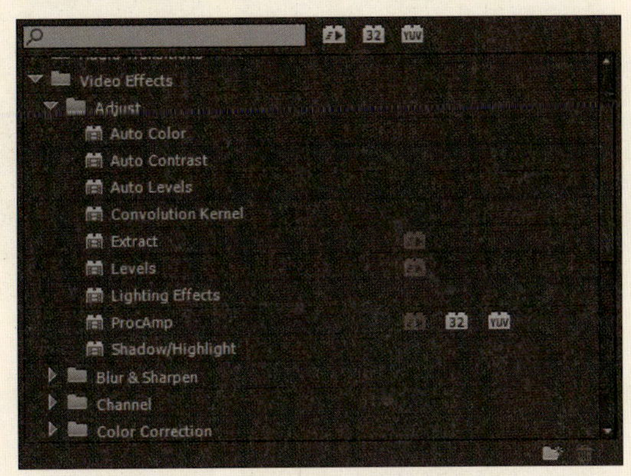

- Black Clip : 어두운 부분의 색상을 조절합니다.
- White Clip : 밝은 부분의 색상을 조절합니다.
- Snap Neutral Midtones : 체크하면 중간 밝기의 색상으로 자동 조절됩니다.
- Blend With Original : 색상의 혼합 정도를 조절합니다.

- Auto Color : 자동으로 색상을 조절합니다.

• Auto Contrast : 자동으로 명암을 조절합니다.

• Auto Levels : 자동으로 어두운 부분의 밝기를 조절합니다.

• Convolution Kernel : 각 픽셀별로 밝기를 조절합니다.

• Extract : 색상을 추출하여 흑백 영상으로 추출합니다. [Settings] 창에서 추출 값을 설정할 수 있습니다.

  Softness : 좌측은 어두워지고, 우측은 밝아집니다.

  Invert : 어두운 부분이 밝아지거나 밝은 부분이 어두워지는 반전 효과입니다.

  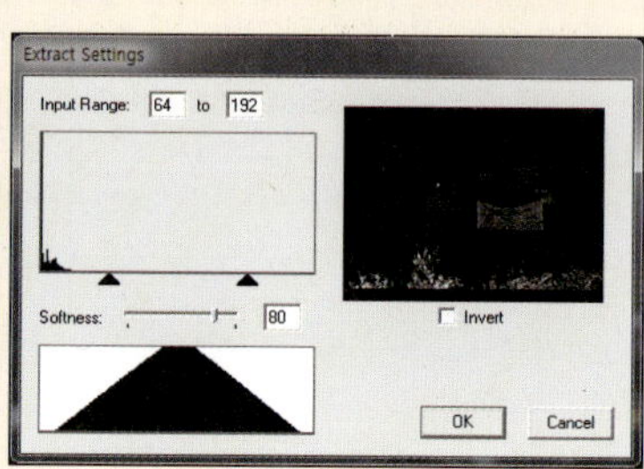

• Levels : 색상의 채도와 명도를 조절합니다. [Settings] 창에서 3개의 삼각형(어두운, 중간, 밝은)을 이용하여 조정할 수
  있습니다.

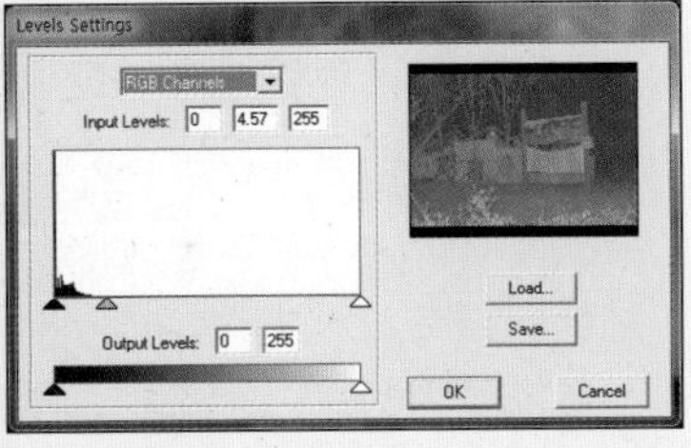

• Lighting Effects : 5개의 빛을 이용하여 다양한 조명의 효과를 만들어 낼 수 있습니다. [Program Monitor] 패널에서 크
  기 변경, 위치 변경, 방향 이동을 직접할 수 있습니다.

• ProcAmp : 클립의 밝기, 대비, 색조, 채도를 조절합니다.

  Split Screen : 체크하면 반쪽은 적용된 상태를, 반쪽은 원래 이미지를 보여줍니다.

  Split Percent : 분할되어 적용되는 이미지 부분이 작을수록 작아집니다.

• Shadow/Highlight : 밝고 어두운 부분을 자동으로 조절해 주거나 직접 조절할 수 있습니다.

  Auto Amounts : 체크되어 있으면 자동으로 적당한 밝고 어두운 부분을 조절합니다. 아니면 직접 조절합니다.

■ Blur & Sharpen

다양한 흐림 효과와 선명도를 표현합니다. 화면을
보이지 않도록 뿌옇게 만들거나 잘 보이 않는 부
분을 선명하게 보이도록 합니다.

• Antialias : 경계선 부분을 부드럽게 처리해 줍니다. 조절 옵션이 없습니다.

• Camera Blur : 초점이 맞지 않아 흐려보이는 효과를 표현합니다.

　세팅 창에서 미리 보면서 블러 값을 지정할 수 있습니다.

• Channel Blur : RGB 채널과 Alpha 채널에 블러 효과를 표현합니다.

　Edge Behavior : 체크하면 경계 부분이 어두워지는 것을 방지할 수 있습니다.

　Blur Dimensions : 블러가 적용되는 방향이 수평/수직, 수평, 수직 중 선택할 수 있습니다.

• Compound Blur : 픽셀이 합쳐지면서 부드러워지는 효과를 표현합니다.

• Directional Blur : 방향을 가지는 잔상 효과를 표현합니다.

 Direction : 잔상이 움직이는 방향을 지정합니다.

 Blue Length : 잔상의 깊이를 지정합니다.

• Fast Blur : 빠르게 블러 효과를 줄 수 있습니다.

 Blurriness : 블러 적용 정도를 조절합니다.

 Blur Dimensions : 블러가 적용되는 방향을 결정합니다.

• Gaussian Blur : 가우시안 블러 효과를 줄 수 있습니다.

• Ghosting : 간단한 잔상을 표현합니다.

• Sharpen : 블러와 반대로 이미지를 날카롭게 해주는 샤픈 효과(뚜렷하게 보이는)를 줍니다.

• Unsharp Mask : 채도를 높이며 선명도를 높여줍니다.

■ Channel

기본 색상 모드인 RGB 모드의 색상 정보를 가지고 R(Red), G(Green), B(Blue)를 조작하여 원하는 색상을 가져올 수 있습니다.

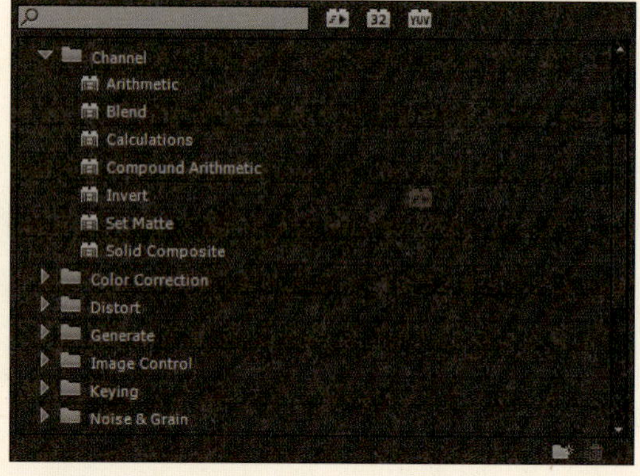

• Arithmetic : RGB값에 간단한 연산을 가지고 색상의 변화를 줍니다.

And, Or, and Xor : RGB 값을 논리 연산하여 변경

And, Subtract, and Difference : 기본 수학 함수로 변경

Max, Mix : 지정된 값보다 높거나 낮은 값으로 변경

Block Above, Block : 0으로 설정된 픽셀 값이 원래 값이 지정된 값보다 크거나 작을 경우 변경

Slice : 1.0 픽셀의 원래 값이 지정된 값을 초과하는 경우 변경하고, 아니면 0으로 설정

Screen : 적용된 화면

Clip Result Values : 유효한 범위를 초과하지 못하도록 설정하는 기능

• Blend : 2개의 클립을 가지고 5개 모드 중 하나를 선택하여 합성하는 방식입니다.

- Calculations : 2개의 클립의 채널을 가지고 블랜딩 모드를 이용하여 조합합니다. 포토샵처럼 블랜딩 모드를 이용하여 클립들을 겹쳐 표현합니다.

- Compound Arithmetic : 2개 클립의 제어 방식을 이용하여 수학적인 결합을 합니다.

  Operator : 클립의 합성 방식

  Overflow Behavior : 지정 범위 초과 시 설정 방법

  Blending With Original : 클립의 투명도 지정

- Invert : 클립에 반전 효과를 줍니다.

  Channel : 반전하는 방식을 설정합니다.

  RGB/Red/Green/Blue : 3개의 채널 값에 대한 반전입니다.

  HLS/Hue/Lightness/Saturation : 색조, 명도, 채도에 대한 반전

  YIQ/Luminance/In Phase Chrominance/Quadrature Chrominance : 휘도, 색 정보, 구 형태 색 정보의 반전

  Alpha : 알파 채널 값에 대한 반전

• Set Matte : 특정 비디오 트랙의 클립의 특정 채널을 추출하여 결합니다.

　Use For Matte : 채널에서 사용할 형식을 설정합니다.

• Solid Composite : 단색과 클립에 블랜딩 모드를 결합하여 합성합니다.

■ Color Correction

컬러의 특정 색상 부분을 교정합니다.

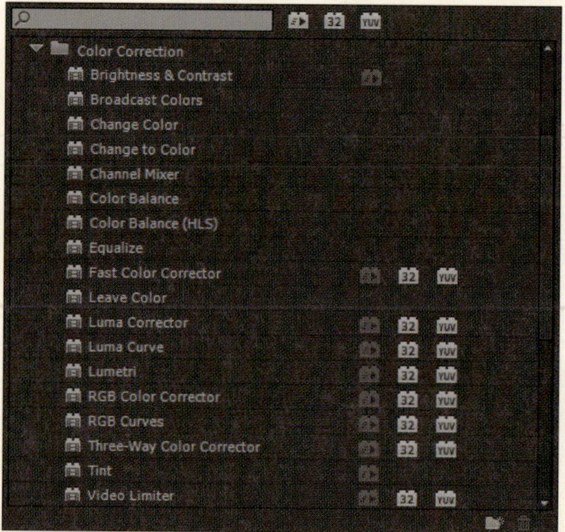

• Brightness & Contract : 클립의 명도와 대조를 설정할 수 있습니다.

• Broadcast Colors : 모니터와 색상 차이를 보정할 수 있습니다.

• Change Color : 특정 색상을 선택하고 색조, 명도, 채도를 변경하는 이펙트입니다.

  Color To Change : 교체할 색상

  Hue, Lightness, Saturation Transform : 변화할 수 있는 색조, 명도, 채도

• Change to Color : 특정 색상을 스포이트로 선택하고 다른 색상으로 골라서 변경할 수 있습니다.

　From : 변경될 색상

　To : 변경할 색상

• Channel Mixer : 현재의 색상 채널 정보에 색상 채널을 혼합하여 변경시킵니다.

• Color Balance : RGB의 색상의 균형을 잡아주는 데 밝기의 조절(어둡게, 중간, 강하게)을 조절하며 합니다.

• Color Balance(HLS) : 색상, 명도, 채도를 이용한 색상을 조절합니다.

• Equalize : 클립의 밝기와 구성 값들을 평준화시켜줍니다.

• Fast Color Corrector : 마우스로 휠을 조절하여 색상과 채도를 쉽게 조절합니다.

  Hue Balance And Angle : 마우스로 안에 있는 원을 이동하여 조절하는데 가운데 원안으로 갈수록 기본색에 가깝고
  멀수록 색상이 변경됩니다.

  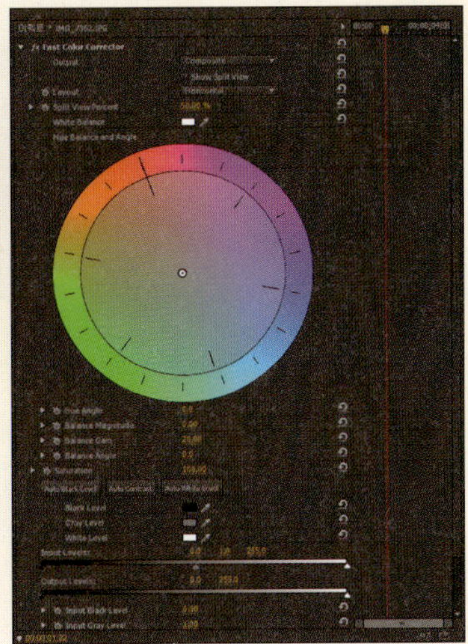

• Leave Color : 색상을 제거하거나 경계선을 부드럽게 조절합니다.

• Luma Corrector : 광도를 조절하며 클립 밝기를 조절(어둡게, 중간, 강하게)할 수 있습니다.

• Luma Curve : Luma 파형을 마우스로 조정하여 클립의 광도와 대조를 조절합니다.

• Lumetri : 추가된 새로운 이펙트로 필름들이 가지고 고유의 색상을 적용하여 줍니다. 색상을 적용하면 창이 나타나는데,
  이때 [Program Files]─[Adobe]─[AdobePremiere Pro]─[Lumetri]─[LUTs] 폴더에서 색상을 선택하면 됩니다.

• RGB Color Corrector : RGB 값을 Gamma(빛의 강도), Pedestal(최저 밝기 값), Gain(최고 밝기 값)을 이용하여 조절할 수 있습니다.

• RGB Curves : RGB 값을 마우스로 조정하여 4개 채널(Master, Red, Green, Blue)을 각각 조절할 수 있습니다.

• Three-Way Color Corrector : RGB 값을 Shadow, Midtones, Highlights에서 하나를 선택한 다음 좀 더 구체적인 색상을 조절할 수 있습니다.

• Tint : 클립이 가지는 기본적인 검은색과 흰색의 색상만 변경합니다.

• Video Limiter : 클립의 밝기와 색상이 방송 범위 한계에 벗어나지 않도록 합니다.

■ Distort

클립의 영상을 비틀거나 왜곡, 변형시키는 이펙트
들로 구성됩니다.

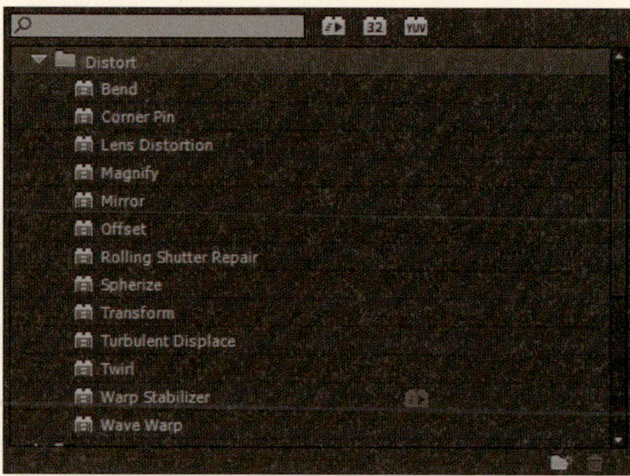

• Bend : 클립을 수직이나 수평으로 왜곡시켜 줍니다.

Direction : 구부러지는 방향을 선택합니다.

Wave : 파형의 종류를 선택합니다.

Intensity/Rate/Width : 강도/비율/폭을 설정합니다.

  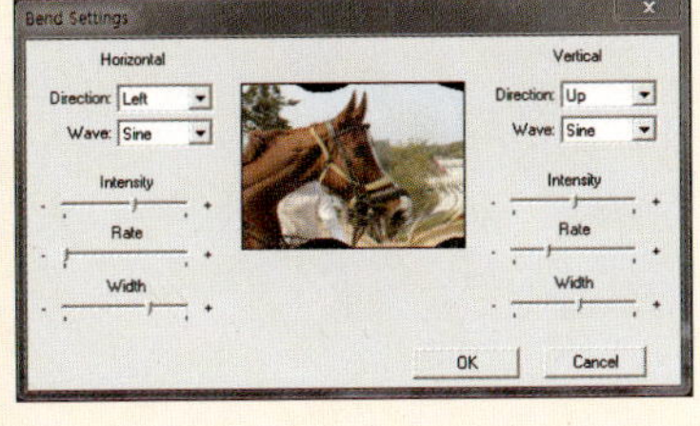

• Coner Pin : 클립의 4가지 모서리를 조절할 수 있습니다. [Program] 패널에서 직접 설정하는 것이 빠릅니다. 특히, 영상의 엔딩 크레딧에 많이 사용됩니다.

• Lens Distortion : 클립의 영상을 볼록이나 오목렌즈 형태처럼 보이게 합니다.

Curvature : 왼쪽으로 갈수록 오목렌즈를 오른쪽으로 갈수록 볼록렌즈 형태를 나타냅니다.

  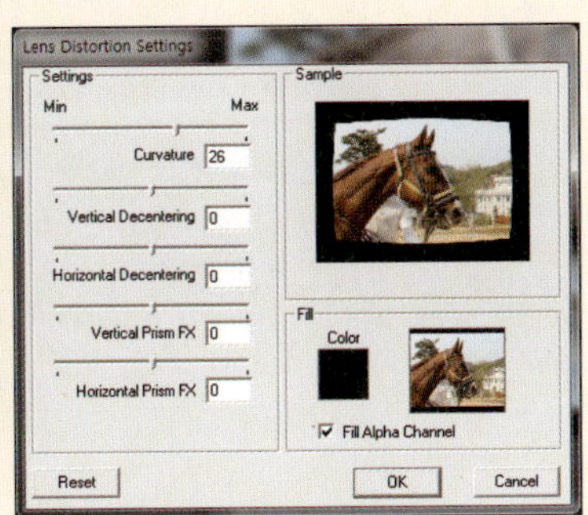

• Magnify : 클립의 특정 부분을 돋보기로 확대하듯 설정하는 이펙트입니다.

  Magnification : 특정 영역 안에서의 확대 배율을 설정합니다.

• Offset : 클립의 영상을 왼쪽, 오른쪽, 위, 아래로 이동하는데 이동시 반대편에 잘려진 클립의 부분이 나타납니다.

  Shift Center : 중심점을 이동합니다. 기본값(360, 240)일 경우는 변화가 없습니다.

• Rolling Shutter Repair : 디지털 카메라의 경우 센서간의 지연 시간으로 찌그러지는 현상을 똑바로 보이게 합니다.

  Rolling Shutter Rate : 프레임 속도의 비율 조정, 기울어진 부분이 수직으로 펴지도록 조절합니다.

  Scan Direction : 센서가 위에서 아래 방향이라 기본값을 사용하지만 다른 왜곡은 다르게 조절합니다.

• Spherize : 볼록렌즈를 클립에 대고 움직여서 이미지의 일부분을 왜곡시키는 이펙트입니다.

• Turbulent Displace : 사납게 휘몰아치는 듯한 왜곡을 줄 수 있습니다.

• Twirl : 회전시켜 소용돌이치는 듯한 왜곡을 줄 수 있습니다.

• Warp Stabilizer : 카메라의 손떨림 방지 기술이 있는 경우에는 필요가 없지만 혹, 클립에 손떨림으로 인한 왜곡이 생겼으면 이 이펙트로 보정을 합니다.

Analyze : 기본적으로 분석되어 흐릿하게 되지만 다시 시작할 경우 클릭하면 활성화되어 분석합니다.

• Wave Warp : 파도가 출렁거리는 듯한 왜곡을 발생하는 이펙트

■ Generate

여러 모형의 효과와 그라디언트 효과 등을 만들
수 있는 이펙트들로 구성되어 있습니다.

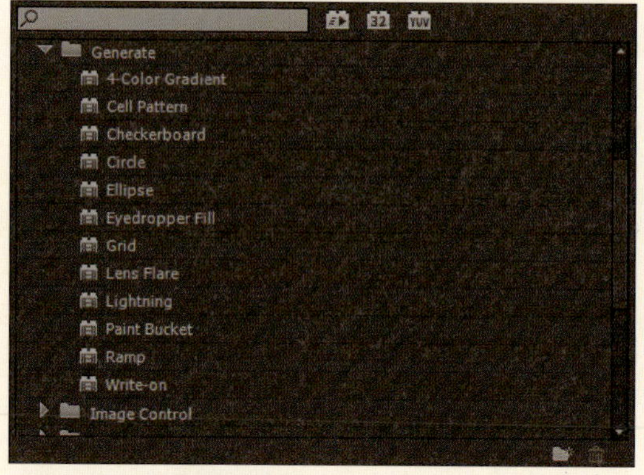

• 4-Color Gradient : 4가지 색상(노랑, 녹색, 빨강, 보라)과 결합하여 보여줍니다.

  Blending Mode : 블랜드 모드를 하나를 선택하여 보여 줘야 하는데 'none'으로 하면 단순히 색상만 나타납니다.

• Cell Patten : 셀 모양의 패턴을 주는 방식으로 하나의 클립에 패턴을 주고 다른 클립을 겹쳐 보이게 한 다음 Opacity
  값을 변경하면서 결합하여 다양한 이미지를 만들 수 있습니다.

• Checkerboard : 클립에 체크 박스 무늬를 만들어 결합시켜 줍니다.

• Circle : 원을 만들어 클립과 결합시켜 줍니다. 영상의 내용에서 추적하거나 눈에 확실히 표시할 때 많이 넣어 사용합니다.

• Ellipse : 영상에 타원을 그려주고 타원의 색상과 두께, 크기, 색의 부드러움을 설정하여 줍니다. [Circle]과는 다르게 안쪽과 바깥쪽 테두리에 색상을 지정할 수 있습니다.

• Eyedropper Fill : 프로그램 모니터에서 클립의 하나의 색을 선택하면 그 색으로 전체를 덮어줍니다.
Blend With Original : 값을 50%이상으로 올려 색과 어울리도록 합니다.

• Grid : 클립에 격자 무늬와 결합시켜 줍니다.
Border : 그리드의 두께를 설정합니다.
Corner : 그리드간의 간격을 조절합니다. 커질수록 그리드는 넓어집니다.

• Lens Flare : 클립에 햇빛 영상을 들어와 촬영하는 것 같은 이펙트를 줍니다.

Flare Center : 빛의 중심 위치를 조절합니다.

Flare Brightness : 빛의 밝기를 조절합니다. 값이 클수록 주변까지 밝아집니다.

Lens Type : 빛의 종류를 선택합니다.

• Lightning : 클립에 번개를 치는 듯한 이펙트를 만들어 줍니다.

Start/End Point : [Program] 패널에서 직접 이동하여 설정하는 것이 편리합니다.

Segments : 번개가 몇 개로 쪼개지면 펼치는지 설정합니다.

• Paint Bucket : 포토샵의 페인트통과 마술봉을 이용하는 것처럼 동일한 하나의 색상을 선택하여 전체를 변경시켜 줍니다.

• Ramp : 클립에 그라디언트 효과를 주는 이펙트로 두 지점에 색깔을 선택한 다음 조절하면 됩니다.

  Blend with Original : 값을 높여 클립과 그라디언트가 어울리도록 합니다.

• Write—on : 클립이 진행되는 동안 붓으로 그리는 듯한 이펙트를 줍니다.

  Brush Position : 타임 별로 키포인트를 넣고 움직여 줍니다.

■ Image Control

특정 색상을 변경하거나 그레이스케일로 변환합니다.

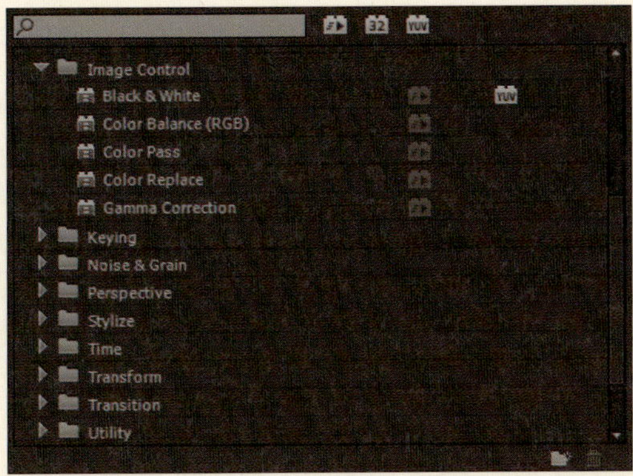

• Blcak & White : 클립을 흑백 방식(그레이스케일)으로 변경합니다.

• Color Balance(RGB) : 클립에 RGB값만 변경시켜 줍니다.

• Color Match : 클립의 다양한 영역별 색상을 스포이트로 선택한 다음 아래의 [Match] 버튼을 눌러 일치시키는 이펙트입니다.

  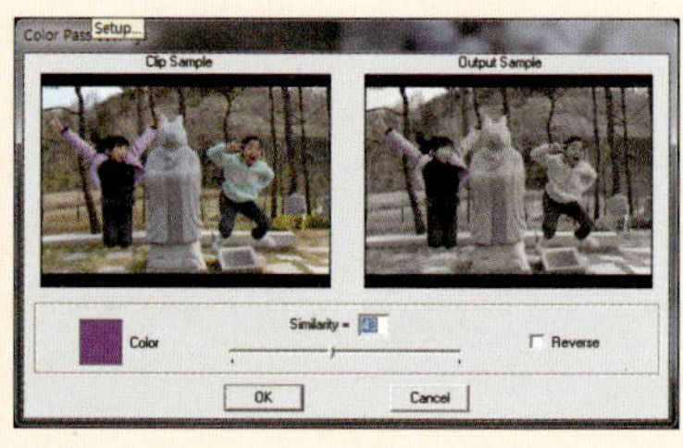

• Color Replace : 포토샵의 색상 변경 툴처럼 하나의 색상을 선택하고 그 색상만 다른 색으로 변경시켜 줍니다.

Target Color : 변경될 색상

Replace Color : 변경시킬 색상

  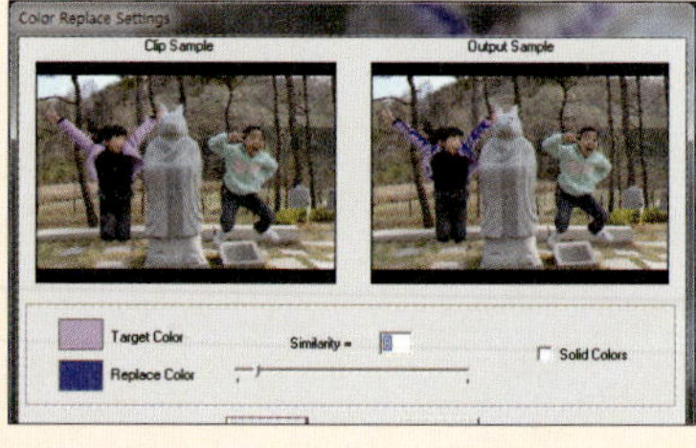

• Gamma Correction : 밝기를 조절하는 이펙트입니다.

여러 가지 합성 방식을 가지고 있습니다.

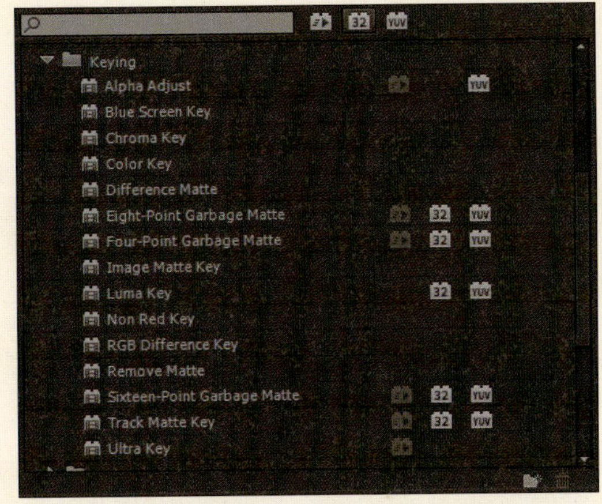

• Alpha Adjust : 클립의 알파 채널을 이용하여 하위 트랙과 합성하는 이펙트입니다.

• Blue Screen Key : 클립의 블루 스크린 배경을 이용하여 파란색 부분을 하위 트랙과 합성시키는 이펙트로 일반적인
크로마키 기법입니다.

• Chroma Key : 클립의 특정 색상을 선택하여 투명화시켜 하위 트랙과 합성시키는 이펙트입니다.

• Color Key : 클립의 특정 색상만 지워 줍니다.

• Difference Matte : 상위 트랙에 등록된 클립의 불투명도 값을 조절하여 하위 트랙에 등록된 클립과 합성하는 방식으로, 마스크를 이용한 듯한 영상 작업에 많이 사용됩니다.

• Eight-Point Garbage Matte : 8개 포인트를 자유롭게 이동하여 원하는 부분까지만 합성시켜주는 이펙트입니다.

• Four-Point Garbage Matte : 4개 포인터를 이동하여 원하는 부분까지만 합성시켜주는 이펙트입니다.

• Image Matte key : 다른 이미지를 불러와서 투명도로 합성시키는 이펙트입니다.
 [Setup] 버튼을 누르면 선택 창이 나타나는데 다른 이미지를 삽입하여 합성함

• Luma Key : 밝고 어두움을 기준으로 투명화시켜주는 이펙트입니다.
 Luma : 클립의 색상이 없음, 즉 흑백 정보를 말하는데, Chroma는 색상이 가지고 있는 정보 말하고, Luma는 흑백의
 밝기 정보라 생각하면 됩니다.

• Non Red Key : 블루스크린 키처럼 빨간색을 제외한 녹색, 파란색을 선택하여 투명화시켜 합성하는 이펙트입니다.

• RGB Difference Key : 스포이트로 지정한 색상이 알파 채널이 되면서 투명화시키는 이펙트입니다.

• Remove Matte : 매트를 삭제하는데 Black, White를 선택할 수 있는 이펙트입니다.

• Sixteen-Point Garbage Matte : 16개 포인트를 이용하여 원하는 부분까지만 투명화시켜 합성하는 이펙트입니다.

• Track Matte key : 움직이는 클립과 흑백으로 이루어지 클립을 사용하여 특정 변환의 이펙트를 만들어 냅니다.

• Ultra Key : 2개의 클립에서 보다 세분하게 조절하여 특정 색상을 없애 자연스러운 결합을 합니다.

화면에 생기는 노이즈나 스크래치를 만들어 주거
나 보이지 않게 합니다.

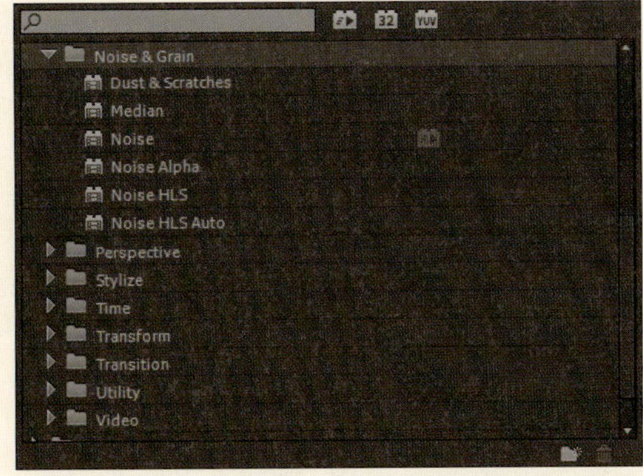

• Dust & Scratches : 픽셀들을 확대하여 노이지를 보이지 않게 하는 이펙트로 화면을 뿌옇게 만들어 주기도 합니다.

  Radius : 화면을 뿌옇게 합니다.

  Threshold : 화면을 보다 날카롭게 합니다.

• Median : 노이즈를 제거하는 이펙트입니다.

• Noise : 클립에 노이즈를 주는 이펙트입니다.

• Noise Alpha : 일반 RGB 노이즈가 아니라 흑백의 노이즈를 주는 이펙트입니다.

• Noise HLS : 색조, 명도, 채도를 가지는 노이즈를 주는 이펙트입니다.

• Noise HLS Auto : Noise HLS와 같으며 다만 정지되어 있는 노이즈가 아니라 움직임이 있는 노이즈 현상입니다.

■ Perspective

입체감을 주거나 그림자 형태의 이펙트들입니다.

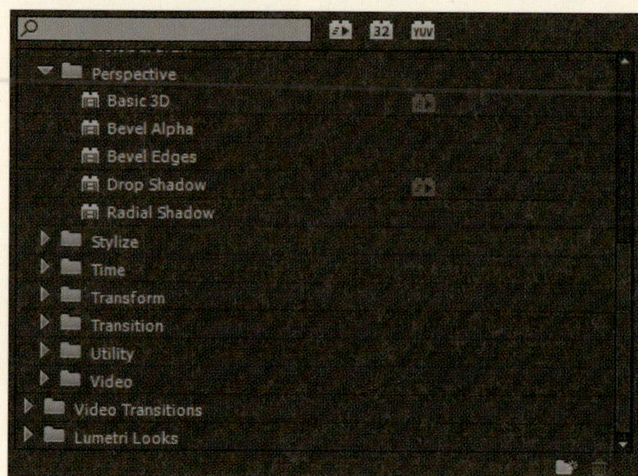

• Basic 3D : 수평이나 수직으로 회전하고 원근감을 가질 수 있는 이펙트입니다.

  Swivel : Y축을 중심으로 회전함(수직으로 회전)

  Tilt : X축을 중심으로 회전함(수평으로 회전)

  Distance to Image : 멀리에서 앞으로, 앞에서 멀리로 이동하여 원근감을 줌

• Bevel Alpha : 볼록 효과를 주는 이펙트로 입체 효과를 줄 수 있습니다.

• Bevel Edges : 클립의 모서리 부분에 입체감을 주는 이펙트입니다.

• Drop Shadow : 클립의 입체적인 그림자 효과를 주는 이펙트입니다.

• Radial Shadow : 한쪽에 빛이 들어오면 반대편에 그림자되는 방식의 그림자 이펙트입니다.

■ Stylize

클립의 질감에 효과를 주는 이펙트들입니다.

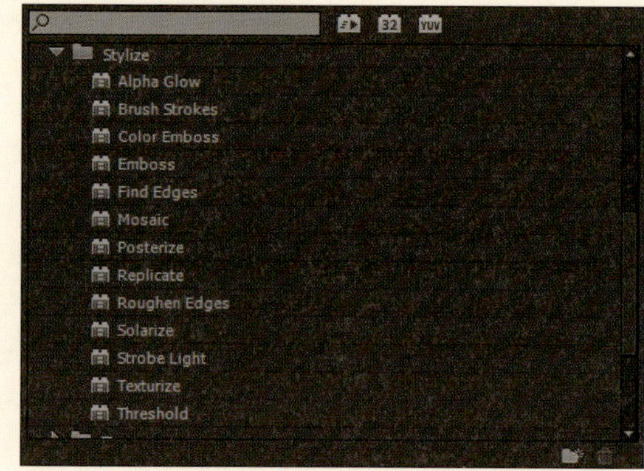

• Alpha Glow : 클립에 빛이 발광하는 반사 효과를 가질 수 있습니다.

• Brush Strokes : 클립의 이미지를 붓으로 그린 듯한 클립으로 보여주는 이펙트입니다.

• Color Emboss : 클립에 엠보싱 효과(음각이나 양각)를 적용하는 이펙트입니다.

• Emboss : 색깔에 관한 엠보싱이 아닌 그레이스케일 음각, 양각을 표시하는 엠보싱 이펙트입니다.

• Find Edges : 클립의 경계선 부분을 외곽선처럼 그려주는 서비스입니다.

• Mosaic : 클립을 모자이크로 처리하는 이펙트입니다.

• Posterize : 클립에 색 대비를 시켜 포스터 효과 같은 이미지로 변경하는 이펙트입니다.

• Replicate : 클립을 여러 개의 영상으로 분할하여 표시하는 이펙트입니다.

• Roughen Edges : 클립의 외곽 부분을 거친 형태로 변경하는 이펙트입니다.

• Solarize : 필름에 빛을 노출시켜 이미지의 밝은 부분을 반전시키는 이펙트입니다.

• Strobe Light : 강한 조명(색상별)을 주는 듯한 이펙트입니다.

• Texturize : 다른 클립의 질감을 가져와 표시하는 이펙트입니다.

• Threshold : 높은 흑백(그레이스케일) 이미지를 나타내는 이펙트입니다.

■ **Time & Transform**

• Time : 시간을 이용하여 잔상과 같은 독특한 이펙트입니다.

• Transform : 방향을 변경하여 효과를 얻는 이펙트입니다.

• Echo : 클립이 움직임에 잔상을 남겨주는 이펙트입니다.

• Posterize Time : 초당 프레임을 수를 변경하여 진행 속도를 약간 늦추거나 빠르게 줄 수 있습니다. 동영상 클립에만 적용합니다.

• Carmer View : 카메라의 회전, 각도, 줌 등 여러 기능을 할 수 있는 이펙트입니다.

• Crop : 클립의 특정한 영상 부분만을 잘라내어 볼 수 있으며 , 줌 기능을 이용하여 잘라낸 영역을 확대할 수도 있는 이펙트입니다.

• Edge Feather : 클립의 외곽에 검은색의 테두리가 쳐지는 이펙트입니다.

• Horizontal Flip : 클립의 좌우 방향을 반대로 변경하는 이펙트입니다.

• Horizontal Hold : 클립의 하단에 중심을 잡고 좌측이나 우측으로 기울이게 하는 이펙트입니다.

• Vertical Flip : 클립의 상하 방향을 반대로 바꾸는 이펙트입니다.

• • Vertical Hold : 클립 자체를 상하로 빠르게 이동시킬 수 있습니다.

• Transition : 트랜지션과 같이 한쪽이 변하면 다른 클립들이 보여주는 이펙트입니다.

• Utility : 영화 필름을 보는 듯한 느낌의 이펙트입니다.

• Video : 클립의 표시를 하는 이펙트입니다.

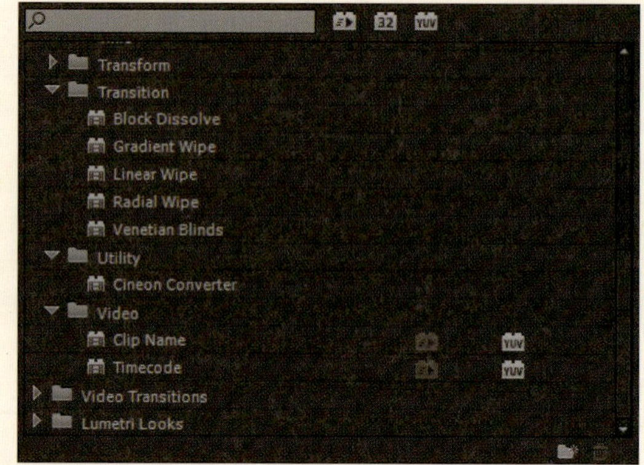

• Block Dissolve : 클립 안에 검은색 점을 나타내는 이펙트, 이펙트를 이용하면 페이드 아웃 효과를 나타 낼 수 있습니다.

• Gradient Wipe : 클립이 진행되면서 어두운 부분부터 점점 투명화되면서 아래의 다른 클립을 보여주는 이펙트입니다.

• Linear Wipe : 클립 안에 방향을 지정하여 한쪽 방향에서 와이퍼로 닦아내 듯 지워주는 이펙트입니다.

• Radial Wipe : 클립이 시계 방향으로 지워지는 이펙트입니다.

• Venetian Blinds : 클립 안에 수직선이 생성되면 아래의 클립들이 그 수직선 사이로 보여주는 이펙트, 블라인드 효과를 볼 수 있습니다.

Transition Completion : 수직선의 크기로 점점 커질수록 다른 클립의 내용이 나타납니다.

• Cineon Converter : 조명 효과가 전형 없는 예전 카메라로 찍는 듯한 느낌의 이펙트로 영화 필름과 같은 효과를 보여줍니다.

• Clip Name : 클립의 파일 이름을 표시하는 이펙트입니다.

• Timecode : 클립 안에 타임코드를 표시하는 이펙트입니다.

03. 트랜지션(Transition)

하나의 클립의 동작이 끝나고 다른 클립으로 전환 시, 2개의 클립 사이에 특별한 효과를 줄 수 있습니다. 이렇게 장면이 전환되는 효과를 트랜지션이라고 부릅니다. 클립에 트랜지션의 효과가 적용되고 [Effect Controls] 패널에서 세부 기능들을 설정하기도 합니다.

■ 3D Motion

클립 사이에 3D 효과를 가지는 움직임을 표현합니다.

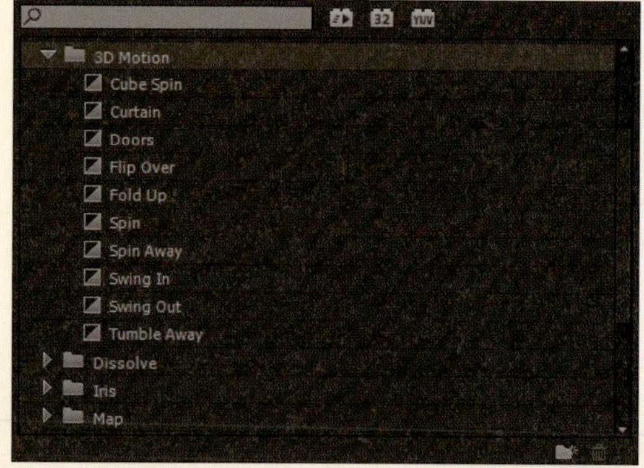

• Cube Spin : 큐브처럼 2개의 화면이 전환되는 효과를 나타냅니다.

• Curtain : A 화면에서 커튼을 여는 것처럼 열어 B 화면을 보여줍니다.

• Doors : B 화면에서 창문처럼 닫아 A 화면을 닫고 B 화면을 보여줍니다.

　Border Width : 창문의 틀 두께를 설정해 줍니다.

　Border Color : 창문의 틀 색깔을 설정해 줍니다.

　Anti-aliasing Quality : 창문의 틀 깨지는 현상을 없애주고 품질을 높여줍니다.

• Flip Over : A 화면과 B 화면이 앞뒤로 붙여있는 것처럼 180도를 돌면서 90도가 넘어가면 B 화면이 나옵니다.

　Bnads : 개수의 수로 분할되어 트랜지션이 진행됩니다.

　Fill Color : 바탕 색상을 변경할 수 있습니다.

• Fold Up : A 화면을 종이접기하듯 반씩 접어 화면을 없애줍니다.

• Spin : B 화면이 화면의 가운데에서 펼쳐집니다.

• Spin Away : B 화면이 90도로 회전하면서 나타납니다.

• Swing In : B 화면을 문을 닫는 것처럼 잡아 당겨서 A 화면을 닫아 버립니다.

• Swing out : Swing In과 달리 바깥쪽에서 미는 것처럼 B 화면을 밀어 A 화면을 닫아 버립니다.

• Tumble Away : A 화면이 회전과 동시에 작아져서 없어집니다.

■ Dissolve

디졸브의 효과는 이전 화면(A 화면)과 다음 화면
(B 화면)이 일정 부분 겹치면서 변경됩니다.

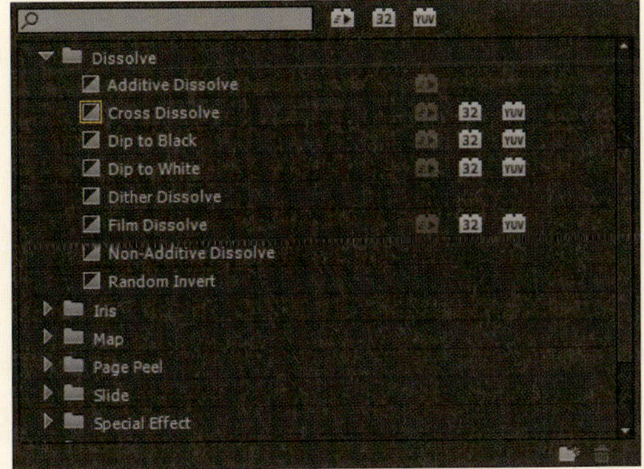

• Additive Dissolve : 빛이 깜박거리며 A 화면이 B 화면으로 전환됩니다.

• Cross Dissolve : 트랜지션의 기본 설정입니다. A 화면이 희미해지면서 B화면이 나타납니다.

• Dip to Black : A 화면이 점점 사라지면 검은색이 되고, B 화면이 점점 밝아지면서 나타납니다.

• Dip to White : Dip to Black과 반대로 A 화면이 점점 밝아지면서 흰색이 되고, B 화면이 밝기가 없어지면서 B 화면이 나타납니다.

• Dither Dissolve : A 화면에 수많은 점이 생기면서 B 화면으로 전환됩니다.

• Film Dissolve : 선형 색상 공간에 혼합 용해 전환입니다. 즉, 보다 현실적인 방법으로 화면 전환이 이루어집니다. 가속화 기술을 이용한 화면 전환 기능입니다.

• Non–Additive Dissolve : A 화면의 채도가 높은 순으로 B 화면과 겹치면 변경됩니다.

• Random Invert : A 화면에 B 화면의 블록 사각형들이 역상 화면들로 나타나면서 B 화면이 나타납니다.

  Wide, High : 크기가 커질수록 블록 사각형들은 많아집니다.

  Invert Source, Invert Destination : 반전 시 A 화면이나 B 화면이 나타납니다.

■ Iris

카메라 촬영을 하듯 조리개가 열리면서 장면 전
환 효과를 가집니다.

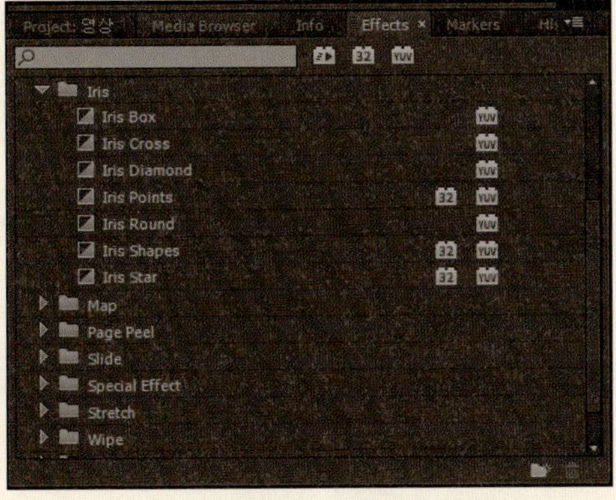

• Iris Box : A 화면에 B 화면의 사각형이 가운데서부터 점점 커지면서 화면을 꽉 채웁니다.
  [Start] 화면인 A 화면에 작은 원이 있는데 사각형이 확대되는 위치를 변경할 수 있습니다.

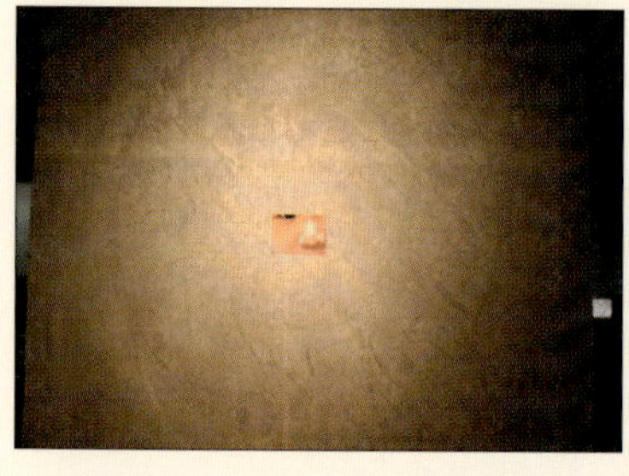  

• Iris Cross : A 화면에 B 화면의 교차선이 나와 점점 커지면서 화면이 변경됩니다.

• Iris Diamond : A 화면에 B 화면의 다이아몬드 형태의 모양이 점점 커지면서 화면이 변경됩니다.

• Iris Points : A 화면에 상하좌우 4지점에서 삼각형이 커져서 B 화면으로 변경됩니다.

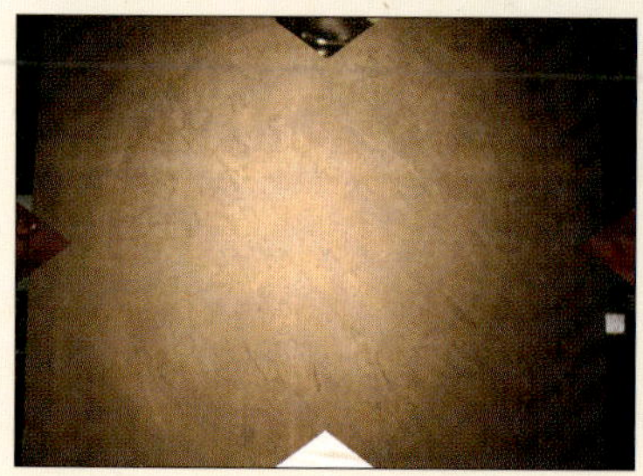  

• Iris Round : A 화면에 B 화면이 원의 형태로 커지면서 변경됩니다.

• Iris Shapes : A 화면에 여러 형태의 B 화면이 커지면서 변경됩니다.

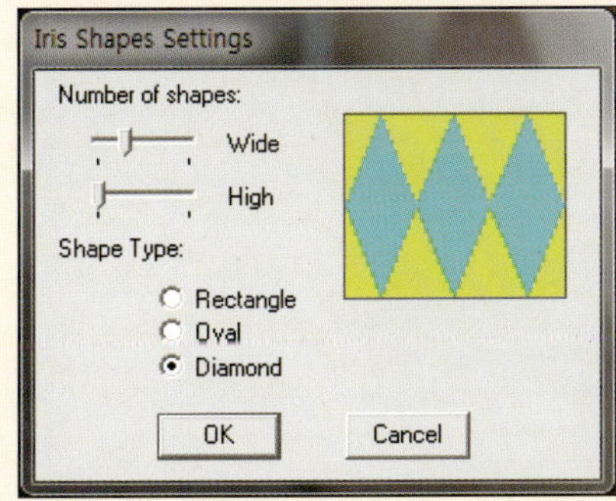

Number of shapes(Wide, High) : 오른쪽으로 증가시킬수록 가로, 세로의 다이아몬드가 증가됩니다.

Shape Type : Rectangle(사각형), Oval(타원), Diamond(다이아몬드) 형태로 변경됩니다.

• Iris Star : A 화면에 B 화면이 별모양으로 커지면서 변경됩니다.

• Map : 채널별로 장면 전환 효과를 적용합니다.

• Page Peel : 책의 페이지를 넘기는 전환 효과를
  적용합니다.

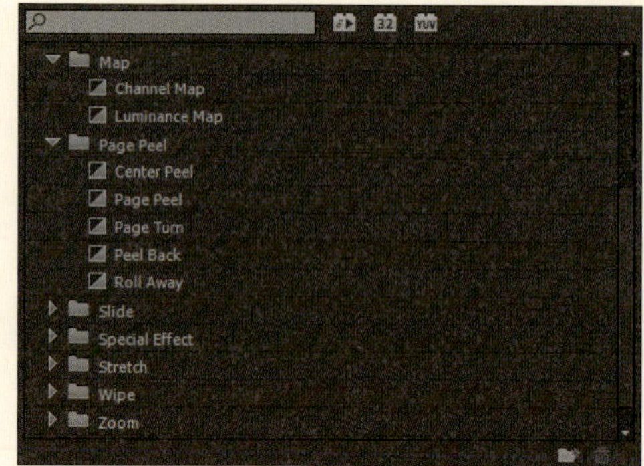

• Chanel Map : A 화면의 채널에 B 화면의 채널 값을 넣어 트랜지션이 진행하는 동안 적용됩니다.

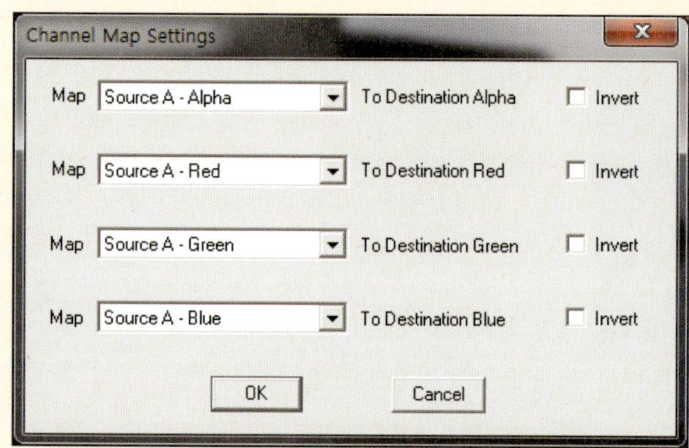

RGB 채널이나 Alpha 채널을 이용해 설정합니다.

• Luminance Map : 트랜지션 기간 동안 A 화면의 어두운 부분과 B 화면의 밝은 부분을 겹쳐 보여줍니다.

• Center Peel : A 화면의 중앙에서 껍질을 벗겨지는 형태로 B 화면이 나오게 합니다.

• Page Peel : A 화면의 모서리 부분에서 껍질을 벗겨지는 형태로 B 화면이 나오도록 합니다.

• Page Turn : Page Peel과 비슷한데 Peel는 벗겨지는 A 화면의 뒷면이 흰색으로 보여지지만, Turn은 A 화면이 양면
에 똑같이 있는 듯 벗겨지는 형태로 B 화면이 보여집니다.

 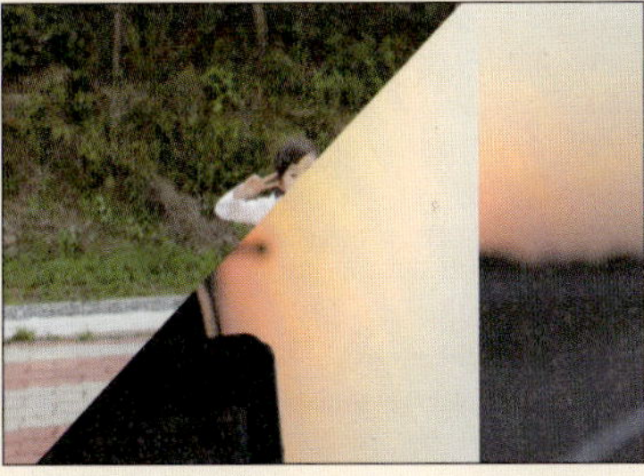 

• Peel Back : Center Peel과 비슷한데 Center는 한 번에 같이 벗겨내지만 Peel Back은 한 장씩 벗겨지는 형태로 변경됩니다.

• Roll Away : A 화면이 종이가 말리는 듯한 형태로 B 화면이 보여집니다.

■ Slide

여러 방법으로 화면을 밀면서 전환 효과를 줍니다.

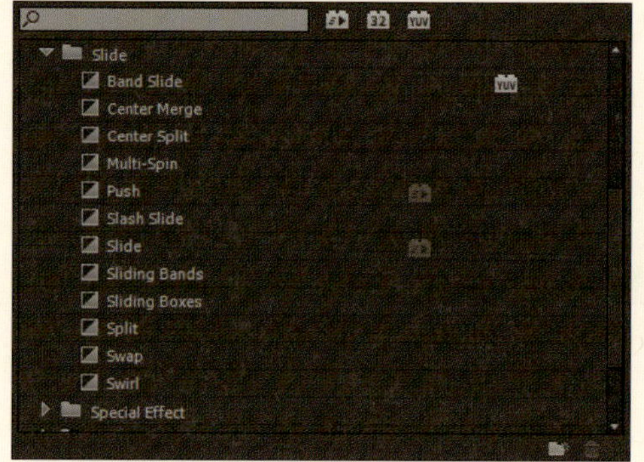

• Band Slide : A 화면에 B 화면으로 되어 있는 밴드들이 이동하면서 B 화면으로 변경됩니다.

  Custom : 슬라이드에 설정되는 밴드의 수를 변경할 수 있습니다.

• Center Merge : A 화면이 사각형 형태로 가운데 모이면서 사라져 B 화면으로 변경됩니다.

• Center Split : A 화면이 4등분으로 잘리고 잘려진 화면은 각 모서리 부분으로 이동하여 사라집니다.

• Multi Spin : A 화면에 B 화면의 사각형이 회전하면서 점점 커져 B 화면으로 변경됩니다.

　Custom : 화면에 생기는 사각형의 수를 설정하는데 Horizontal(가로), Vertical(세로)의 수를 곱한 사각형이 생성됩니다.

• Push : A 화면에 B 화면이 밀어내어서 B 화면으로 변경됩니다.

• Slash Slide : A 화면에 빗금 형태의 화면이 내려와서 B 화면으로 변경됩니다.

• Slide : Push와 비슷하지만 Push는 A 화면이 밀려 B 화면으로 점점 변경되지만, Slide는 A 화면은 움직이지 않고 B
    화면으로 채워지면서 변경됩니다.

• Sliding Bands : A 화면에 B 화면의 선들이 미끄러지듯 이동하면서 변경됩니다.

• Sliding Boxes : A 화면에 B 화면의 밴드(선)들이 차례대로 들어와서 한쪽을 채우면서 변경시켜줍니다

• Split : A 화면이 반으로 잘리면서 양쪽으로 들어가서 B 화면이 나타납니다.

• Swap : A 화면이 B 화면 뒤로 들어가서 A 화면이 없어집니다.

• Swirl : A 화면에 B 화면의 여러 개의 사각형들이 전체적으로 회전하면서 커져 B 화면으로 변경됩니다.

■ Special Effect-Stretch

• Special Effect : 화면 전환 시 특별한 화면이 나
오고 전환됩니다.

• Stretch : 화면 전환 시 왜곡 현상의 화면이 나오
고 전환됩니다.

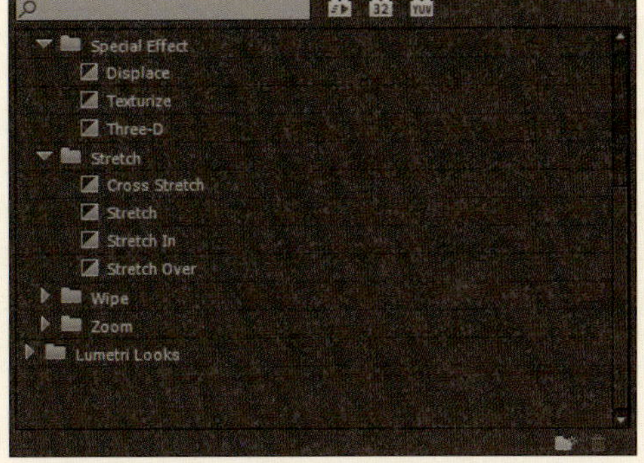

• Displace : A 화면의 일그러짐을 보이면서 B 화면으로 전환합니다.

• Texurize : A 화면을 배경 이미지 재질에 사용하여 B 화면을 겹치듯이 장면 전환 효과를 보여줍니다.

• Three-D : A 화면과 B 화면을 겹치듯이 장면 전환 효과를 처리합니다. RGB 채널 중 Red, Blue 채널만 사용하여 주로 혼합색인 Magenta 색상으로 화면을 표현합니다.

• Cross Stretch : A 화면이 B 화면으로 밀려나는 듯한 느낌으로 화면이 전환됩니다.

• Stretch : A 화면은 그대로 있고 B 화면이 점점 펼쳐지면서 화면을 채웁니다.

• Stretch In : A 화면은 그대로 있고 B 화면이 화면의 수평 방향으로 늘어난 상태에서 원래의 크기로 복원되면서 화면

이 전환됩니다.

• Stretch Over : B 화면을 상하로 줄이고 좌우로 늘린 화면을 상하는 늘리고 좌우는 줄여 B 화면에 맞게 채워줍니다.

■ Wipe

효과를 닦아내면서 화면 전환이 일어납니다.

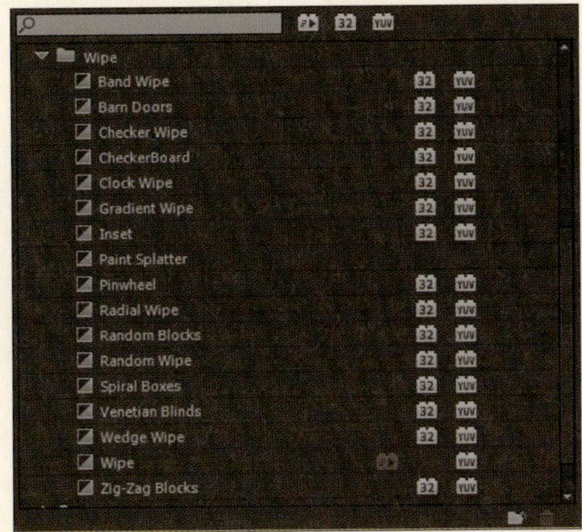

• Band Wipe : A 화면에 B 화면으로 이루어진 밴드가 양쪽에서 들어와서 B 화면으로 채워집니다.

  Custom : 밴드의 개수를 설정할 수 있습니다.

• Barn Doors : A 화면이 가운데서 문을 여는 것처럼 펼쳐 B 화면이 나오게 합니다.

• Checker Wipe : A 화면에 B 화면의 체크박스 형태로 나와서 흐르듯 채워줍니다.

  Custom : 체크박스들의 개수(Horizontal(가로), Vertical(세로))를 설정할 수 있습니다

• CheckerBoard : A 화면에 체크박스가 상단에서부터 아래로 천천히 내려오면서 B 화면으로 변경됩니다.

• Clock Wipe : A 화면이 시계 방향으로 돌면서 점점 없어집니다.

• Gradient Wipe : A 화면이 Custom에 들어가는 이미지의 밝고 어두운 차이에 의해 B 화면으로 변경됩니다.

  Custom : 효과에 적용될 이미지를 선택 가능하고, 부드러운 이미지로 설정을 변경합니다.

• Paint Splatter : A 화면에 페인트 방울을 뿌리듯이 점점 번지면서 B 화면으로 변경됩니다.

• Pinwheel : A 화면에 바람개비가 돌면서 B 화면으로 변경됩니다.

  Custom : 바람개비에 나오는 선의 개수를 조절합니다.

• Radial Wipe : A 화면에서 한쪽 모서리를 중심으로 와이퍼를 돌리듯이 B 화면으로 변경합니다.

• Random Blocks : A 화면에 불규칙적으로 블록(사각형)이 생기면서 B 화면으로 전환됩니다.

• Random Wipe : A 화면에 불규칙하게 작은 상자들이 내려오면서 B 화면으로 변경됩니다.

• Spiral Boxes : A 화면에서 B 화면이 나선형 박스 형태로 돌면서 B 화면으로 변경됩니다.

• Venetian Blinds : A 화면에서 블라인드가 열리는 듯 B 화면으로 변경됩니다.

• Wedge Wipe : A 화면에서 양방향으로 와이퍼를 닦듯이 B 화면으로 전환됩니다.

• Wipe : A 화면을 한쪽으로 와이퍼로 밀어 닦아 내어 B 화면으로 변경됩니다.

■ Zoom

클립의 확대 축소가 되면서 화면 전환이 됩니다.

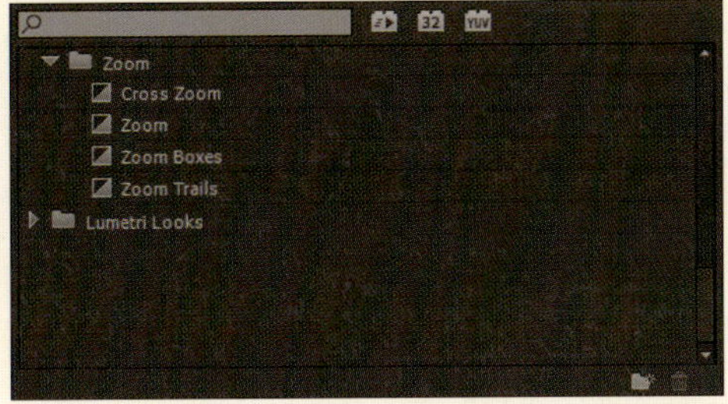

• Cross Zoom : A 화면이 점점 확대대고 B 화면의 확대되어 있는 화면이 점점 줄어들면서 B 화면으로 변경됩니다.

• Zoom : A 화면의 가운데에서 B 화면이 확대되면서 변경됩니다.

• Zoom Boxes : A 화면에 여러 개의 박스들이 나와 확대되면서 B 화면으로 변경됩니다.

　Custom : Wide(가로)와 High(세로)의 수를 설정하여 박스의 개수를 설정할 수 있습니다.

• Zoom Trails : A 화면이 점점 축소되고 어느 정도 축소되면 화면 자체가 축소되어 B 화면이 나타납니다.

01

프리미어 프로 CC 시작하기

프리미어 프로 CC는 대표적인 영상 편집 프로그램으로 하드웨어, 특히 그래픽카드의 발전에 맞춰서 많은 업그레이드를 거쳤습니다. 또한 이전 버전과는 다르게 클라우드 시스템의 도입으로 영상 편집을 처음 접하는 사람이나 전문적인 편집을 원하는 사람 모두가 손쉽게 작업할 수 있게 되었습니다 PART 01에서는 프리미어 프로의 역사와 종류, 그리고 새로운 기능을 알아보며 변경된 설치 방법과 기본적인 사용법을 익혀보겠습니다.

프리미어 프로 CC는 프리미어 프로 CS6 다음 버전으로 CS7 버전으로 볼 수 있습니다. 이에 맞게 여러 가지 새로운 기능이 추가되었는데 더욱 긴밀하게 통합된 방식으로 신속하게 비디오를 편집할 수 있습니다. 재설계된 타임라인, 향상된 미디어 관리, 간소화된 색상 그레이딩 등 완전히 새로워진 십여 개의 새로운 기능이 포함되어 있습니다.

기초탄탄 ▶ 프리미어 프로 CC란 무엇인가?

■ 프리미어 프로 CC란?

어도비 프리미어 프로 CC(Premiere ProCC)는 어도비(Adobe)사에서 제작한 영상 편집 프로그램으로 어도비 프로그램 중 애프터 이펙트(After Effects)와 연계로 자주 사용합니다.

■ 프리미어 역사

년도	특징
1993년	PC용 1.0 출시
1994년	버전 4.2 Move Maker 플러그인과 사운드 매니저 3.1을 제공해 편리성 향상
2002년	버전 6.5 강력한 프리뷰와 인코더와 타이틀이 내장되어 효율성을 높여줌
2003년	버전 변경 pro 1.0
2006년	버전 pro 2.0 멀티카메라, 클립보드 등 여러 지원이 가능하도록 함
2007년	버전 변경 CS3 매크로미디어를 인수하고 전체 명칭을 변경
2008년	버전 CS4 Encoder와 Onlocation을 포함시킴
2010년	GPU 가속과 머큐리 플레이백 엔진을 통해 신속한 작업이 가능함
2012년	버전 CS6 64비트에서만 실행되도록 하고 CPU의 가속을 높이며 Button Editor를 추가하여 보다 많은 기능을 추가함
2013년 6월	CD 설치 방식에서 벗어나 네트워크로 프로그램을 받아 설치하며 보다 빠른 업데이트가 가능하도록 설정한 CC(크리에이티브 클라우드) 방식으로 지원

■ 영상 편집 프로그램의 종류

아비드

이전의 영상은 VTR 등의 장비를 사용하여 TAPE 기반의 작업을 하였는데 이것을 리니어 편집이라고 부릅니다. 리니어 편집은 VTR 2대 이상을 두고 한쪽에서는 원본 영상에 자막기, 효과기, 장면전환기 등 장비를 거쳐 녹화기에 담는 작업을 하였습니다. 물론, 지금에 비하며 많이 느리죠. 이후 컴퓨터의 보급과 개발로 컴퓨터에서 작업을 처리하기 시작했는데 이것을 넌리니어 편집이라 부르며 사용하게 됩니다. 원래 대표적 리니어 편집기 제조회사가 AVID입니다. 방송국에서 근무하는 예전 엔지니어는 당연히 AVID 장비에 익숙합니다. 또한 넌리니어 장비인 AVID도 리니어 방식의 용어와 인터페이스를 비슷하여 엔지니어는 AVID를 선호하고 많이 사용합니다. 단, 그만큼 장비는 고가입니다.

베가스

사운드포지(오디오 편집 프로그램)로 유명한 SONY에서 베가스를 출시했습니다. 베가스는 SONY에서 출시되는 촬영 장비와 호환성이 뛰어나고 이펙트 효과 프로그램 없이 다양한 멀티 작업이 가능한 편집 프로그램입니다.

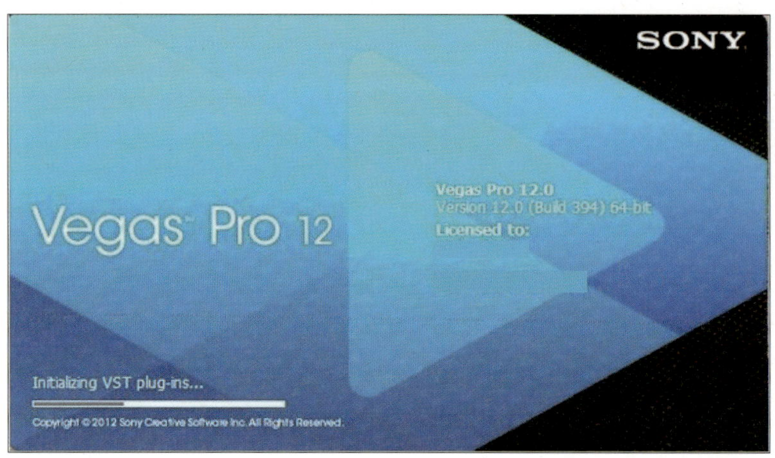

파이널 컷

파이널 컷은 애플에서 제작한 영상 편집 프로그램입니다. 특히, 2011년에 새로운 버전인 'Final Cut Pro X'의 출시는 기존 버전과 다르게 프리미어 프로처럼 64비트 응용 프로그램을 지원하며, 여러 많은 기술을 도입하여 뛰어난 해상도를 지원하고 영상 및 오디오의 결함에 대한 신속한 자동 분석도 가능하게 되었습니다.

파워디렉터

파워디렉터는 다른 프로그램과 다르게 보다 쉬운 인터페이스를 제공하여 전문적인 기술이 없어도 누구나 손쉽게 영상 편집 작업을 진행할 수 있습니다. 빠른 업그레이드로 많은 기능이 추가되고 있으며, 파워디렉터 11까지는 무료로 사용할 수 있으며 적은 용량으로 부담 없이 설치할 수 있다는 장점이 있습니다.

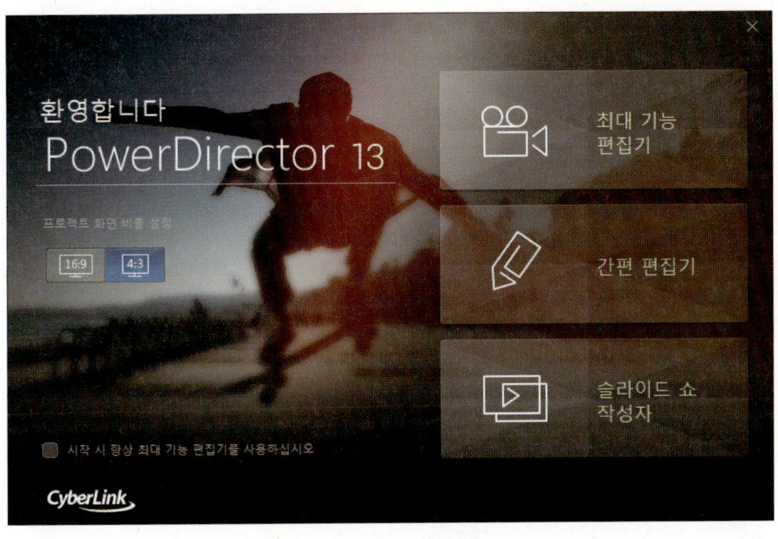

EDIUS

EDIUS는 글라스밸리사에서 출시된 동영상 편집 프로그램입니다. 7.0 버전까지 출시되었고, 일반적인 사용자는 적지만 프로덕션에서 많이 사용하고 있습니다. 몸집이 가벼워 멀티 캠 작업이나 랜더링 시 작업 속도가 빠른 편입니다.

프리미어 프로 CC는 버전으로 보면 CS7으로 볼 수 있는데, 그에 맞게 새로운 기능이 많이 추가되었습니다. 기능에 맞게 하드웨어 사양을 많이 요구하지만 기능의 추가는 사용자로 하여금 편리성을 높여줍니다.

■ 보다 세밀한 편집 기능

재설계된 타임라인, 직관적인 트랙 대상화 및 수십 개의 새로운 단축키를 사용하여 보다 효율적으로 편집할 수 있습니다. 특성 붙여 넣기를 이용하여 다른 클립에도 효과를 적용한 붙여 넣기가 가능합니다.

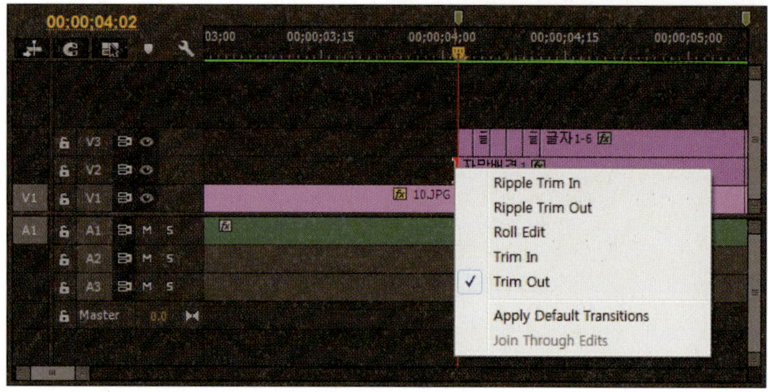

■ 새로운 연결 및 찾기 기능

수백 개의 클립을 가지고 제작하게 되는데 저장과 백업 과정 중 누락이 되는 경우가 발생되는데 연결 및 찾기를 사용하면 쉽게 찾고 관리할 수 있습니다.

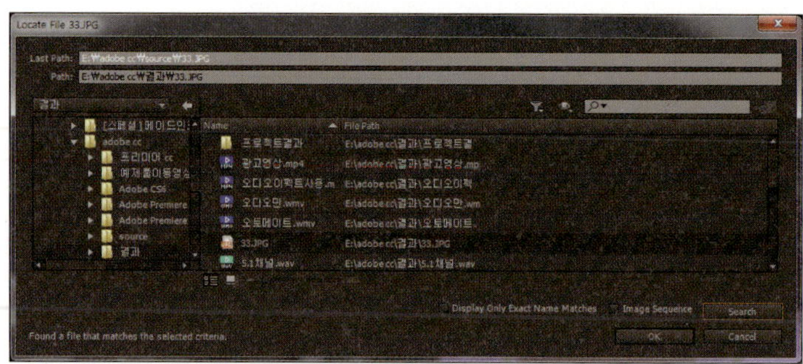

■ Lumetri Deep Color Engine

풍부하고 멋진 사전 설정 색상 그레이드를 신속하게 적용할 수 있습니다. 디졸브를 추가하는 것만큼 손쉽게 Looks 브라우저를 통해 Adobe SpeedGrade의 모양을 미리보고 추가할 수 있습니다.

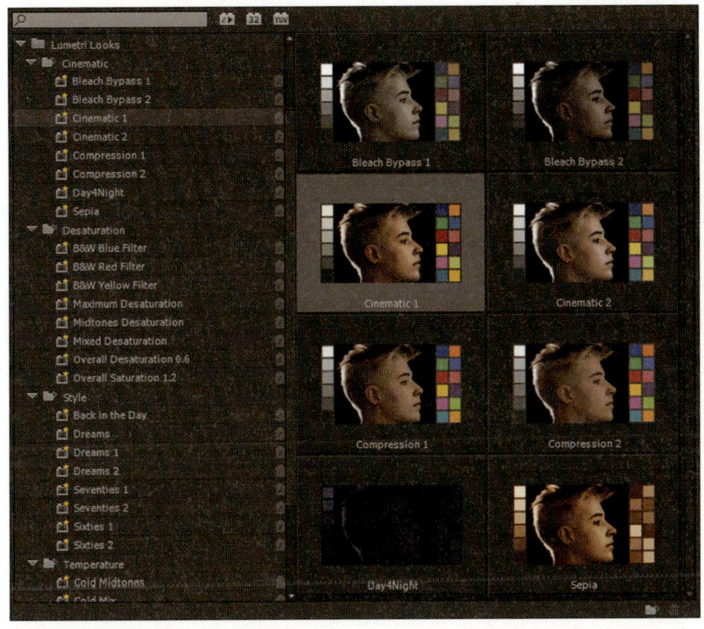

■ 정밀한 오디오 컨트롤

오디오 클립 믹서를 통해 클립을 개별적으로 조정하여 사운드를 제어하여 완벽하게 혼합할 수 있습니다. 또한, 직접 오디오 컨트롤 표면을 보다 정밀하게 제어할 수 있습니다. TC Electronic Rada Loudness 미터로 세밀하게 조정할 수 있고 VST3 및 Audio Units(Mac OS 전용)와 같은 효과 플러그인을 이용할 수도 있습니다.

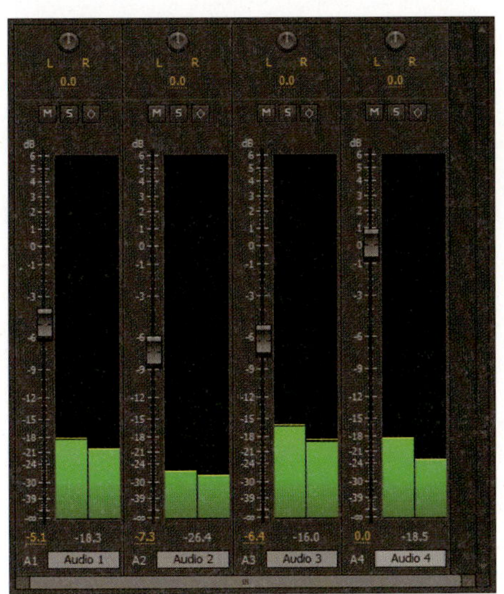

■ Adobe Anywhere 통합

프리미어 프로 CC는 비디오 작업을 위한 Adobe Anywhere와 통합되어 있습니다. 팀원은 다운로드할 필요 없이 공유 서버에서 파일을 사용합니다. 버전에 상관없이 내용을 편집합니다.

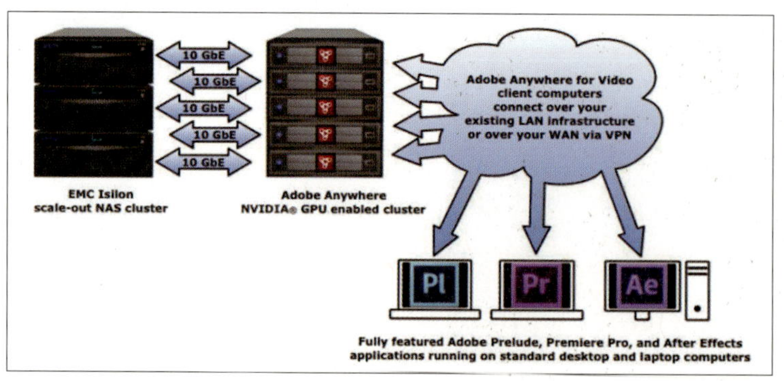

■ 메자닌 코덱, 기본 포맷

표준 코덱인 메자닌 코덱이 포함되어 있고 Apple proRes(Mac OS 10.8에서만 인코딩)를 통해 크로스 플랫폼 편집이 가능합니다. MXF 래퍼의 Avid DNxHD 파일에 대한 크로스 플랫폼 지원을 제공합니다.

■ 향상된 붙여 넣기 효과

클립을 복사하여 다른 클릭이나 빈 곳에 붙여 넣기를 하는 경우 비디오나 오디오의 특성 즉 동작(Motion), 불투명도(Opacity), 각종 이펙트들을 선택하여 붙여 넣기를 할 수 있습니다. 예를 들어 3가지 이펙트 중 하나의 이펙트를 선택하여 적용이 가능합니다.

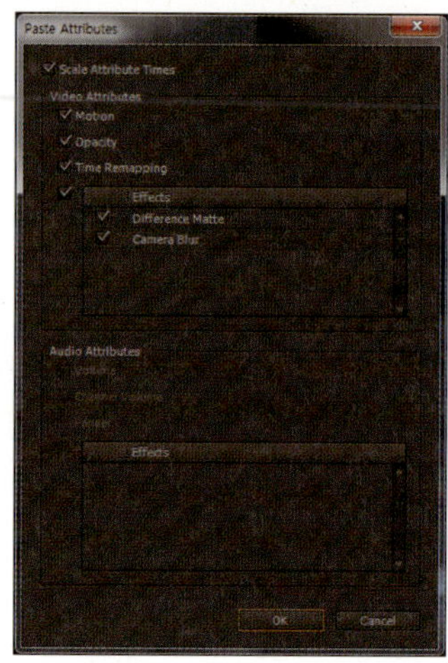

■ 자막 기능

자막 가져오기 및 조작을 위한 최신 기능은 편집자 위주로 만들어져서 포지셔닝 및 레이아웃을 직관적으로 가져오거나 보고 편집 및 조정을 할 수 있습니다. 또한, 임베드된 파일 또는 개별 파일을 자막과 함께 미디어로 보낼 수 있습니다.

■ Mercury Playback Engine

OpenCL 및 CUDA를 이용하면 향상된 크로스 플랫폼 지원을 할 수 있습니다. 랜더링 횟수를 줄이고 타사 효과를 사용하여 신속하게 작업하면 마감 시간을 안전하게 준수할 수 있습니다.

버전의 발전은 많은 소스를 자유롭게 사용하고 편리성을 높여 주지만 하드웨어 사양도 영향을 많이 미칩니다. 그래서 다른 어떤 어도비 프로그램 보다 하드웨어와 OS(운영체제)의 요구 사항에 맞게 설치해야 합니다.

■ 하드웨어 요구사항

Windows에 설치 시

하드웨어	사양
CPU	Intel® Core™2 Duo 또는 AMD Phenom® II 프로세서(64비트 지원 필요)
RAM	4GB RAM(8GB 권장)
HDD	설치를 위한 4GB의 하드 디스크 여유 공간(설치 시 추가 여유 공간 필요/플래시 메모리 기반의 이동식 디스크에 설치할 수 없음)
기본 그래픽	1280x800 디스플레이
사운드카드	ASIO 프로토콜 또는 Microsoft Windows Driver Model 호환 사운드 카드
운영체제	Microsoft® Windows® 7 서비스 팩 1(64비트) 또는 Windows 8(64비트
소프트웨어	QuickTime 기능에 필요한 QuickTime 7.6.6 소프트웨어

Mac OS

하드웨어	사양
CPU	멀티코어 Intel 프로세서(64비트 지원)
RAM	4GB RAM(8GB 권장)
HDD	설치를 위한 4GB의 하드 디스크 여유 공간(설치 시 추가 여유 공간 필요/대소문자를 구분하는 파일 시스템을 사용하는 볼륨 또는 플래시 메모리 기반의 이동식 디스크에 설치할 수 없음)
기본 그래픽	1280x800 디스플레이
사운드카드	ASIO 프로토콜 또는 Microsoft Windows Driver Model 호환 사운드 카드
운영체제	Mac OS X v10.7 또는 v10.8
소프트웨어	QuickTime 기능에 필요한 QuickTime 7.6.6 소프트웨어

■ GPU 가속을 지원하는 AMD 및 NVIDIA 그래픽 카드 사양

CUDA(Compute Unified Device Architecture, 쿠다)는 GPU의 병렬처리 알고리즘을 산업 표준 언어(C 언어 등)를 사용하여 작성할 수 있도록 하는 기술입니다. 이 기술은 NVIDIA가 개발하고 있으며 최신 드라이버는 모두 필요한 쿠다 콤포넌트를 담고 있습니다. 이 대상은 지포스, 쿼드로, 테슬라 제품군이 포함되어 있습니다.

OpenCL(Open Computing Language)은 개방형 범용 병렬 컴퓨팅 프레임워크입니다. 애플이 최초로 개발했으며, AMD, INTEL, NVIDIA 등과 함께 최초의 제안서를 크로노스 그룹에 제출합니다. 특히, AMD는 NVIDIA의 대항마로 OpenCL을 지원합니다.

■ Mercury Playback Engine을 사용하기 위한 그래픽 사양 알아보기

01. 먼저 [시작]–[프로그램 및 파일을 검색]에 'CMD'를 입력하여 명령 프롬프트 창을 열어줍니다. 다음 그림과 같은 경로를 이동하여 'GPUSniffer'를 실행하여 자신의 그래픽카드를 확인합니다.

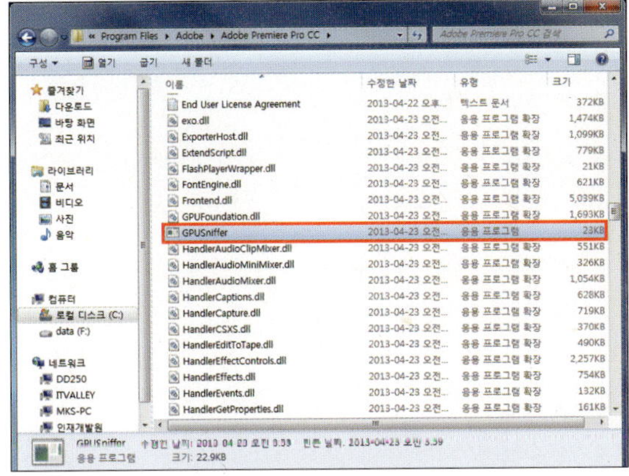

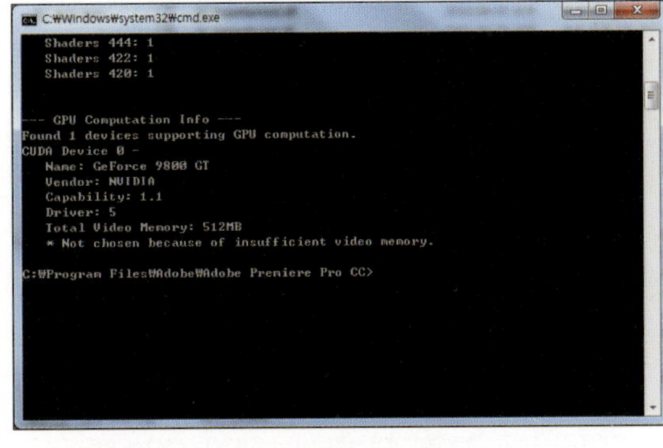

문제 해결 Compute capability 버전이 1.1 이상, Total Video Memory가 768MB 이상일 경우는 사용할 수 있습니다. 만약 그림처럼 그래픽카드 메모리 용량이 부족하다면 새로운 그래픽카드를 이용해야 합니다.

02. 자신의 그래픽카드가 가능하다면 먼저 [시작]–[보조프로그램]–[메모장]의 마우스 오른쪽 단추를 클릭하여 [관리자 권한으로 실행]을 선택합니다. 바로 변경하면 권한을 문제로 변경되지 않습니다. 경로 'C:\Program Files\Adobe\Adobe Premiere Pro CC' 안의 'cuda_supported_cards'를 불러와서 메모장 상단에 자신의 그래픽카드를 입력합니다.

03. NVIDIA 제어판으로 이동하여 [3D 설정]–[3D 설정 관리]를 선택하고 [프로그램 설정] 탭에서 'Adobe Premiere'로 변경하고 [이 프로그램 대한 설정 지정]의 [다중 디스플레이/혼성 GPU 가속]을 '호환성 성능 모드'로 변경합니다.

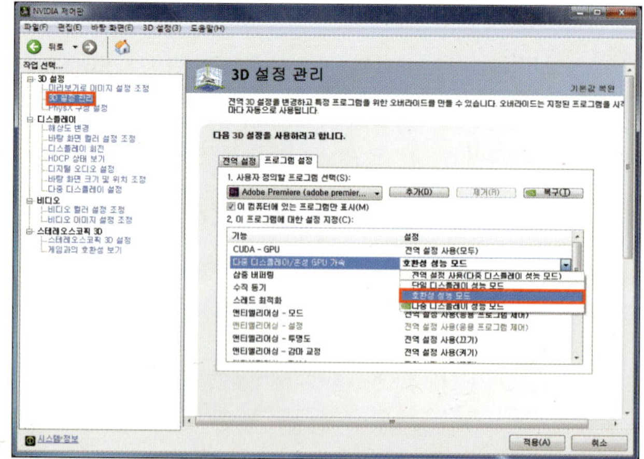

TIP : 동영상을 이용한 학습하기

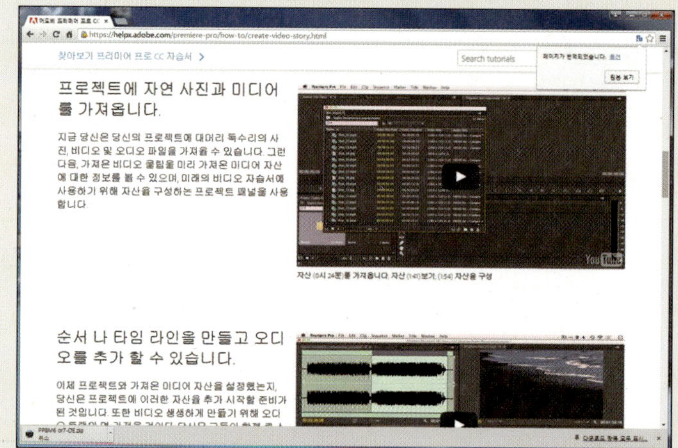

어도비에서는 이전 버전과는 다르게 자습서 사이트를 운영합니다. 어도비 홈페이지에 접속한 후 Adobe Premiere Pro CC에서 [Learn & Support]를 클릭하면 동영상으로 되어 있는 자습서 사이트를 볼 수 있습니다. 글이나 말로 이해하지 못하는 부분에 많은 도움이 될 것입니다. 단, 한국어 지원이 이루어지지 않으므로 크롬(Chrome)으로 접속한 후 마우스 오른쪽 버튼을 클릭하여 한국어로 번역하면 보다 쉽게 내용을 파악할 수 있을 것입니다.

사이트 주소 : https://helpx.adobe.com/premiere-pro.html

프리미어 프로 CC 시험 버전을 어도비 사이트에서 다운받아 설치하고 처음부터 시작하여 영상이 제작되는 과정을 한 번에 알아봅니다. 이 과정을 거치면서 전체 과정의 흐름을 파악하고 간단한 영상 제작을 할 수 있습니다.

기초탄탄 ▶ 프리미어 프로 CC 시작하기

■ [Welcome to Adobe Premiere Pro]

프리미어 프로 CC를 처음 시작하면 나타나는 창으로 프로그램의 시작으로 보면 됩니다. 여기서는 크게 5가지로 구분되지만, 실제 [Open Project]와 [Create New]를 주로 사용하게 됩니다.

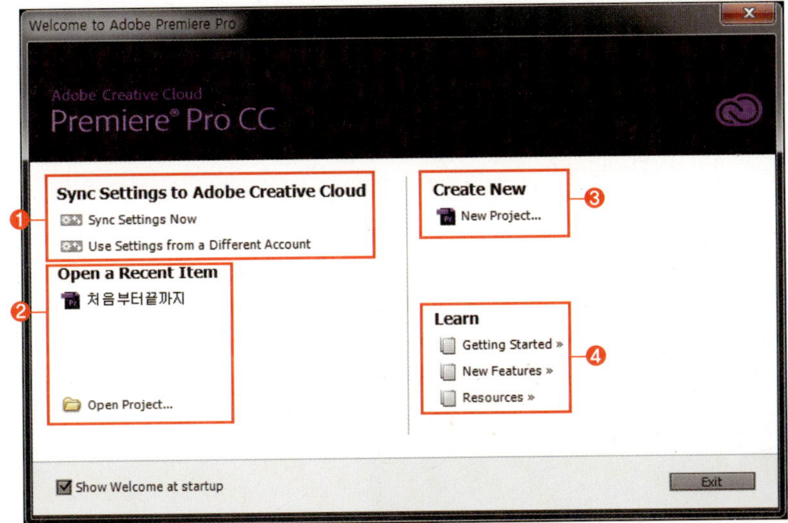

❶ Sync Settings to Adobe Creative Cloud : 지금 실행하기 전에 사용자 계정을 사용하여 설정할 것인지, 다른 계정을 사용하여 설정할 것인지 묻는 것으로 로그인하여 사용하면 바로 클라우드를 이용할 수 있습니다.

❷ Open a Recent Item : 기본적으로 기존에 사용한 4개의 프로젝트를 보여줍니다. 즉, 이전에 사용한 프로젝트를 불러올 수 있습니다.

• [Open Project] : 직접 저장한 프로젝트 파일을 불러옵니다.

❸ Create New : 새로운 프로젝트를 생성합니다.

❹ Learn : 튜토리얼 페이지로 이동하여 프리미어 프로 CC 전반적인 교육을 할 수 있습니다. 단, 영문으로 이루어져 있으니 불편함이 있습니다.

■ [Adobe Media Encoder]

마지막으로 동영상을 추출할 때 사용하는 프로그램으로 프리미어 프로 CC를 설치하면 같이 설치됩니다.

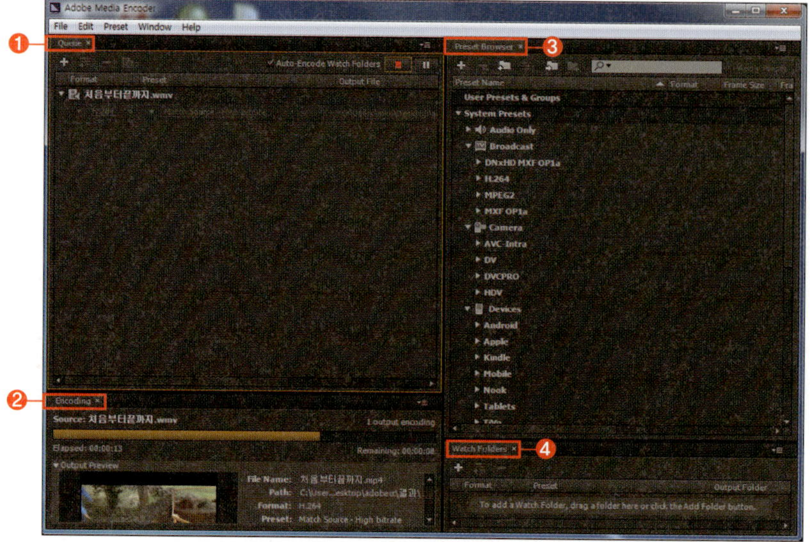

❶ Queue : 변환될 영상의 클립을 가져오거나 클립을 삭제할 수 있습니다. 또한, 영상을 어떤 방식으로 변경할지 결정하면 어느 위치에 저장하는지 변경합니다.

❷ Encoding : 소스 파일이 어떤 방식으로 변경되는지를 보여줍니다. 전체 인코딩 과정과 시간을 보여줍니다.

❸ Preset Browser : 프리미어 프로 CC에서 사용하는 영상 포맷 형태를 인코딩 전에 변경할 수 있습니다. 여기서 원하는 형태의 방식을 찾아서 인코딩되는 영상으로 포맷을 드래그하면 바로 적용할 수 있습니다.

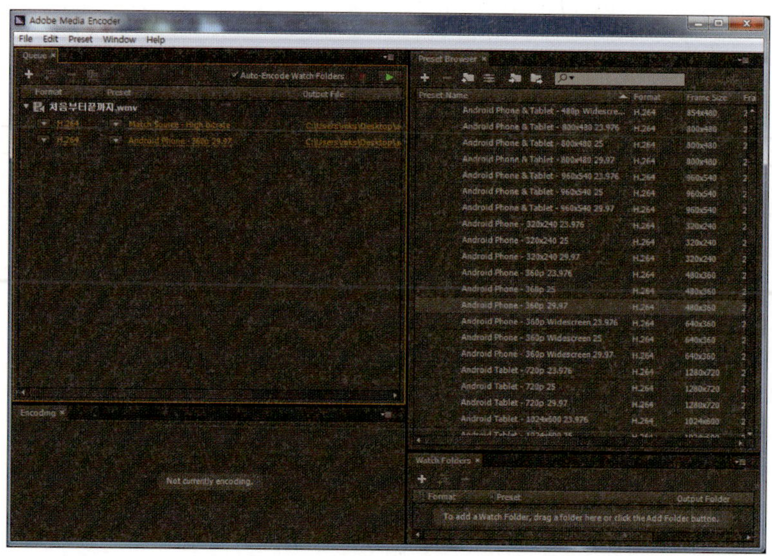

❹ Watch Folders : 감시 폴더로 인코딩되는 폴더를 지정하면 어떤 파일이 변환되었는지를 바로 확인할 수 있습니다.

프리미어 프로 CC를 설치하기 위해서는 우선 시스템 사항을 점검해야 합니다. 다른 것보다도 운영체제가 윈도우 7(64BIT)인지, CPU가 듀얼코어 이상인지, 메모리가 4GB 이상 인지를 살펴보고 적어도 이것을 만족하지 못한다면 설치 과정에서 프리미어 프로 CC의 설치 APPS가 보이지 않습니다. 또한, 지금 설치하는 프로그램은 시험버전으로 30일만 사용할 수 있습니다.

01. 웹브라우저를 실행하고 어도비 사이트인 'www.adobe.co.kr'에 접속한 다음 메뉴에서 [다운로드] 메뉴를 클릭하고 [제품 시험버전]을 클릭합니다.

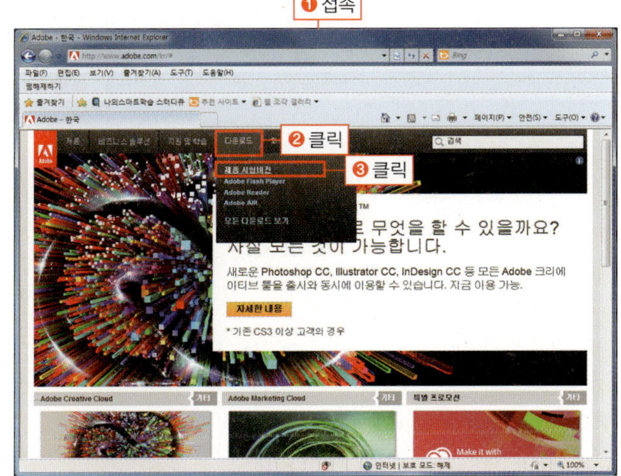

02. 여러 다운로드 페이지가 나타나면 우선 크리에이티브 클라우드를 사용하기 위해 [Creative Cloud]의 [무료로 시작하기]를 클릭합니다.

03. [다운로드 센터] 페이지에서 ID와 암호, 간단한 정보를 입력한 다음 [만들기] 단추를 클릭합니다.

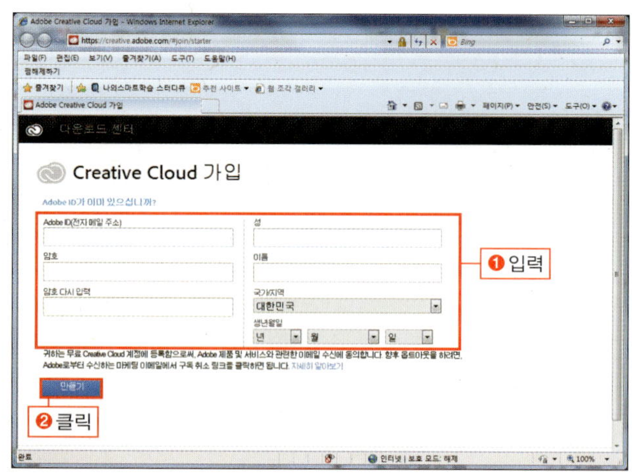

TIP : 기존의 어도비 ID와 암호를 가지고 있다면 상단의 [AdobeID가 이미 있으십니까?] 버튼을 클릭하고 이메일 주소와 암호를 입력하여 로그인하면 됩니다.

04. 하단에 여러 다운로드 앱이 나타나면 [Adobe Premiere Pro] 앱의 [다운로드] 단추를 클릭합니다.

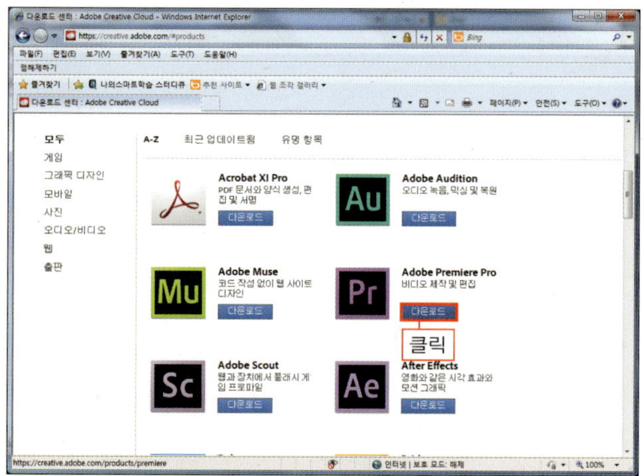

문제 해결 바로 설치하면 한글판으로 설치하게 됩니다. 기존의 사용자들은 거의 영문판으로 작업을 많이 해서 여기서도 영문판으로 설치하려고 합니다. 그래서 영문판으로 설치하는 과정을 알아둡니다. [Creative Cloud] 창의 오른쪽 상단에 환경 설정 단추(⚙▾)를 클릭하여 창이 나타나면 [환경 설정]을 클릭하고 [환경 설정] 창에서 앱 언어를 [English]로 변경하여 줍니다.

05. 이전 방식과 다르게 [Creative Cloud] 창이 나타나고 많은 여러 앱을 볼 수 있는데 [Adobe Premiere Pro CC] 앱을 찾아 [시험 사용] 단추를 클릭합니다. 바로 설치가 진행됩니다.

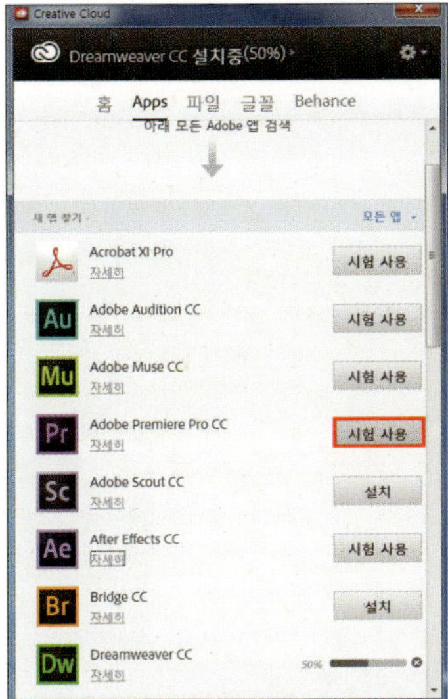

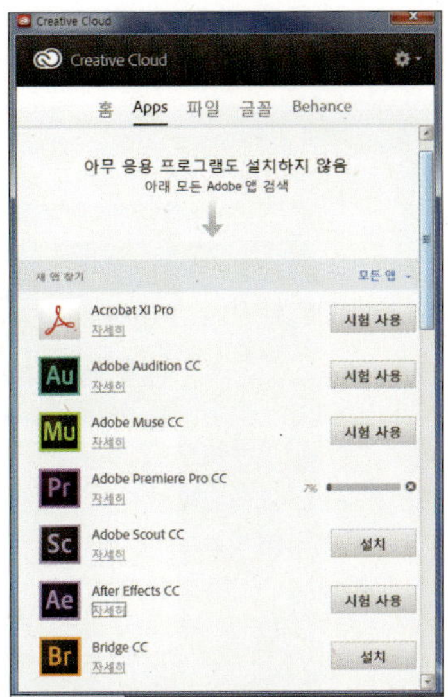

06. 설치가 완료되고 프로그램을 실행하는데 이때, 시험판 창이 나타나면 [시험 버전 시작] 단추를 클릭하여 계속 진행하면 됩니다.

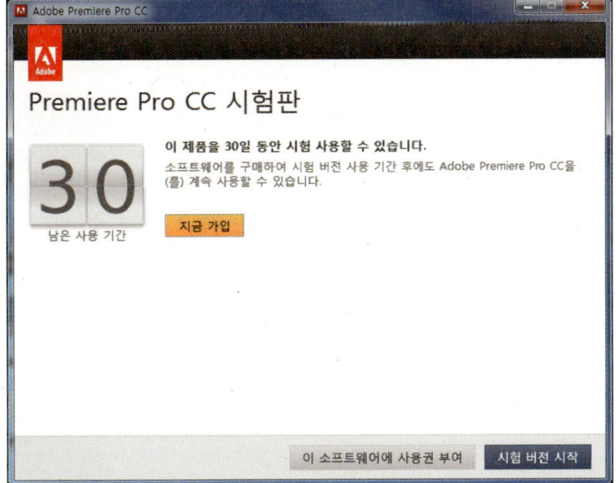

여기서는 영상을 제작하는 것이 목적이 아니라 처음부터 하나씩 제작하는 과정을 알아보겠습니다.

완성 파일 | PART1₩처음부터끝까지.prproj

01. 프리미어 프로 CC를 실행하면 [Welcome to Adobe Premiere Pro] 창이 나타납니다. 오른쪽 상단의 [New Project]를 클릭합니다.

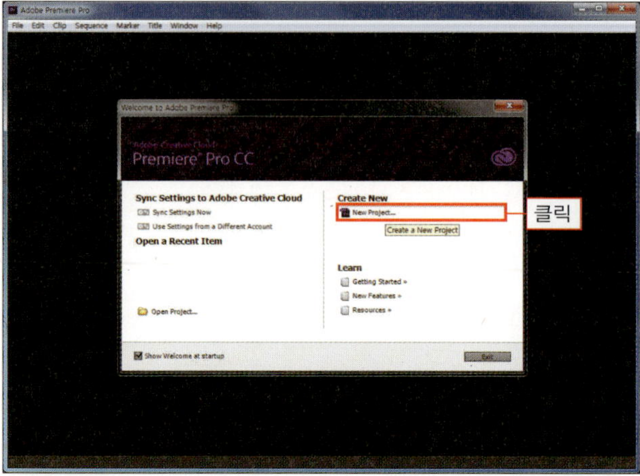

02. 새 프로젝트를 만들기 위해 [New Project] 창이 나타나면 [Name]에 '처음부터끝까지'라고 입력하고 [OK] 단추를 클릭합니다.

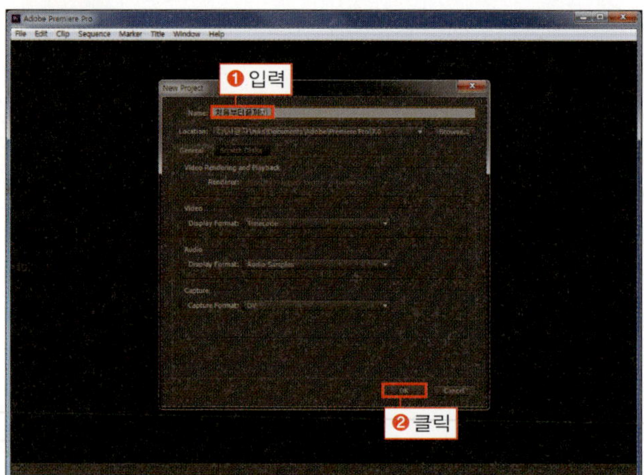

03. 이전 버전과 다르게 새로운 시퀀스를 설정하는 창이 나타나지 않습니다. 즉, 새로운 시퀀스 창을 만들어야 하는데 [File]-[New]-[Sequence] (Ctrl + N) 메뉴를 클릭합니다.

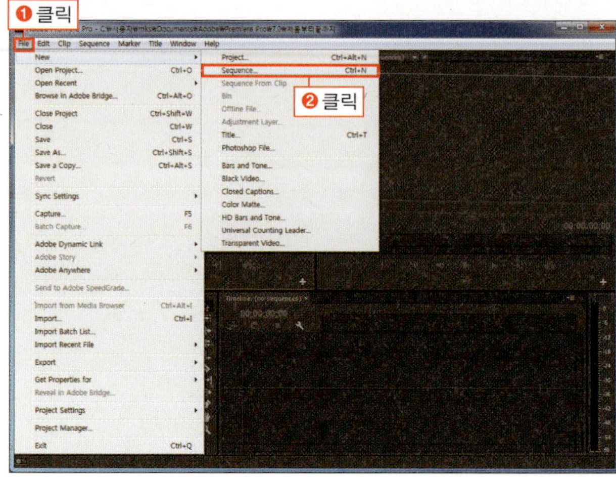

04. [New Sequence] 창이 나타나면 가장 표준 화면인 [Standard 48khz](화면:720×480 사운드: 48khz)를 설정하고 하단의 [Sequence Name]에 '시퀀스1'을 입력하고 [OK] 단추를 클릭합니다.

05. [Timeline] 패널에 '시퀀스1'이라는 새로운 시퀀스를 나타나는 것을 볼 수 있습니다. 즉, 이 상태가 모든 작업의 시작을 알려줍니다.

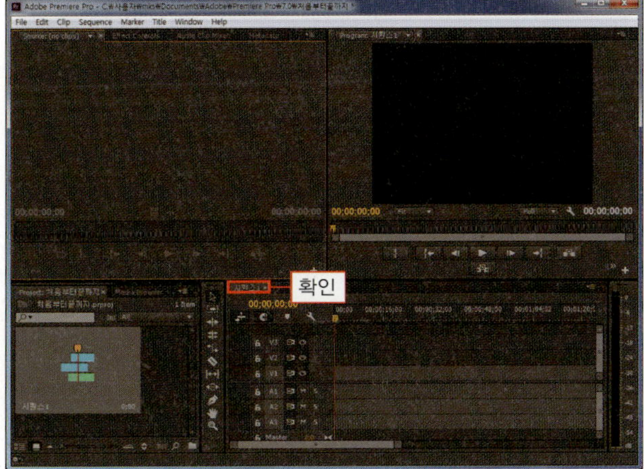

> **TIP : 시퀀스를 없는 상태에서는 작업을 할 수 없을까?**
>
> 기본적으로 시퀀스가 없는 상태에서는 이미지나 동영상 (클립들)을 가져올 수가 없습니다. 클립들을 가져오기 위해서라도 시퀀스는 먼저 설정하고 진행해야 합니다.

06. 왼쪽 하단의 [Project] 패널의 빈 곳에서 마우스 오른쪽 버튼을 클릭하면 바로가기 창이 나타나는데 [Import]를 선택합니다.

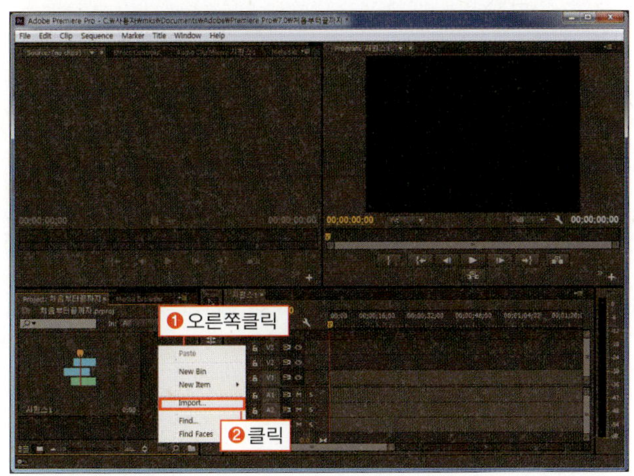

> **TIP : 클립(이미지, 동영상 등)을 불러오기**
>
> 클립을 사용하기 위해서는 [Import]를 사용해야 합니다. 보통 3가지 방법을 이용할 수 있습니다.
> ❶ [Project] 패널에서 마우스 오른쪽 버튼을 클릭하여 바로가기 창에서 [Import] 클릭
> ❷ [File] 메뉴에서 [Import] 클릭하기
> ❸ [Project] 패널의 빈 곳에서 더블클릭

07. [Import] 창에서 [Source] 폴더의 '말2.wmv'
파일을 선택하고 [열기] 단추를 클릭합니다.

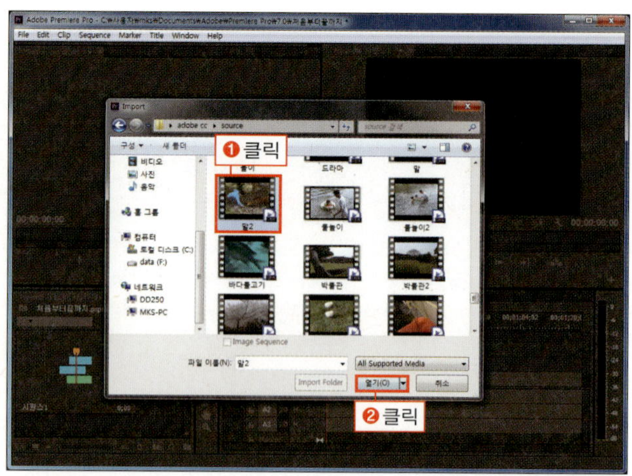

08. [Project] 패널에 '말2.wmv'가 나타나는 것을
볼 수 있습니다. 이미지나 동영상들을 가져오면
[Project] 패널에 클립들로 표시됩니다. 여기서 '말
2' 클립을 선택하고 [Timeline] 패널인 '시퀀스1'로
드래그합니다.

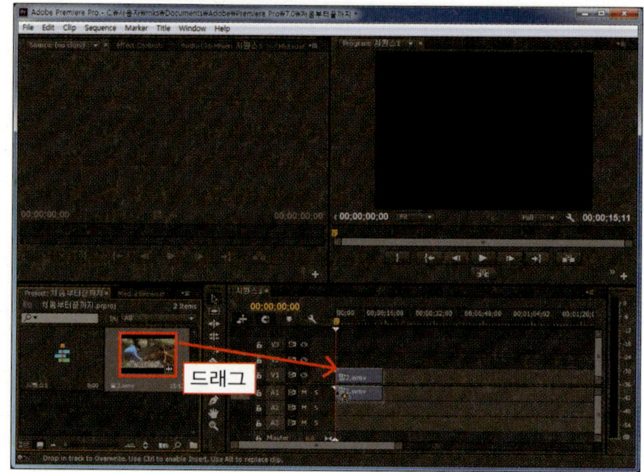

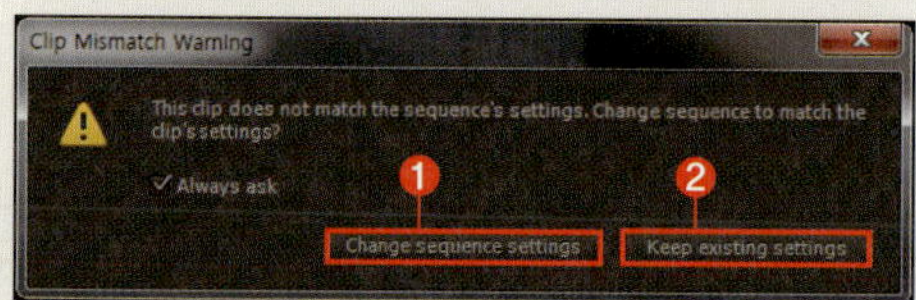

TIP : 영상 클립을 타임라인에 배치할 때 나타나는 메시지

[Project] 패널의 영상 클립을 [Timeline] 패널로 넣는 경우 다음과 같이 메시지가 나타나는 경우가 있습니다. 이는 시퀀스에 클립의 크기가
맞지 않는 경우 나타나는데 예를 들어 시퀀스의 크기가 720*480이고 클립의 크기가 640*480인 경우 메시지 창이 나타납니다. 2개의 선택
사항 중 원하는 형태를 선택합니다.

❶ Change sequence settings : 소스의 크기에 맞게 시퀀스를 설정을 변경합니다.

❷ Keep existing settings : 기존 시퀀스 설정을 그대로 유지하며 클립을 넣습니다

09. [Program] 패널에 '말2' 클립이 나타나면 Enter 를 눌러 랜더링을 하고 영상을 확인합니다.

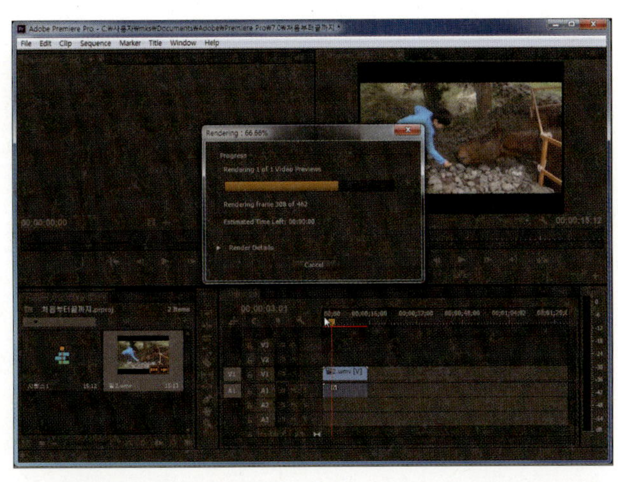

TIP : 랜더링

렌더링은 실제 동영상을 추출하기 전에 각 프레임을 미리 보고 임시로 영상을 만들어 냅니다. 각 시스템의 성능 차이에 따라 이펙트(효과)를 많이 주는 편집은 끊기는 현상이 나타날 수 있으므로 먼저 랜더링을 통해 확인해 보는 것이 좋습니다.

10. 이때 Ctrl + K 를 눌러 15초에서 영상을 분리합니다. 뒤쪽의 영상을 선택하고 Delete 를 눌러 삭제합니다.

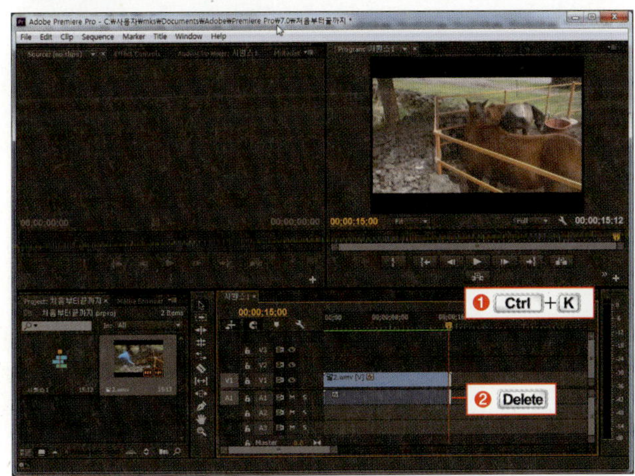

11. 원하는 만큼 영상을 잘랐으면 영상을 추출하기 위해 [File]—[Export]—[Media](Ctrl + M) 메뉴를 클릭합니다.

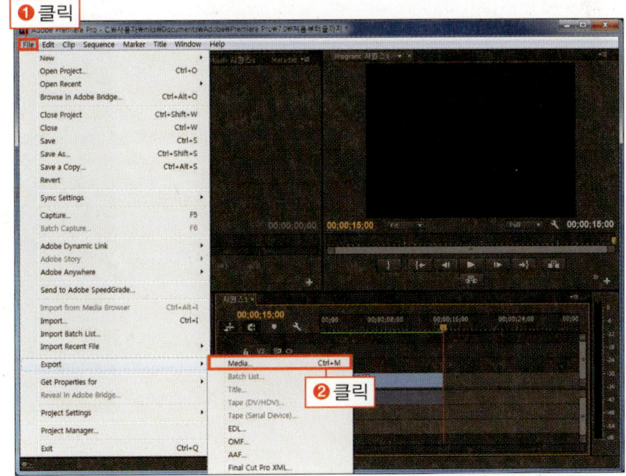

12. [Export Settings] 창이 나타나면 15초짜리 영상인지 확인하고 오른쪽 하단의 [Queue] 단추를 클릭합니다.

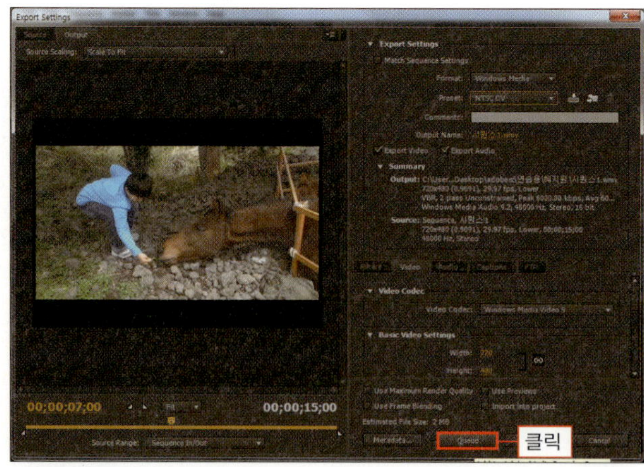

13. [Adobe Media Encoder] 창이 나타나면 추출되는 경로를 변경하기 위해 [Output File] 하단의 경로를 클릭합니다. [Save As] 창이 나타나면 자신이 원하는 경로를 선택하고 [파일 이름]을 '처음부터끝까지'로 변경하고 [저장] 단추를 클릭합니다.

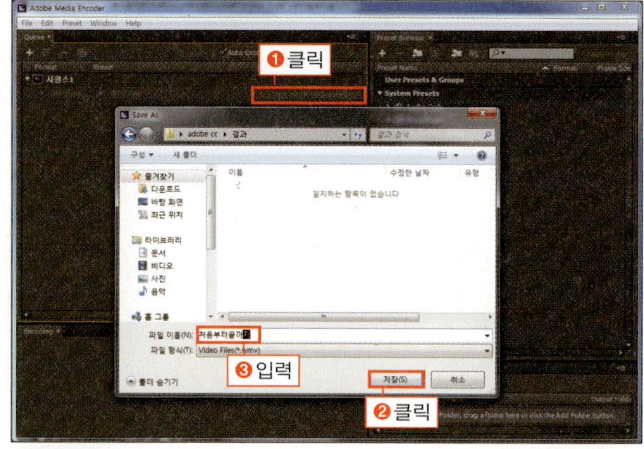

14. [Queue] 패널의 오른쪽 상단에 [Start Queue] 단추를 클릭하여 영상을 추출합니다.

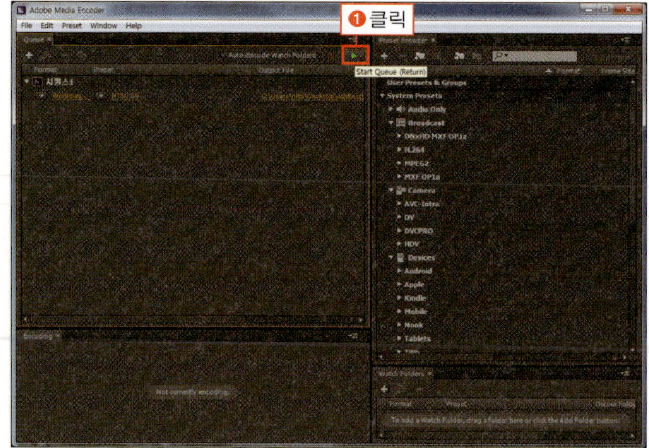

15. 영상이 추출되는 과정이 [Encoding] 패널에
보여줍니다.

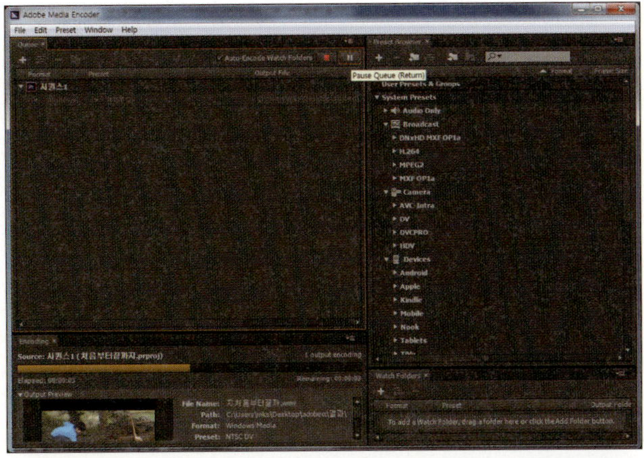

16. [Adobe Media Encoder] 창을 닫고 추출된
영상을 확인합니다.

TIP : 영상을 추출하는 방법

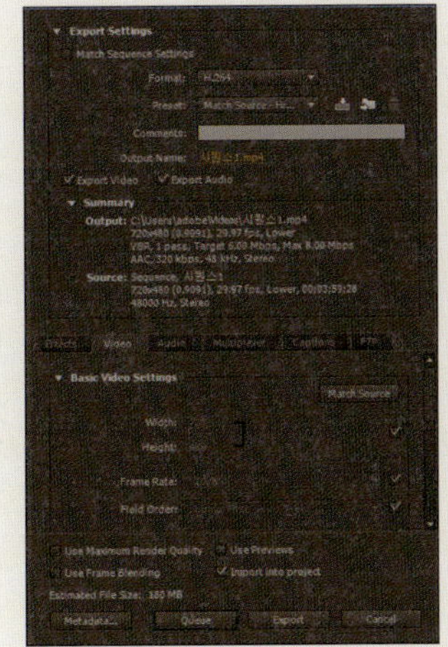

편집을 끝난 상태에서 영상을 추출하는 방법은 기본적으로 [Queue]과 [Export]를 사용합니다. 이전 버전에서 많이 사용하던 [Queue]를 클
릭하면 [Media Encoder] 프로그램이 실행되어 다시 알맞게 편집 후 추출이 가능하고, [Export]는 미디어 엔코더를 실행하지 않고 바로 영상
을 추출합니다. 빠른 추출을 원하지는 분들은 [Export]를 사용하면 바로 영상을 볼 수 있습니다.

■ 프리미어 프로CC는 어도비(Adobe)사에서 출시한 영상 편집 프로그램으로써, 93년 PC버전을 출신한 이후 새로운 기술을 도입하여 발전하고 프리미어 PRO, CS 버전을 거쳐 CC(크리에이티브 클라우드)에 이르게 됩니다. `84p`

■ 영상 편집 프로그램의 종류는 어도비의 프리미어, 오래된 장비 프로그램인 아비드, 소니의 베가스, 애플의 파이널 컷, 쉬운 인터페이스를 자랑하는 파워디렉터 등이 있습니다. 프리미어 프로 CC의 새로운 기술로는 보다 세밀한 편집 기능의 추가와 쉽게 클립을 찾을 수 있는 연결 및 찾기 기능, 보면서 색상을 선택할 수 있는 Lumetri Deep Color Engine, 보다 발달된 오디오 컨트롤 기능, 호환성을 높인 여러 코덱의 추가, 보다 발전된 GPU 가속 기술인 Mercury Playback Engine 등이 있습니다. `85p`

■ 프리미어 프로 CC의 설치 시 가장 중요 사항인 운영체제가 64비트인지, CPU와 RAM의 권장 사항에 충족한지 알아보고, Mercury Playback Engine의 작동을 위한 자신의 그래픽카드 사용이 맞는지 알아봅니다. `92p`

■ 어도비 홈페이지에서 프리미어 프로 CC의 새로운 설치 방법을 알아보고 그대로 설치해 봅니다. `97p`

■ 마지막 STEP에서는 프리미어를 이용하여 영상을 만드는 전 과정을 해보면서 전체 과정의 동작 사항을 알아보고 주의해야 할 내용들도 알아봅니다. `100p`

01 다음 조건에 맞게 프로젝트를 완성하시오.

예제 파일 : PART1₩바다물고기.wmv, 산호초.wmv
완성 파일 : PART1₩바다.mp4   **동영상 파일** : Part1-SELF TEST.avi

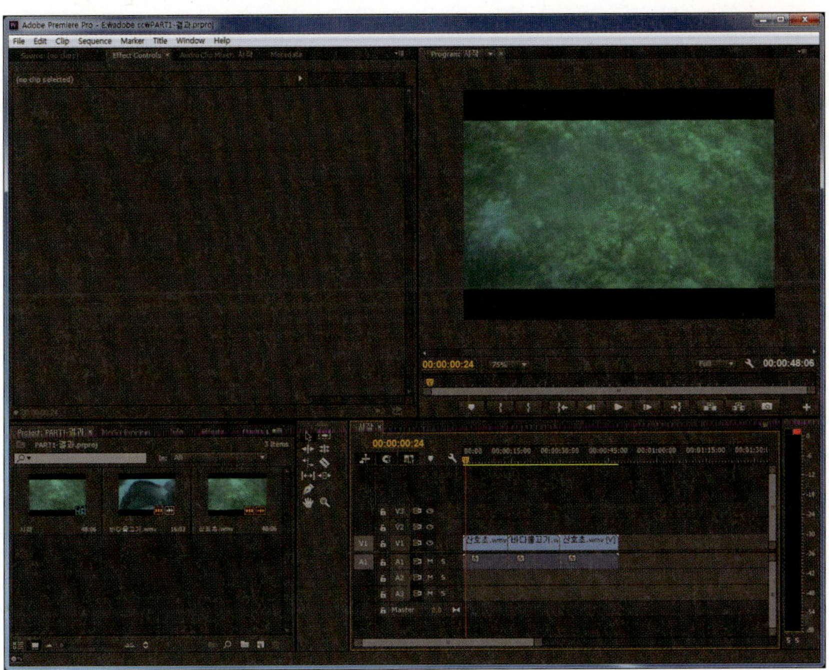

HINT

❶ 프로젝트명 : PART1

❷ 시퀀스명 : 시작하기

　– 초당 30프레임

　– 크기 (720×480), 16:9

❸ '바다물고기', '산호초' 영상 클립 불러오기

❹ 편집하기

– [V1] 트랙에 '산호초' 클립을 먼저 불러옵니다.

– 타임코드를 14초로 이동한 다음 자릅니다.

– [V2] 트랙의 14초에 '바다물고기' 클립을 가져옵니다.

– 오디오 겹치므로 '바다물고기' 클립의 오디오만 삭제합니다(힌트 : Unlink)

– 타임코드를 '바다물고기'의 끝에 맞추어 이동하고 [V1] 트랙의 '산호초' 클립을 다시 자릅니다.

– 중간에 잘린 '산호초' 영상 클립만 지우고 거기에 '바다물고기' 클립을 넣어줍니다.

❺ 추출하기

– 추출 영상 파일명 : 바다

– 영상 포맷 : MP4

02

프리미어 프로 CC
구성 요소 알아보기

지금까지 프리미어 프로 CC의 전체적인 개념과 환경을 다루었습니다. 여기서부터는 실제 각각의 구성·요소를 살펴보면서 보다 상세한 요소를 익혀봅니다. 각 구성 요소를 정확히 알아야 보다 빠른 작업을 할 수 있습니다.

프리미어 프로 CC가 실행되면 전체 화면의 구성 요소와 실제 작업이 이루어지는 작업 공간을 살펴봅니다. 화면의 구성 요소인 패널은 간단히 살펴보고 작업 공간의 생성이나 삭제를 해봅니다.

기초탄탄 ▶ 나만의 작업 공간(Workspace)

■ 작업 공간 살펴보기 `114p`

처음 프리미어 프로 CC를 시작하면 기본 작업 공간으로 [Editing] 작업 공간을 사용하게 됩니다. 그 외에 7개의 작업 공간을 이용하여 사용자의 상황에 맞게 변경하여 작업할 수 있으며, [Windows]-[Workspace] 메뉴에서 확인할 수 있습니다.

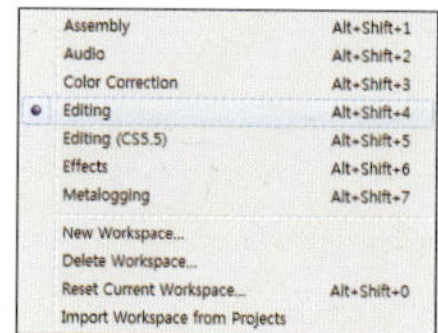

Assembly

프리미어 프로 CC에 추간된 새로운 작업 공간입니다. 프로그램 모니터와 소스 모니터의 공간을 공유하는 공간 레이아웃입니다.

Audio

영상의 오디오 작업을 위해 오디오 이펙트와 오디오 트랙 믹서를 주로 다루는 작업 공간입니다. 영상에 입힌 오디오 이펙트를 보다 편리하게 다루는데 유리합니다. 특히, [Audio Mixer] 패널을 전면에 배치합니다.

Color Correction

클립의 색상 보정 작업을 보다 쉽게 할 수 있는 작업 공간입니다. 특히, 영상에 대한 색상 보정을 최적화에 좋은 작업 공간입니다.

Editing

프리미어 프로 CC에서 기본적으로 나타나는 작업 공간입니다. 크게 [Source] 패널, [Program] 패널, [Project] 패널, [Timeline] 패널로 구분됩니다.

Editing(CS5.5)

프리미어 프로 CS6 이전 버전에 맞는 Editing 작업 공간입니다. CS5.5 버전 이전 작업을 하는 사용자들이 자주 사용한 작업 공간입니다.

Effects

클립에 이펙트 작업을 보다 쉽게 할 수 있도록 설정한 작업 공간입니다. 이펙트를 보다 쉽게 찾아서 적용하고 적용된 이펙트의 옵션을 편리하게 조작하는 데 좋은 작업 공간입니다.

Metalogging

클립들의 정보를 빨리 파악할 수 있는 작업 공간입니다. [Metadata] 패널이 주체가 되어 여러 클립들을 불러와서 바로 정보를 확인하고 사용할 수 있습니다.

작업 공간은 사용자가 작업하는 상황에 맞게 여러 패널들을 작업에 맞게 사용하고 있습니다. 그러나 사용자는 꼭 고정된 기본 작업 공간보다는 자신에 맞게 작업 공간을 만들어 사용할 수도 있습니다.

완성 파일 ┃ PART2₩내작업 공간.prproj

01. 프리미어 프로 CC를 실행하고 [Create New]에서 [New Project]를 클릭합니다.

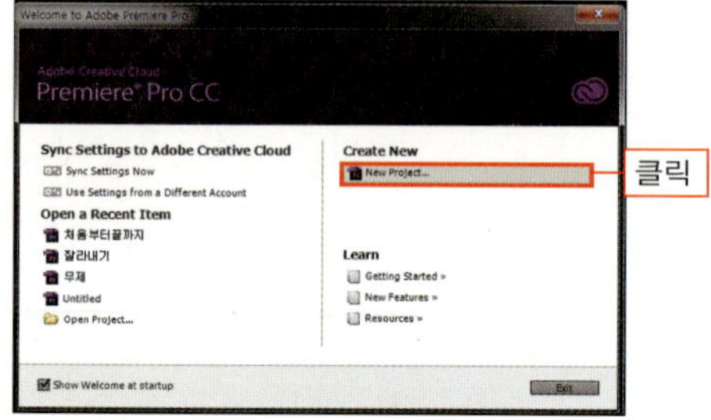

02. [New Project] 창이 나타나면 [Name]에 '내 작업 공간'라고 입력하고 [OK] 단추를 클릭합니다.

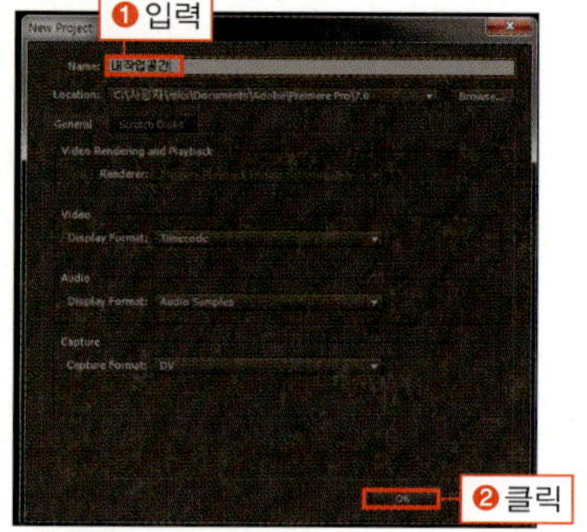

03. 처음에 나타나는 [Editing] 작업 공간이 나타나면 [Window]–[Workspace]–[Editing(CS5.5)] (Alt + Shift + 5) 메뉴를 클릭하여 변경합니다.

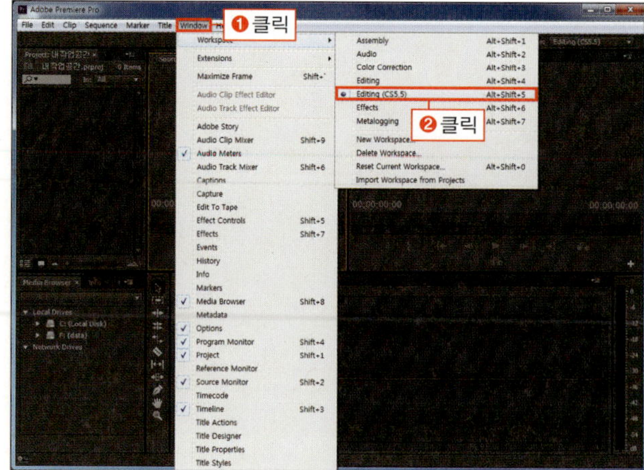

04. [Source] 패널에서 [Effect Controls] 패널을
선택하고, [Media Browser] 패널에서는 [Effects] 패
널을 선택합니다.

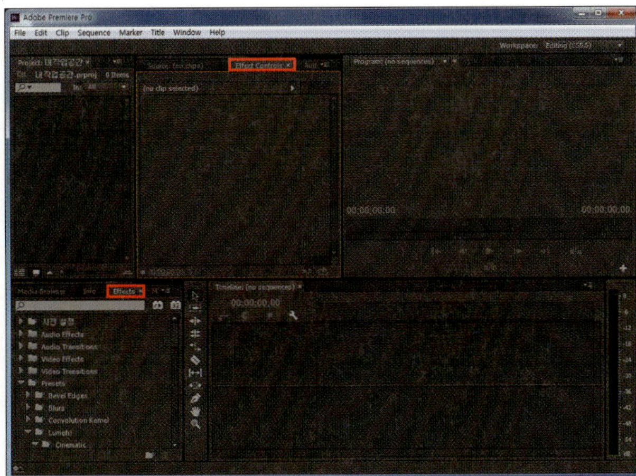

05. [Windows]–[Workspace]–[New Workspace]
메뉴를 클릭합니다.

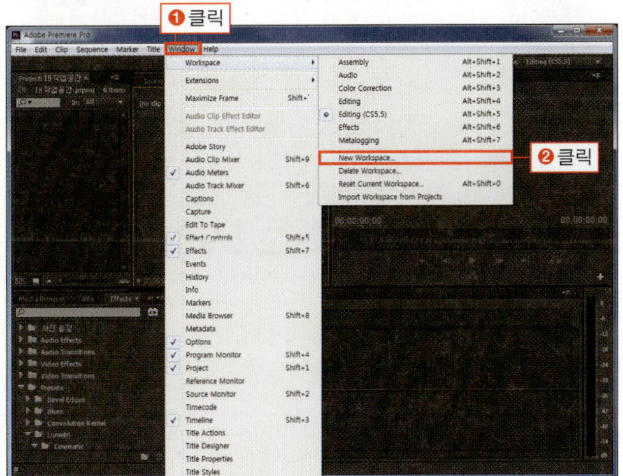

06. [New Workspace] 창이 나타나면 [Name]에
'내작업환경'이라고 입력하고 [OK] 단추를 클릭합
니다.

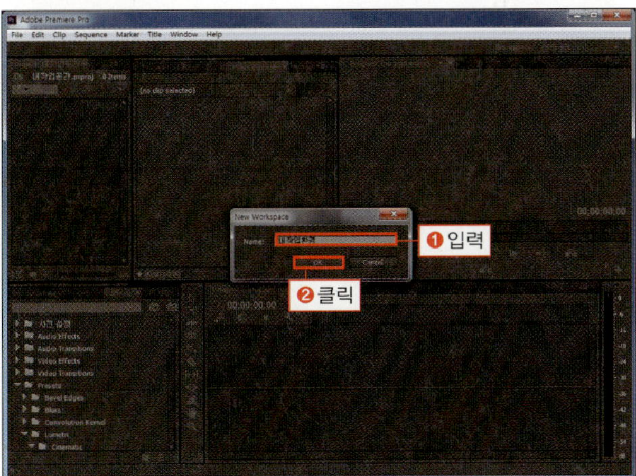

07. 다시 [Window]–[Workspace](**Alt** + **Shift** + **8**) 메뉴를 클릭하고 새로 만들어진 작업 공간을 확인합니다.

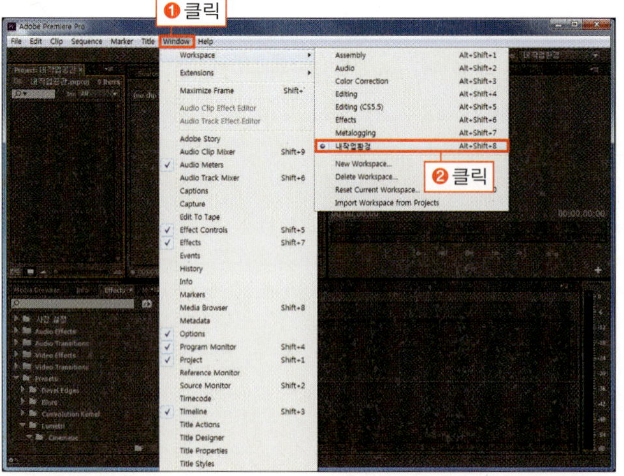

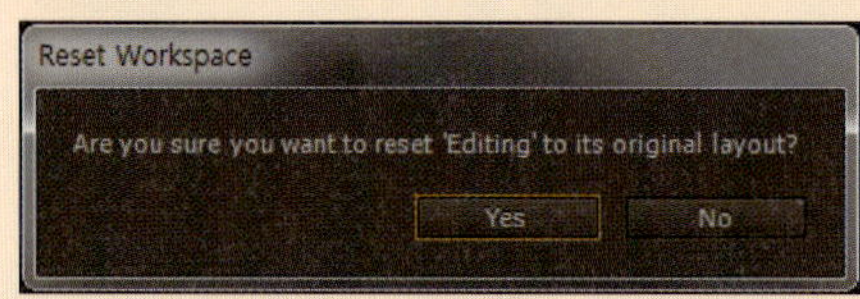

문제 해결 프리미어 프로 CC 초보 사용자들은 자신만의 작업 공간을 만들기보다는 기본 작업 공간을 그대로 사용하는 경우가 많습니다. 작업을 하다보면 패널의 확대, 축소, 숨김을 하여 작업 공간이 처음과 많이 달라지는 경우가 있습니다. 이러한 경우에 [Reset Current Workspace]를 선택하여 처음 작업 환경으로 변경하는데 단축키(**Alt** + **Shift** + **0**)를 알아두면 보다 빠른 작업을 진행할 수 있습니다.

작업을 하다보면 여러 패널을 건들기 마련인데 이때 원래 사용하던 기본 작업 공간으로 되돌려 사용하거나 새로 만들어 놓은 작업 공간을 삭제할 수 있습니다.

예제 파일 | PART2₩내작업 공간.prproj **완성 파일 |** PART2₩내작업 공간2.prproj

01. [Window]–[Workspace] 메뉴에서 가장 기본 작업 공간인 [Editing](**Alt** + **Shift** + **4**)을 클릭합니다.

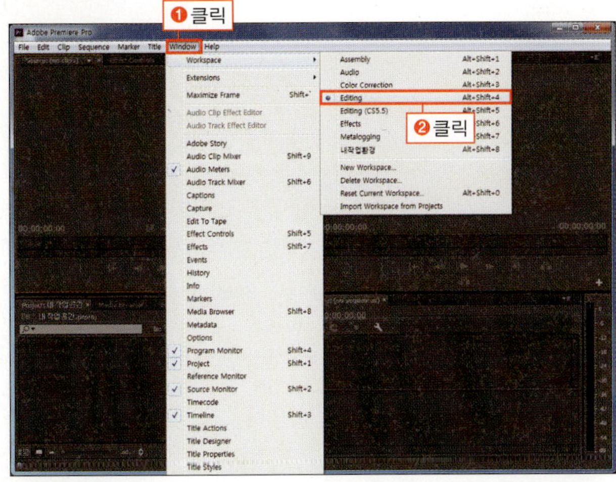

02. 새로운 작업을 하기 위해 [File]–[New]–[Sequence](**Ctrl** + **N**) 메뉴를 클릭합니다.

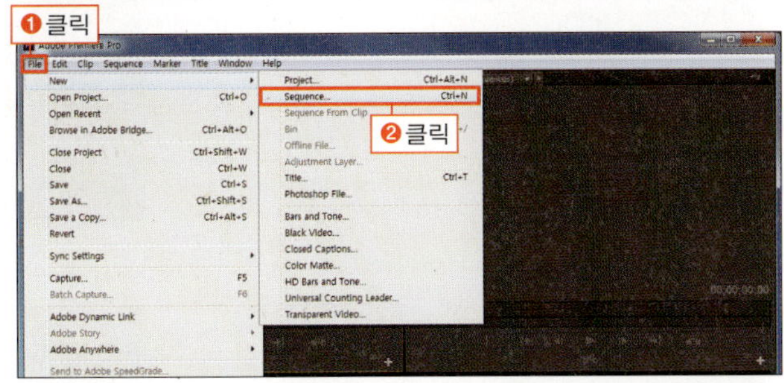

03. [New Sequence] 창이 나타나면 [Standard 48kHz]를 선택하고 [Sequence Name]에 '작업 공간편집'을 입력한 후 [OK] 단추를 클릭합니다.

04. [내작업 공간 Project] 패널의 빈 공간에서 더블클릭하여 [Import] 창이 나타나면 [Source] 폴더에서 '하늘과바다'를 선택하고 [열기] 단추를 클릭합니다.

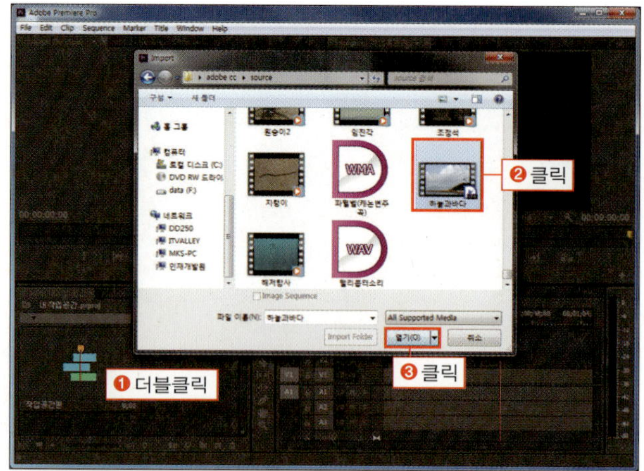

05. [Project] 패널에 클립이 들어오면 [Window]–[Workspace]–[내작업환경](**Alt** + **Shift** + **8**) 메뉴를 클릭합니다.

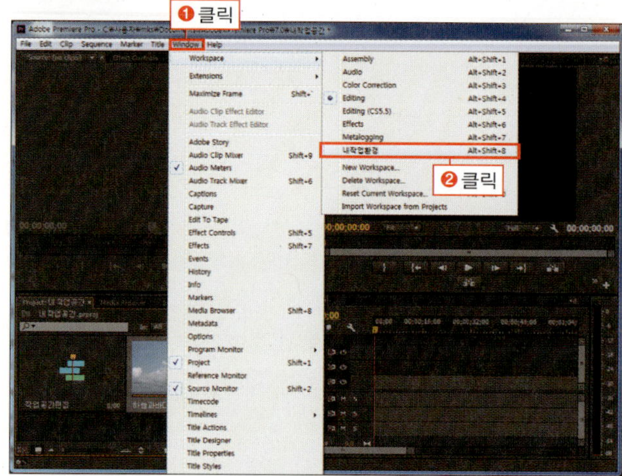

06. [Effect Controls] 패널의 오른쪽 경계선을 선택하고 오른쪽으로 이동하면 다른 패널이 나타나는데 [Source] 패널을 선택합니다.

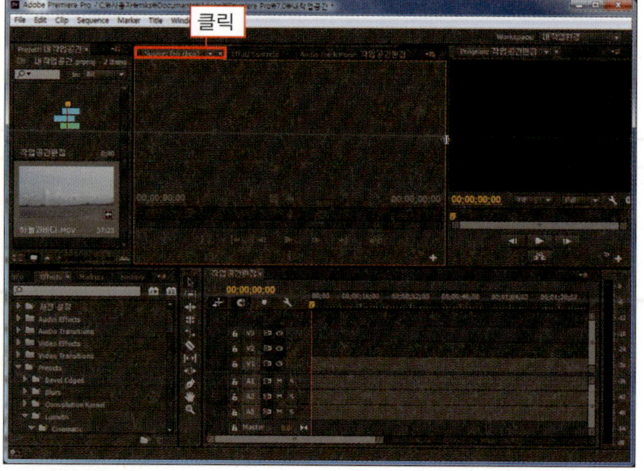

07. [Porject] 패널의 '하늘과바다' 클립을 선택하고 [Source] 패널로 드래그하여 이동시킵니다.

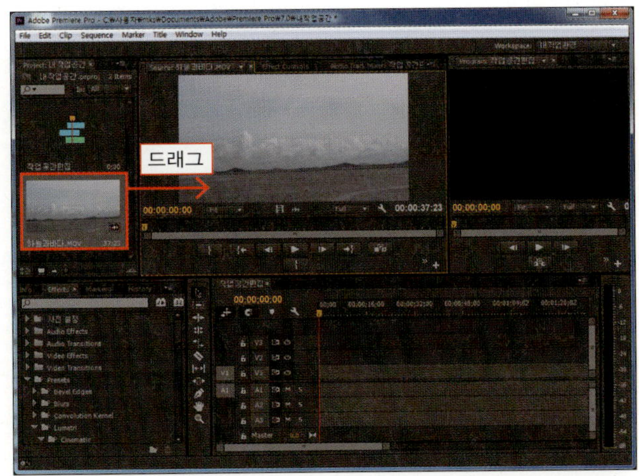

08. [Source] 패널의 [Insert]( ) 단추를 클릭하여 [Timeline] 패널에 클립이 들어가도록 합니다. 바로 [Effects] 패널 왼쪽의 [Info] 패널을 선택합니다.

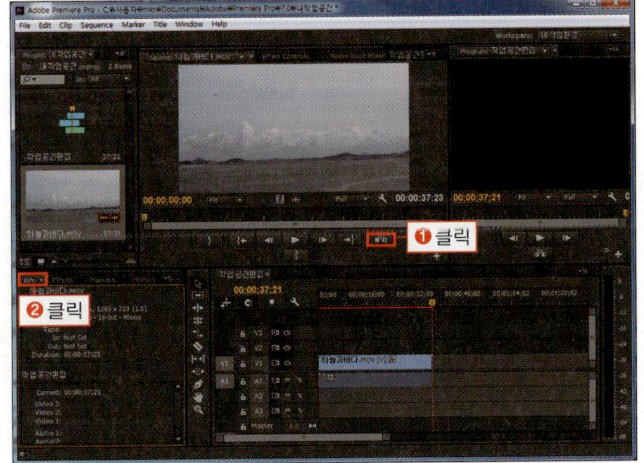

09. 계속 [Tool] 패널의 왼쪽 경계선을 선택하고 왼쪽으로 이동시켜 [Tool] 패널이 커지도록 합니다.

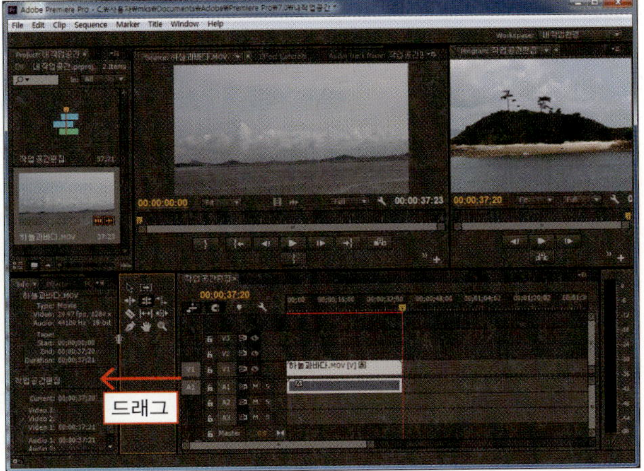

10. 패널의 크기나 변경된 패널의 배치를 재
조정하기 위해 [Window]–[Workspace]–[Reset
Current Workspace](Alt + Shift + 0) 메뉴를
클릭합니다.

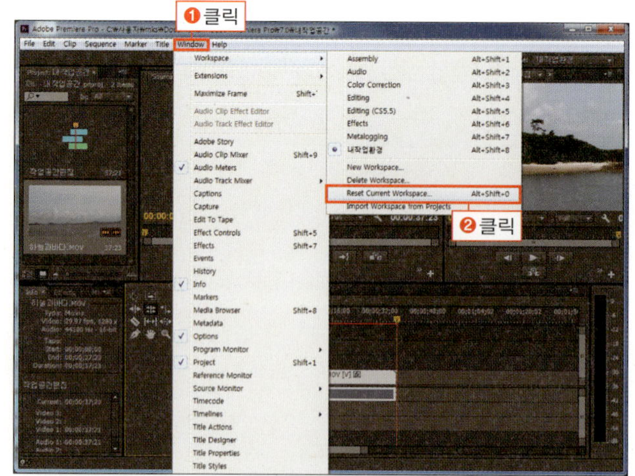

11. [Reset Workspace] 창이 나타나면 [Yes] 단
추를 클릭합니다.

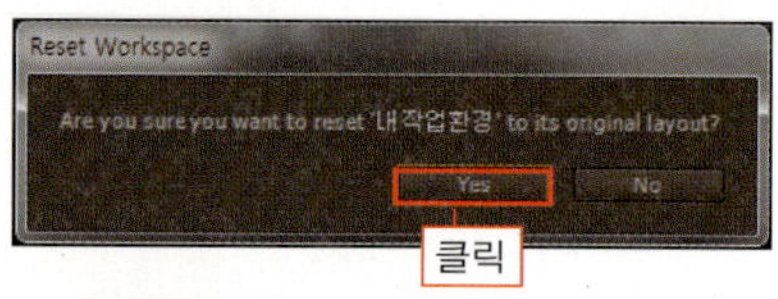

12. 처음 시작한 작업 공간처럼 변경되는 것을
확인할 수 있습니다.

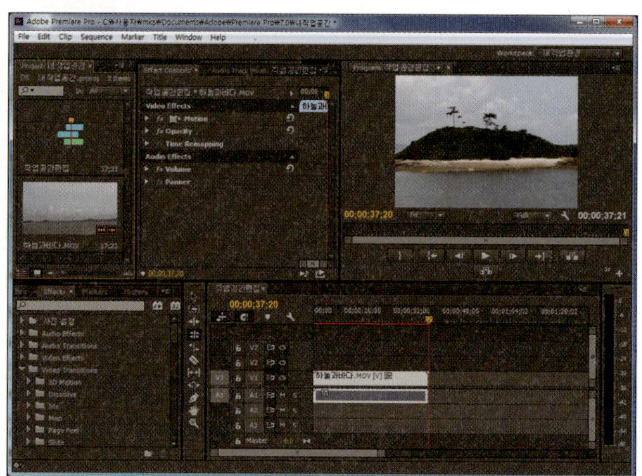

13. 기존에 작성한 작업 공간을 삭제하기 위해
서 [Window]–[Workspace]–[Delete Workspace]
메뉴를 클릭합니다.

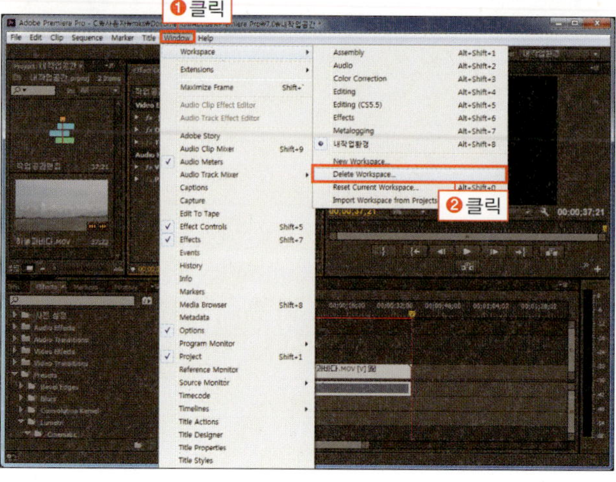

14. [Delete Workspace] 창이 나타나면 [Name]의 [Assembly]를 선택하여 '내작업환경'을 찾으면 없는 것을 확인할 수 있습니다.

TIP : 지금 작업하고 있는 공간은 삭제할 수 없습니다. [Cancel] 단추를 클릭합니다.

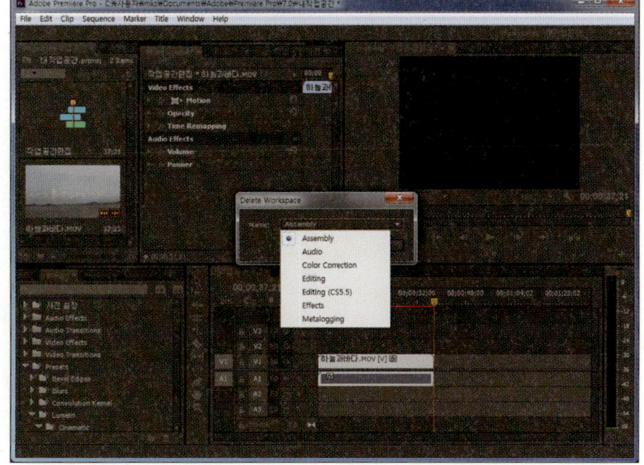

15. 다른 작업 공간으로 이동하기 위해 [Window] 메뉴가 아닌 [Program] 패널의 오른쪽 상단에서 [Workspace]의 '내작업환경'을 선택하여 'Editing'을 클릭합니다.

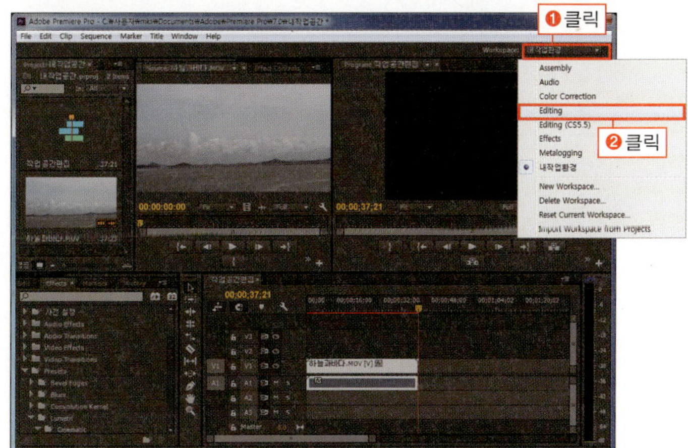

16. 다시 삭제하기 위해서 [Window]–[Workspace]–[Delete Workspace] 메뉴를 클릭합니다.

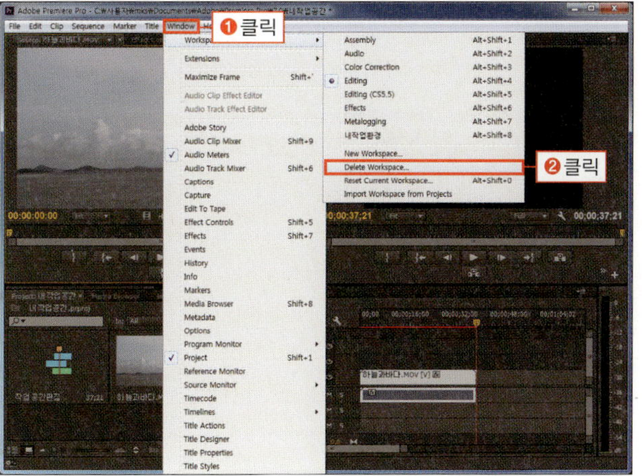

17. [Delete Workspace] 창에서 '내작업환경'을 선택하고 [OK] 단추를 클릭하면 삭제됩니다. [Window]─[Workspace] 메뉴에 들어가면 삭제된 것을 확인할 수 있습니다.

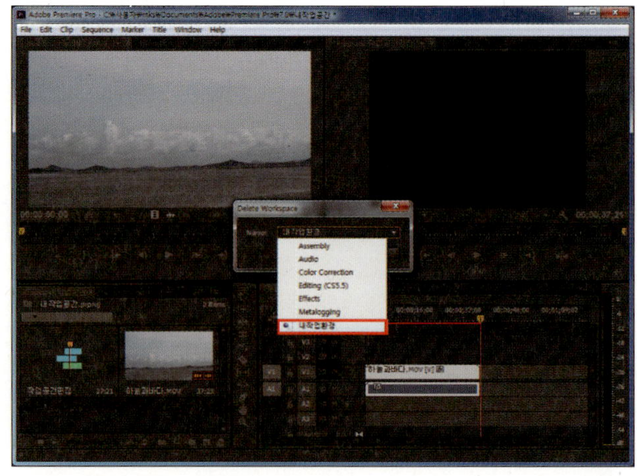

TIP : 기본 작업 공간이 훼손되었을 때 복구하기

일반적으로 기본적으로 가지고 있는 작업 공간은 삭제하지 않는데 잘못하여 기본 작업 공간을 삭제하는 경우에 복구하기가 힘듭니다. 그래서, 다음과 같은 방법을 이용하여 기본 작업 공간을 복구하길 바랍니다.

❶ c:₩사용자₩사용자 계정₩내문서₩Adobe₩Promiere Pro₩7.0₩Profile-adobe₩Layouts 이동

❷ WorkspaceConfig.xml를 삭제한 후 다시 프로그램을 실행합니다.

❸ 복구된 상태를 확인합니다.

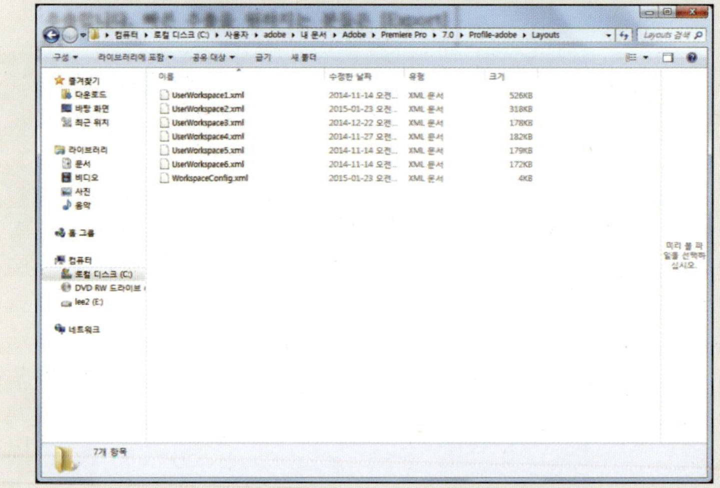

프로젝트 옵션을 이용한 내게 맞는 프로젝트

[New Project] 창의 [General] 탭에서 전체 프로젝트의 비디오, 오디오, 캡처 방식의 설정을 이용한 타임코드 변경을 알아보며 [Scratch Disks] 탭에서 저장 방식의 설정을 이용한 영상의 오디오 부분만 따로 저장하는 방법도 알아봅니다.

기초탄탄 ▶ [New Project] 창 이해하기

■ [New Project] 창

프리미어 프로 CC에서 새로운 프로젝트를 선택하면 바로 [New Project] 창이 나타납니다. 여기에는 [General] 탭과 [Scratch Disks] 탭이 나타나는데 설정되어 있는 것들은 기본이지만 사용자에 따라 설정을 변경하고 프로젝트를 작성할 수 있습니다.

■ [General] 탭

머큐리 재생 엔진 사용 설정과 비디오, 오디오, 캡처 시 각각의 옵션을 설정합니다.

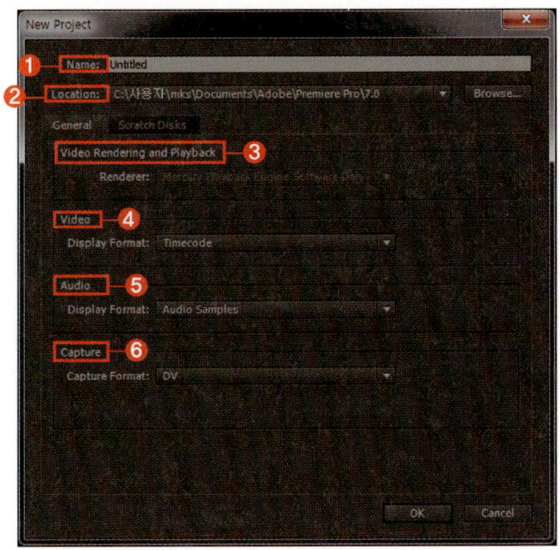

❶ Name : 새로운 프로젝트 이름을 입력합니다.

❷ Location : 새롭게 만드는 프로젝트의 저장 공간을 지정할 수 있습니다.

❸ Video Rendering and Playback : 그래픽 카드 가속을 지원받기 위한 머큐리 재생 엔진의 설정을 할 수 있습니다. 단, 지원하지 않는 그래픽 카드는 이 부분이 비활성화 됩니다.

❹ Video : 비디오의 시간 단위인 타임코드의 표시 형식을 설정합니다.

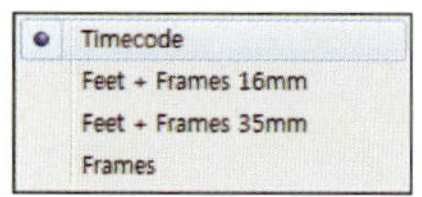

- Timecode : 기본적으로 설정되며, 타임코드가 '시간;분;초;프레임' 단위로 표시됩니다.
- Feet + Frames 16mm : 16mm 필름에 사용되며, 40fpf(필름 1feet당 프레임 수)로 표시됩니다.
- Feet + Frames 35mm : 35mm 필름에 사용되며, 16fpf로 표시됩니다.
- Frames : 프레임의 개수만으로 환산하여 표시됩니다.

❺ Audio : 기본적으로 설정되며, 오디오 샘플링 단위를 설정합니다.

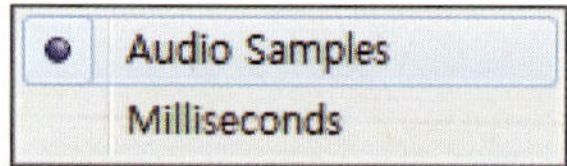

- Audio Samples : 오디오의 샘플링 비율대로 타임코드가 나타납니다.
- Millisecond : 1/1000초 단위로 나타납니다.

❻ Capture : 컴퓨터와 캠코더를 연결하여 동영상을 컴퓨터로 캡처하여 가져올 때 설정합니다.

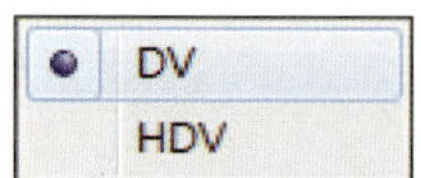

- DV : 영상을 캡처하는 방식으로 일반적으로 가장 많이 사용합니다.(720×480)
- HDV : HD급 영상인 1280×720 이상인 영상을 캡처할 때 사용합니다.

■ [Scratch Disks] 탭

프리미어 프로 CC에서 프로젝트를 만들기 전에 프로젝트가 저장된 폴더를 설정합니다. 기본적으로 [문서] 안에 [Adobe]-[PremierePro]-[7.0] 폴더를 만들어 저장합니다.

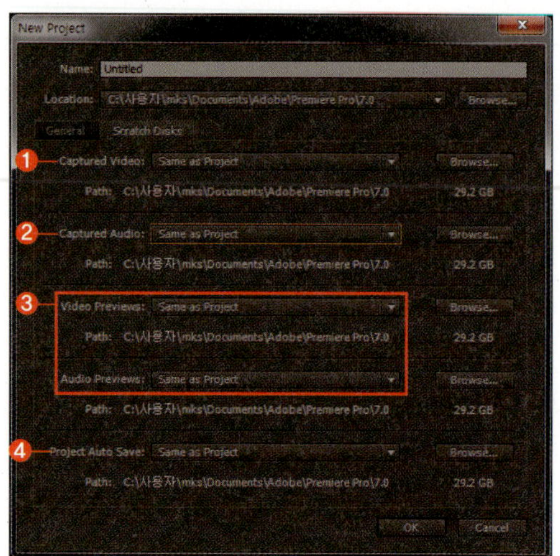

❶ Captured Video : 캠코더로 가져오는 영상들이 저장되는 경로를 설정할 수 있습니다.

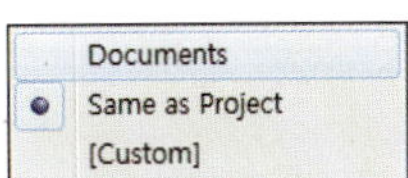

- Documents : [Loaction] 경로와 상관없이 '내 문서'에 설정된 기본 경로로 저장됩니다.
- Same as Project : [Loaction] 경로와 같이 프로젝트와 동일 폴더에 저장됩니다.
- [Custom] : [Browse]를 클릭해 사용자가 원하는 저장 폴더를 설정할 수 있습니다.

❷ Captured Audio : 캠코더로 가져오는 영상에서 오디오들만 따로 저장되는 경로를 설정할 수 있습니다.

❸ Video Previews, Audio Previews : 영상을 랜더링했을 때 미리 보기 기능을 지원하는 폴더를 생성하며 랜더링한 임시 파일이 저장됩니다.

❹ Project Auto Save : 프리미어 프로 CC는 자동 저장 기능이 있는데 일정한 시간이 지나면 설정된 폴더에 임의의 프로젝트가 저장되고 프로젝트 단추를 클릭하면 없어집니다.

TIP : [Preferences] 대화상자 이해하기

프로그램을 보다 효율적으로 활용하기 위해서는 환경 설정을 정확히 이해해야 합니다. 프리미어 프로 CC도 사용자가 가장 알맞은 환경을 만들어 놓고 작업하는 것이 중요합니다. 환경 설정은 [Edit]-[Preference]-[General] 메뉴를 클릭하면 나타나는 [Preferences] 대화상자에서 확인할 수 있습니다.

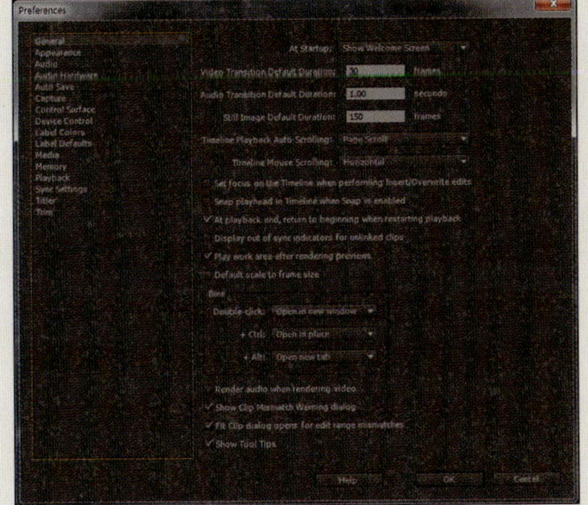

- General : 트랜지션의 지속 시간이나 타임라인의 자동 스크롤 재생 오셥, 멀티 빈 출력 시 옵션 선택 등을 조절합니다.
- Appearance : 프리미어 인터페이스의 색감을 조절합니다.
- Audio : 오디오 트랙이 가질 채널의 선택이나 5.1 채널 처리 옵션의 선택, Automation Keyframe 최적화 옵션 등을 사용 시 사용합니다.
- Audio Hardware : 시스템과 맞게 입출력 오디오 옵션을 설정합니다.
- Auto Save : 자동 저장 옵션으로 시간을 설정합니다.
- Capture : 외부 장치로부터 직접 클립들을 캡처해 가져오는 설정을 합니다.
- Device Control : 외부 장치를 선택하는 옵션입니다.
- Label Colors : [Project] 패널과 [Timeline] 패널에 구별하는 색상을 지정합니다.
- Label Defaults : 7가지 유형의 레이블 색상을 지정합니다.
- Media : 미디어 캐시 데이터베이스 파일을 저장하는 경로를 설정하는 옵션입니다.
- Memory : 프리미어 뿐만 아니라 관련 프로그램의 메모리 상태를 확인합니다.
- Playback : 외부 장치와 연결된 재생 설정 옵션 선택합니다.
- Sync Settings : 장치의 환경, 작업 공간, 단축키 등의 설정 동기화를 체크합니다.
- Titler : 자막에 쓰이는 기본 글꼴을 설정합니다. 한국어(가, 가나다)로 설정하지만 하지 않아도 한글 자막은 따로 있어서 기본으로 둡니다.
- Trim : 클립 사이의 빈 공간에 시간을 설정합니다.

프리미어 프로 CC를 시작하면서 [New Project] 창에 [General] 탭의 〈Video Display Format〉에서 [Timeline] 탭의 타임코드를 설정할 수 있는데, 처음에는 기본으로 설정하고 사용하다가 필요에 의해 다른 타임코드 형식으로 변경을 할 수 있습니다.

완성 파일 | PART2₩타임코드변환.prproj

01. 프리미어 프로 CC를 실행하고 [New Project]를 클릭한 다음 [New Project] 창에서 [Name]에 '타임코드변환'을 입력하고 [OK] 단추를 클릭합니다.

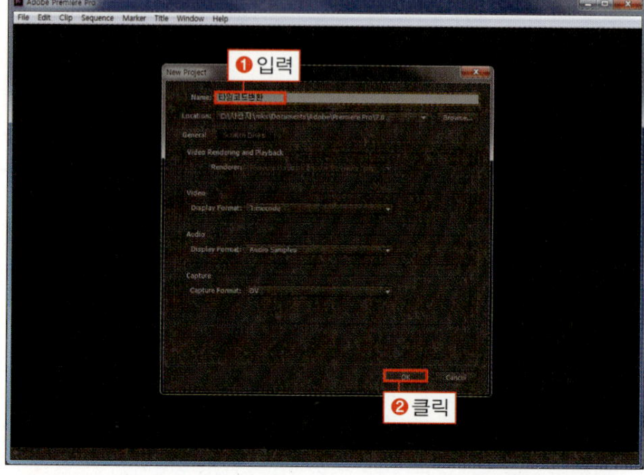

02. 프리미어 창이 열리면 새로운 시퀀스를 만들기 위해 [File]-[New]-[Sequence](Ctrl + N) 메뉴를 클릭합니다.

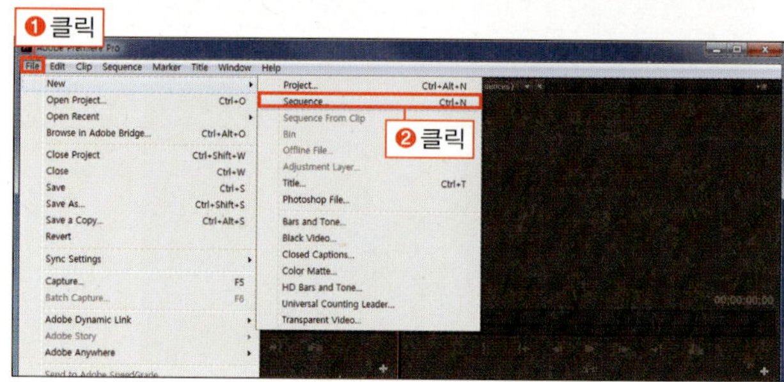

03. [New Sequence] 창이 나타나면 [Standard 48kHz]를 선택한 상태에서 [Sequence Name]에 '타임코드'라고 입력하고 [OK] 단추를 클릭합니다.

04. [Project] 패널의 빈 곳에 더블클릭하여 [Import] 창이 나타나면 [Source] 폴더에서 여러 클립 중 '소금.wmv'를 선택하고 [열기] 단추를 클릭합니다.

05. [Project] 패널에서 '소금.wmv' 클립을 선택하고 [Timeline] 패널의 [V1] 트랙으로 이동시킵니다.

06. [Timeline] 패널에 클립이 들어오면 전체 길이를 확인하기 위해서 키보드의 ⌈ End ⌋를 누르면 타임라인 바가 클립의 가장 끝 부분으로 이동합니다. 계속 타임코드를 변경하기 위해 ⌈ Ctrl ⌋을 누른 상태에서 [Timeline] 패널의 타임코드를 클릭합니다.

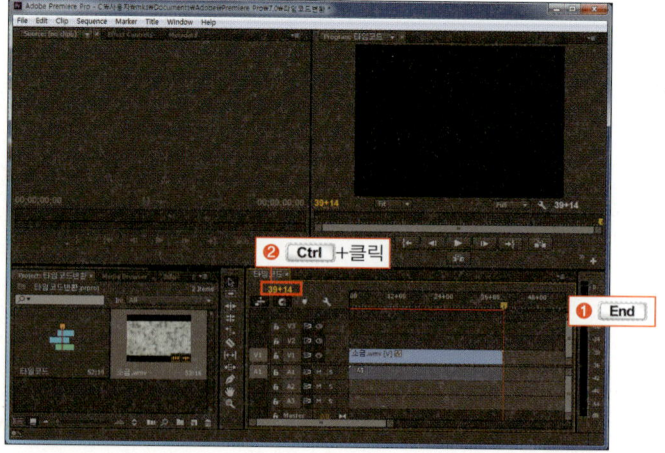

---

07. 타임코드를 Frames 기준으로 변경하기 위해 ⌈ Ctrl ⌋을 계속 누르고 타임코드 부분에 2번 정도 더 클릭하여 Frames 단위인 '1574'가 나올 때까지 클릭하여 변경합니다.

---

08. 타임코드가 변경되면 다시 클릭하고 '120'을 입력하고 ⌈ Enter ⌋를 누릅니다. 그러면, 타임라인 바가 4초(120 프레임)로 이동합니다.

09. [Timeline] 패널의 오른쪽 상단의 패널 옵션 목록을 클릭하면 바로가기 창이 활성화되는데 [Show Audio Time Units]를 선택합니다.

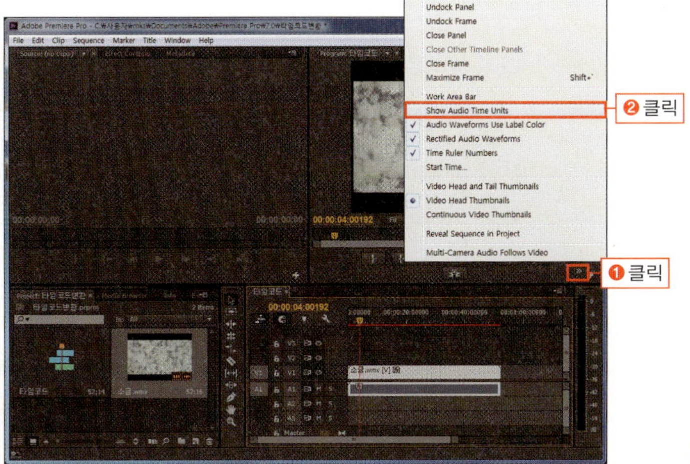

TIP : Millisecond, Audio Samples

Millisecond는 1/1000초 단위로 나타나는데 오디오를 기준으로 0.000~0.999까지 있습니다. Audio Samples는 오디오의 샘플링 비율대로 타임코드가 나타납니다. 오디오 포맷을 48khz로 선택하면 0~47,999까지 있습니다.

10. 비디오의 타임코드처럼 오디오의 타임코드도 변경합니다. **Ctrl** 을 누른 상태에서 마우스로 클릭하면 [Millisecond]에서 [Audio Samples]로 변경됩니다.

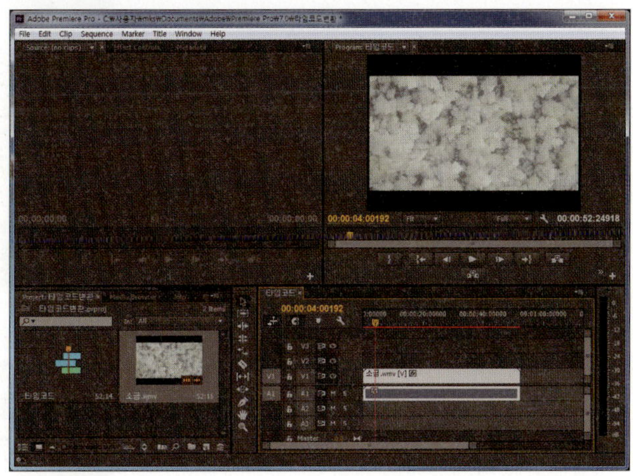

프리미어 프로 CC는 비디오와 오디오를 보통 같이 작업합니다. 그러나 작업에 따라 불러온 영상에서 오디오 부분만 따로 저장할 필요가 있습니다. [New Project] 창의 [Scratch Disks] 탭을 이용하여 오디오 부분만 따로 저장해봅니다.

완성 파일 | PART2 ₩오디오만 따로.prproj **추출 파일 |** PART2₩하늘과바다 Audio Extracted.wav

01. 프리미어 프로 CC를 실행하고 새로운 프로젝트를 작성하기 위해 [New Project] 창에서 [Name]에 '오디오만 따로'라고 입력하고 [Scratch Disks] 탭을 선택합니다.

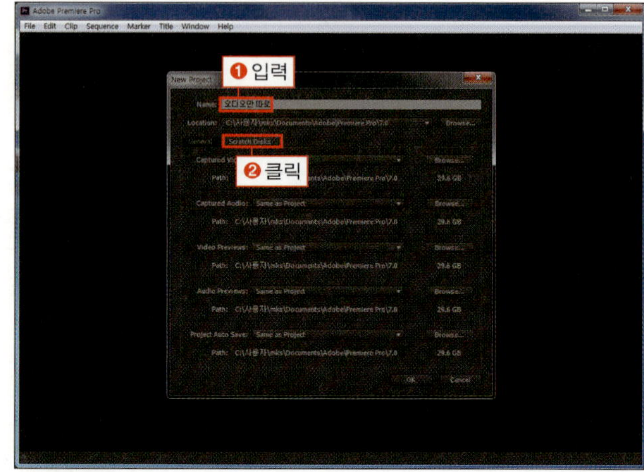

02. 프로젝트의 저장 장소를 지정하는 [Location]의 [Browse] 단추를 클릭합니다. [폴더 선택] 창이 나타나면 왼쪽의 라이브러리에서 [비디오]를 선택하고 다시 [비디오 샘플]을 선택한 다음 [폴더 선택] 단추를 클릭합니다.

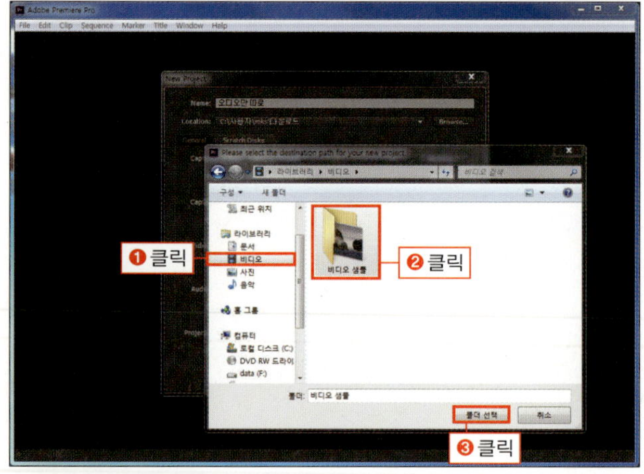

03. [Scratch Disks] 탭의 저장 공간들이 변경되는 것을 확인할 수 있습니다. 이유는 [Same as Project]로 설정이 되어 있으면 [Location]과 같은 저장 공간으로 변경됩니다.

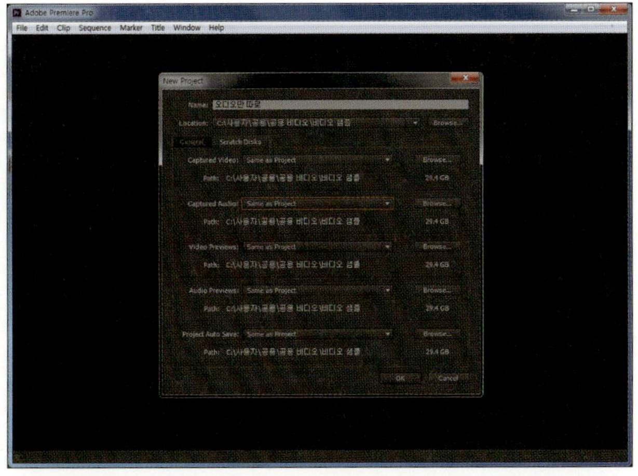

04. 여기서는 오디오만 따로 저장하기 위해 [Captured Audio]를 [Custom]으로 변경하고 옆의 [Browse] 단추를 클릭합니다. [폴더 선택] 창이 나타나면 [라이브러리]-[음악]으로 이동해서 [음악 샘플] 폴더를 선택하고 [폴더 선택] 단추를 클릭합니다. 설정이 끝나면 [OK] 단추를 클릭합니다.

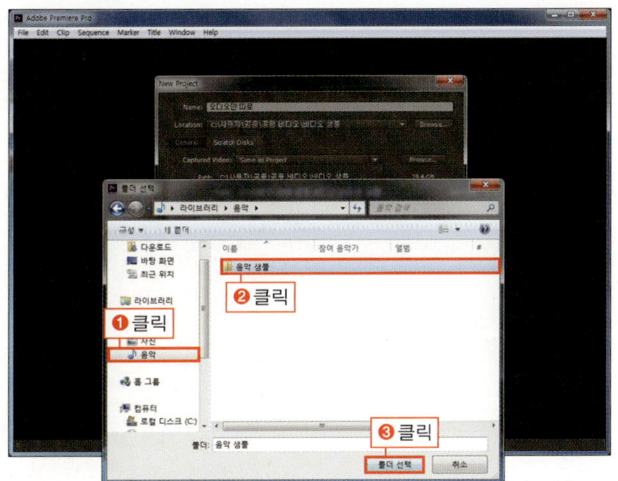

05. 새로운 시퀀스를 만들기 위해 [File]-[New]-[Sequence](Ctrl + N) 메뉴를 클릭합니다. [New sequence] 창이 나타나면 기본(Standard 48khz)를 선택하고 [Name]에 '오디오만'을 입력한 다음 [OK] 단추를 클릭합니다.

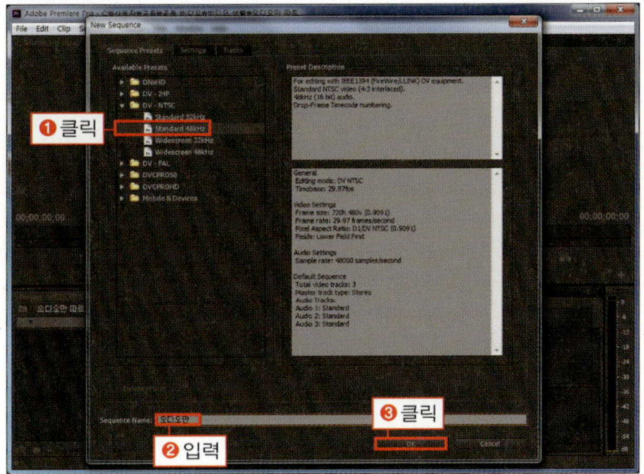

06. [Project] 패널의 빈 곳을 더블클릭하여 [Import] 창이 열리면 [Source] 폴더에서 '하늘과 바다'를 선택하고 [열기] 단추를 클릭하여 클립으로 가지고 옵니다. 바로 [Timeline] 패널의 [V1] 트랙으로 이동시켜 줍니다.

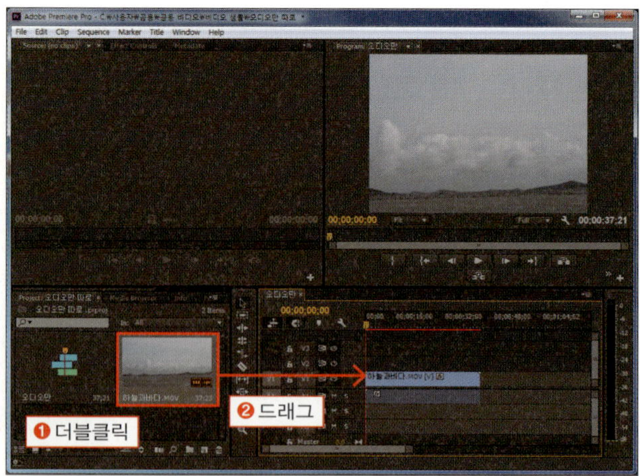

07. 바로 Enter 를 누르면 랜더링을 합니다. 이전에 [Location]에서 변경해 놓은 폴더로 이동하는데 [라이브러리]–[비디오]를 선택하고 [비디오 샘플] 폴더로 이동한 다음 [Adobe Premiere Pro Preview Files]의 폴더로 이동하면 다시 [오디오만 따로.PRV] 폴더가 있는데 다시 들어갑니다. 랜더링한 영상 파일을 볼 수 있습니다.

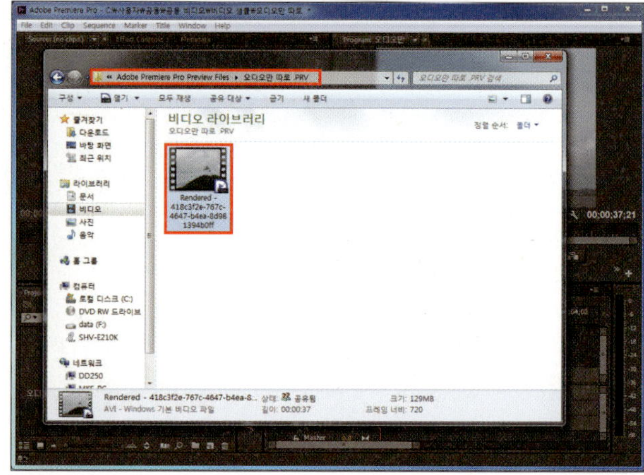

08. [Project] 패널의 '하늘과바다' 클립을 선택하고 [Clip]–[Audio Options]–[Extract Audio] 메뉴를 클릭합니다.

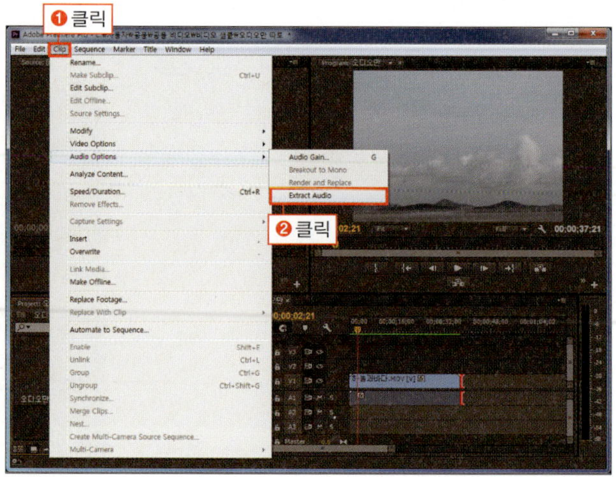

> **TIP : 오디오만 추출**
>
> 오디오의 추출 방식은 2가지로 할 수 있습니다.
> ❶ [File]–[Export]–[Media]를 클릭하여 [Export Settings] 창에서 [Format]을 오디오 파일(AAC Audio, MP3 등)로 선택하고 추출합니다.
> ❷ 클립 자체의 오디오를 추출할 경우 [Project] 패널의 클립을 선택하고 [Clip]–[Audio Options]–[Extract Audio] 메뉴를 선택하여 추출합니다.

09. [Project] 패널에 추출된 오디오 클립을 볼 수 있습니다. 임의의 폴더를 열고 [라이브러리]-[음악]을 선택하고 [음악 샘플] 폴더로 이동하면 '하늘과 바다 Audio Extracted.wav' 파일을 볼 수 있습니다.

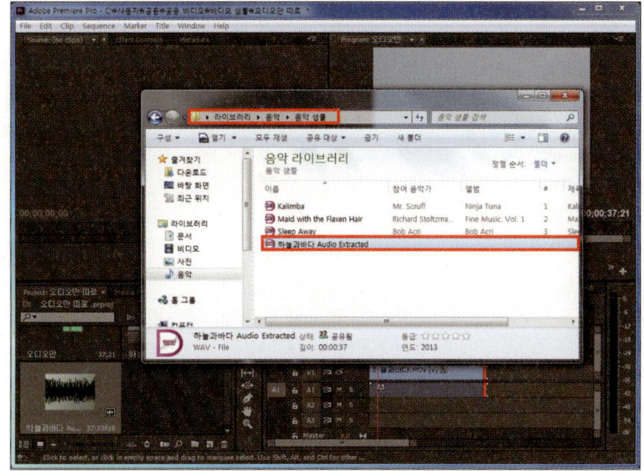

10. [File]-[Save](Ctrl + S) 메뉴를 클릭하여 지금까지 했던 프로젝트를 저장해 봅니다. 그러면, [Location]에 지정된 폴더인 [라이브러리]-[비디오]-[비디오 샘플]에서 프로젝트 파일을 확인할 수 있습니다.

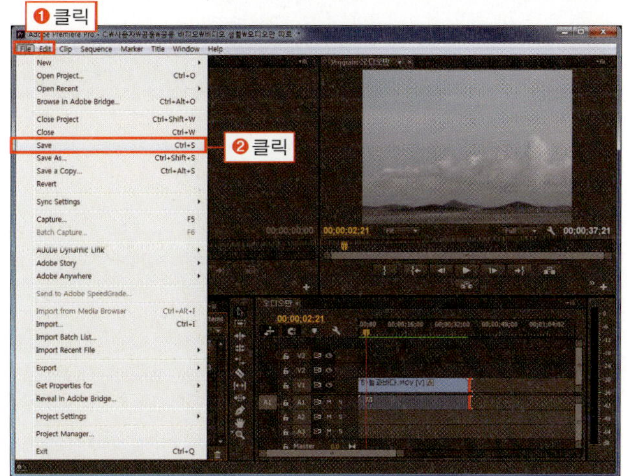

시퀀스(Sequence)는 프리미어 프로 CC에서 영상을 편집하는 여러 트랙들이 모여 작업하는 하나의 공간이며 영상의 추출되는 프레임 크기나 초당 프레임 속도, 오디오 샘플링 방식을 설정하는 작업 공간입니다. 또한, 시퀀스를 하나의 클립처럼 사용하여 다른 시퀀스와 같이 사용하기도 합니다.

기초탄탄 [New Sequence] 창 이해하기

■ [New Sequence] 창

처음 시퀀스를 시작하면 3가지의 탭에서 설정하여 진행합니다. [Sequence Presets], [Settings], [Tracks] 탭에서 각각 환경에 맞는 옵션을 설정합니다.

[Sequence Presets] 탭

화면의 크기나 화질, 음질을 미리 설정합니다. 각 지역에 따라 크게 NTSC, PAL 방식을 사용하며, 화질에 따라 DV 방식과 HDV 방식을 여러 녹화 장치에 따라 설정합니다.

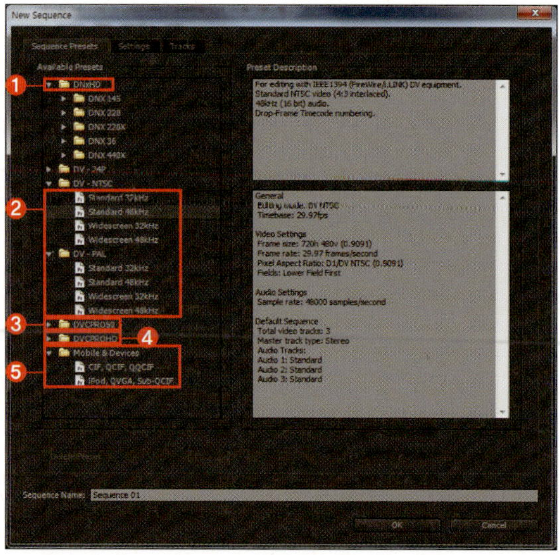

❶ DNxHD : 아비드사에서 개발한 HD 코덱 방식으로 프리미어 프로 CC에서도 가져와 사용할 수 있습니다.

❷ DV-NTST/PAL

• NTSC : 북미식 방송으로 1초에 약 30프레임을 주고, 가로줄은 1초에 최대 525회까지 색을 주사하는 방식으로 사용합니다.

- **PAL** : 유럽식 방송으로 1초에 25프레임을 주고, 가로줄은 1초에 초대 625회까지 색을 주사하는 방식
  으로 사용합니다. NTSC의 장점은 빨라서 움직임을 편히 볼 수 있지만 PAL 방식은 선명도가 뛰어
  난 대신 움직임을 감지하여 번뜩거림이 생겨 보는데 불편합니다.
- **Standard** : 화면의 기본 크기를 4:3(가로:세로)으로 나타냅니다.
- **Widescreen** : 화면의 크기를 16:9(가로:세로)로 나타냅니다. 영화나 고화질 영상의 편집 시 많이 사용
  합니다.
- **32kHz** : Audio의 크기를 32,000 sample/초로 지정합니다. 방송의 음성에 많이 사용합니다.
- **48kHz** : Audio의 크기를 48,000 smaple/초로 지정합니다. 고화질의 음성에 사용합니다. 이렇게
  Audio의 크기가 클수록 음량의 품질은 높아지나 편집 시 전체 크기가 커지게 됩니다.

❸ **DVCPRO50** : 파나소닉이 만든 DVCPRO 계열로 코딩하는 영상 비트율(화질의 수준)을 초당 25메가비
트에서 50메가비트로 만들어 주며 크로마 샘플링을 사용합니다. 크로마 샘플링은 눈으로 구별할 수
없는 부분을 압축하여 용량을 줄이지만 차이를 느끼지는 못합니다. 크로마 샘플링은 ENG 시스템과
의 호환을 위해 만들어졌습니다.

❹ **DVCPROHD** : 4개의 병렬 코덱을 사용하여 초당 100메가비트의 영상 비트율을 만들고 크로마 샘플링
을 사용합니다. 720P, 1080i로 녹화 크기가 지정되어 있습니다. DVCPRO 방식은 전문가들의 촬영
장비에 많이 사용됩니다. 전문 촬영 장비로 촬영한 영상이라면 DVCPRO 방식으로 고화질, 고음질의
편집을 이용하는 것이 좋습니다.

❺ **Moblie & Devices** : 휴대폰 등으로 촬영한 이미지나 영상들을 가져와 편집할 수 있습니다.

[Settings] 탭

[Settings] 탭은 시퀀스의 기본 설정을 좀 더 상세하게 설정하는 부분으로 대부분 그대로 설정하면 기본
설정으로 진행하지만 필요에 따라 부분적으로 변경할 수 있습니다.

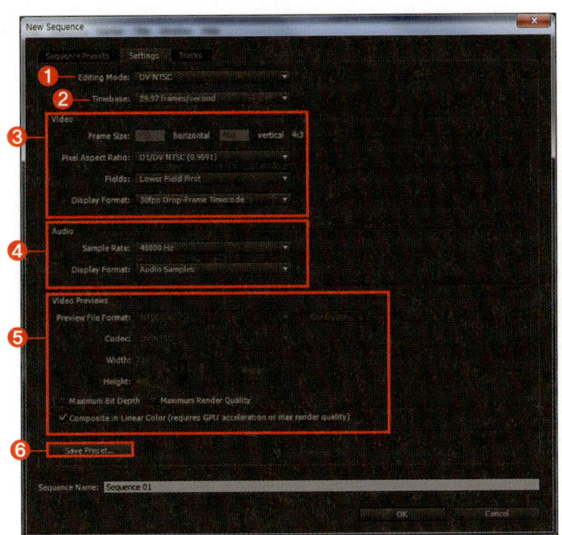

❶ Editing Mode : 편집 모드로 시퀀스의 [Sequence Preset]에서 선택하면 자동으로 설정됩니다.

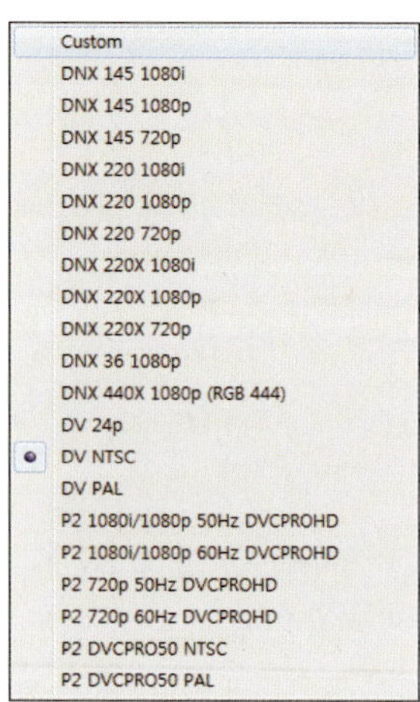

❷ Timebase : 시퀀스의 시간 기준을 결정하는 옵션으로, [Sequence Preset]에서 선택하면 자동으로 설정됩니다. 단, [Editing Mode]에서 [Custom] 방식을 설정하면 여러 방식으로 설정할 수 있으나 하나를 선택하면 선택의 폭이 좁아집니다.

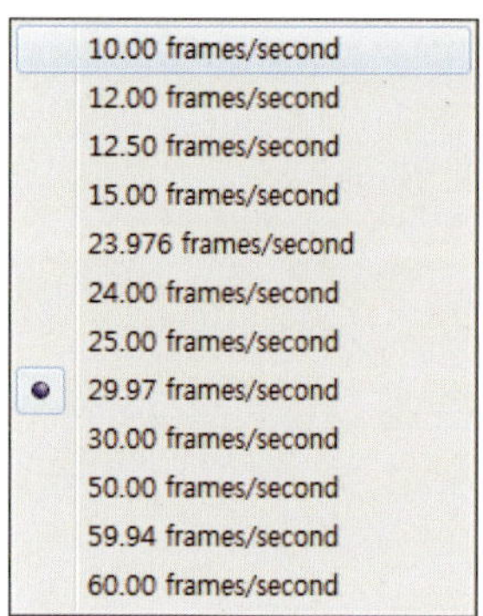

❸ Video

• Frame Size : 화면의 크기를 설정하는 부분으로 기본은 자동 설정되어 있으나, [Editing Mode]에서 [Custom] 방식을 설정하면 화면의 크기를 자유롭게 조절할 수 있습니다.

• Pixel Aspect Ratio : 가로 대 세로의 비율을 설정하는 옵션입니다. [Custom] 모드로 변경하면 다양한 옵션을 설정할 수 있습니다.

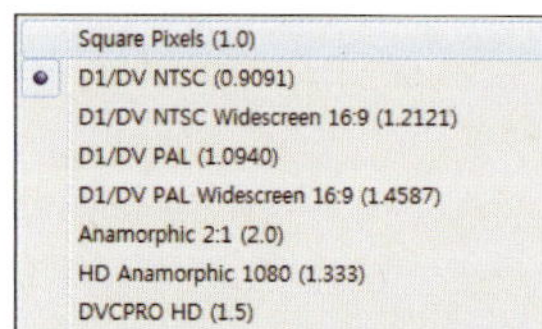

• Fields : 비월 주사 방식(영상을 화면에 홀수와 짝수 가로줄로 나누어진 것을 번갈아서 표시하는 방
식)으로, [No Fields]는 필드 순서를 구분하지 않고 [Upper Field]는 위에서 아래로, [Lower Field]
는 아래에서 위로 뿌려주는 방식으로 DV-NTSC, PAL는 [Lower Field]가 우선 부여합니다.

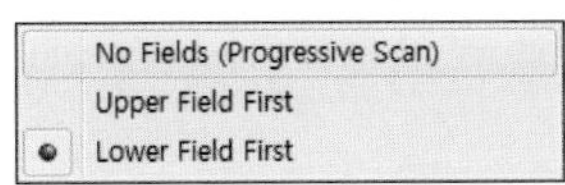

• Display Format : 비디오의 타임코드 방식을 설정하며 기본적으로 '시간;분;초;프레임' 단위로 나타납니
다. [Feet+Frames 16mm], [Feet+Frames 35mm], [Frames]는 다른 방식으로 나타납니다.

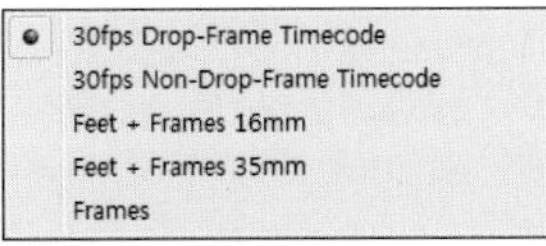

❹ Audio

• Sample Rate : 오디오의 비율 형식을 설정하여, 48000hz 이상은 고음질로 지정하며 32000hz는 방송
음질 수준으로 지정할 수 있습니다.

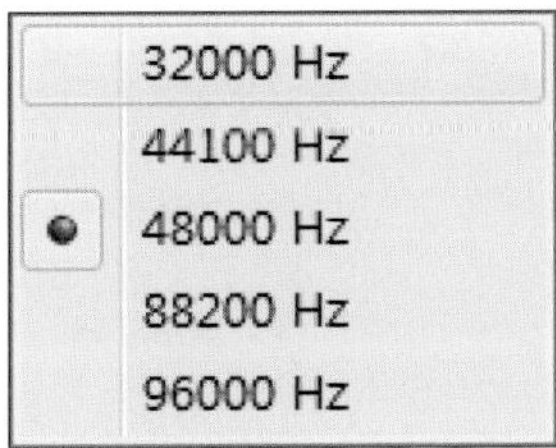

• Display Format: 시퀀스의 오디오를 나타내는 방식을 설정합니다.

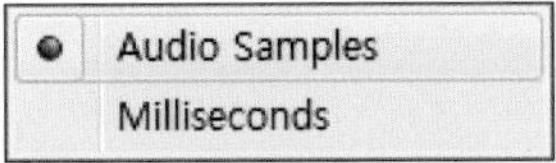

❺ Video Previews

• Preview File Format : 제작된 영상의 미리 보기에서 파일 형식을 지정하고 코덱을 설정합니다. 기본은
마이크로소프트의 AVI이고, 파나소닉의 DVCPROHD나 DVCPRO50 카메라에서 보여줍니다.

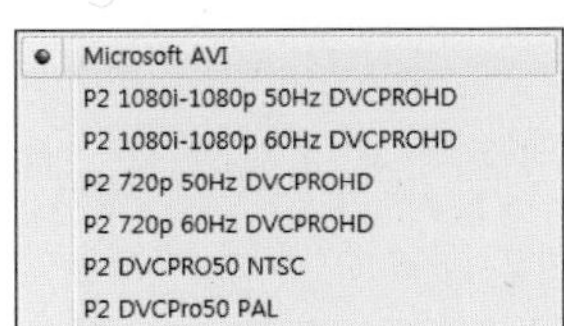

• Codec : 파일 형식을 [AVI]로 설정하면 여러 가지 코덱을 설정할 수 있습니다.

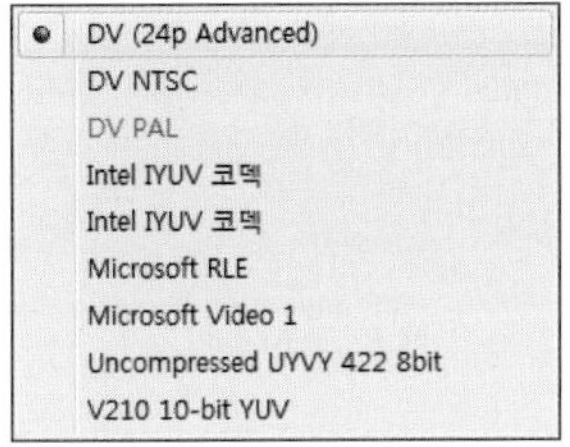

- Width, Height : 가로와 세로의 크기를 설정합니다. 자신이 원하는 가로, 세로의 크기를 설정하고 [Reset] 단추를 누르면 기본 설정 크기로 되돌아갑니다.
- Maximum Bit Depth : 시퀀스로 진행되는 영상에 포함할 색상 32bit까지 최대화합니다. 고해상도 캠코더나 포토샵의 고해상도 이미지의 편집 작업에서 사용합니다.
- Maximum Render Quality : 랜더링 품질을 최대화하여 선명도를 높이나 실질적으로 랜더링 속도가 떨어질 수 있습니다. 특히, 메모리가 적은 분들은 사용하지 않는 것이 좋습니다.
- Composite in Linear Color(requires GPU acceleration or max render quality) : 기본적으로 체크되어 있으며, GPU의 가속과 랜더링의 품질이 가능하기 위한 선형 합성 모드입니다.

❻ [Save Preset] 단추 : 지금까지 [Settings] 탭에서 설정한 사항들을 저장합니다.

[Tracks] 탭

[Timeline] 패널의 비디오, 오디오 트랙을 설정합니다. 특히, 오디오 트랙은 마스터의 설정에 따라 여러 가지 옵션 사항으로 구분 설정합니다.

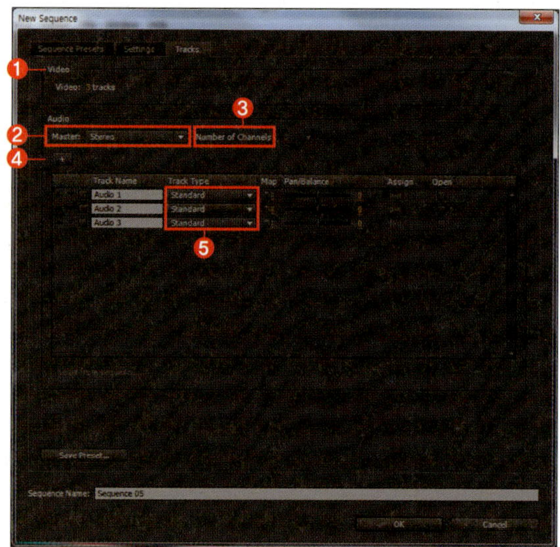

❶ Video : 시퀀스를 시작하자마자 바로 나타날 트랙의 수를 설정합니다.

❷ Master : 오디오 트랙을 처음부터 어떤 트랙으로 사용하는지 설정합니다.

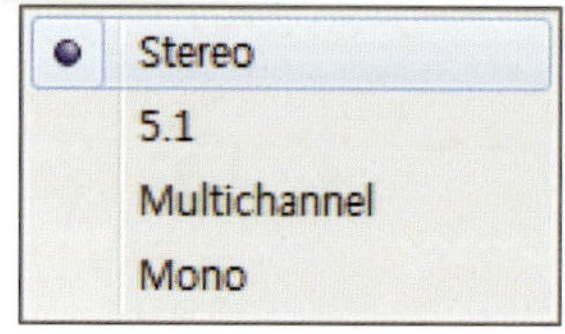

- Stereo : 스피커의 대칭 구조로 둘 이상의 독립 음향 채널을 사용하는 재생 방식입니다. 즉, 2개 채널로 재생과 녹음을 합니다.
- 5.1 : 5개의 스피커와 1개의 서브우퍼에서 울려주는 음향으로 공간감과 이동감을 느끼게 해주는 AC-3 방식으로 영화나 HD급 비디오 편집 시 사용합니다.
- Multichanel : 스테레오는 2개의 채널만 사용할 수 있는데, 이것을 선택하면 여러 채널을 자유롭게 설

정합니다.

• **모노** : 단 1개의 채널만 사용합니다.

❸ **Number of Channels** : [Master]를 'Multichannel'로 선택할 경우 채널의 수를 설정합니다.

❹ **트랙 추가(+)/트랙 삭제(-)** : 트랙을 추가하거나 트랙을 삭제합니다.

❺ **Track Type**

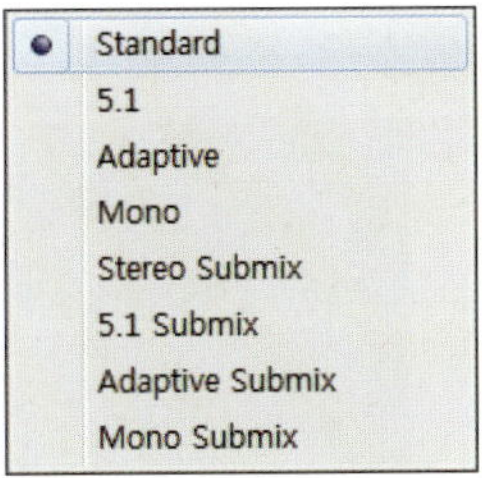

• Standard : 일반 스테레오 방식처럼 사용하지만 모노 및 스테레오 오디오 트랙 클립을 수용합니다.

• Mono : 하나의 오디오 채널을 포함합니다. 스테레오 트랙을 모노 트랙에 추가하면, 모노 트랙으로 변환됩니다.

• Adaptive : 모노와 스테레오 트랙을 모두 포함합니다. 작업 흐름에 가장 적합한 방식으로 오디오 채널을 출력할 소스 오디오를 매핑합니다.

TIP : 시퀀스 재설정

프로젝트를 설정하고 시퀀스를 설정한 다음 사용되는 시퀀스를 다시 설정을 할 수 있습니다. [Sequence]-[Sequence-settings] 메뉴를 클릭합니다.

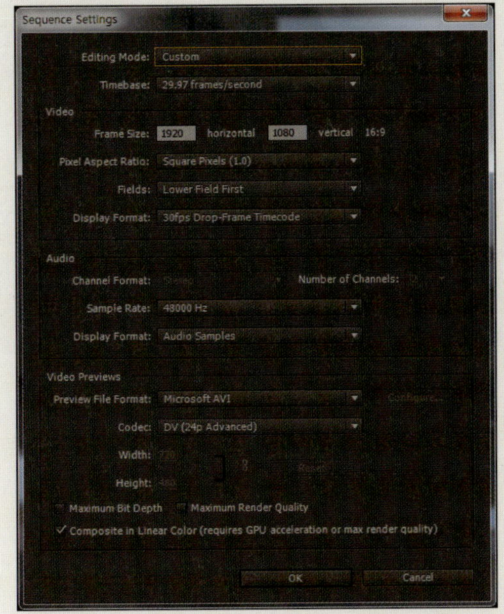

• **Editing Mode** : 시퀀스의 모드를 변경합니다. 가급적 편집을 하기 전에 변경합니다.
• **Timebase** : 시퀀스 모드에 따라 1초당 프레임을 설정합니다.
• **Video** : 프레임의 가로/세로 크기와 레이트율, 타임 코드 방식 등을 설정합니다.
• **Audio** : 방식에 따라 오디오 채널을 변경, 샘플링 레이트율 등을 설정합니다.
• **Video Previews** : Editing Mode에 따라 변경이 가능한 것도 있으며 가로, 세로의 크기와 코덱 설정을 할 수 있습니다.

영상을 와이드 형태로 변경하고 여러 트랙을 이용한 이미지를 이용한 뮤직비디오를 만들어 봅니다. 시퀀스에서 여러 개의 트랙을 생성하고 여러 이미지와 음악을 합쳐 영상을 완성시켜 봅니다.

완성 파일 | PART2\시퀀스.prproj **추출 파일** | PART2\트랙.wmv

01. '시퀀스'라는 새로운 프로젝트를 생성하고 [File]–[New]–[Sequence](Ctrl + N) 메뉴를 클릭합니다.

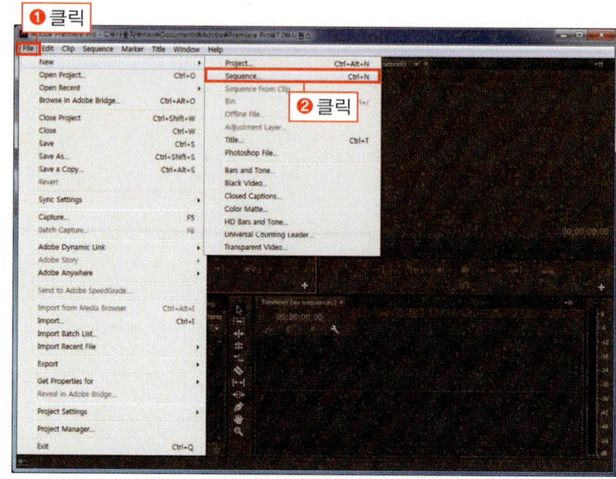

02. 새로운 시퀀스가 나타나면 [Tracks] 탭으로 이동합니다. [Video] 그룹의 트랙 수를 '5'로 변경하고 시퀀스의 이름을 '트랙'으로 지정한 다음 [OK] 단추를 클릭합니다.

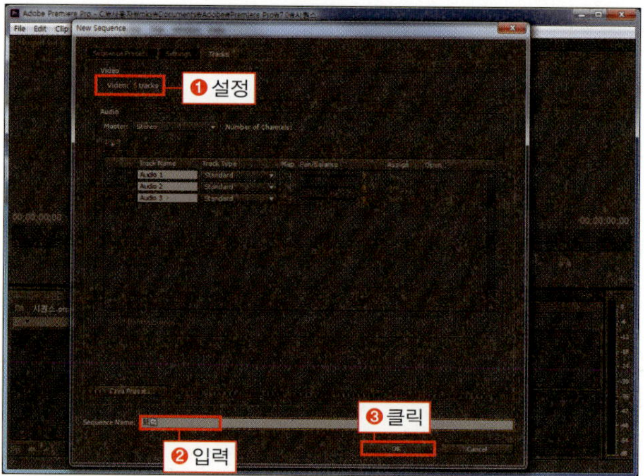

03. 비디오 트랙이 5개로 증가된 것을 확인하고 [Project] 패널의 빈 곳에 더블클릭하여 [Import] 창을 활성화합니다.

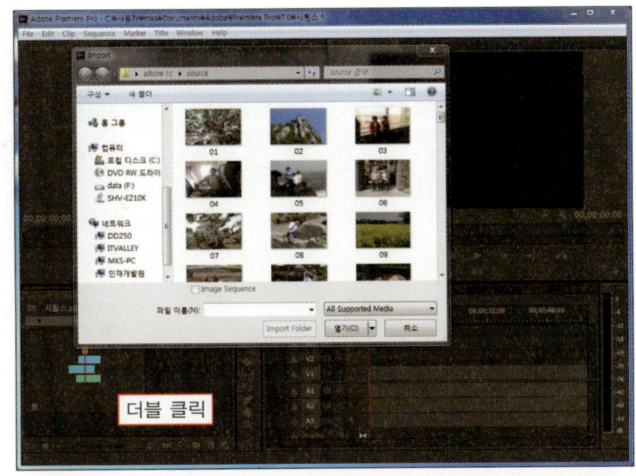

04. [Import] 창에서 [Source] 폴더의 '88.jpg~92.jpg'의 클립을 Shift 를 이용하여 선택하고 [열기] 단추를 클릭합니다.

05. [V1] 트랙에 '88.jpg' 이미지 클립을 드래그하고 [V2] 트랙에는 '89', [V3] 트랙에는 '90', [V4] 트랙에는 '91', [V5] 트랙에는 '92' 순서대로 입력합니다.

06. [Timeline] 패널의 줌 스크롤바의 오른쪽 부분을 클릭하여 마우스를 왼쪽으로 이동하면 클립들이 확대됩니다.

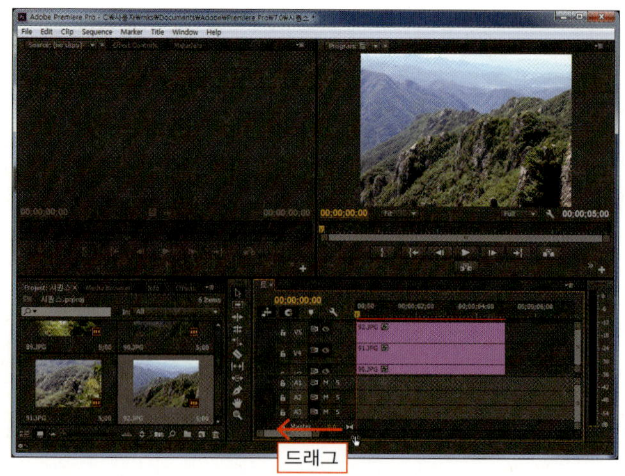

TIP : 줌 스크롤 바

[Timeline] 패널에 클립들의 이미지를 확대/축소하기 위해 가로 줌 스크롤 바와 세로 줌 스크롤바가 있습니다. 줌 스크롤바의 가운데를 클릭하고 좌우로 이동하면 타임라인의 시간이 이동되고 스크롤바의 좌우 끝 부분을 클릭한 후 좌우로 이동하면 클립의 확대/축소가 됩니다. 단, 좌측 끝 부분과 우측 끝 부분의 좌우 이동은 반대로 확대/축소가 일어납니다.

---

07. 클립들의 이미지를 확대했으면 타임코드에 클릭하고 '1.00'을 입력하여 편집 기준선이 1초로 이동되도록 하며 바로 [V2] 트랙의 클립을 1초에 맞게 이동시켜 줍니다.

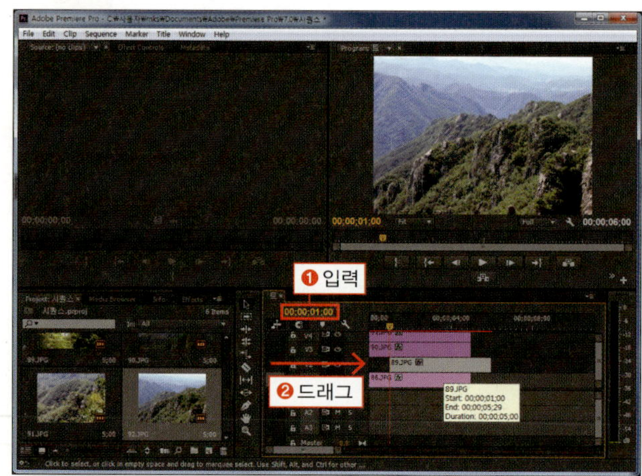

08. 다른 클립들도 같은 방식으로 이동하는데 [V3] 트랙의 클립은 '2초'로 이동시킨 후 [V4] 트랙을 '3초', [V5] 트랙은 '4초'로 이동시켜 줍니다.

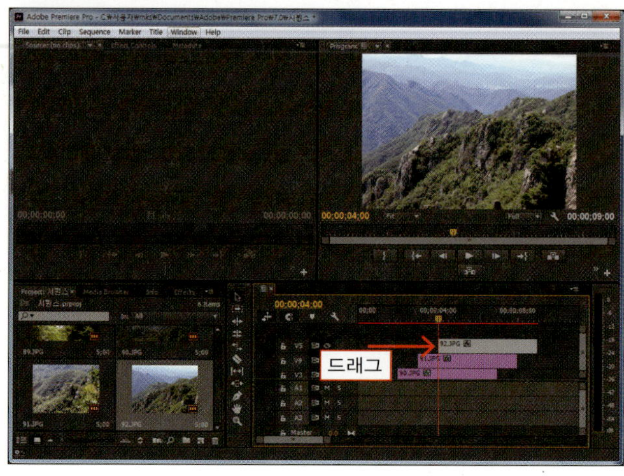

09. 다시 [V1] 클립의 맨 마지막 부분으로 편집
기준선을 이동시킨 후 전체 클립을 모두 드래그
하여 선택합니다.

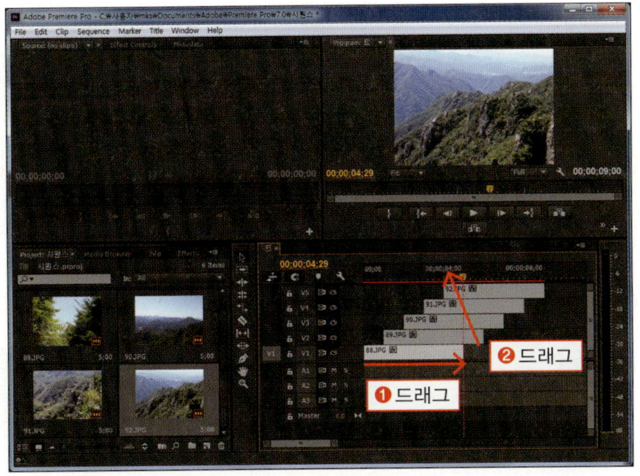

TIP : 클립들의 전체 선택

클립들은 전체 선택하려면 마우스로 빈 곳에 클릭하여
드래그하고 선택하거나 Ctrl + A 를 눌러 클립들을
선택합니다. 다른 프로그램처럼 Shift 를 이용한 전체
선택은 되지 않습니다.

10. 모든 비디오 트랙을 선택하고 Ctrl + K
를 눌러 편집 기준선을 기준으로 잘라줍니다.

TIP : 선택과 잘라내기

• 선택 : 트랙의 클립을 편집하려면 먼저 그 트랙이 선택되어 있어야 합니다. 트랙의 앞부분의 V로 시작되는 트랙 번호를 선택 후 편집합니
다. 선택되지 않은 상태에서는 편집이 일어나지 않습니다.

• 잘라내기 : 클립을 자르는 방법은 크게 2가지입니다. Ctrl + K 를 이용하거나 [Tool] 패널의 (🔪) 툴을 이용하여 자르기를 합니다. 단, 전
체 클립을 선택하고 자르기할 때는 툴보다는 단축키를 사용하는 것이 편리합니다.

11. 편집 기준선의 오른쪽 부분의 클립들을 모
두 선택하고 Delete 를 눌러 삭제한 다음 음악 파
일을 불러오기 위해 [File]-[Import](Ctrl + I)
메뉴를 클릭합니다.

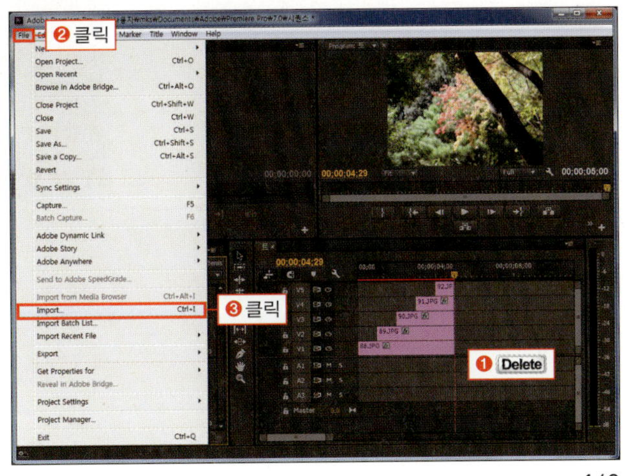

12. [Import] 창에서 왼쪽의 [음악]을 클릭하고 [음악 샘플] 폴더로 들어가서 'Maid with the Flaxen Hair'를 선택한 후 [열기] 단추를 클릭합니다.

TIP : **음악 파일**

저작권 문제로 음악 파일을 함부로 CD로 드릴 수 있는 사항이 아니므로 윈도우7 운영체제는 지금 방법대로 진행하고 이전 버전(XP)의 운영체제는 임의의 음악 파일(MP3)을 이용하기 바랍니다.

13. [Project] 패널에 음악 파일이 들어오면 음성 트랙인 [A1] 트랙에 'Maid with the Flaxen Hair.mp3' 클립을 드래그하여 가져옵니다. 바로 Ctrl + K 를 눌러 자르기를 합니다.

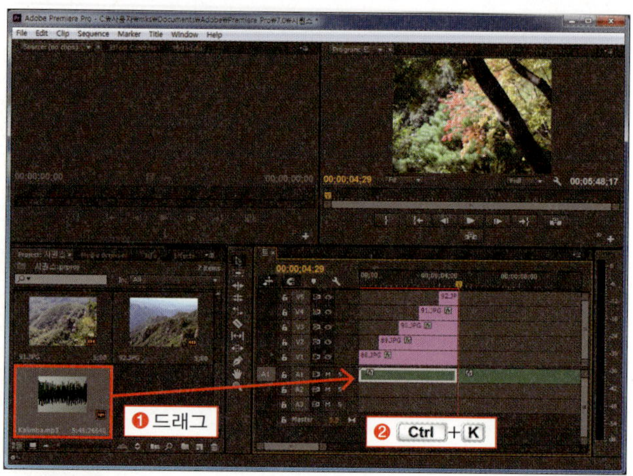

14. [A1] 트랙의 클립이 잘라지면 편집 기준선에서 오른쪽 부분을 선택하고 Delete 를 눌러 삭제합니다. 또한, Enter 를 눌러 랜더링합니다.

15. 랜더링한 영상을 추출하기 위해 [File]–
[Export]–[Media] 메뉴를 클릭합니다.

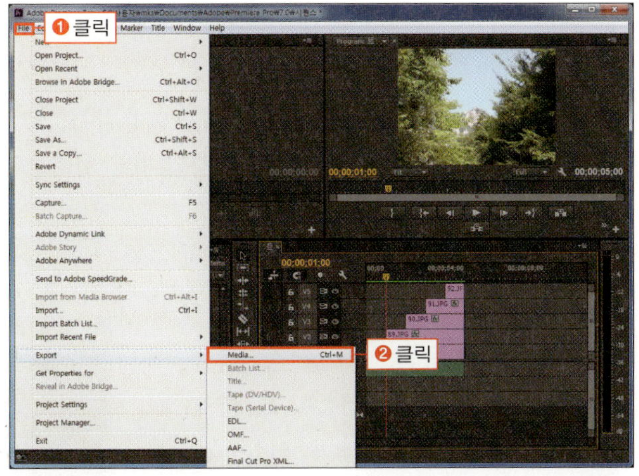

16. [Export Settings] 창이 나타나면 오른쪽의
[Format]를 'windows Media'로 변경하고 [Export]
단추를 클릭합니다.

TIP : 영상 추출하기

편집이 완료된 영상을 추출하는 방식은 일반적으로
[Adove Media Encoder]를 사용하는데 [Export Settings]
창에서 [Queue] 단추를 클릭하여 미디어 엔코더를 연
결하여 추출하던가, [Export] 단추를 클릭하여 바로 추
출할 수 있습니다.

17. 추출된 영상을 확인할 수 있습니다.

오디오는 모노, 스테레오, 5.1 채널 방식을 이용하여 영상을 편집할 수 있습니다. 그러나 단순한 모노 방식의 음성을 가지고 5.1 채널 방식처럼 변경합니다. 시퀀스의 트랙을 이용한 5.1 채널을 만들어 봅니다.

완성 파일 | PART2₩5.1채널.prproj　**추출 파일 |** PART2₩5.1채널.wav

01. 프로젝트의 이름을 '5.1채널'로 입력하고 새로운 프로젝트를 만들어 봅니다. [New Sequence] 창을 열어 [Tracks] 탭으로 이동하고 [Master]를 '5.1' 채널로 변경, [Track Type]을 '모노'로 변경, [Audio1]에 '편집오디오'로 이름을 변경한 다음 [OK] 단추를 클릭합니다. 시퀀스 이름도 '5.1채널'로 입력합니다.

> **TIP : 모노 방식**
>
> 음성 방식 중 모노, 스테레오, 5.1 채널 중 'wav' 파일은 모노 방식의 트랙에 들어갑니다. 지금은 standard, adaptive 등에 들어가지만 일반적으로 모노 트랙을 만들고 사용합니다.

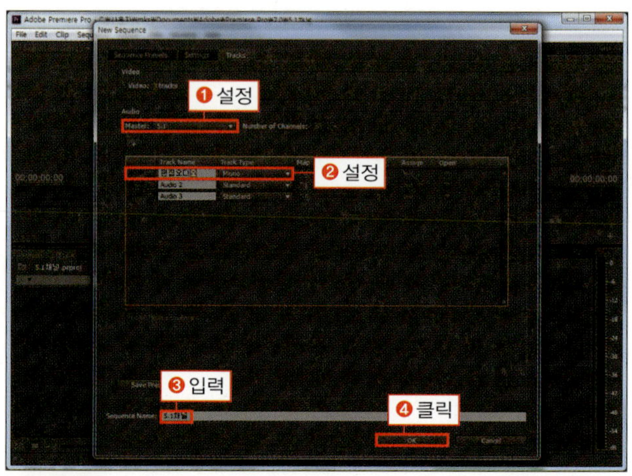

02. [Timline] 패널에 '5.1채널'의 시퀀스가 생성되면 [Project] 패널의 빈 곳을 더블클릭하여 [Source] 폴더에 '헬리콥터소리.wav'를 선택하고 [OK] 단추를 클릭합니다.

> **TIP : 5.1 채널이란?**
>
> 돌비 레버레터스사가 1992년에 개발해 영화나 고화음 음질을 들을 때 많이 사용되는 시스템으로, 보통 사람들이 들을 수 있는 주파수 대역인 20~20000hz를 커버하는 5개의 스피커와 20~120hz의 초저대역을 담당하는 1개의 LFE로 구성되어 있는 사운드 시스템을 의미합니다.

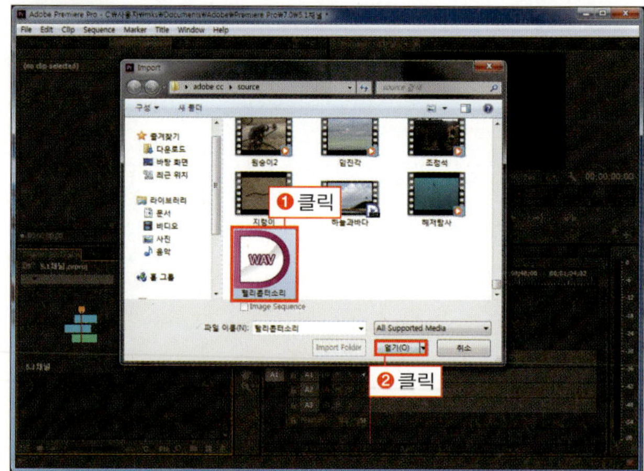

03. '헬리콥터소리.wav' 클립을 [A1] 트랙에 드래그하여 놓고 타임라인 하단의 줌 스크롤바를 이용하여 클립을 확대합니다. [Window]–[Workspace]–[Audio](**Alt** + **Shift** + **2**) 메뉴를 클릭하여 음성 편집을 보다 쉽게 하도록 작업 공간을 변경합니다.

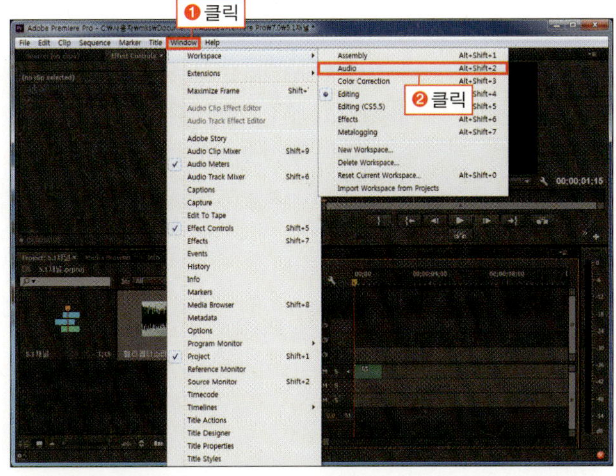

04. 오디오 작업 공간으로 변경되면 [Timeline] 패널의 타임코드에 클릭한 후 '40.00'을 입력하여 편집 기준선이 40초로 이동되도록 하고 '헬리콥터소리' 클립을 40초에 맞게 계속 드래그하여 채워줍니다.

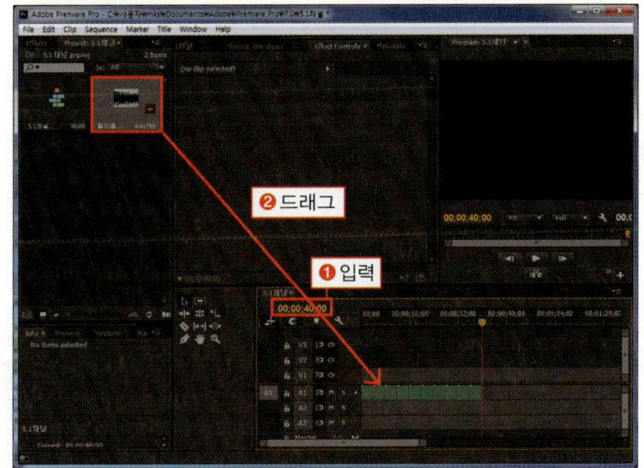

05. 오디오의 작업을 위해 [Audio Track Mixer] 탭을 선택하고 **Home** 을 눌러 편집 기준선을 가장 앞으로 이동합니다.

> **TIP : 키보드를 이용한 편집 기준선의 이동**
>
> [Timeline] 패널의 편집 기준선은 마우스를 이용하여 이동하지만 보다 정확한 이동을 위해 키보드를 사용하기도 합니다. 키보드의 좌, 우 방향키를 이용하면 1프레임씩 프레임이 증가하거나 감소하고 **Home** 을 누르면 가장 처음으로, **End** 를 누르면 클립이 있는 가장 마지막 프레임으로 이동합니다.

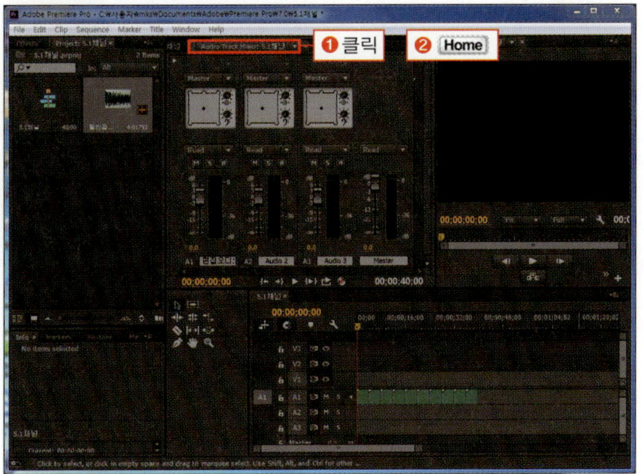

06. [Audio Mixer] 패널에서 '편집오디오' 트랙의 [Automation Mode]를 'Latch'로 변경하고 **Space Bar** 를 눌러 재생합니다. [5.1] 창 안에 검은색 점을 클릭하여 뒤의 바깥쪽부터 회전하면서 계속 시계 방향으로 돌려주면서 마지막 부분에는 가운데로 오게 합니다.

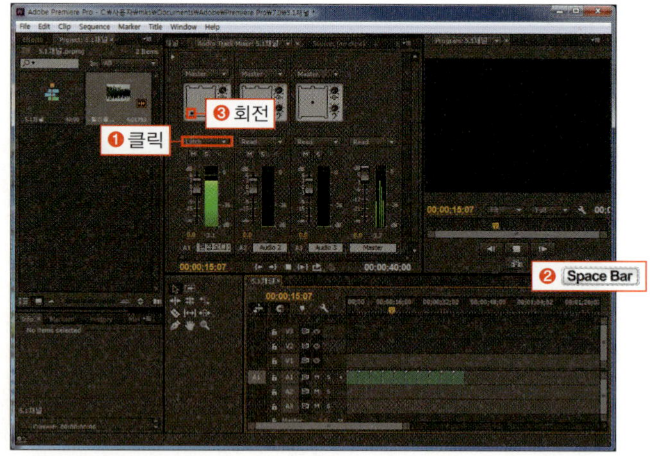

TIP : [Audio Mixer]의 자동 제어 기능

자동 제어 기능(Automation Mode)은 오디오 트랙을 실행하면서 볼륨과 팬/밸런스 속성을 변경합니다.

- Off : 자동 제어 기능을 사용하지 않습니다.
- Read : 가장 많이 사용하며, 속성을 읽기만 합니다. 어느 타임에 어떤 속성이 설정되어 있으면 그 속성을 그대로 적용하여 들려줍니다.
- Latch : 자동 제어 기능 실행 중에 마우스를 사용하여 속성을 지정하면 지정된 속성 값으로 사용됩니다.
- Touch : 자동 제어 기능 실행 중에 마우스를 사용하여 속성을 지정하면 마우스를 사용한 동안만 속성이 지정되고 손을 놓으면 기본 값으로 돌아갑니다.
- Rite : 자동 제어 기능 실행 중에 재생과 속성 지정이 동시에 변경되면서 설정됩니다.

---

07. '편집오디오' 트랙의 상하 스크롤바를 이용하여 [A1] 트랙을 확대하면 다음과 같이 오디오의 편집된 내용을 볼 수 있습니다.

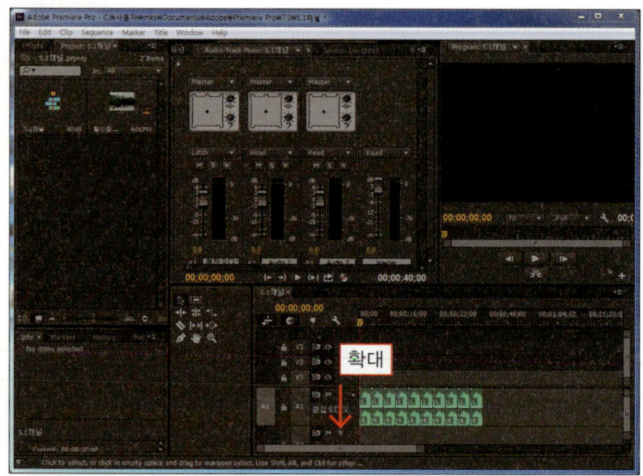

08. 5.1 채널로 편집된 음성 파일을 추출하기 위해 [File]–[Export]–[Media](**Ctrl** + **M**) 메뉴를 클릭합니다. [Export Settings] 창이 나타나면 [Format]을 'Waveform Audio'로 변경하고 하단의 [Audio] 탭에서 [Channels]의 값을 '5.1'로 변경한 다음 [Export] 단추를 클릭하여 음성을 추출합니다.

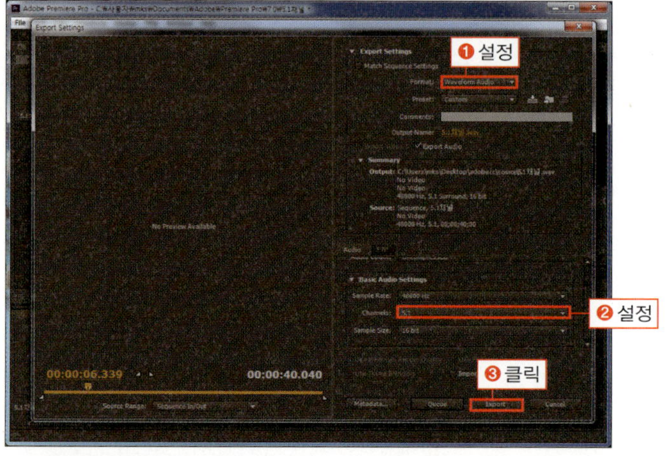

09. [Export Settings] 창에서 [Cancel] 단추를 클릭하여 창을 닫고 [Project] 패널의 빈 곳에 더블클릭하여 [Import] 창을 열고 [결과] 폴더에서 '5.1채널' 클립을 선택하고 [열기] 단추를 누릅니다.

10. [Project] 패널에 '5.1채널' 클립이 나타나면 [A2] 트랙의 40초 이후로 클립을 드래그하여 이동해 놓고 Enter 를 눌러 주위를 맴도는 듯한 헬기 소리를 들어봅니다.

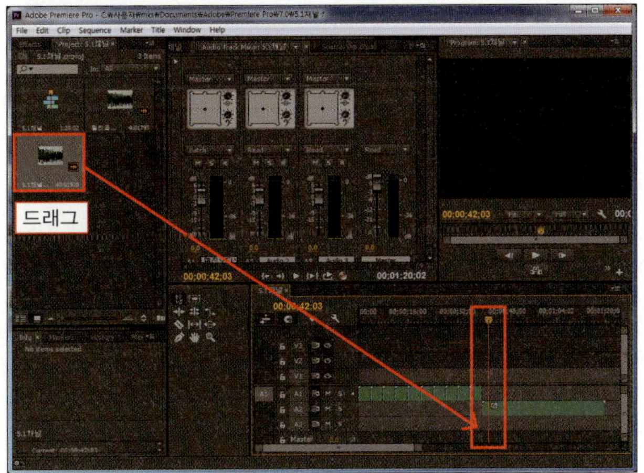

- 프리미어 프로 CC는 기본적으로 7개의 작업 공간을 제공하는데 [Assembly], [Audio], [Color Correction], [Editing], [Editing(CS5.5)], [Effects], [Metalogging] 등이 있으며, 편집 내용에 따라 원하는 작업 공간으로 변경하여 사용할 수 있습니다. **110p**

- 기존의 7개 작업 공간에 자신만의 추가적인 패널을 추가하거나 삭제하여 원하는 작업 공간을 만들고 삭제하기도 합니다. **114p**

- 프리미어 프로 CC를 시작하면 처음 프로젝트를 만들어야 하는데 [General] 탭, [Scratch Disks] 탭의 설정 방법을 익혀둡니다. **123p**

- [Timeline] 패널의 타임코드는 (시간; 분; 초; 프레임)을 의미합니다. **126p**

- 영상은 비디오 트랙과 오디오 트랙이 같이 사용되는데 편집 방법에 따라 쉽게 분리하여 오디오만 따로 저장하기도 합니다.

- 큰 범위의 프로젝트를 만들고 실제 화면의 나타나는 시퀀스도 만들어 사용합니다. 시퀀스는 크게 [Sequence Presets] 탭, [Settings] 탭, [Tracks] 탭으로 구분됩니다. **134p**

- [Sequence Presets] 탭에서는 전체화면의 크기(기본 720×480)와 방송 방식, 기본 화면과 와이드 화면, 음향의 레이트율을 상세히 설정합니다.

- [Settings] 탭에서는 비디오와 오디오의 상세한 크기와 비율을 조절하거나 사용되는 코덱을 확인하고 기타 옵션 사항을 설정합니다.

- [Tracks] 탭에서는 기본적으로 비디오와 오디오 트랙이 3개씩 설정되는데 사용자에 따라 트랙의 추가나 삭제를 할 수 있으며 오디오 트랙의 채널 방식도 따로 설정합니다.

- 여러 개의 비디오 트랙을 이용하여 자연스럽게 화면 전환 기능이 가능하도록 하고 새로운 시퀀스를 만들어 다른 시퀀스를 하나의 클립처럼 사용합니다. **140p**

- 오디오 트랙은 [모노], [스테레오], [5.1채널]을 이용할 수 있는데 [Audio Track Mixer] 패널을 이용하여 [모노]를 [5.1채널]로 변경이 가능합니다. **146p**

01 다음 조건에 맞게 프로젝트를 완성하시오.

예제 파일 : Source₩67~74.jpg, 헬기5.1.wav
완성 파일 : PART2₩운동회.mp4   **동영상 파일** : PART2-SELF TEST.avi

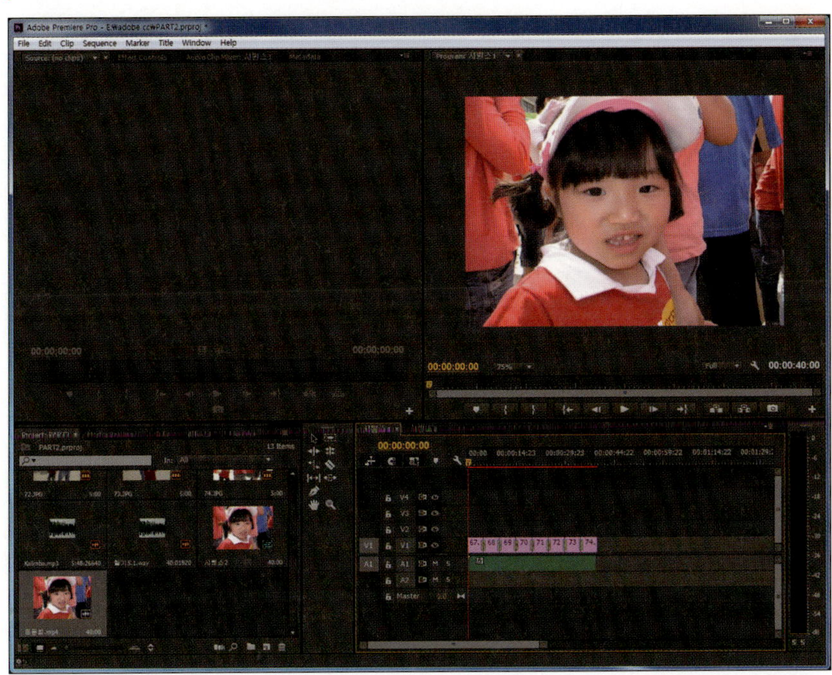

HINT

❶ 프로젝트명 : PART2
❷ 시퀀스 명 : 시퀀스1
– 초당 : 24 프레임
– 크기 : 720×480 (4:3), 오디오 48khz
– 비디오 트랙 4개, 오디오 트랙 2개
❸ 이미지 클립 : '67.jpg ~ 74.jpg' 불러오기, 오디오 클립 '헬기5.1.wav' 불러오기
❹ 편집하기
– [V1] 트랙에 이미지 클립을 순서대로 배치하기
– [Effects] 패널에서 'Cross Dissolve' Transitions을 찾아 이미지와 이미지 각 사이에 적용하기
– 윈도우에 있는 오디오 파일 'Kalimba.mp3'을 불러와서 [A1] 트랙에 배치하고 이미지 크기에 맞게 자르기(가지고 있는 음악 파일을 사용해도 상관 없음)
– 같은 형태의 새로운 시퀀스 파일을 만듦(시퀀스명 : 시퀀스2)
– 새로운 시퀀스의 [V1] 트랙에는 '시퀀스1'을 배치하고 [A1] 트랙에는 '헬기5.1'을 배치함
❺ 추출하기
– 추출 영상 파일명 : 운동회
– 영상 포맷 : MP4

03

기본적인 작업을 이용한
영상 만들기

여기서는 프리미어 프로 CC의 각 중요 패널을 알아보려 합니다. 특히, 핵심 패널인 [Project] 패널과 [Timeline] 패널을 중점적으로 이해하고 기타 여러 패널을 완벽히 이해함으로써 보다 영상 편집에 대한 자신감을 가질 수 있으며, 각 기능 작업에 대한 어려움을 없애도록 합니다.

01

[Project] 패널 기능 익히고 활용하기

레벨 ● ● ●

[Project] 패널은 프리미어 프로 CC의 출입구와 같은 역할을 합니다. 모든 클립은 [Project] 패널 우선 들어와서 내용을 확인하고 [Timeline] 패널로 이동하여 편집하게 됩니다. 그러므로 [Project] 패널에서 모든 클립을 보다 쉽게 관리해야 합니다.

기초탄탄 ▶ [Project] 패널의 화면 구성과 기능 버튼 이해하기

■ [Project] 패널의 화면 구성

❶ **상위 폴더 이동(   )** : [Project] 패널의 [BIN] 폴더 안으로 들어갈 경우 그 이전의 상위 폴더로 이동할 때 클릭합니다. 같은 [Project] 패널에서 [BIN] 폴더로 이동할 경우에는 **Alt** 를 누른 상태에서 더블 클릭해야 합니다.

❷ **FIND** : 많은 클립 중 원하는 클립을 찾는 것으로 클립 중 해당하는 이름이나 조건을 넣으면 쉽게 찾아줍니다.

❸ **목록 창** : 클립들을 담는 창으로, 생성된 시퀀스, 이미지, 동영상, 음성, bin 등을 담아서 관리하는 공간 입니다. 또한, 더블클릭하여 [Import] 창을 열거나 마우스 오른쪽 버튼을 눌러 여러 기능을 사용합니다.

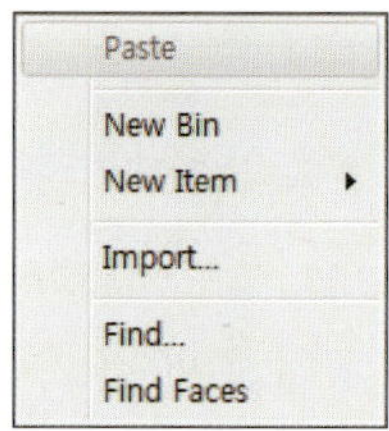

• Paste : 클립의 이동과 복사 시 붙여 넣기를 합니다.

• New Bin : 새로운 [Bin] 폴더를 만듭니다.

• New Item : 시퀀스, 오프라인 파일, 타이틀 등 여러 가지 아이템 형태의 클립들을 생성합니다.

• Import : [Import] 창을 열어줍니다.

• Find : 클립을 쉽게 검색할 수 있는 [Find] 창을 열어줍니다.

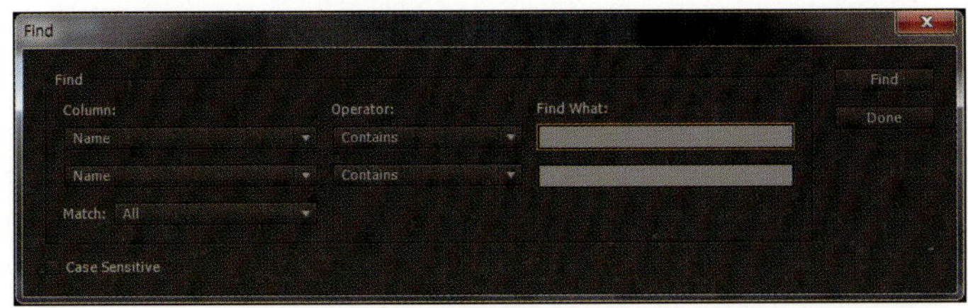

• Find Faces : [Bin] 폴더만 검색합니다.

■ [Project] 패널의 기능 버튼들

[Project] 패널에 클립을 등록하면 크게 2가지 형태로 볼 수 있습니다. List View와 Icon View 형태로 클립을 보며 관리합니다. 또한, 호버 스크러빙(Hover Scrubing)과 포스트 프레임(Poster Frame)을 알아봅니다.

❶ List View : 패널의 클립들을 리스트 형식으로 표현하여 나타내며 각 클립들의 상세 정보를 확인할 수 있습니다.

❷ Icon View : 패널의 클립들을 아이콘 형식으로 표현하며 클립의 이름, 시간 등을 알 수 있으며, 미리 보기 형태로 동영상이나 음성은 호버 스크러빙(Hover Scrubing)으로 바로 클립에서 확인합니다.

> **TIP : 호버 스크러빙(Hover Scrubing)**
> 등록된 클립 위에 마우스를 가져다 놓고 왼쪽과 오른쪽으로 드래그하면 이동 프레임만큼 동영상이나 음성의 해당 부분을 미리 보거나 들을 수 있습니다.
>
> 

❸ Zoom Out/In : 패널의 전체 크기에 맞게 클립들을 작게/크게 할 수 있습니다.

❹ Sort icons : 클립들의 정렬을 설정하는 옵션입니다.

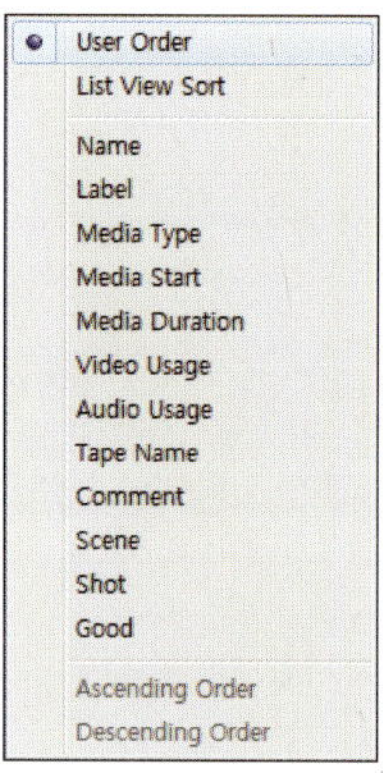

- User Order : 사용자들이 불러온 또는, 만들어 놓은 순서대로 정렬합니다.
- List View Sort : 일반적인 정렬을 합니다. 오름차순으로 정렬합니다.
- Name : 클립들의 파일 이름 순서대로 정렬합니다.
- Label : 클립들의 종류별로 정해진 색상 순서대로 정렬합니다.
- Media Type : 클립들의 타입별로 정렬합니다.
- Media Start : 클립들의 시작지점 타임별로 정렬합니다.
- Media Duration : 클립들의 전체 재생 시간별로 정렬합니다.
- Video Usage : 비디오 클립이 타임라인 트랙에 등록된 횟수별로 정렬합니다.
- Audio Usage : 오디오 클립이 타임라인 트랙에 등록된 횟수별로 정렬합니다.
- Tape Name : 캡처할 때 입력한 테이프의 이름별로 정렬합니다.
- Comment : 클립에 대한 주석별로 정렬합니다.
- Scene : 클립의 장면에 대한 정보의 표시별로 정렬합니다.
- Shot : 캡처할 때 입력한 Shot 정보별로 정렬합니다.
- Good : 클립의 상태 이상 유무별로 정렬합니다.
- Ascending/Descending Order : 정렬 시 오름차순/내림차순을 결정합니다.

❺ Automate To Sequence : 여러 이미지 클립들을 한 번에 트랜지션이 적용된 영상으로 만들 수 있습니다.

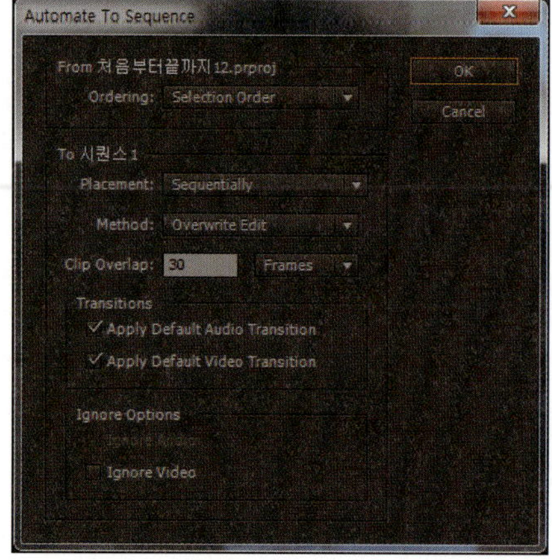

- Ordering : 클립들이 나열되는 순서를 지정합니다.

Selection Order : 클립들을 선택한 순서대로 트랙에 보여줍니다.

Sort Order : [Project] 패널에 나타나 있던 순서대로 보여줍니다.

• Placement : 트랙에 클립들이 나타나는 순서대로 보여줍니다.

Sequentially : 일반적인 클립들의 순서대로 보여줍니다.

At Unnumbered Markers : [Timeline] 패널에 마커를 지정한 상태에서 마커의 위치대로 클립들을 보여줍니다.

• Method : 클립들이 [Timeline] 패널에 삽입되는 방법을 설정합니다.

Inert Edit : 트랙에 클립들이 삽입되는 위치에 기존의 클립이 있는 상태에서 기존의 클립을 잘려서 뒤로 밀려가고 그 위치에 클립들의 삽입됩니다.

Overlay Edit : 기존의 클립 위에 바로 겹쳐서 클립들이 삽입되어 기존의 클립들은 보이지 않습니다.

Clip Overlay : 클립간에 겹치는 프레임이나 초 단위를 설정합니다.

• Transitions : 트랜지션의 유무를 설정합니다.

Apply Default Audio Transition : 2개 이상의 오디오 클립 사이에 기본적인 트랜지션(Constant Power)을 적용합니다.

Apply Default Video Transition : 2개 이상의 비디오 클립 사이에 기본적인 트랜지션(Cross Dissolve)을 적용합니다.

• Ignore Options : 클립이 영상으로 되어 있으면 오디오나 비디오 중 하나를 선택하여 트랙에 등록하지 못하도록 합니다.

Ignore Audio : 오디오 트랙을 등록하지 않고 비디오만 등록합니다.

Ignore Video : 비디오 트랙을 등록하지 않고 오디오만 등록합니다.

TIP : Item 버튼 종류

종류	이름	용도
Sequence	시퀀스	새로운 시퀀스를 생성합니다.
Offline File	오프라인 파일	나중에 들어갈 클립을 대신해 넣어 공간을 확보하고 속성 기능을 먼저 알아봅니다.
Adjustment Layer	조정 레이어	효과를 조정할 경우 사용되는 클립을 만들어 줍니다.
Title	자막	자막 사용 시 필요합니다.
Bars and Video	컬러바	영상이 시작되기 전에 컬러바를 표시해 화질 상태를 점검합니다.
Black Video	불투명 클립	아무런 효과 없이 다른 클립 사이들에 중간 연결할 때 사용합니다.
closed captions	CC	영상에 자막을 표시하는 경우 사용되는 데 일반 자막이 아니라 영상에 대한 저작권자에 표시를 할 때 유용합니다.
Color Matte	색상 메트	영상 중 색상만 표시되는 클립이 필요할 때 사용합니다.
Universal Counting Leader	카운팅 리더	컬러바처럼 앞부분에 위치하여 영상이 표시되기 전에 바로 카운트를 하여 영상의 시작을 알릴 때 사용합니다.
Transparent Video	투명 클립	빈 클립으로 아무런 의미 없이 사용됩니다.

[Project] 패널에는 영상의 편집 제작에 필요한 여러 아이템을 모아 놓았는데 이 아이템 기능을 익혀가면서 하나의 영상을 제작해 봅니다.

예제 파일 | 없음 **완성 파일 |** PART3₩ITEM 영상.prproj **추출 파일 |** PART3₩item.wmv

01. 프로젝트 이름을 'ITEM 영상'으로 주고 새로운 시퀀스를 만들기 위해 'ITEM시퀀스'라는 이름을 입력한 후 [확인] 단추를 클릭합니다.

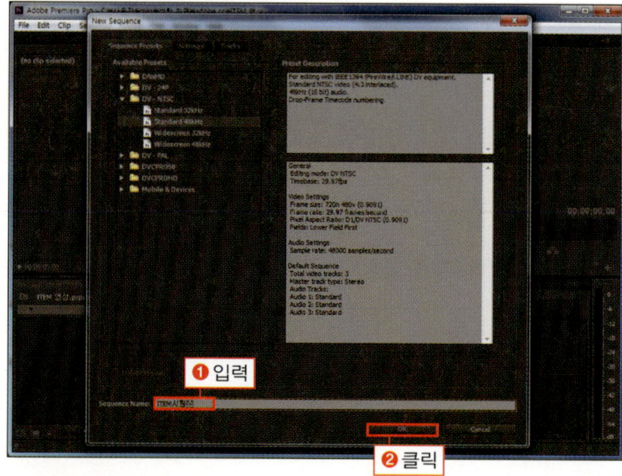

02. 보다 작업을 편하게 하기 위해 작업 환경을 변경합니다. [Windows]–[Workspace]–[Editing(cs5.5)(**Alt** + **Shift** + **5**) 메뉴를 클릭하여 이전 작업 환경처럼 변경합니다.

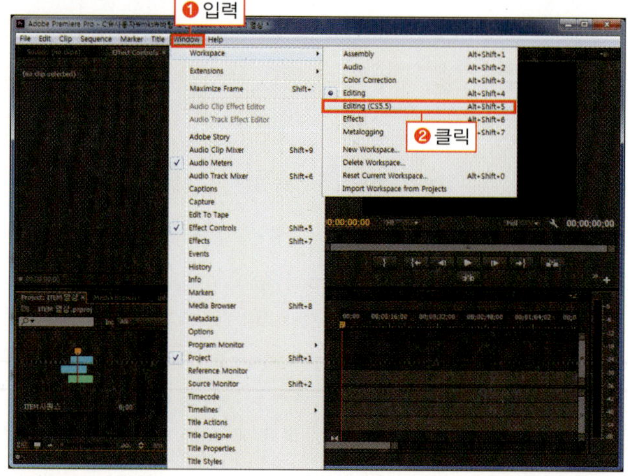

> **문제 해결** Editing과 Editing(CS5.5)
> 작업 환경인 Editing은 프리미어 프로 CC를 시작하면 기본적으로 사용되는 작업 환경이고 CS5.5는 프리미어 버전 CS5.5 이전의 작업 환경에서 사용되는 것으로 이전 버전부터 사용한 사용자들을 위해 만들어 놓은 것입니다.

03. [Project] 패널에서 마우스 오른쪽 버튼을 클릭하여 바로가기 창에서 [New Item]–[Bars and Tone]을 선택합니다.

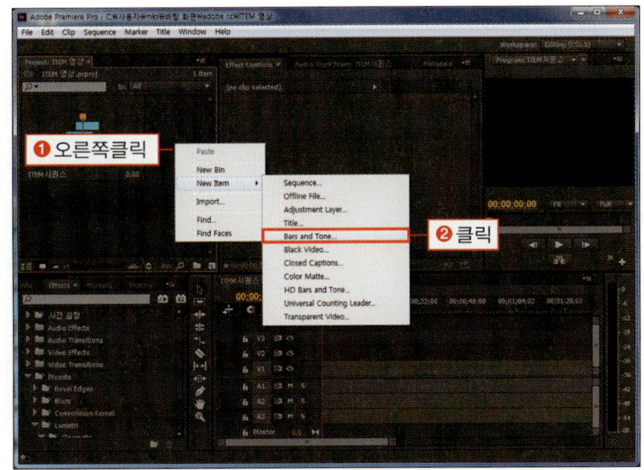

04. [New Bras and Tone] 창이 나타나면 [OK] 단추를 클릭합니다. [Project] 패널에 [Bars and Tone]의 클립이 생성되는 것을 볼 수 있습니다. 바로 같은 방법으로 [Universal Counting Leader]를 선택합니다.

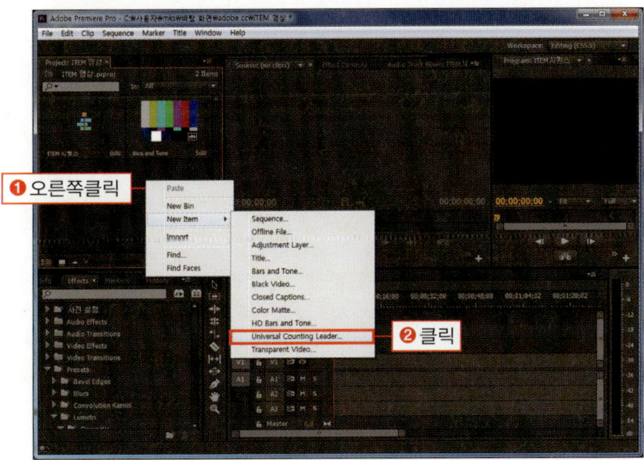

05. 계속 [OK] 단추를 클릭하여 [Universal Counting Leader Setup] 창으로 변경되면 창의 하단에 [Cue Blip at all Second Starts]를 체크하고 [OK] 단추를 클릭합니다.

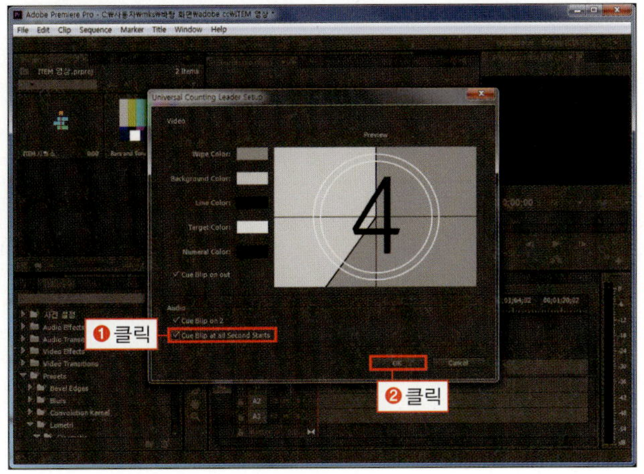

TIP : Universal Counting Leader Setup

• Wipe Color : 카운터되는 번호를 지우는 색상을 선택합니다.

• Background Color : 배경 색상을 설정합니다.

• Line Color : 4등분의 선 색상을 선택합니다.

• Target Color : 숫자 밖에 이중선의 색상을 선택합니다.

• Numberal Color : 숫자의 색상을 지정합니다.

• Cue Blip on out : 체크하면 화면 오른쪽 상단에 큐 표시가 보이게 됩니다.

• Cue Blip on 2 : 마지막 숫자 2가 나올 때 비프음이 발생합니다.

• Cue Blip at all Second Starts : 모든 숫자에 비프음을 발생합니다.

06. 같은 방법으로 [Project] 패널에서 마우스 오른쪽 버튼을 클릭하여 바로가기 창이 나타나면 [Color Matte]를 선택합니다.

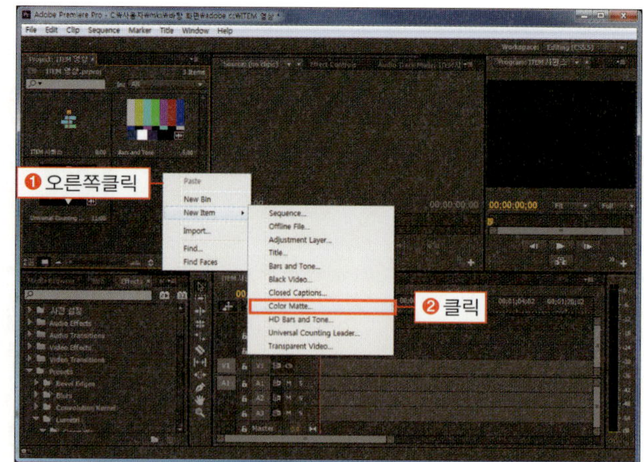

07. [New Color Matte] 창에서 [OK] 단추를 클릭하고 [Color Picker] 창의 [B]에 '255'를 입력한 후 [OK] 단추를 클릭합니다. 또한, [Choose Name] 창이 나타나면 안에 '색상'을 입력하고 [OK] 단추를 클릭합니다.

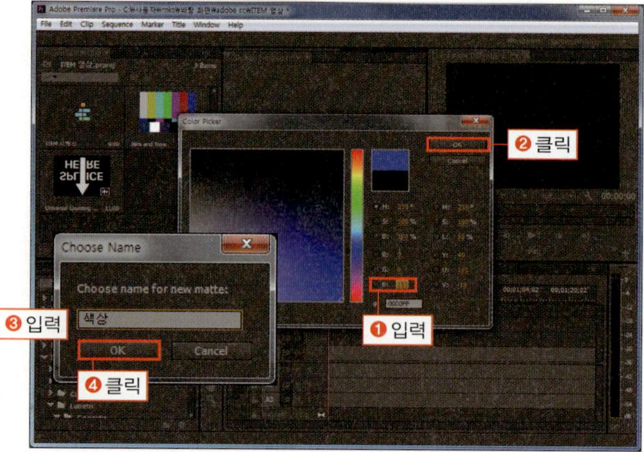

08. 같은 방법으로 [Project] 패널에서 마우스 오른쪽 버튼을 클릭하여 바로가기 창에서 [New Item]—[Title]을 선택합니다. [New Title] 창에 '제목'이라 입력하고 [OK] 단추를 클릭합니다.

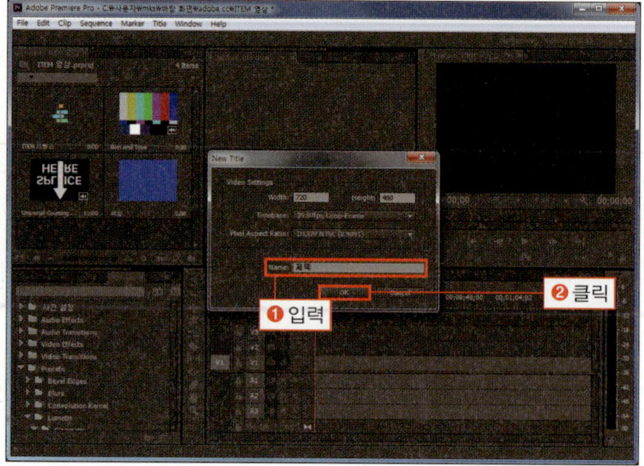

09. [Title] 창이 나타나면 왼쪽 상단에 클릭하고 'Premiere Pro CC'를 입력합니다. 만약, 글자가 안전선 밖으로 나온다면 왼쪽 상단의 [Selection Tool]를 선택하고 이동시키면 됩니다. 오른쪽 상단의 [x]를 클릭하여 창을 닫습니다.

10. [Project] 패널에서 마우스 오른쪽 버튼을 클릭하고 바로가기 창에서 [New Item]–[Offline File]를 클릭하고 [OK] 단추를 클릭합니다. [Offline File] 창에서 [File Name]에 '오프라인'을 입력하고 [OK] 단추를 클릭합니다.

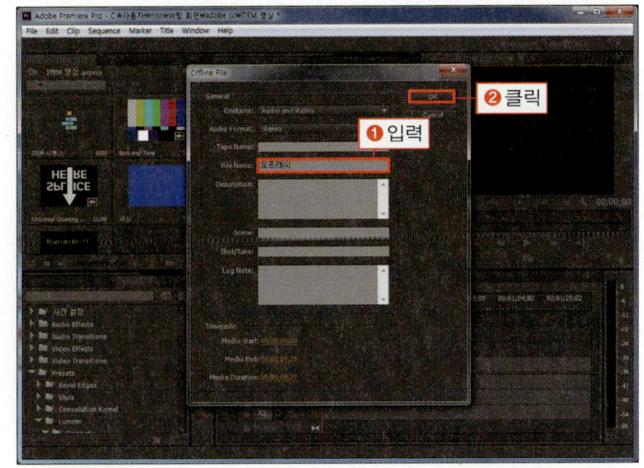

11. [Project] 패널에서 마우스 오른쪽 버튼을 클릭하여 바로가기 창에서 [New Item]–[Transparent Video]를 선택하고 [OK] 단추를 클릭합니다.

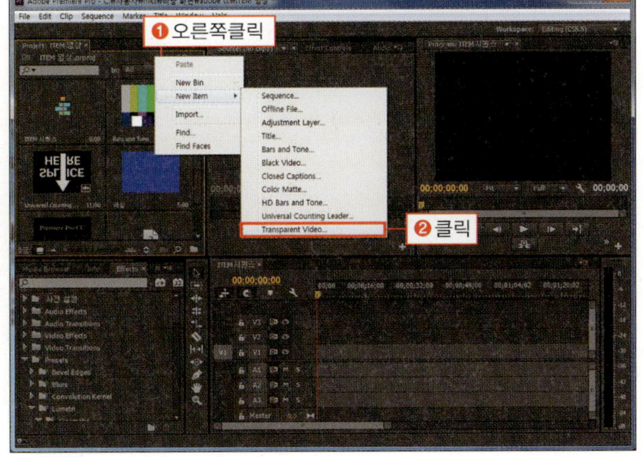

TIP : [Project] 패널의 바로가기

[Project] 패널에 클립들이 많이 들어 차 있어 마우스 오른쪽 버튼을 사용할 수 없는 경우가 있습니다. 이럴 때는 [Project] 패널의 오른쪽 상단 빈 곳에서 마우스 오른쪽 버튼을 클릭하면 바로가기 창을 사용할 수 있습니다.

12. 지금까지 만들어 놓은 클립들을 배치할 것입니다. [V1] 트랙에 'Bars and Tons', 'Universal Counting Leader', '색상', '오프라인'을 순서대로 배치하고 [V2] 트랙에 '제목', 'Transparent'를 '색상' 클립을 순서대로 배치합니다.

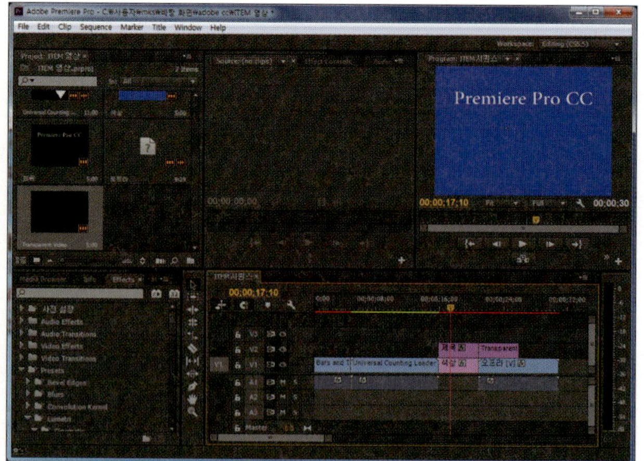

13. '오프라인' 클립의 크기에 맞추어 [V2] 트랙에 있는 'Transparent Video'를 넓혀줍니다.

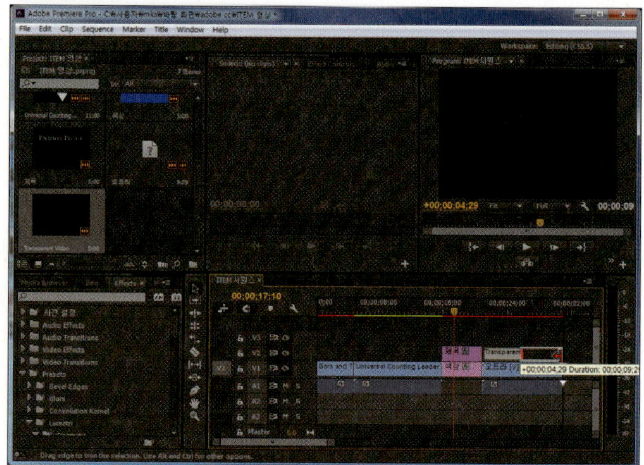

14. 아무 내용도 없는 '오프라인' 클립에 다른 영상을 연결하기 위해 '오프라인' 클립을 선택하고 마우스 오른쪽 버튼을 클릭한 후 바로가기 창이 니디니면 [Link Media]를 클릭합니다.

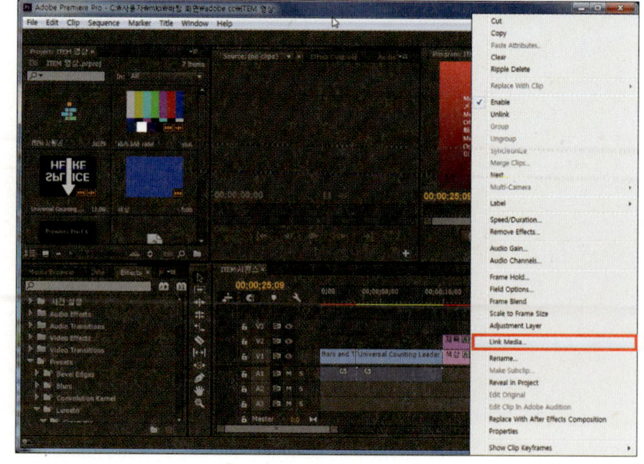

15. 다시 [Link Media] 창이 나타나면 오른쪽 하단의 [Locate] 단추를 클릭합니다.

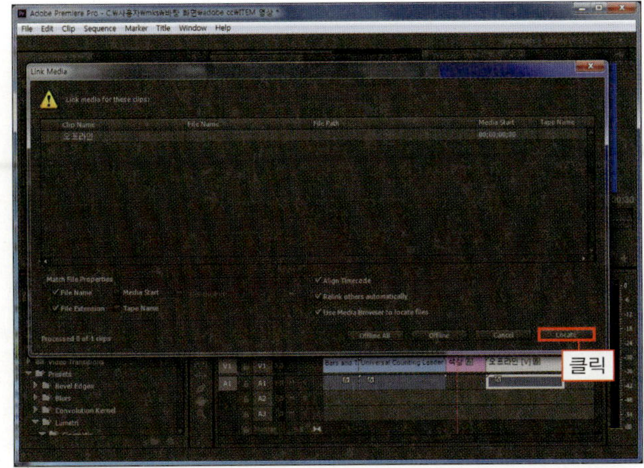

16. '오프라인' 클립과 연결되는 클립을 선택하기 위해 왼쪽의 탐색기 창에서 [Source] 폴더를 찾아 들어갑니다. 폴더로 들어가면 여러 클립들이 있는데 이 중에 '벚꽃' 클립을 선택하고 [OK] 단추를 클릭합니다.

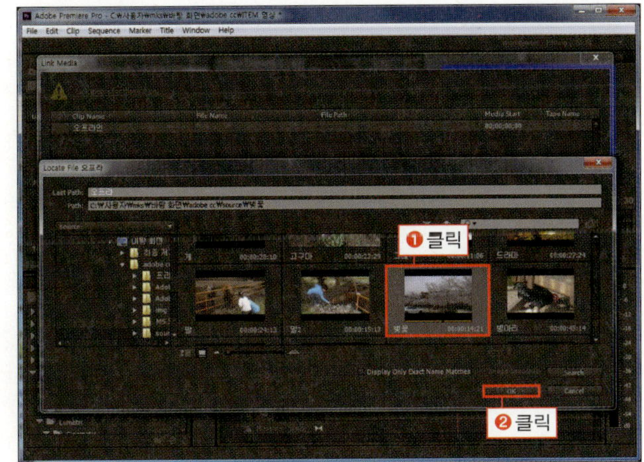

17. '오프라인' 클립에 링크된 영상이 연결되며 그대로 사용할 수 있습니다.

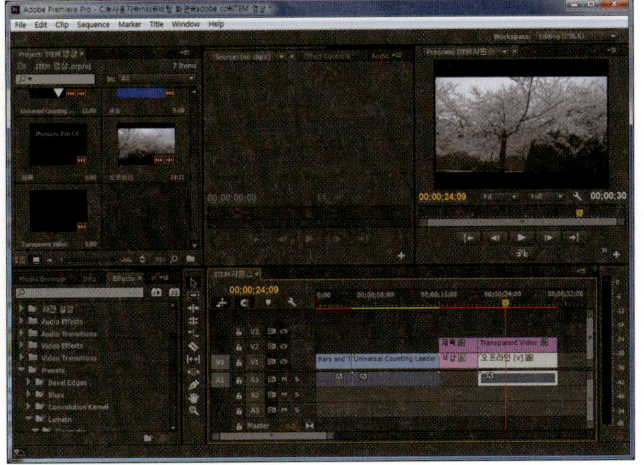

18. 다시 [Project] 패널에서 마우스 오른쪽 버튼을 클릭하고 바로가기 창에서 [New item]–[Sequence]를 선택하면 [New Sequence] 창이 나타나는데 시퀀스 이름을 '시퀀스2'로 입력하고 [OK] 단추를 클릭합니다.

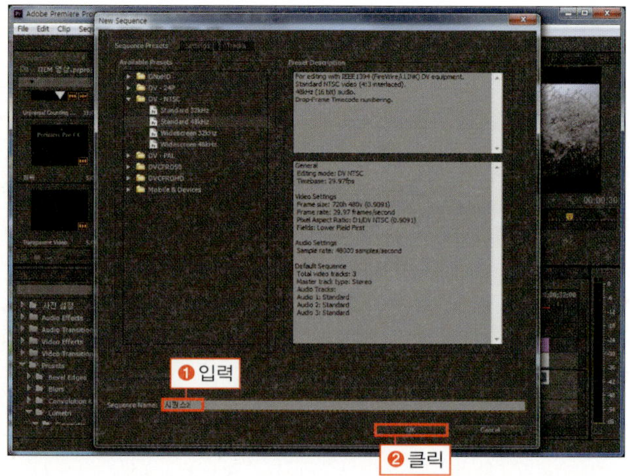

19. [Timeline] 패널에 '시퀀스2'가 나타나면 [Project] 패널의 'Item시퀀스'를 [V1] 트랙에 드래그 하여 넣어줍니다. 그리고 Enter 를 눌러 랜더링을 합니다.

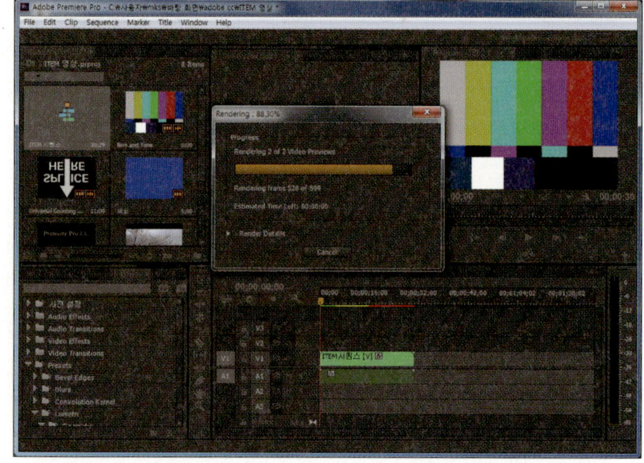

20. [File]–[Export]–[Media](Ctrl + M) 메뉴를 클릭하여 [Export Settings] 창이 나타나면 [Format]을 'Windows Media'로 변경하고 [Output Name]을 'Item'으로 이름을 변경한 다음 [Export] 단추를 클릭합니다.

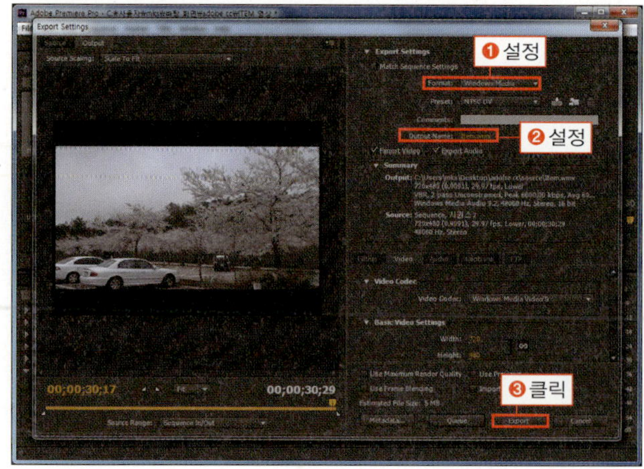

21. 결과로 나타난 'Item.wmv'을 실행시켜 결과를 확인합니다. 특히, 카운터를 시작할 때마다 소리가 나타나는지 확인해 봅니다.

T I P : 프로젝트 칼럼

프로젝트로 각각의 클립들을 불러와서 [List View] 버튼을 클릭하면 다음과 같이 나열됩니다. 즉, 각 클립마다 고유의 속성을 가지고 있는데 이것을 표현하는 것을 칼럼이라고 합니다.

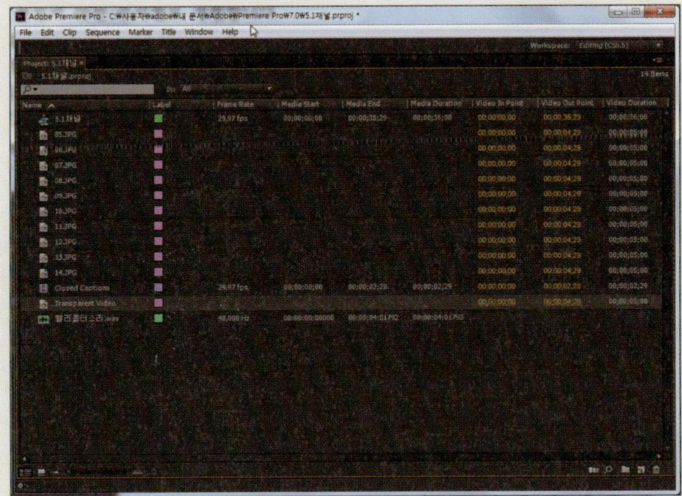

- Label : 각 클립의 종류별로 색상 유형을 표시합니다.
- Frame Rate : 비디오는 초당 프레임수를, 오디오는 샘플링의 규격을 표시합니다.
- Media Start/End : 핸들을 포함한 시작과 종료 프레임을 표시합니다.
- Media Duration : 영상의 지속 시간을 표시합니다.
- Video In Point : 비디오 트랙의 인 점을 표시합니다.
- Video Out Point : 비디오 트랙의 아웃 점을 표시합니다.
- Video Duration : 비디오의 인 점에서 아웃 점까지의 지속 시간을 표시합니다.
- Video Info : 프레임 크기와 종횡비 및 알파 채널의 포함 여부를 표시합니다.
- Description : 캡쳐 패널에서 입력한 설명이 표시됩니다.
- Status : 클립의 온오프라인 상태 여부를 표시합니다.

Automat To Sequence 기능은 [Project] 패널의 옵션 기능 중 하나로 특히 초보자들이 이미지를 이용하여 보다 쉽게 영상을 제작할 수 있습니다.

완성 파일 ㅣ PART3₩오토메이트시퀀스.prproj **추출 파일 ㅣ** PART3₩오토메이트.wmv

01. 새 프로젝트를 작성하고 이름을 '오토메이트시퀀스'라고 입력하고 새로운 시퀀스를 '오토메이트'라고 입력하여 프로젝트와 시퀀스를 완성합니다. 바로 [Project] 패널의 빈 공간에 더블클릭합니다. [Source] 폴더에서 이미지 클립인 '3~42'까지 선택하고 [열기] 단추를 클릭합니다.

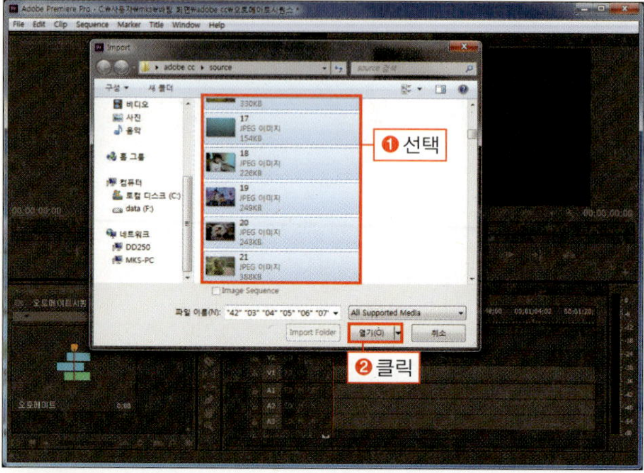

02. [Project] 패널에 이미지 클립들이 들어오면 `Ctrl` 을 누른 상태에서 '3', '5', '7', '8', '9', '10', '19', '26'을 선택하고 [Automate Sequence] 단추를 클릭합니다.

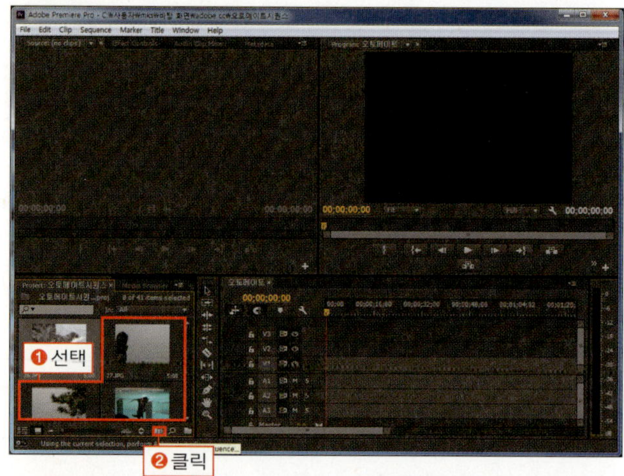

03. [Automate To Sequence] 창이 나타나면 [Ordering]이 'Selection Order'인지 확인하고 [Method]가 'Overwrite Edit'인지 확인한 다음 [OK] 단추를 클릭합니다.

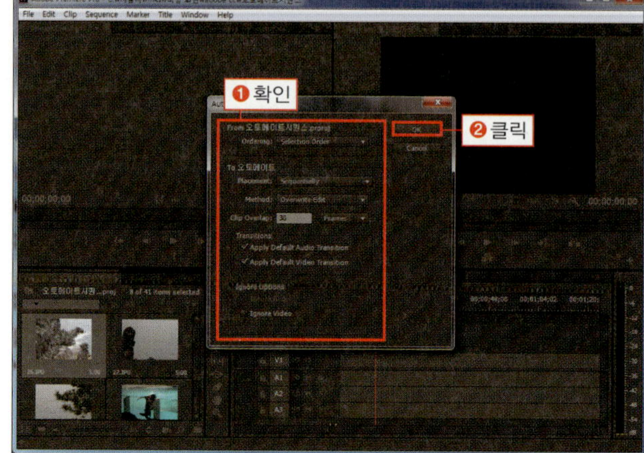

> **TIP ：** [Ignore Video]에 체크되어 있다면 체크를 해제하기 바랍니다.

04. [V1] 트랙에 이미지와 트랜지션이 자동으로 생성되는 것을 확인하고 [Project] 패널의 빈 곳에 더블클릭하여 [Import] 창을 열고 윈도우 7의 [라이브러리]-[음악]을 선택한 다음 'Kalimba'를 선택하고 [열기] 단추를 클릭합니다.

TIP : **오디오 클립**

지금 프리미어는 윈도우 7 64bit 버전을 기준으로 작성되고 있습니다. 혹, 이전 버전인 윈도우 XP 64bit 버전을 사용하는 독자는 임의의 MP3 파일을 사용해도 됩니다.

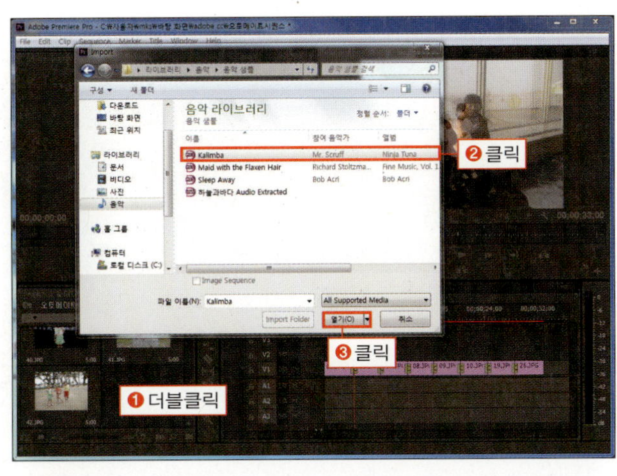

05. 오디오 클립인 'Kalimba.mp3'를 [A1] 트랙으로 드래그하여 이동시켜 놓고 키보드의 방향키인 ↑을 계속 눌러 [V1] 트랙의 마지막 이미지 클립의 끝으로 이동합니다. 바로 **Ctrl** + **K** 를 눌러 오디오 클립을 자르고 잘린 뒤쪽 클립을 삭제합니다.

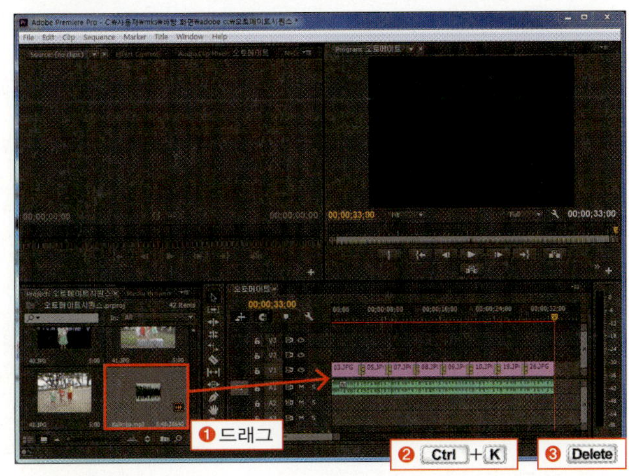

06. [Project] 패널에서 마우스 오른쪽 버튼을 클릭하여 바로가기 창에서 [New Item]-[Title]을 클릭하여 창이 나타나면 [Name]에 '자막'이라고 입력하고 [OK] 단추를 클릭합니다.

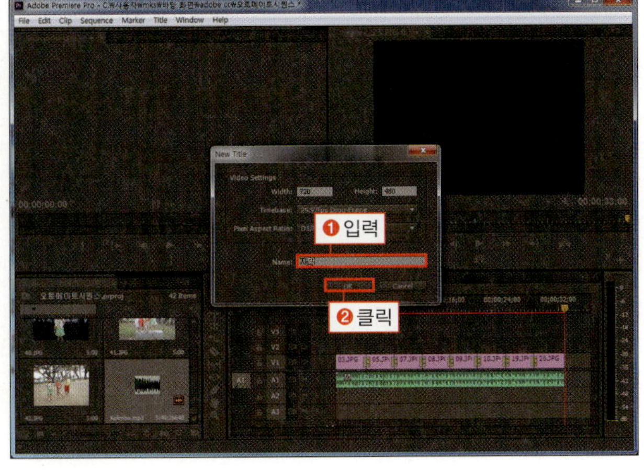

07. 타이틀 창이 열리면 왼쪽의 [Type Tool]을 선택하고 자막 편집 창을 클릭한 후 상단의 글꼴을 'HY엽서M'으로, 글자의 크기는 '50'으로 변경합니다.

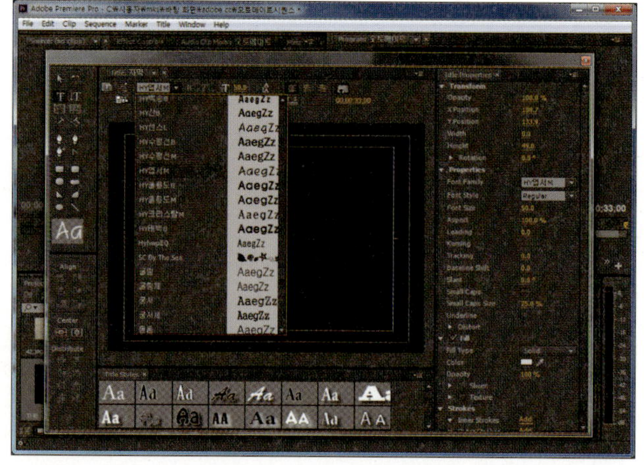

08. 설정이 끝났으면 안에 '나의 제주도 여행기'라고 입력하고 [Selection Tool]을 선택한 후 글자를 위쪽 가운데 상단으로 이동시킵니다.

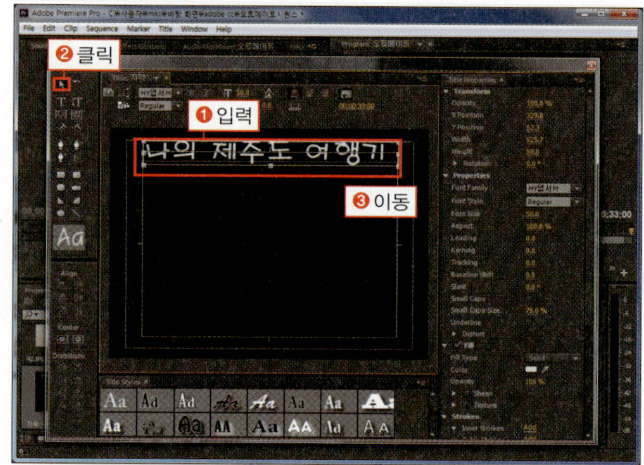

09. [Project] 패널의 '자막' 클립을 [V2] 트랙으로 이동시켜 놓고 모든 클립의 마지막까지 크기에 맞도록 넓혀줍니다.

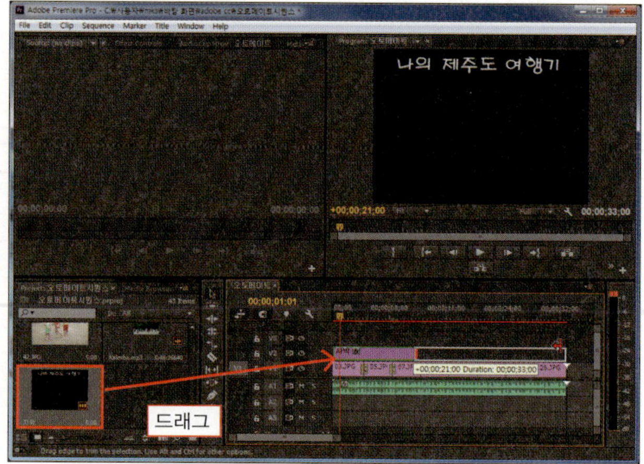

10. Enter를 눌러 렌더링합니다.

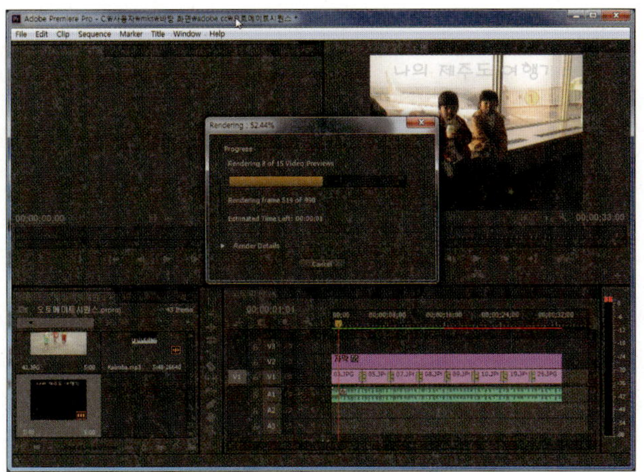

11. 영상을 추출하기 위해 [File]–[Export]–[Media](Ctrl+M) 메뉴를 클릭합니다. [Export Settings] 창이 나타나면 [Fortmat]을 'Windows Media'로 변경하고 하단의 [Export] 단추를 클릭합니다.

12. 영상의 결과를 확인합니다.

[Timeline] 패널 기능 익히고 활용하기

[Timeline] 패널은 편집 시 가장 많이 사용하는 패널로써, [Timeline] 패널의 트랙(Track)이라는 곳으로 클립들을 모아 놓고 여러 가지 방법으로 편집을 합니다. 새로운 시퀀스를 생성하게 되면 비디오 트랙과 오디오 트랙이 각각 3개씩 주어지는데 단, 오디오 트랙은 Master 트랙을 주어 컨트롤하기 위해 사용됩니다. 또한, 시퀀스는 편집 창처럼 사용되지만 다시 클립처럼 사용되기도 합니다. 많은 트랙을 한 번에 사용하기 보다는 여러 시퀀스를 분할하여 사용해서 편집과 랜더링의 효과를 높여주기도 합니다.

기초탄탄 ▶ 트랙과 [Timeline] 패널의 옵션 기능 이해하기

■ [Timeline] 패널 구성

[Timeline] 패널은 크게 비디오 트랙과 오디오 트랙으로 구분합니다. 이미지 클립과 오디오 클립을 [Timeline] 패널로 이동해 놓으면 각각의 트랙으로 이동하지만 영상 클립은 이미지와 오디오로 구분하여 트랙 위에 위치합니다.

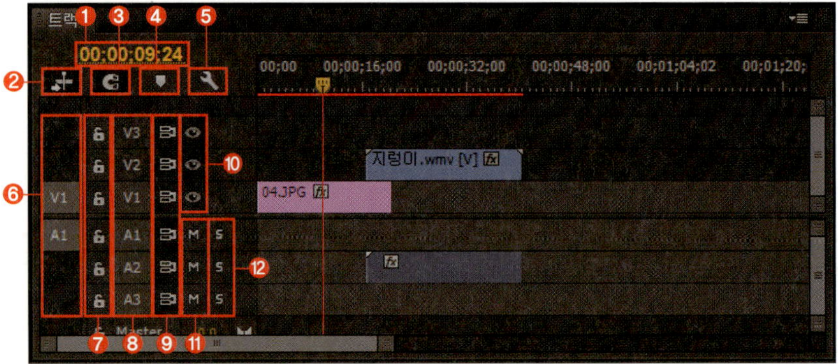

❶ **Playhead Position(TimeCode)** : 일반적으로 타임코드를 표시하며 영상이 플레이되면서 재생되는 시간을 바로 보여줍니다. 형태는 [시간; 분; 초; 프레임] 단위로 구성되며, 직접 값을 입력하면 타임라인 위치로 이동합니다.

❷ **Insert and overwrite sequences as nests or individual clips** : 새로운 기능으로 이 단추를 눌러 사용하면 기존처럼 시퀀스 전체를 하나의 클립처럼 사용하고 아니면 시퀀스에 놓여 있는 전체의 클립들을 가져오게 됩니다.

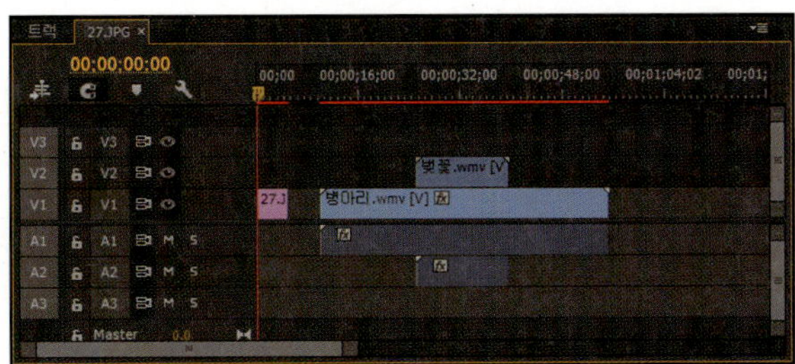

❸ Snaps : 스냅을 누른 상태에서 클립을 다른 클립과 옆으로 붙이면 정확하게 붙게 됩니다.

❹ Add Marker : 원하는 타임에 마커를 설정할 수 있습니다. 마커를 설정하면 마커를 이용하여 보다 쉬운 작업을 할 수 있습니다.

❺ Timeline Display Settings : [Timeline] 패널의 화면 보기를 설정합니다. 트랙에 비디오, 오디오 형태, 마커 표시 형태, 트랙의 크기 등을 설정하는 데 사용합니다.

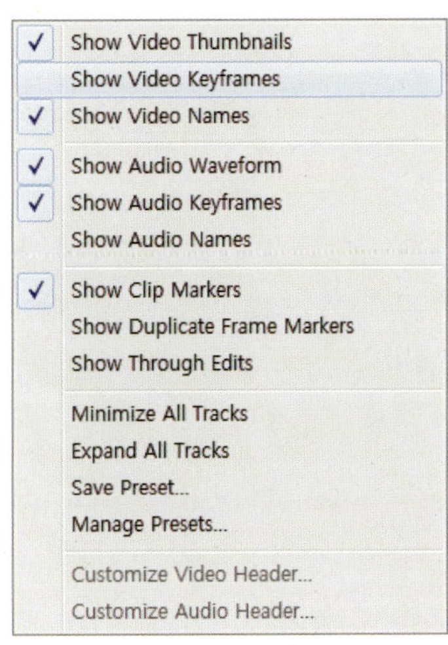

❻ Source patching for inserts and overwrites : 트랙의 가장 왼쪽에 있는 곳으로 클립이 있는 트랙에 다른 클립을 삽입하거나 겹치기를 할 때 표시합니다.

❼ Toggle Track Lock : 해당 트랙에 어떤 클립의 삽입이나 수정을 할 수 없도록 잠금 장치를 합니다.

❽ Toggle the track targeting for this track : 여기에 클릭을 하면 해당 트랙 전체를 선택하는 것과 같습니다.

❾ Toggle Sync Lock : 체크되어 있으면 다른 트랙에 있는 클립들과 동기화됩니다. 즉, 다른 트랙에 있는 클립이 영향을 미치면 같은 영향을 주게 됩니다.

❿ Toggle Track Output : 체크를 해제하면 클립의 내용이 모니터에 표시되지 않습니다.

⓫ Mute Track : 오디오 트랙에만 해당하는 것으로 이 부분을 체크하면 해당 트랙의 오디오만 나오지 않습니다.

⓬ Solo Track : 오디오 트랙에만 해당하는 것으로 이 부분을 체크하면 해당 트랙만 나오고 나머지 트랙은 나오지 않습니다.

■ [Timeline] 패널의 여러 옵션

[Timeline] 패널에는 보이는 옵션뿐만 아니라 편집 과정에 따라 필요한 옵션을 사용합니다. 필요한 옵션을 알아보고 정확한 사용법을 알아봅니다.

Clip Speed/Duration

❶ Speed : 기본 값을 100%로 설정하고 값을 200%로 증가했을 경우 기존 속도의 2배, 50%로 감소했을 경우 기존 속도의 1/2배로 줄어듭니다. 마우스로 왼쪽(감소)이나 오른쪽(증가)으로 이동하면 0.1% 단위로 변화하고 키보드의 방향키인 위쪽(↑, 증가)이나 아래쪽(↓, 감소)를 누르면 마찬가지로 0.1% 단위로 변화합니다.

❷ Duration : 영상의 전체 시간을 의미합니다. 기존 시간보다 줄이면 빠른 속도를, 늘이면 느린 속도로 변경하는 것을 알 수 있습니다.

❸ 링크( ) : [Speed]와 [Duration]의 링크를 연결하거나 해제를 합니다. 링크가 연결되어 있을 경우 [Speed] 값을 높이거나 줄이면 [Duration] 값도 증가하거나 감소하게 됩니다.

❹ Reverse Speed : 체크하면 영상과 음성이 반대로 진행됩니다. 즉, 역재생을 합니다.

❺ Maintain Audio Pitch : 체크하면 영상의 변화와는 상관없이 원래의 음성이 그대로 재생됩니다.

❻ Ripple Edit, Shifting Trailing Clips : 2개의 클립이 붙어 있을 경우 [Speed]나 [Duration]의 값을 변경하여 속도를 증가하면 클립이 작아지는데 그때, 뒤에 있는 클립은 떨어지지 않고 바로 붙게됩니다.

키보드를 이용한 속도 조절하기

영상의 재생은 [Program] 패널의 해당 버튼뿐만 아니라 키보드를 이용한 재생, 정지, 역재생을 사용합니다. 영상 편집에 보다 편리성을 추구하게 되었습니다.

단축키	기능
J	[Timeline] 패널이 선택된 상태에서 J 를 누르면 역재생을 합니다. 연속으로 2번 누르면 2배 속도의 역재생을 하고 3번 누르면 4배 속도의 역재생을 하게 됩니다.
K	[Timeline] 패널이 선택된 상태에서 클립의 재생이나 역재생을 중지합니다.
L	[Timeline] 패널이 선택된 상태에서 재생을 합니다. 2번 누르면 2배, 3번 누르면 4배 속도의 영상을 재생합니다.
J + K	K 를 누른 상태에서 J 를 한 번씩 누르면 1 프레임만큼 역재생을 합니다.
L + K	K 를 누른 상태에서 L 을 한 번씩 누르면 1 프레임만큼 재생을 합니다.

TIP : 프로젝트 단축키 설정하기

[Timeline] 패널에서는 편집을 많이 합니다. 여러 편집 과정을 진행하면 마우스를 사용하는 것보다 사용자에 맞게 단축키를 사용하는 것이 좋습니다. 단축키 설정을 위해 [Edit]–[Keyboard Shortcuts] 메뉴를 클릭합니다.

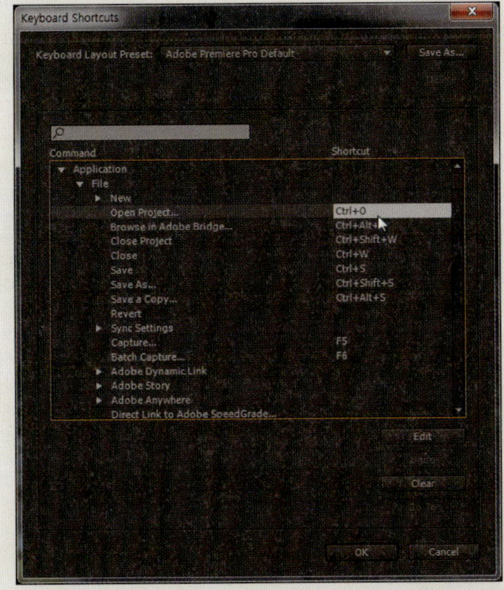

- Keyboard Layout Preset : 지금 사용하는 단축키 레이아웃을 설정합니다. 이전 단축키 환경이나 변경된 단축키도 저장합니다.
- Command : 각 메뉴의 기능에 맞게 단축키를 알아보고 좀 더 편한 단축키로 변경합니다.
- 버튼 : [Edit]는 편집을, [Undo]는 취소, [Clear]는 지우기, [Go to]는 관련 단축키를 찾습니다.

페이드 인(Fade in)은 영상이 점점 나타나는 현상을 말하고, 페이드 아웃(Fade out)은 영상이 점점 흐려져서 없어지는 현상을 말합니다. 트랙에는 불투명도(Opacity)를 설정하는 선을 사용하는데 선에 키프레임을 넣고 키프레임을 이동(값을 낮추거나 높여)시켜 페인드 인과 아웃을 표현합니다.

완성 파일 | PART3₩트랙.prproj　**추출 파일** | PART3₩트랙.mp4

01. 프리미어 프로 CC를 실행하고 프로젝트 이름을 '트랙'으로 지정한 다음 시퀀스를 [Widescreen 48khz]를 선택하고 이름을 '트랙'으로 입력한 다음 [OK] 단추를 클릭합니다.

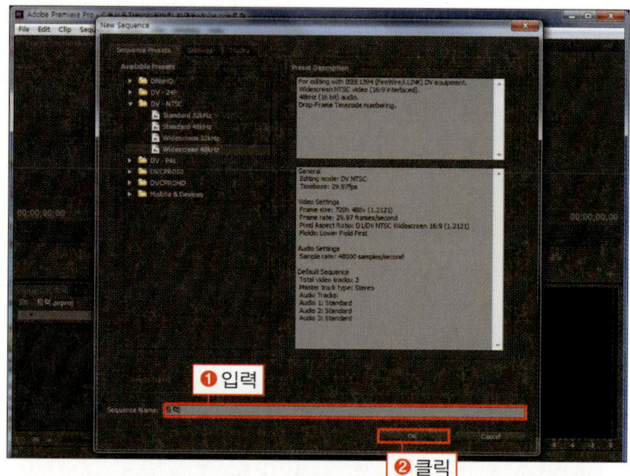

> **TIP : Standard와 Widescreen**
>
> 화면의 방식에 따라 Standard와 Widescreen 방식으로 설정합니다. Standard는 화면의 비율이 4:3 방식을 사용하고 Widescreen은 화면의 비율을 16:9 방식으로 사용합니다. Widescreen은 가로가 더 넓은 화면비를 제공하여 보다 크고 선명한 화질을 제공합니다.

02. [Project] 패널의 빈 곳을 더블클릭한 후 [Source] 폴더에서 '말', '말2'를 선택하고 [열기] 단추를 클릭합니다.

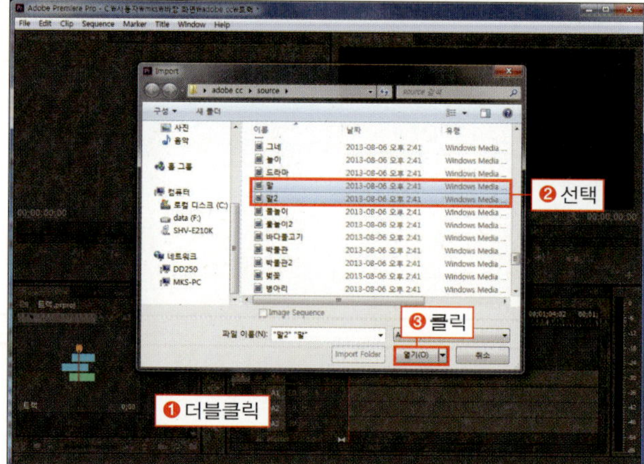

03. [Timeline] 패널의 [V1] 트랙에 '말.wmv' 클립을 드래그하여 이동시켜 놓고 타임코드에 클릭한 한 후 '17.15'를 입력합니다. 바로 [V2] 트랙에 타임을 맞추어 '말2.wmv' 클립을 드래그하여 이동시켜 줍니다.

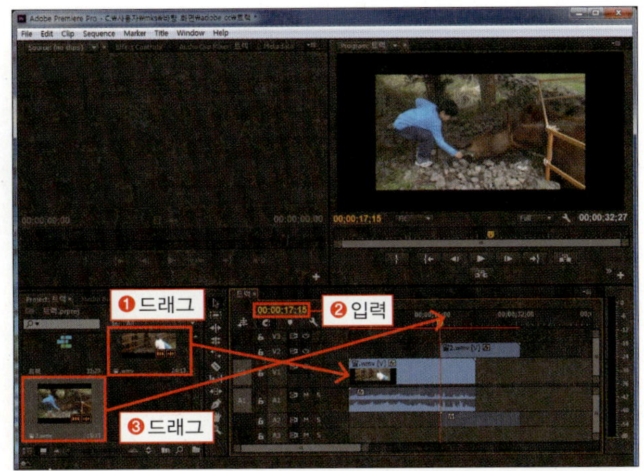

04. '말.wmv' 클립에 키프레임을 넣기 위해 먼저 [Timeline] 패널의 옵션에서 [Timeline Display Settings]를 클릭하고 [Show Video Keyframes]를 선택하면 클립에 선이 생깁니다.

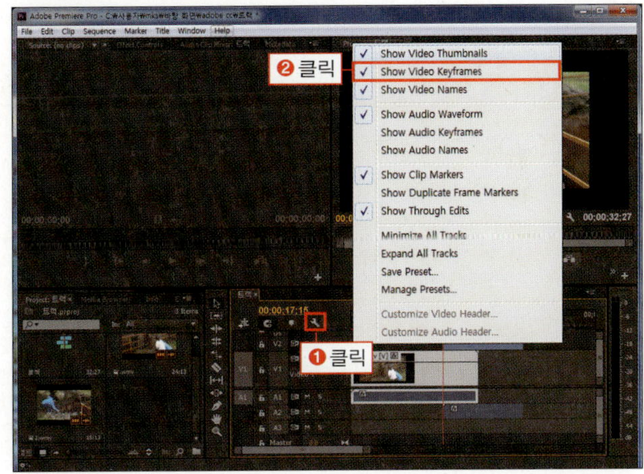

05. [V1] 트랙에 [Add–Remove Keyframe] 단추를 나타내기 위해 [V1] 트랙과 [V2] 트랙의 경계선을 드래그하여 [V1] 트랙을 넓혀 주고 단추가 나타나면 클릭합니다.

TIP : 키프레임(Keyframe)이란?

프레임이란 한 장면(정지 영상)을 의미합니다. 여기에 하나의 키를 주어줍니다. 우리는 이 키를 가지고 프레임의 위치 정보, effect(효과) 정보 등을 넣어 조절할 수 있게 합니다. 즉, 편집 시 프레임의 정보를 조절하는데 중요한 조절점이 되는 것입니다. 필요에 따라 원하는 위치에 가져다 놓을 수 있습니다.

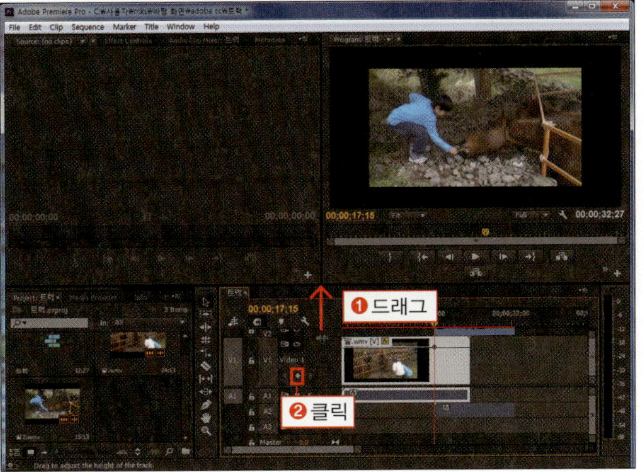

06. [Timeline] 패널을 보다 작업하기 쉽게 하기 위해 경계선을 상단으로 이동하여 패널을 넓혀 주고 마찬가지로 [V2] 트랙의 경계선을 이동하여 [Add–Remove Keyframe] 단추가 보이도록 하고 '말2' 클립을 선택한 다음 버튼을 눌러 키프레임이 나오도록 합니다.

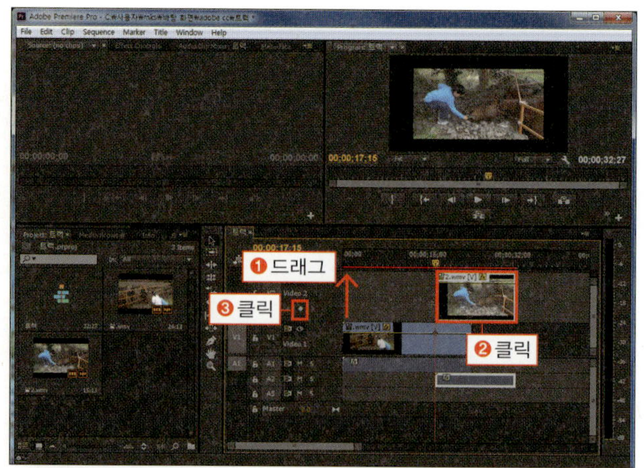

07. 타임코드에 '19.00'을 입력한 다음 플레이헤드가 이동하면 [V2] 트랙의 [Add–Remove Keyframe] 단추를 클릭하여 키프레임을 생성하고 같은 방법으로 [V1] 트랙의 [Add–Remove Keyframe] 단추를 클릭하여 키프레임이 나타나도록 합니다.

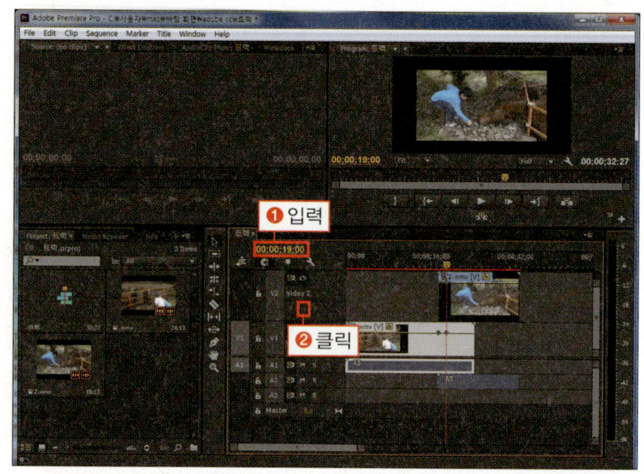

08. '말' 클립과 '말2' 클립 사이에 페이드 인과 아웃이 교체되어 나타날 수 있도록 먼저 [V1] 트랙의 '19'초 키프레임을 가장 하단으로 이동시키고, [V2] 트랙의 '17.15'의 기프레임을 가장 하단으로 이동시켜 줍니다.

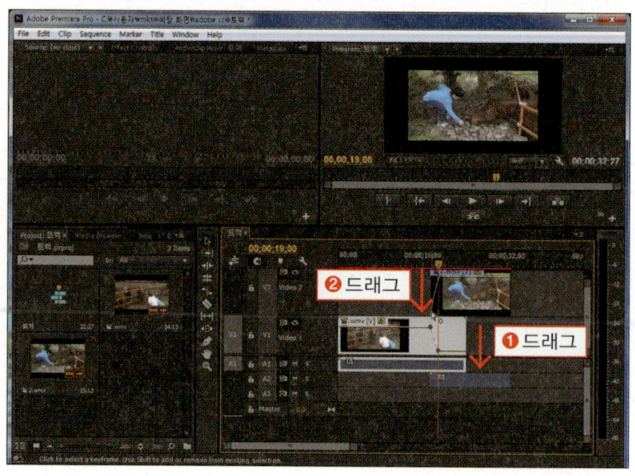

09. 비디오 트랙처럼 오디오 트랙도 Volume선을 이용하여 페이드 인과 아웃을 조절합니다. 먼저 [Timeline Display Settings]를 클릭하고 [Show Audio Keyframes]를 선택합니다. Volume선의 클립에 나타나는지 확인하고 [A1] 트랙과 [A2] 트랙의 경계선을 이용하여 [Add-Remove Keyframe] 단추가 보이도록 넓혀줍니다.

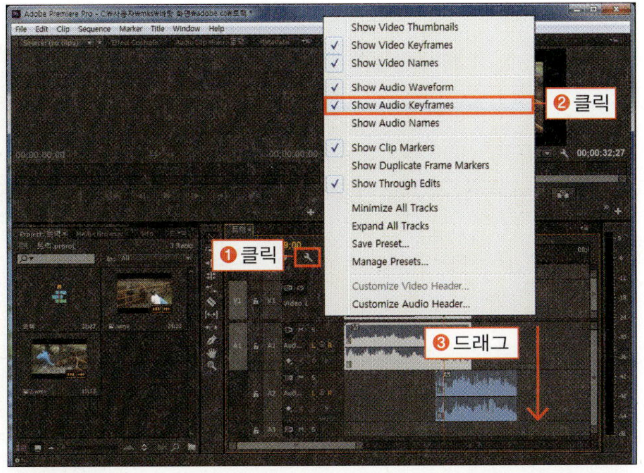

10. 오디오 트랙에 키프레임을 넣기 위해 타임코드에 '17.15'를 입력하고 [A1] 트랙과 오디오 클립을 선택하고 [Add-Remove Keyframe] 단추를 눌러줍니다. 같은 방법으로 [A2] 트랙에 단추를 눌러 키 프레임이 넣어줍니다. 타임코드를 '19.00'으로 변경하고 [A1] 트랙이 클립과 [A2] 트랙의 클립에 키프레임을 추가합니다.

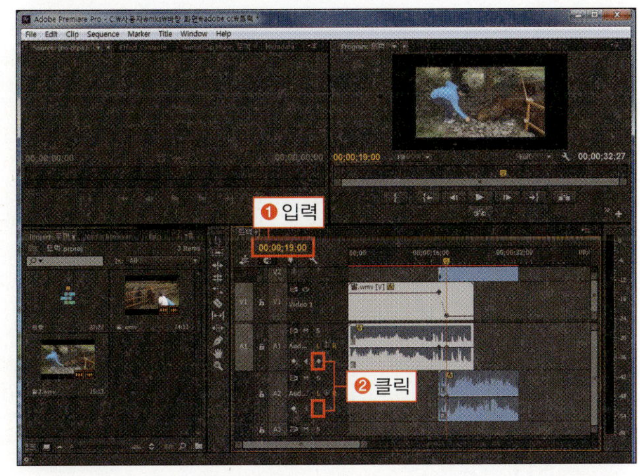

11. 비디오 트랙과 같은 방법으로 '19.00'의 [A1] 트랙의 클립 키프레임을 하단으로 이동하여 내려주고 '17.15'의 [A2] 트랙의 클립 키프레임을 하단으로 이동합니다. 그러면, [A1] 트랙의 오디오와 [A2] 트랙의 오디오가 크로스하게 됩니다.

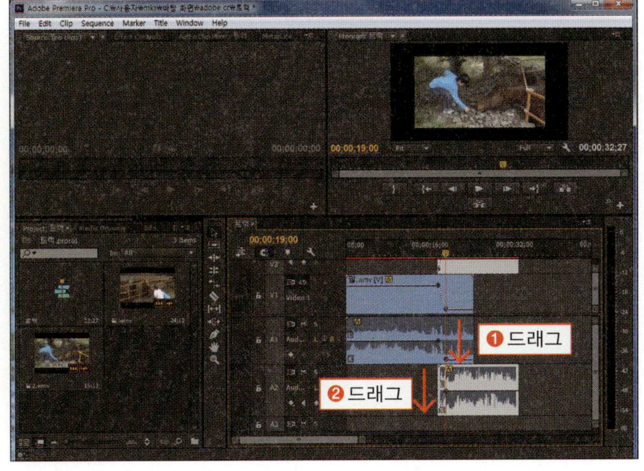

12. 처음 화면의 페이드 인을 하기 위해 [V1] 트랙과 [A1] 트랙의 클립에 키프레임을 만들어 줍니다. '0'과 '3.00' 타임에 [V1] 트랙 클립과 [A1] 트랙 클립의 키프레임을 각각 설정하고 '0' 타임의 키프레임은 하단으로 내려줍니다.

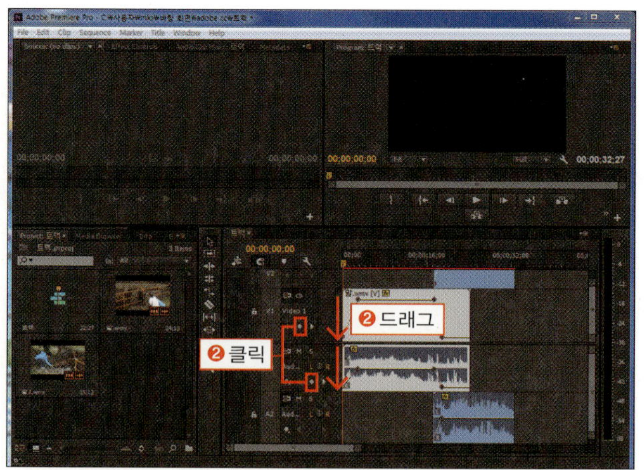

13. 전체 페이드 아웃을 설정하기 위해 같은 방법으로 [V2] 트랙과 [A2] 트랙에 키프레임을 설정합니다. 편집을 용이하게 하기 위해 [V1] 트랙과 [A1] 트랙의 작게 줄여주고 [V2]와 [A2] 트랙을 넓게 설정한 다음 각각 '30.00'과 '32.27'에 키프레임을 설정합니다. 마지막 프레임인 '32.27' 타임의 프레임의 값을 모두 하단으로 이동시켜 줍니다.

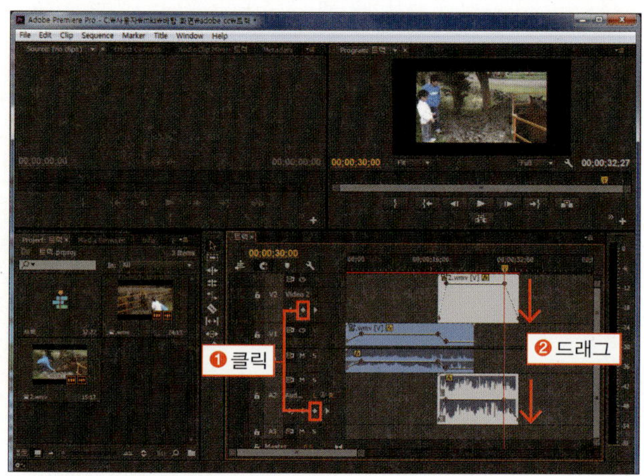

14. Enter 를 눌러 랜더링한 다음 진행 과정을 살펴봅니다.

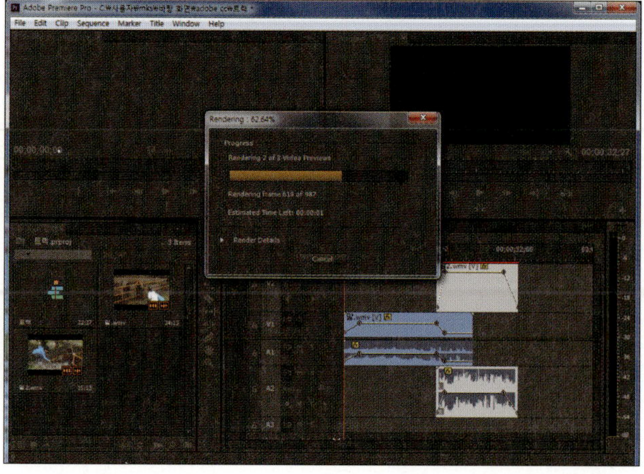

15. 랜더링이 끝났으면 [File]–[Export]–[Media] (**Ctrl** + **M**) 메뉴를 클릭하여 [Export Settings] 창이 나타나도록 하고 왼쪽의 설정 창에서 [Format]을 'H.264'로 변경합니다. 하단의 [Export] 단추를 클릭하여 영상이 추출되도록 합니다.

> **TIP : H.264(*.mp4)**
> 어도비 플래시를 지원하여 유투브(YouTube)에서 가장 많이 사용되는 재생 방식으로 휴대폰에서 바로 인식하여 편리성이 좋은 포맷 형태로 가장 높은 이용도를 가집니다.

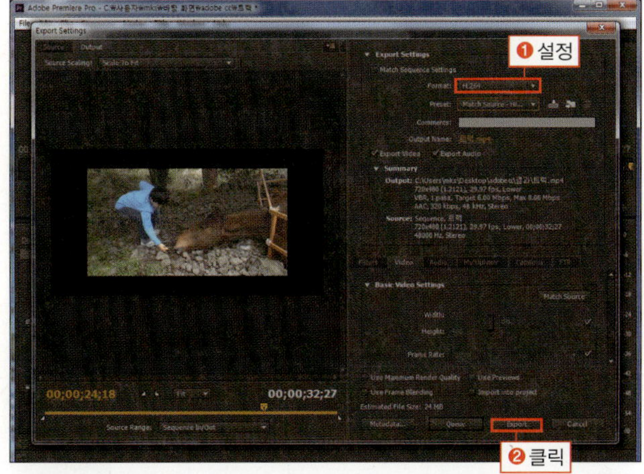

16. 영상을 확인합니다.

> **TIP : 트랙의 추가와 삭제**
> 기본 시퀀스에서 작업을 하다가 트랙이 더 필요하면 추가해야 합니다. 이때, 바로 트랙을 추가하는 방법을 알아봅니다.
> • 각 트랙의 클립 위치 바로 앞의 빈 공간을 마우스 오른쪽 버튼으로 클릭하고 [Add Track]을 선택하면 바로 트랙이 추가됩니다. 단, [V1], [V2] 트랙에서 하는 경우 상단에 빈 트랙이 생기며 이전 트랙은 상단으로 올라갑니다.
> • 클립을 선택하고 [V3] 트랙 위로 드래그하면 트랙이 생깁니다.
> • [Sequence]–[Add Tracks] 메뉴를 클릭하여 창이 나타나면 트랙 개수를 조절하여 추가합니다.

영상의 속도를 조절하여 원하는 형태의 영상을 편집할 수 있습니다. 키보드를 가지고 하는 속도 조절과 [Clip Speed/Duration] 창을 이용한 속도 조절 방법을 알아봅니다.

완성 파일 | PART3₩속도조절.prproj **추출 파일 |** PART3₩속도.mp4

01. 새로운 프로젝트를 설정하기 위해 '속도 조절'이라는 프로젝트를 만들고 시퀀스를 새로 시작하여 이름을 '속도'로, [DV-NTSC]에서 [Widescreen 48kHz]를 선택하고 [OK] 단추를 클릭합니다.

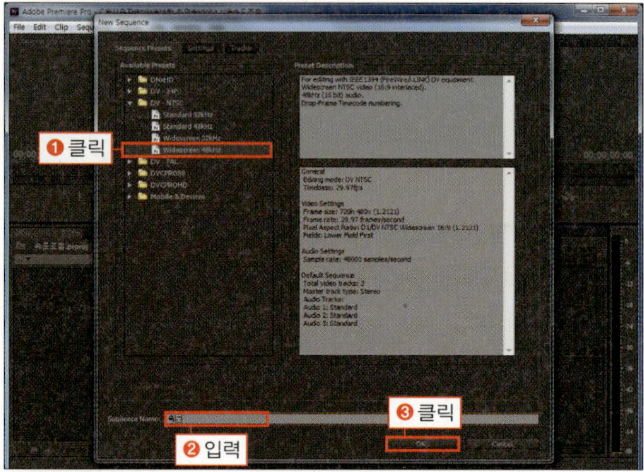

02. [Project] 패널의 빈 곳을 더블클릭하여 [Import] 창이 나타나면 [Source] 폴더에서 '바다물고기' 클립을 선택하고 [OK] 단추를 클릭합니다. [Project] 패널의 클립을 [V1] 트랙으로 드래그하여 이동해 놓고 ⌂ L 을 눌러 영상을 진행합니다.

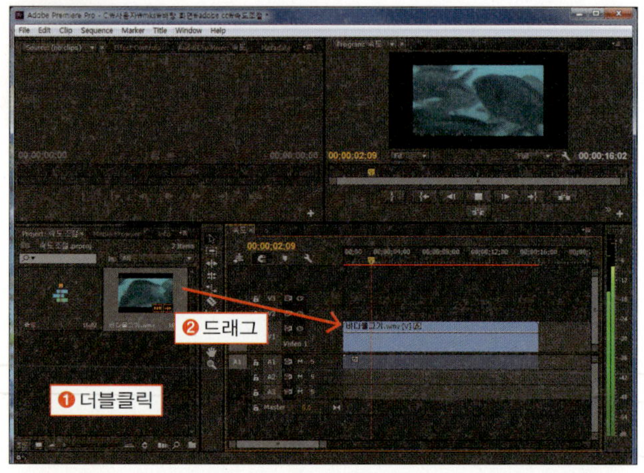

03. L 을 2번 연속으로 눌러 2배 빠르게 진행해보고 K 를 눌러 정지합니다. 또한, J 를 눌러 역진행을 합니다.

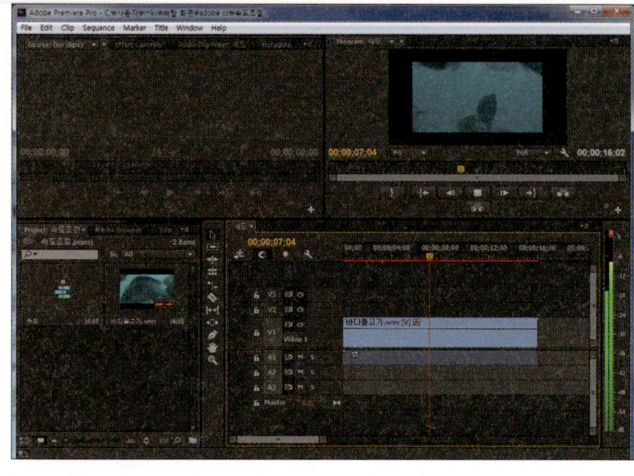

04. 타임코드에 '5.00'을 입력한 후 Ctrl + K 를 클릭하고, '7.00'을 입력한 후 Ctrl + K 를 클릭하여 클립을 자르고 자른 클립의 마우스 오른쪽 버튼을 클릭해 바로가기 창에서 [Speed/Duration]을 선택합니다.

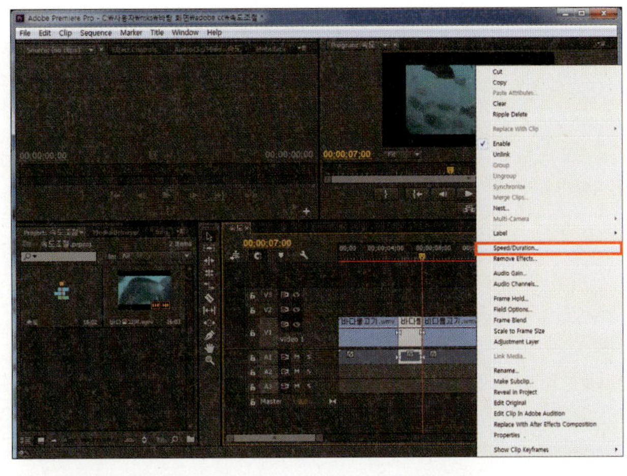

TIP : Speed 설정

속도 조절 창에서 speed를 높여주면 속도가 빠르게 되고 진행 시간이 줄어들게 됩니다. 즉, 시간을 줄여 속도를 높여줍니다.

---

05. [Clip Speed/Duration] 창이 나타나면 [Speed]에 '150'을 입력하고 [OK] 단추를 클릭합니다.

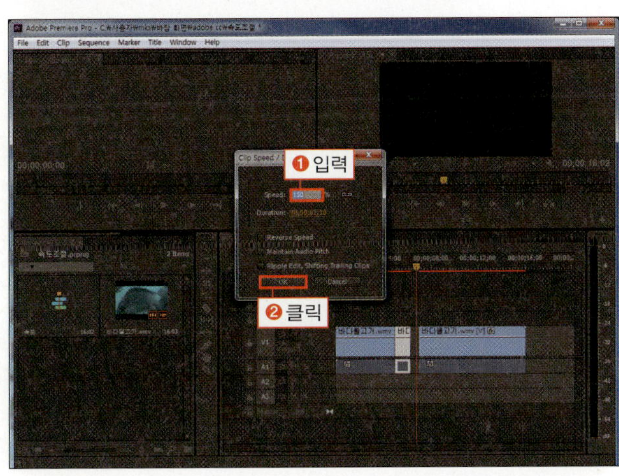

06. 클립간의 간격을 없애기 위해 빈 곳에서 마우스 오른쪽 버튼을 클릭하고 [Ripple Delete]를 선택합니다.

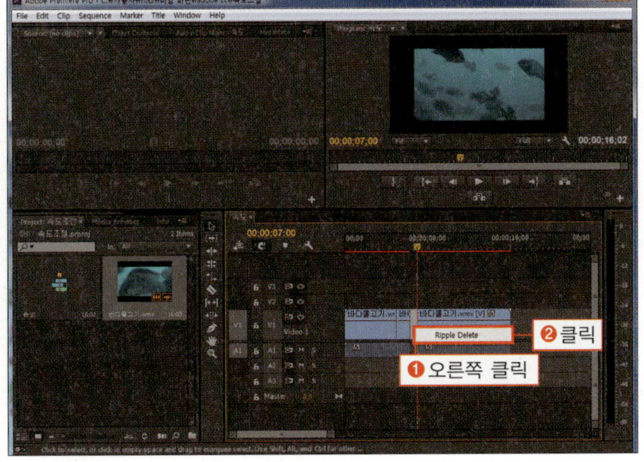

TIP : Ripple Delete

클립과 클립 사이의 공간을 없애주는 작업. 클립과 클립 사이의 공간이 생기거나 잘라내어 공간이 발생되면 뒤의 클립을 이동하여 붙이기보다는 [Ripple Delete]를 이용하여 공간을 삭제하는 것이 효율적입니다.

07. 클립이 붙은 상태에서 [Enter]를 이용하여 랜더링하고 영상을 확인하면 잘려진 가운데 클립에서는 빠르게 이동하는 것을 확인합니다.

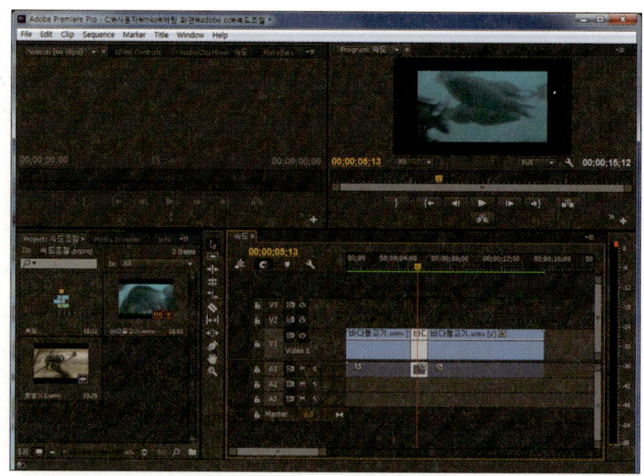

08. 잘려진 3개의 무비 클립 중 마지막 클립을 선택하고 마우스 오른쪽 버튼을 클릭해 바로가기 창에서 [Clip Speed/Duration]을 선택합니다. 창이 나타나면 [Reverse Speed]와 [Maintain Audio Pitch]에 체크하고 [OK] 단추를 클릭합니다.

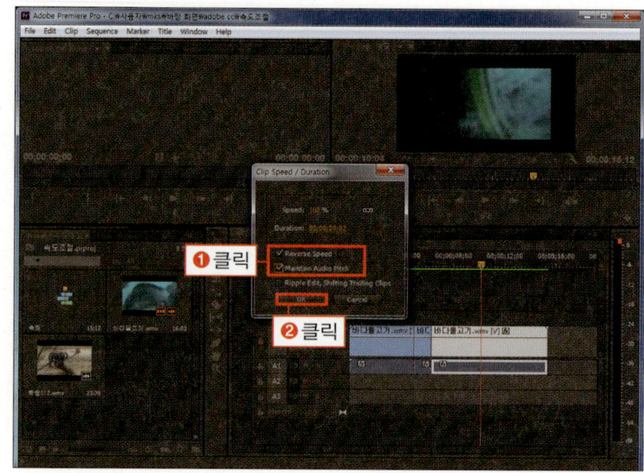

09. [Space Bar]를 눌러 진행시켜 보면 마지막 클립의 영상과 음성이 거꾸로 돌아가는 것을 확인할 수 있습니다.

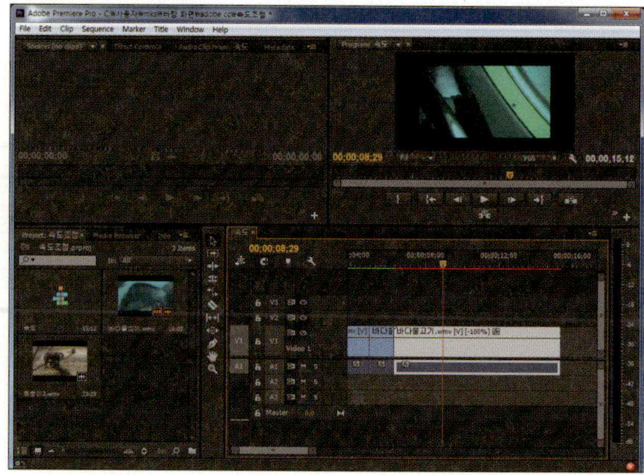

10. 오디오 트랙인 [A1]의 [Toggle Track Lock]에 클릭하여 오디오 트랙을 잠가 놓고 마지막 클립에서 마우스 오른쪽 버튼을 클릭한 후 바로가기 창에서 [Clip Speed/Duration]을 선택합니다. 창이 나타나면 [Maintain Audio Pitch]는 비활성화되어 체크할 수 없는 것을 확인할 수 있습니다. 바로 [OK] 단추를 클릭합니다.

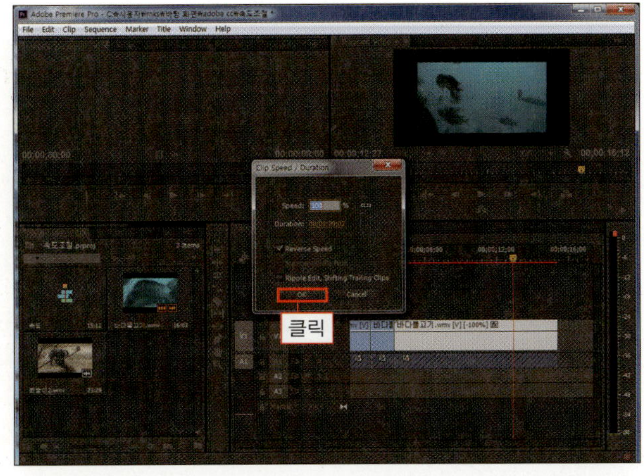

11. Space Bar 를 눌러 진행시켜 보면 마지막 클립의 영상은 반대로 재생되지만 음성은 똑바로 재생되는 것을 확인할 수 있습니다.

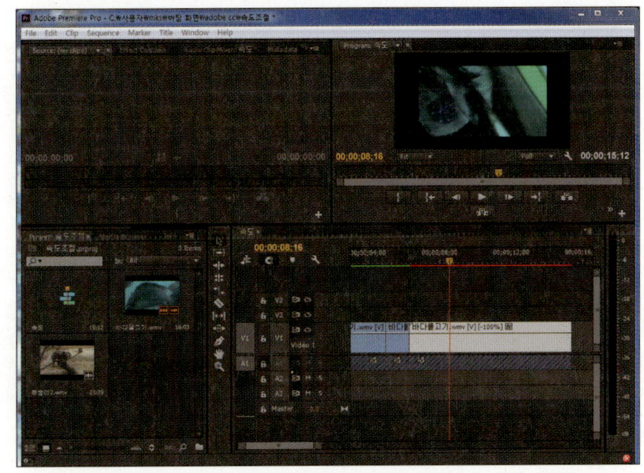

12. 지금까지 음성은 재생하고 영상은 역재생을 했는데 반대로 해봅니다. 마지막 클립을 선택하고 마우스 오른쪽 버튼을 클릭한 후 바로가기 창에서 [Unlink]를 선택합니다.

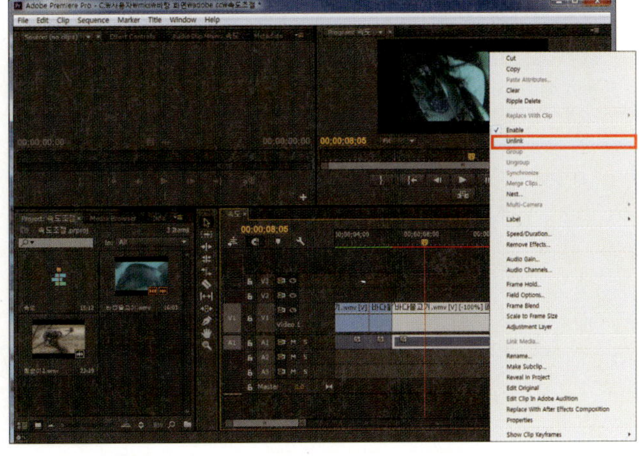

TIP : Unlink

영상 클립을 불러와 [Timeline] 패널에 놓으면 영상과 음성은 하나의 클립처럼 작동합니다. 그래서 영상과 음성을 분리시키기 위해서 [Unlink]를 선택하면 분리되고 원래의 영상과 음성을 선택하고 [Link]를 클릭하면 영상과 음성은 하나처럼 사용합니다.

13. [A1] 트랙의 마지막 오디오 클립을 선택한 다음 마우스 오른쪽 버튼을 클릭해 바로가기 창에서 [Clip Speed/Duration]을 선택합니다. 창이 나타나면 [Reverse Speed]와 [Maintain Audio Pitch]에 체크하고 [OK] 단추를 클릭합니다.

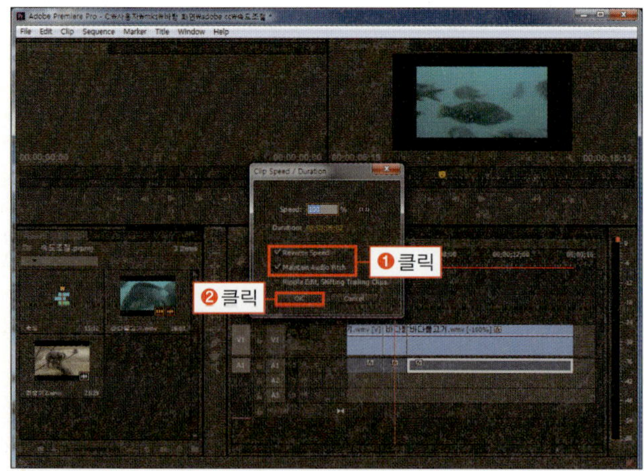

14. Enter 를 누르고 랜더링하고 재생하면 마지막 클립의 영상은 제대로 재생되고 음성만 역방향으로 재생하는 것을 확인합니다.

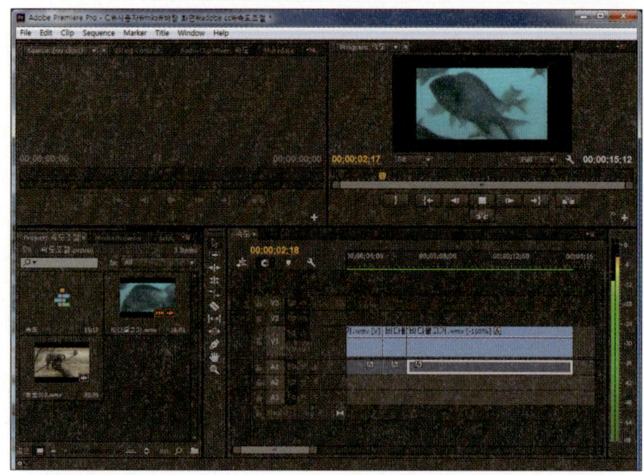

15. 결과를 추출하기 위해 [File]-[Export]-[Media](Ctrl + M) 메뉴를 클릭합니다. [Export Settings] 창이 나타나면 [Format]를 'H.264'로 변경하고 하단의 [Export] 단추를 클릭합니다.

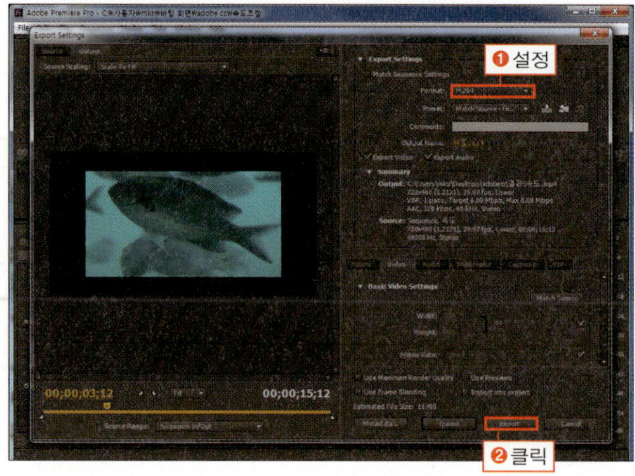

16. '속도.mp4'를 실행하여 결과를 확인합니다.

TIP : [Timeline] 패널의 옵션 이해하기

각각의 패널에는 오른쪽 상단에 패널 옵션이 있습니다. 특히, 가장 오랜 작업을 하는 [Timeline] 패널의 옵션을 알아봅니다.

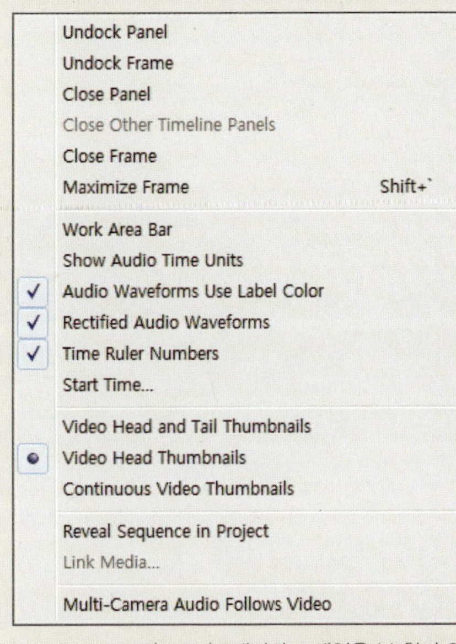

- Undock Panel(Frame) : 패널과 프레임을 본 창과 연결을 끊어 독립된 창처럼 사용합니다.
- Close Panel(Frame) : 패널과 프레임을 닫습니다.
- Close Other Timeline Panels : 자신이 선택한 시퀀스를 제외한 모든 시퀀스를 닫습니다.
- Maximize Frame : [Timeline] 패널을 화면에 채웁니다.
- Work Area Bar : 전체 타임라인에서 추출될 영상의 지역을 선택됩니다. 즉, 타임라인 상단에 바가 생기는데 구역을 선택하면 이 부분만 랜더링하여 영상을 추출합니다.
- Audio Waveforms Use label Color : 체크를 해제하면 오디오 트랙은 모든 클립의 색상을 비디오 트랙의 레벨 색이 다르도록 선택됩니다.
- Rectified audio Waveforms : 체크를 해제하면 오디오 클립들의 파형이 이전 방식처럼 보이도록 합니다.
- Time Ruler Numbers : 타임라인 상단에 시간자 표시를 합니다. 즉 지금 선택한 곳이 몇 프레임인지 얼마간의 간격 인지를 숫자로 확인할 수 있습니다.
- Start Time : 타임코드의 시작 시간을 설정합니다. 기본이 0프레임지만 여기서 시간을 설정하면 이 시간이 무조건 처음 시간이 됩니다.
- Video Head and Tail Thumbnails : 클립의 앞/뒤에 썸네일(정지 화면)을 표시합니다.
- Video Head Thumbnails : 클립의 앞에만 썸네일을 표시합니다.
- Continuous Video Thumbnails : 클립의 전체 화면에 썸네일을 표시합니다.

기타 패널의 기능을 익히고 활용하기

중요한 패널인 [Project] 패널과 [Timeline] 패널뿐만 아니라 바로 사용되는 [Source] 패널과 [Program] 패널, [Tool] 패널을 익혀봅니다. 그 외 패널들의 기능도 함께 익혀나가 볼 것입니다.

기초탄탄 ▶ [Source] 패널과 [Program] 패널, [Tool] 패널의 이해

■ [Source] 패널의 이해하기

❶ **클립 목록** : 소스 모니터에 등록된 클립들을 보여줍니다. 클릭하여 원하는 클립을 변경하면 해당 클립이 소스 모니터에 표시됩니다.

　• Close : 지금 표시되는 클립을 목록에서 삭제합니다.

　• Close All : 전체 클립들을 목록에서 삭제합니다.

❷ **타임코드** : Playhead Position, 타임코드에 원하는 시간을 넣으면 재생 헤드 표시바가 영상의 해당 시간으로 이동합니다.

❸ **Fit** : 모니터상에 표시되는 비디오의 크기를 조절합니다. Fit는 기본 설정이고 모니터의 넓이나 클립의 전체 크기에 따라 조절하면 됩니다.

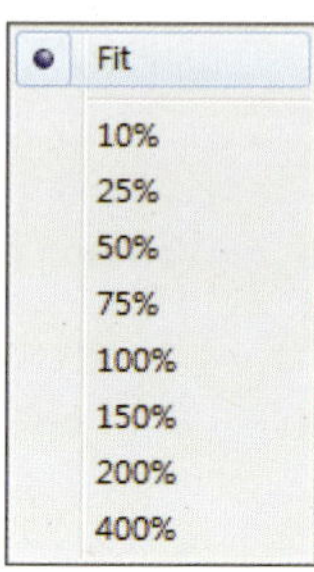

❹ Drag Video Only : 모니터상에 비디오만을 보여줍니다.

❺ Drag Audio Only : 모니터상에 오디오만을 보여줍니다.

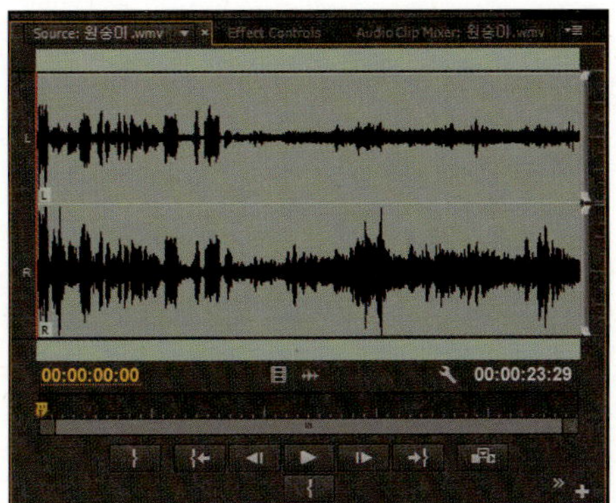

❻ Select Playback Resolution : 모니터에 보이는 클립의 해상도를 설정합니다.

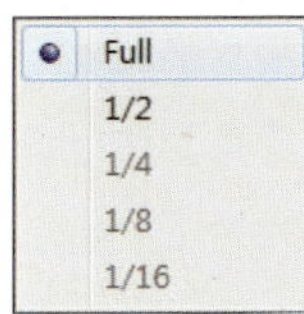

❼ Setting : 모니터에 관한 여러 옵션 메뉴를 포함합니다.

❽ In/Out Duration : 클립의 전체 시간을 보여줍니다.

❾ Button Editor

• Make In( ) : 현재 재생 헤드 표시바에 인 점을 표시합니다.
• Make Out( ) : 현재 재생 헤드 표시바에 아웃 점을 표시합니다.
• Clear In( ) : 인 점만을 삭제합니다.
• Clear Out( ) : 아웃 점만을 삭제합니다. 단, 인 점이 없을 경우 설정 영역에 없어집니다.
• Go to In( ) : 인 점으로 이동합니다.
• Go to Out( ) : 아웃 점으로 이동합니다.
• Play In to Out( ) : 영역으로 지정된 인 점과 아웃 점 사이에서만 플레이가 진행됩니다.
• Add Maker( ) : 재생 헤드 표시바에 마커를 표시합니다.
• Go to Next Maker( ) : 다음에 있는 마커를 이동합니다.
• Go to Previous Maker( ) : 이전에 있는 마커로 이동합니다.
• Step Back( ) : 한 프레임씩 역재생을 합니다.

- Step Forward(▶) : 한 프레임씩 재생을 합니다.
- Play-Stop Toogle(▶) : 영상을 재생하거나 멈추기를 합니다.
- Play Around(▶) : 재생 헤드 표시바를 기준으로 이전의 영상부터 어느 정도 재생하면 기존의 시간으로 재생 헤드 표시바가 되돌아옵니다.
- Loop(↻) : 선택한 영영에서 무한 반복적으로 재생됩니다.
- Insert(▣) : [Timeline] 패널의 표시 바를 기준으로 소스 모니터 영역만큼 클립이 추가되는데 겹치는 부분은 뒤로 밀려나게 됩니다.
- Overwrite(▣) : [Timeline] 패널의 표시 바를 기준으로 소스 모니터 영역만큼 클립이 추가되는데 겹치는 부분은 삭제하고 추가된 부분만 보여줍니다.
- Safe Margins(▣) : 모니터상에 안전 영역 표시를 합니다.
- Export Frame(▣) : 모니터상에 표시되는 해당 프레임을 하나의 이미지로 캡처합니다.
- Close Captioning Display(▣) : 자막 표시를 끕니다.
- Reset Layout(Reset Layout) : 모니터상에 있는 기존의 버튼만 표시합니다.

■ [Program] 패널의 이해

Button Editor 추가 버튼

❶ Go to Next Edit Point : 재생 방향으로 클립의 인 점과 아웃 점으로 이동합니다.

❷ Go to Previous Edit Point : 역재생 방향으로 클립의 인 점과 아웃 점으로 이동합니다.

❸ Lift : [Program] 패널의 인 점과 아웃 점의 선택 영역만큼 삭제합니다.

❹ Extract : Lift처럼 해당 영역만큼 삭제하는데 삭제 부분은 당겨와 사용합니다.

❺ Multi-Camera Record on/off : 멀티 카메라를 이용하여 작업할 수 있도록 녹화 기능의 사용 여부를 결정합니다.

❻ Toggle Multi-Camera View : 멀티 카메라를 사용할 있도록 표시합니다.

■ [Tool] 패널의 이해

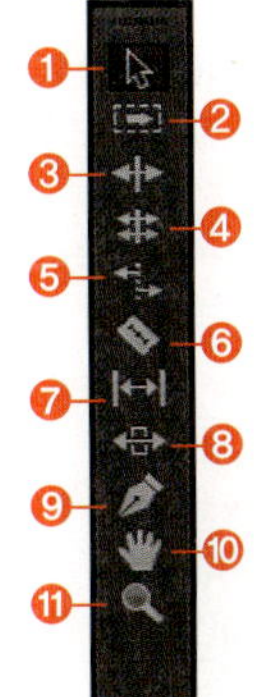

① Selection Tool : 타임라인에서 클립의 이동, 클립 메뉴, 편집, 삭제 등을 하는 가장 많이 사용되는 기본 툴입니다. 다른 툴을 사용 후 Selection Tool로 변경합니다.

② Track Select Tool : 이 툴로 특정 트랙의 클립을 선택하면 클립을 기준으로 오른쪽에 있는 모든 클립들이 선택되어 이동, 편집, 삭제 등을 할 수 있습니다. 또한, Shift 를 누른 상태에서는 선택한 클립을 기준으로 모든 트랙의 클립들이 선택됩니다.

③ Ripple Edit Tool : 앞의 클립과 뒤의 클립 사이 경계선에 위치하면 노란선의 [Selection Tool]과 같은 모양이 보이는데 이를 이용하여 앞 클립의 크기를 조절합니다. [Selection Tool]과 다른 것은 뒤 클립이 크기 조절과 상관없이 따라와 붙게 되는 툴입니다.

④ Rolling Edit Tool : 이 툴은 Ripple Edit Tool과 비슷한 툴로, Ripple Edit Tool은 한 쪽 클립의 영상은 정지 상태에서 다른 쪽 클립의 영상을 조절하여 맞추어 나가지만, 이 툴은 양쪽 영상의 인 점과 아웃 점을 변경하면서 클립이 이어질 수 있는 좋은 프레임을 찾습니다.

⑤ Rate Stretch Tool : 속도 조절 툴로, Clip Speed/Duration과 같은 기능을 하는데 클립을 늘리거나 줄여서 속도를 감소시키고 증가시킵니다. 기본 재생 시간에 풍선 도움말의 증가 시간이나 감소 시간을 보면서 속도의 완급을 조절하는 툴입니다.

⑥ RaZor Tool : Selection Tool와 함께 가장 많이 사용하는 툴로, 영상이나 이미지를 자를 때 많이 사용되는데, 단축키(Ctrl + K)는 편집 기준선이 그 위치에 있어야 잘리지만 편집 기준선과 상관없이 어느 부분이든지 잘라낼 수 있습니다.

⑦ Slip Tool : 특정 클립의 일정한 크기를 정해 놓고 클립의 인 점과 아웃 점을 동시에 보면서 조절하는 툴입니다.

⑧ Slide Tool : Slip Tool과 비슷한 툴로, Slip Tool은 정해진 재생 시간동안 선택된 클립의 인 점과 아웃 점을 고정된 이웃에 있는 다른 클립들과 비교하면서 찾지만, 이 클립은 인 점과 아웃 점을 이웃에 있는 다른 클립들의 인 점과 아웃 점을 변경하면서 찾아줍니다.

⑨ Pen Tool : 영상의 투명도나 음성의 볼륨 값을 자유롭게 조절하고, 키프레임을 만들고 자유롭게 조절하는 툴입니다.

⑩ Hand Tool : [Timeline] 패널 안에서 클립의 내용을 드래그하여 원하는 위치에 가져다 놓을 수 있습니다.

⑪ Zoom Tool : 클립의 화면 확대 툴로, Alt 를 누른 채 클릭하면 화면이 축소됩니다.

[Source Monitor]와 [Program Monitor] 패널의 [Button Editor] 단추를 추가해 보고 멀티 카메라 기능을 이용하여 여러 영상을 편집하여 봅니다.

완성 파일 | PART3\모니터.prproj **추출 파일 |** PART3\멀티카메라.mp4

01. 새로운 프로젝트를 시작하고 프로젝트 이름을 '모니터'로 지정합니다. 새로운 시퀀스에 규격은 [Standard 48khz]로 설정하고 [Name]에 '모니터'를 입력한 다음 [OK] 단추를 클릭합니다.

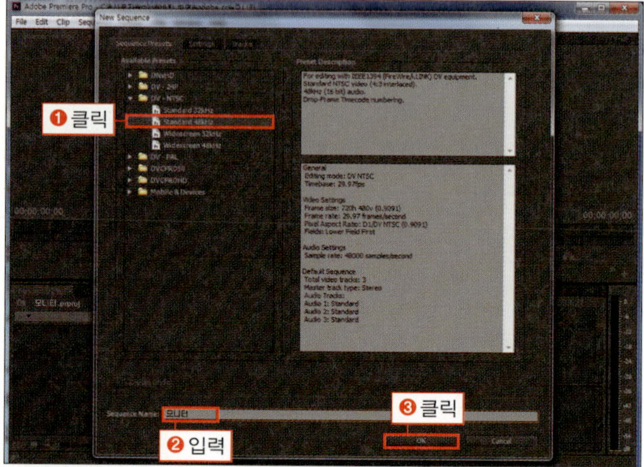

02. [Project] 패널에 더블클릭하여 [Import] 창을 열고 [Source] 폴더에서 '박물관', '박물관2', '병아리', '지렁이'를 선택한 다음 [열기] 단추를 클릭합니다.

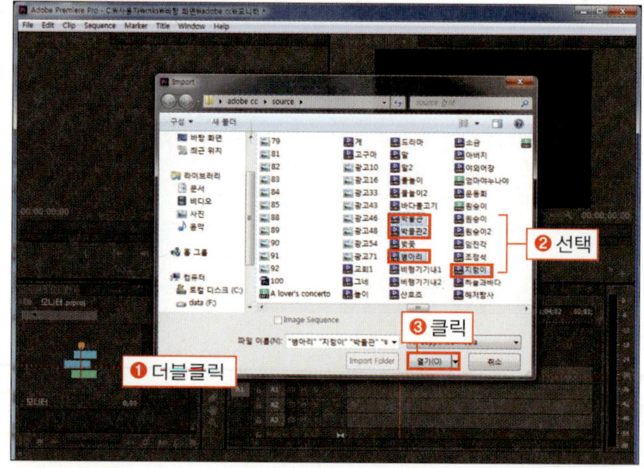

03. [Project] 패널에 4개의 클립들의 들어오면 '박물관', '박물관2'를 선택하고 [Source] 패널로 이동시켜 줍니다. 그러면, 2개의 패널이 들어오는데 왼쪽 상단의 클립 목록을 선택하여 확인합니다.

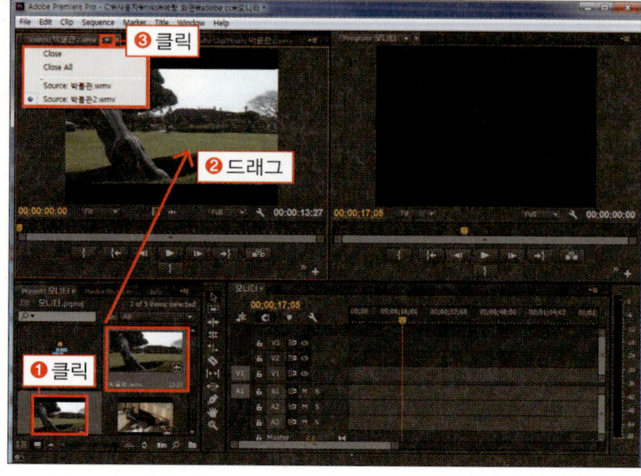

04. 클립 목록에서 '박물관'을 선택하고 [Source] 패널의 오른쪽 하단의 [Button Editor] 단추를 클릭합니다.

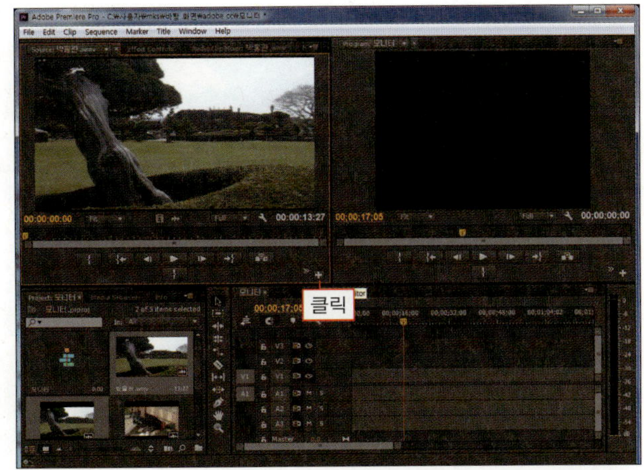

05. [Button Editor] 창이 나타나면 먼저 하단의 [Reset Layout] 단추를 클릭합니다. 작업을 하다보면 여러 작업의 단추를 가져다 놓고 진행할 수 있으므로 먼저 기본 단추에서 필요한 것만 가져오기 위해 실행합니다.

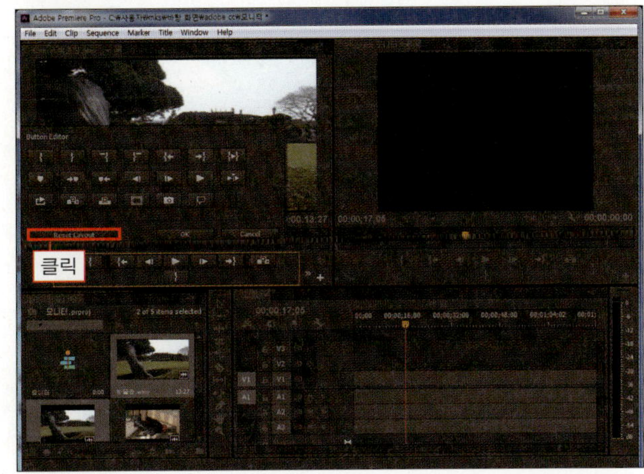

06. 다시 하단의 [Button Editor] 단추를 클릭하고 창이 나타나면 [Mark Out], [Clear In], [Clear Out], [Play In to Out] 단추를 가져다 하단의 차례대로 이동시켜 주고 [OK] 단추를 클릭합니다.

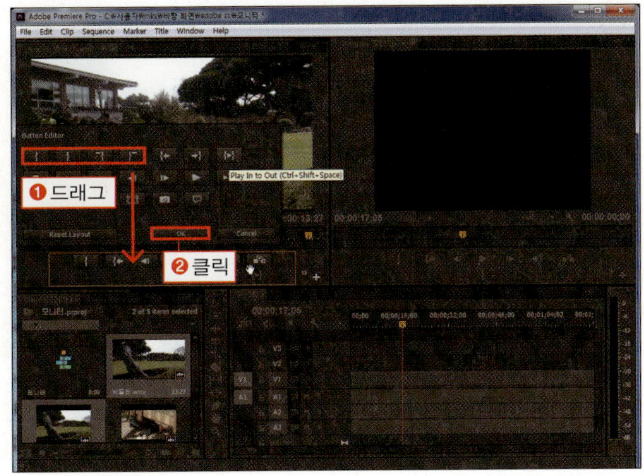

07. [Source] 패널에서 0초에서 [Mark In]을 클릭하고 7초만큼 이동한 후 [Mark Out]을 클릭합니다. [Play In to Out] 단추를 클릭하여 선택한 부분만 내용을 확인하고 [Insert] 단추를 클릭하여 [Timeline] 패널로 이동시켜 줍니다.

08. [Source] 패널의 클립메뉴를 '박물관2.wmv'로 변경하고 선택한 영역을 없애기 위해 [Clean In]과 [Clean Out] 단추를 클릭하여 삭제합니다. [Source] 패널의 보이는 부분을 클릭하고 바로 [Timeline] 패널의 [v2] 트랙에 드래그하여 넣어 줍니다.

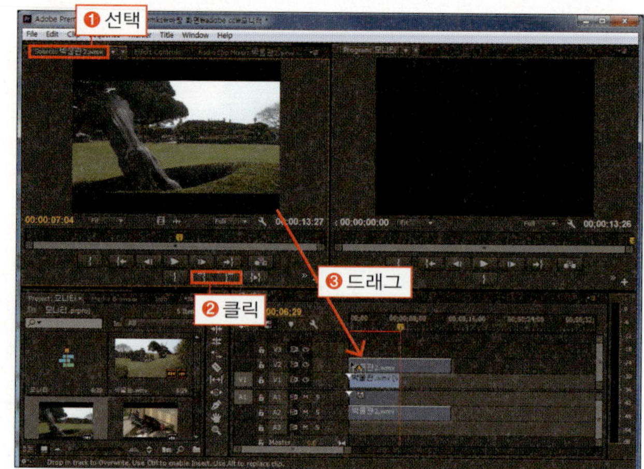

09. [V3] 트랙에 '병아리' 클립을 드래그하여 이동시켜 주고 [V3] 트랙의 상단에 '지렁이' 클립을 강제로 드래그하여 이동시켜 주면 [V4] 트랙이 생기면서 클립을 이동시킬 수 있습니다.

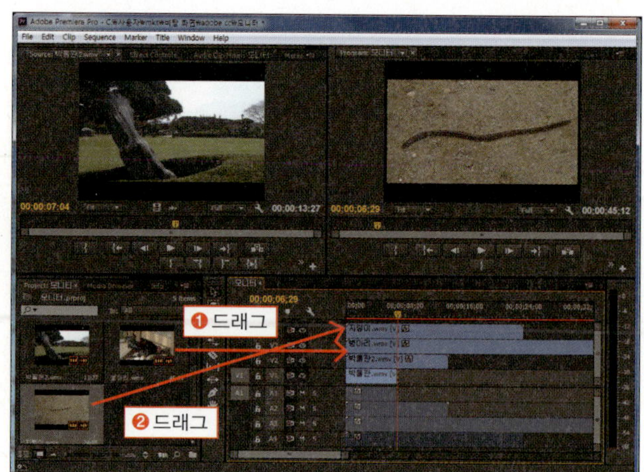

10. `Shift` 를 누른 상태에서 [V1] 트랙부터 [V4] 트랙까지 선택합니다. [Clip] 메뉴를 선택하고 [Synchronize]를 선택합니다. 창이 나타나면 [Clip Start]를 선택한 상태에서 [OK] 단추를 클릭합니다.

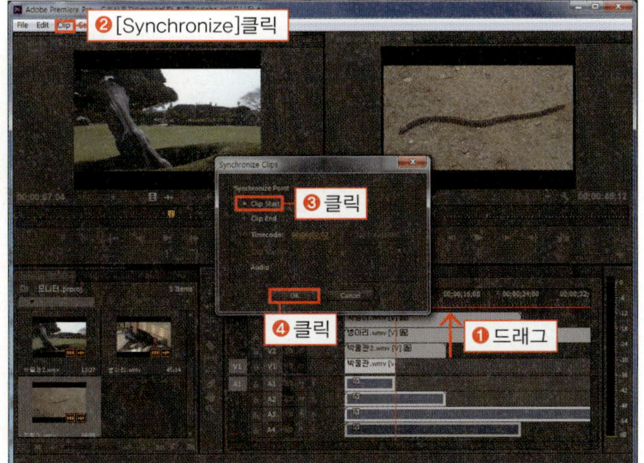

> **TIP : Synchronize Point**
>
> 각 클립별로 동기화 하는 과정으로, [Clip Start]는 기본 값으로 클립의 시작점을 기준으로 동기화 시킵니다.

11. [File]-[New]-[Sequence](`Ctrl` + `M`) 메뉴를 클릭하여 새로운 시퀀스를 만든 다음 [Name]에 '멀티 카메라'를 입력하고 [OK] 단추를 클릭합니다.

12. 멀티 카메라 시퀀스가 생기면 [Timeline] 패널에서 먼저 [Insert and Overwrite sequence as nests or indiviaual clips] 단추를 클릭하고 '모니터' 클립을 [Timeline] 패널에 드래그하여 이동시켜 줍니다.

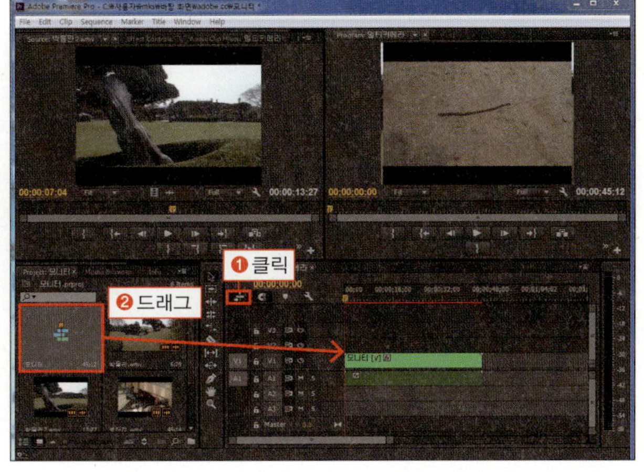

13. 멀티 카메라 모니터를 활성화시키기 위해 [Program] 패널의 [Button Editor]를 눌러 창을 활성화하고 [Toggle Multi-Camera View]와 [Multi-Camera Record on/off]를 드래그하여 이동시켜 준 다음 [OK] 버튼을 클릭합니다.

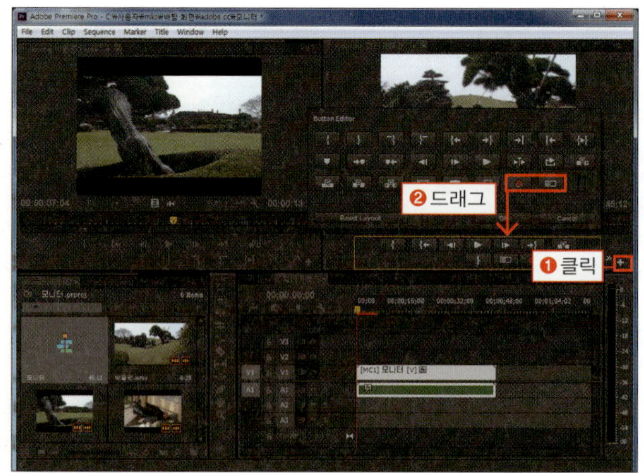

14. [Toggle Multi-Camera View]를 클릭하여 [Program] 패널을 멀티 카메라 형태로 변경합니다.

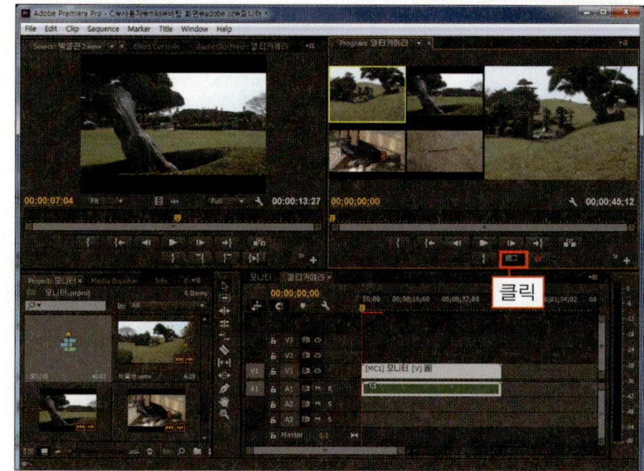

15. [Program] 패널의 [Play-Stop Toggle] 단추를 클릭하고 바로 [Multi-Camera Record on/off]를 눌러 진행합니다. 4개의 영상이 동시에 진행되는 것을 볼 수 있는데 이때 1번 가메리기 녹화됩니다. 상단 오른쪽(2번), 하단 왼쪽(3번), 하단 오른쪽(4번)으로 지정하면 '6초' 후에 2번 카메라를 마우스로 선택, '10초' 후에 4번 카메라를 선택, '14초' 후에 3번 카메라를 선택, '19초' 후에 4번 카메라를 선택, '23초' 후에 3번 카메라를 선택하고 계속 진행합니다.

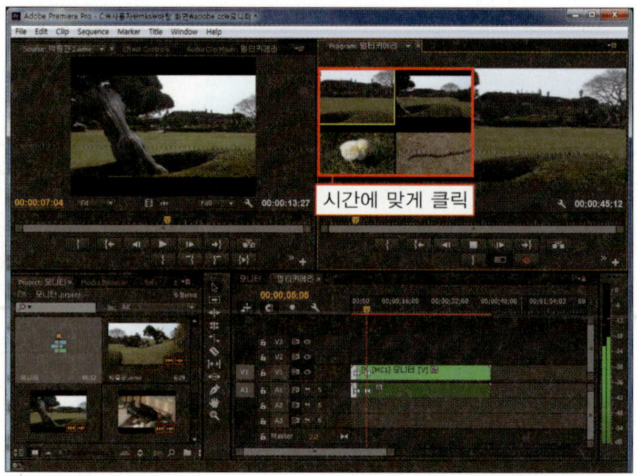

16. [Toggle Multi–Camera View]를 다시 클릭하
면 멀티 카메라가 형태로 없어지면서 [Timeline]
패널의 클립이 카메라별로 영상이 잘려있는 것을
볼 수 있습니다.

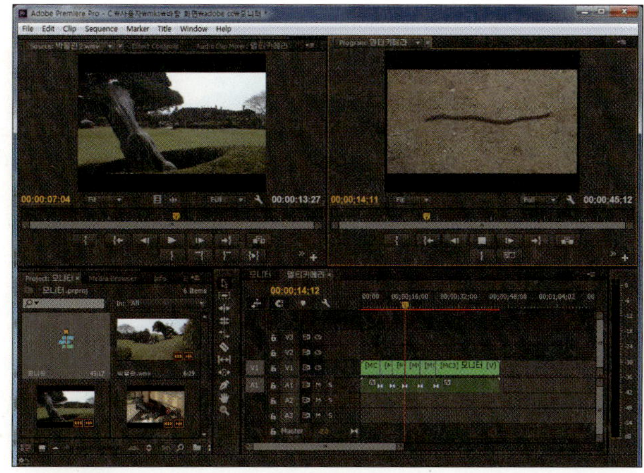

17. [Enter]를 눌러 랜더링을 진행합니다.

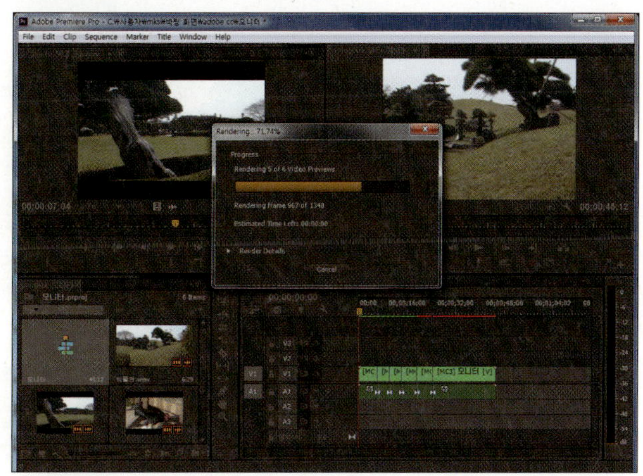

T I P ： [Synchronize Clips] 대화상자 이해하기

멀티 카메라를 하는 과정 중에 반드시 해야 하는 작업이 Synchronize 작업입니다. 영상이 각각 다른 시점에서 시작하더라도 같은 시간에서
다른 피사체를 찍는 듯한 느낌을 주기 위해 모든 클립을 같은 시간에 맞추어 줍니다.

- Clip Start : 기본값으로 설정되어 클립을 같은 시간대로 변경합니다.
- Clip End : 클립을 끝나는 마지막 시간대로 변경합니다.
- Timecode : 특정 시간을 설정하면 타임코드 기준을 특정 시간에 맞추어 변경합니다.
- Clip Marker : 특정 마커에 시간대를 맞춥니다.
- Audio : 특정 채널에 있는 오디오에 기준을 맞춥니다.

[Tool] 패널은 편집에 필요한 도구들을 모아놓은 패널입니다. [Timeline] 패널에서 편집을 하기 위해서는 꼭 필요한 도구들을 이용하여 편집하는 방법을 알아야 합니다. 여기서는 영상의 제작보다는 도구의 기능에 중점을 둡니다.

완성 파일 | PART3₩도구.prproj

01. 새로운 프로젝트를 만들고 프로젝트 이름을 '도구'로 지정합니다. 새로운 시퀀스에 규격은 [Standard 48khz]로 설정하고 [Name]에 '툴'을 입력한 다음 [OK] 단추를 클릭합니다.

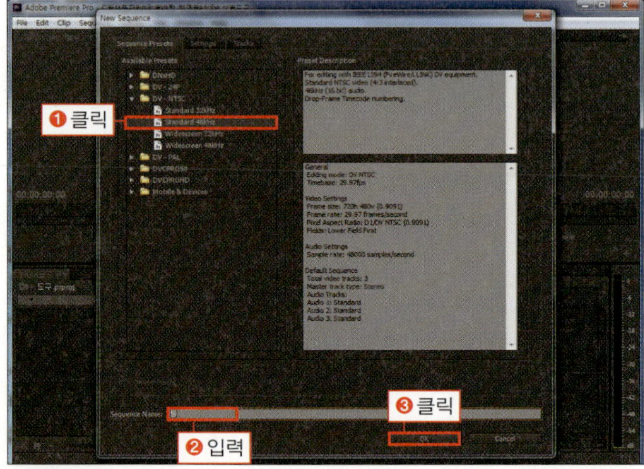

02. [Project] 패널의 빈 곳을 더블클릭하여 [Import] 창이 나타나면 [Source] 폴더에서 '그네', '놀이', '물놀이2' 클립을 선택하고 [열기] 단추를 클릭합니다.

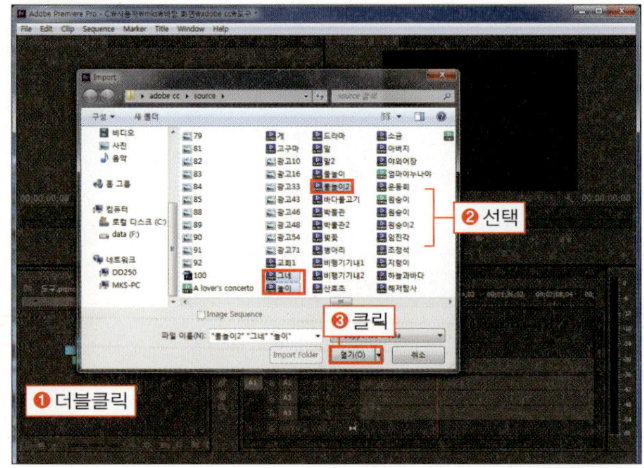

03. [Project] 패널에서 3개의 클립을 선택한 다음 한 번에 [V1] 트랙으로 이동시켜 줍니다.

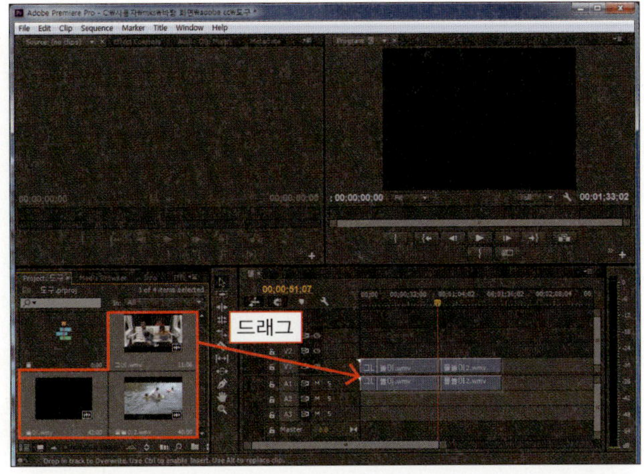

04. 마지막에 있는 클립(물놀이2)을 선택하고 오른쪽으로 풍선 도움말을 보면서 '6.03'초 정도 줄여줍니다.

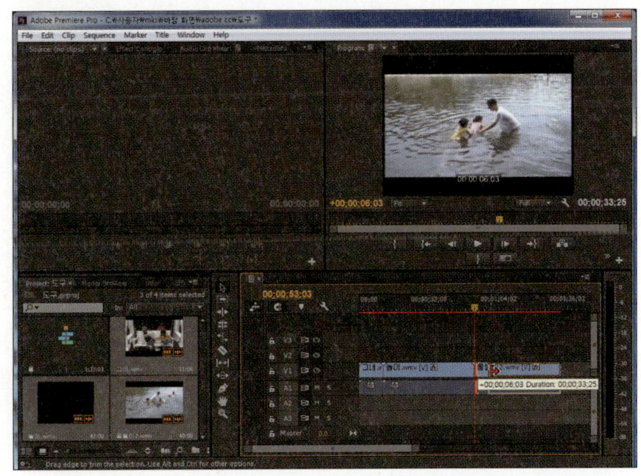

05. 이러면 2번째 클립과 3번째 클립에 공간이 나타나는데 공간에서 마우스 오른쪽 버튼을 클릭하고 [Ripple Delete]를 선택하여 공간을 없애줍니다.

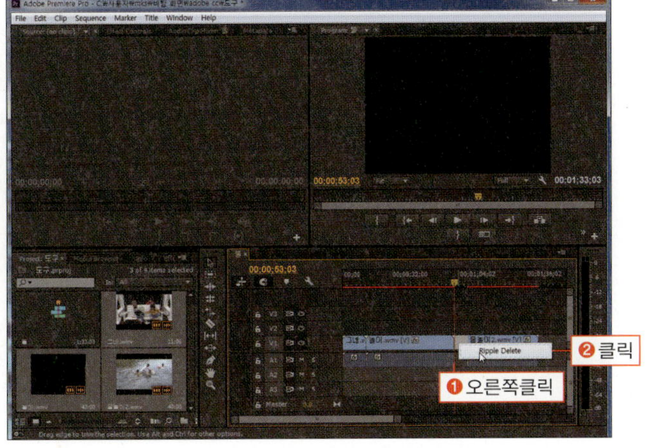

06. [Tool] 패널의 [Ripple Edit Tool]을 클릭하고 첫 번째 클립 위를 클릭한 채로 오른쪽으로 '3.01' 정도 이동합니다.

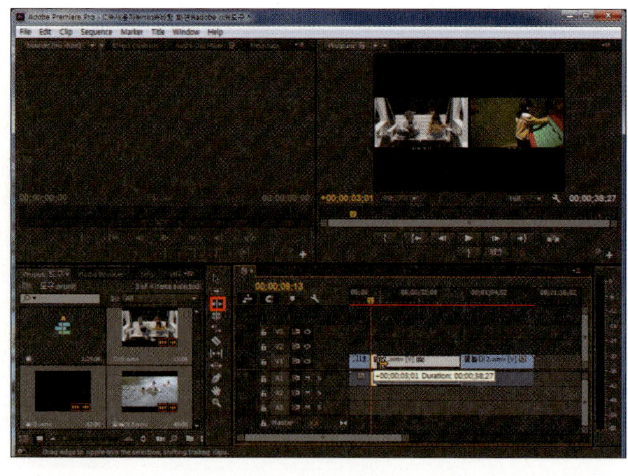

> **TIP : Rippel Edit Tool**
>
> [Program] 패널의 내용을 보면서 고정된 인 점(아웃 점) 을 이전 클립의 장면과 다음 클립의 장면에 알맞은 프레임을 보면서 조절합니다.

07. [Tool] 패널의 [Rate Stretch Tool]을 선택한 뒤, 잘려진 세 번째 클립의 마지막 프레임에서 오른쪽으로 '3.10' 정도로 이동합니다.

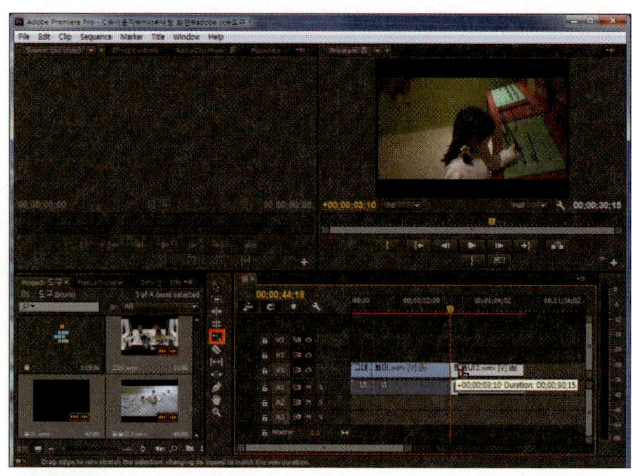

> **TIP : Rate Stretch Tool**
>
> 속도의 증가와 감소를 해주는데 왼쪽으로 이동하면 속도가 빨라지고 오른쪽으로 이동하면 속도가 느려집니다.

08. [Tool] 패널의 [Selection Tool]로 마지막 클립을 선택하고 왼쪽으로 이동하여 서로 붙여 줍니다.

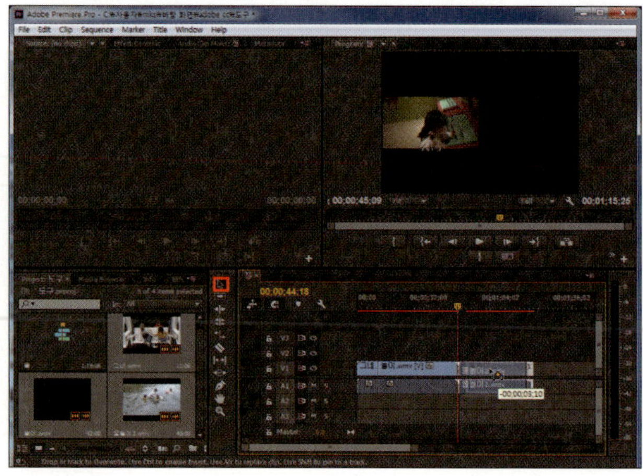

09. [Tool] 패널의 [Slip Tool]로 두 번째 클립을 선택하고 왼쪽과 오른쪽으로 드래그하면 [Program] 모니터 패널이 다음과 같이 보여집니다. 첫 번째 클립과 세 번째 클립 사이에서 두 번째 클립의 내용이 가장 알맞은 인 점/아웃 점을 찾아 이동합니다.

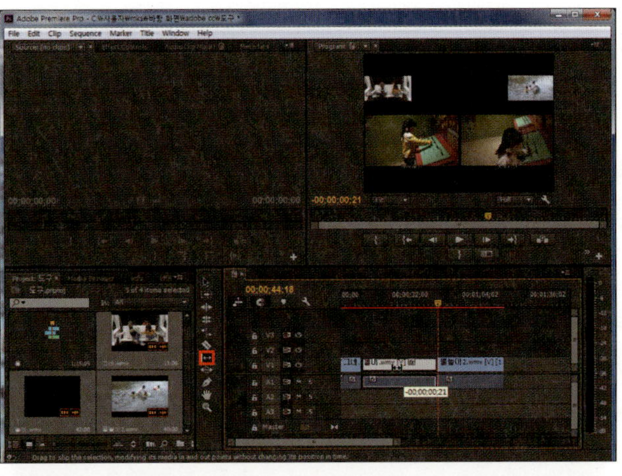

10. Enter 를 눌러 랜더링한 후 결과를 확인합니다.

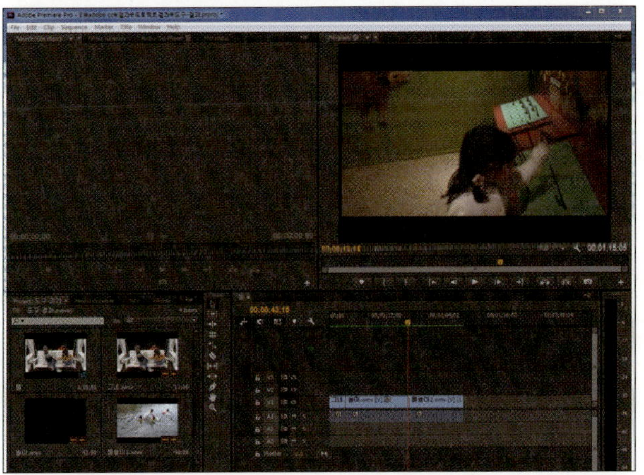

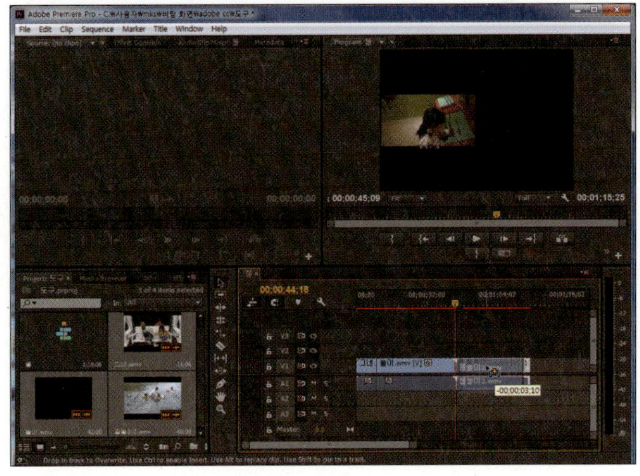

- [Project] 패널은 외부의 영상 클립이나 오디오 클립을 가져와 편집이 가능한 프리미어 프로 CC의 출입구와 같은 역할을 합니다. **154p**

- [Project] 패널은 크게 클립을 검색하는 [FIND], 여러 클립들을 원하는 형태로 볼 수 있는 [목록], 하단에는 여러 기능 버튼들이 나열되어 있습니다.

- 기능 버튼들의 종류는 클립을 보여주는 형태에 따라 [List View]와 [Icon View]로 나뉘고 클립들을 미리볼 수 있는 [호버 스크러빙], 클립들을 크게/작게 볼 수 있는 [Zoom out/in], 쉽게 영상 제작을 도와주는 [Automate To Sequence], 클립들을 사용자의 이용에 따라 폴더처럼 모아서 사용하게 하는 [New Bin] 등과 클립들을 제외하고 직접 만들어서 사용하는 [New Item] 등이 있습니다.

- [Timeline] 패널은 재생 시간을 보여주는 [TimeCode], 현재 재생 시간의 위치를 보여주는 바와 같은 [Playhead], 가로 방향으로 시간이 표시되어 있는 [Time ruler], 클립들의 보는 크기를 조절하는 [줌 스크롤] 등으로 구성됩니다. **170p**

- 영상의 재생을 키보드로 할 수 있는데 재생은 L, 정지는 K, 역재생은 J를 누르면 됩니다.

- [Clip Speed/Duration]을 이용하여 재생 속도를 더 빠르게 이동하거나 더 느리게 재생하기도 합니다.

- [Source] 패널은 [Timeline] 패널에서 편집하기 전에 먼저 가져다 놓아 상태를 확인하거나 원하는 부분만 편집하여 [Timeline] 패널로 이동하기도 합니다. **186p**

- [Program] 패널은 편집되는 클립들의 내용을 보거나 [Button Editor]를 이용하여 [Timeline] 패널과 같이 편집을 하는데 중요한 패널입니다. **188p**

- [Tool] 패널은 Selection Tool, 클립들 간의 경계선이 보이는 Ripple Tool, 속도를 조절하는 Rate Stretch Tool, 클립을 자르기 위한 RaZor Tool, Pen Tool 등 포토샵처럼 기능을 가진 툴이 모인 편집에 필요한 패널입니다. **189p**

01 다음 조건에 맞게 프로젝트를 완성하시오.

예제 파일 : PART3₩PART3-문제.prproj　　예제 소스 파일 : 섬.wmv
완성 파일 : PART3₩PART3-결과.prproj　　추출 파일 : PART3₩영상편집.mp4
동영상 파일 : PART3-SELF TEST.avi

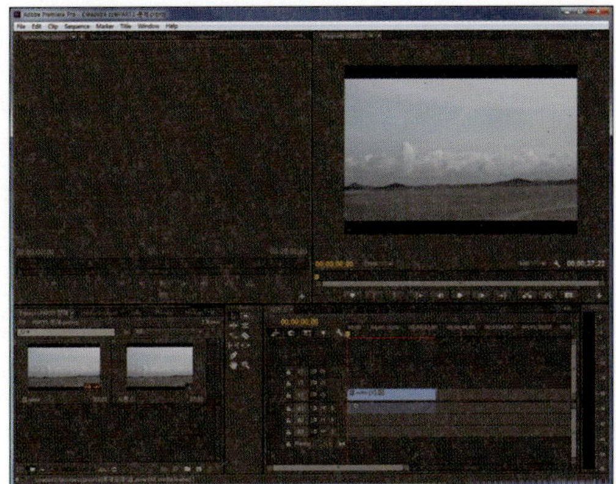
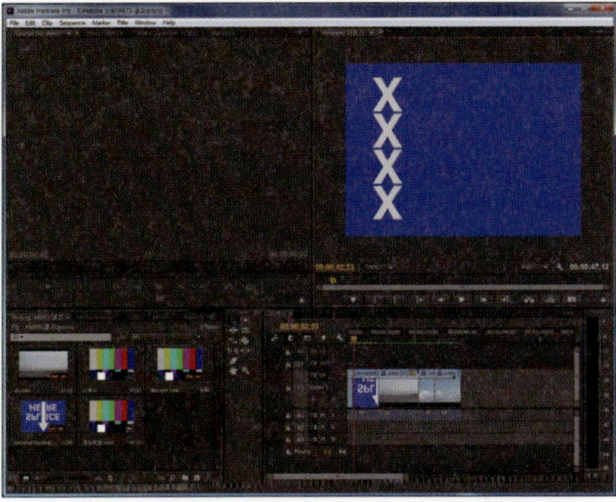

HINT

❶ 편집하기
- 0~2초까지 [Bars and Tone]을 [V1] 트랙의 영상 클립 앞에 넣으시오.
- 다음에 [Universal Counting Leader]를 넣고 카운트 글자색을 파란색이 되도록 설정하시오.
- 영상 클립의 [Opacity]를 이용하여 3초간 페이드 아웃이 되도록 설정하시오.
- 30~40초 사이의 영상 속도를 150% 더 빠르게 진행하도록 설정하시오.
- 빠르게 진행된 영상의 비디오와 오디오를 분리하여 오디오는 정상 속도를 진행하도록 설정하시오.
❷ 추출하기
- 추출 영상 파일명 : 영상편집
- 영상 포맷 : MP4

04

이펙트와 트랜지션을 이용한 영상 작업

이펙트(Effect, 효과)와 트랜지션(Transition, 장면
전환)은 프리미어 프로 CC 작업에서 원하는 영
상을 만들 수 있는 가장 중요한 부분입니다. 다
양한 이펙트와 트랜지션은 사용자가 암기하여
사용할 수 없을 정도로 많고 계속 업그레이드되
고 있습니다. 여기서는 이펙트와 트랜지션의 사
용법을 익히고 그 효과를 이용하여 간단한 영상
을 제작해 봅니다.

레 벨 ● ● ○

이펙트(Effect)는 영상, 스틸 이미지뿐만 아니라 음성에도 적용합니다. 프리미어 프로 CC에서 주어진 이펙트 효과를 정확히 알고 작업에 맞게 적용시키며 기능을 익혀봅니다.

기초탄탄 ▶ [Effects] 패널의 화면 구성과 기능 버튼 이해하기

■ [Effects] 패널

[Effects] 패널은 비디오와 오디오의 이펙트와 트랜지션을 모아두어 보다 빠르게 검색하여 찾고 바로 적용할 수 있습니다. 폴더 모양인 Bin을 클릭하면 여러 이펙트와 트랜지션이 나타납니다. 또한, 상단의 검색 기능을 이용하여 이펙트나 트랜지션의 이름을 입력하면 바로 자동 검색하여 찾아줍니다.

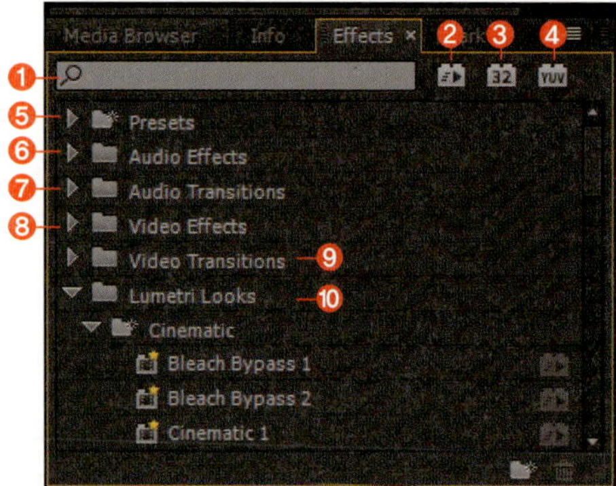

❶ **탐색 창** : 이펙트나 트랜지션의 이름을 지정하여 검색합니다.

❷ **Accelerated Effects** : 가속화된 이펙트를 보여줍니다.

❸ **32-bit Color** : 32bit 색상의 이펙트를 보여줍니다.

❹ **YUV Effects** : YUV 색 신호 이펙트를 보여줍니다.

❺ **Presets** : 자주 사용된다고 판단한 이펙트만을 모아 놓은 것으로 7가지의 이펙트 속성이 설정되어 있으며, 6가지의 Video Effects 응용 속성과 PIP 모션 이펙트 속성을 지닙니다.

❻ **Audio Effects** : 전용 오디오 이펙트 모음으로 다양한 오디오 특성을 적용하는 이펙트들을 지닙니다.

❼ **Audio Transitions** : 전용 오디오 트랜지션 모음으로 3가지 기능밖에 없습니다.

❽ **Video Effects** : 전용 비디오 이펙트 모음으로 영상에 특정 효과를 주어 상을 만들어 냅니다.

⑨ Video Transitions : 전용 비디오 트랜지션 모음으로 기본 영상에서 다른 영상으로 넘어가는 사이에 효과를 주어 특정 영상을 만들어 냅니다.

⑩ Lumetri Looks : 추가된 기능으로 보다 쉬운 컬러 그레이딩 기능을 사용합니다. 특히, 한 이펙트에서 미리 보기처럼 설정 사항을 보고 바로 적용합니다.

■ [Effect Controls] 패널

이펙트 컨트롤(Effect Controls) 패널은 [Timeline] 패널의 클립에 이펙트나 트랜지션을 적용하면 바로 활성화됩니다. 가장 기본적인 [Motion], [Opacity], [Time Remapping]은 기본 설정 사항이고 이펙트나 트랜지션을 적용하면 하단에 해당 이펙트나 트랜지션이 나타납니다. 그럼, 이 패널에서 이펙트나 트랜지션을 컨트롤하여 원하는 형태로 변경합니다.

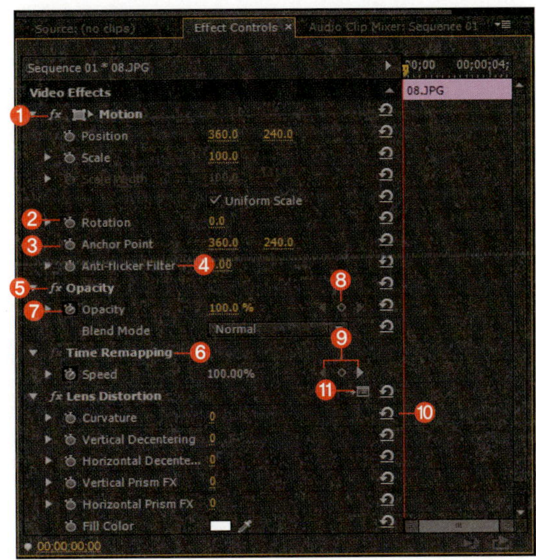

❶ Motion : 영상의 변경에 관한 설정합니다.

　• Position : 화면상에서 클립의 위치를 변경합니다. 프레임마다 클립의 위치를 변경하여 움직임을 나타냅니다.

　• Scale : 화면상의 가로와 세로의 크기를 지정합니다. 기본 값이 100으로 지정되어 있으며 아래 삼각형(▼)을 클릭하고 [Uniform Scale]을 체크 해제하면 높이(Height)와 넓이(Width)를 따로 설정합니다.

❷ Rotation : 기본 값은 0이고 값이 올라갈수록 시계 방향으로 회전, 값이 마이너스(−)로 갈수록 반시계 방향으로 회전합니다.

❸ Anchor Point : Rotation(회전) 시 기준이 되는 점입니다. 기본 화면 크기가 (720×480)인 경우 딱 반값인 (360, 240)이 됩니다. 예를 들어 값을 (0, 0)을 주고 Rotation(회전)을 변경하면 좌측 상단 모서리를 기준으로 회전하게 됩니다.

❹ Anti_Flicker Filter : 흔들림 제거 필터로 이펙트 설정으로 인한 흔들림이 생기면 값을 주어 조절합니다.

❺ Opacity : 보통 투명도라 불리며 기본값은 100%로 값을 줄여나가며 영상에서 흐리게 하거나 다시 뚜렷하게 표한할 때 사용합니다.

❻ Time Remapping : 클립의 움직이는 속도를 가속/감속하여 조절합니다.

❼ Toggle animation : 왼쪽의 편집 영역에 키프레임이 생성되도록 하여 키프레임마다 다른 설정값을 줍니다. 다시 클릭하면 기존에 주어진 전체 키프레임들이 삭제됩니다.

❽ Add/Remove Keyframe : 처음에는 Toggle animation으로 키프레임을 적용하지만 다음부터 키프레임의 추가와 삭제는 이 단추를 클릭하여 설정합니다.

❾ Go to Previous Keyframe, Go to Next Keyframe : 편집 창에 키프레임이 주어져 있으면 키프레임간의 이동을 할 때 사용됩니다. 마우스로 직접 이동하는 것보다는 이 단추를 클릭하여 이동하는 것이 정확한 위치 이동에 좋습니다.

❿ Reset Effect : 편집을 하기 위한 이펙트 지정 값을 초기화시켜 줍니다. 즉, 각각의 기본 값으로 되돌려 다시 설정합니다.

⓫ Effect Settings : 클립에 이펙트를 직접 설정하면 이펙트의 종류에 따라 [Settings] 창을 활성화하는 단추가 있습니다. [Settings] 창을 이용하면 미리 보기 기능이 있으므로 보다 빠르고 정확한 설정이 가능합니다.

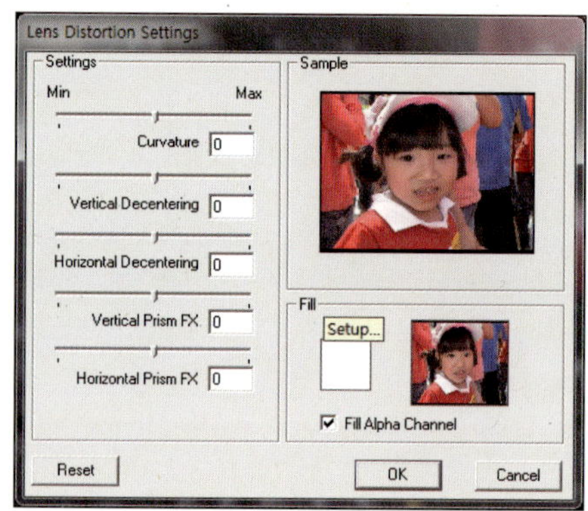

이펙트(Effect)는 크게 비디오 이펙트와 오디오 이펙트로 나누어 설정합니다. 비디오 이펙트가 보다 많고 설정 사항이 다양하지만 기본적으로 설정하고 편집하는 것은 유사합니다. 여기서는 이펙트로 설정하는 가장 기본적인 방법을 배워봅니다.

완성 파일 | PART4₩이펙트의 기본.prproj

01. 프리미어 프로 CC를 실행하고 프로젝트 값을 '이펙트의 기본'으로 입력하고 새로운 시퀀스를 만들어 시퀀스의 이름을 '이펙트 설정'으로 입력한 후 [OK] 단추를 클릭합니다.

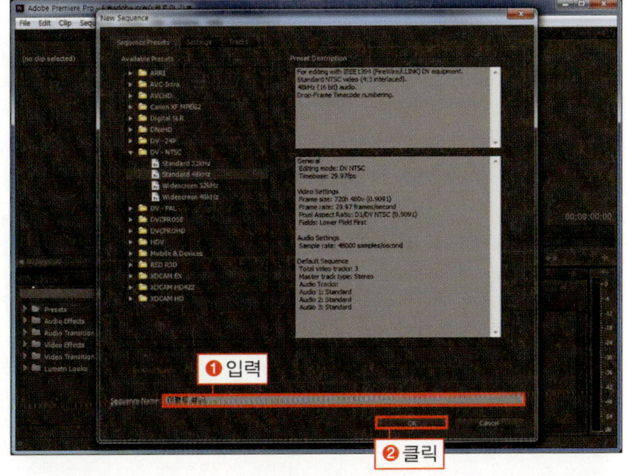

02. 가장 먼저 기본적인 이펙트의 적용과 삭제를 합니다. [Project] 패널의 빈 곳에 더블클릭하여 [Import] 창을 열고 [Source] 폴더에서 '비행기기내2'라는 클립을 선택한 다음 [열기] 단추를 클릭합니다.

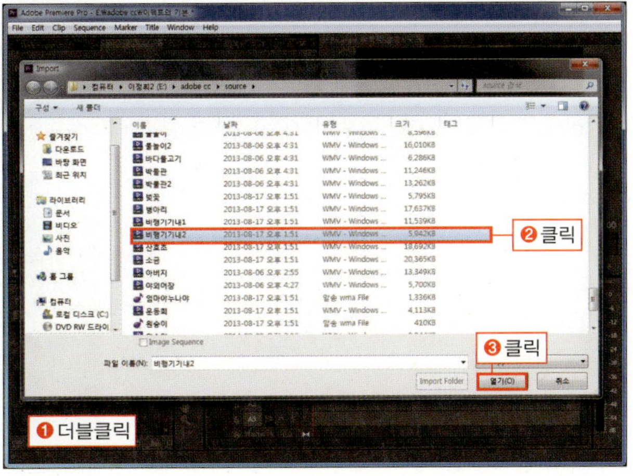

03. [V1] 트랙에 '비행기기내2' 클립을 이동시켜 놓고 이펙트를 적용하기 위해 [Project] 패널과 [Tool] 패널 사이를 클릭하여 오른쪽 이동하고 [Effects] 패널이 나타나면 [Effects] 패널을 클릭합니다.

TIP : 숨겨진 패널 보기

프로젝트를 시작하면 기본적으로 활성화된 패널은 [Source], [Program], [Project], [Tool], [Timeline] 패널로 중요한 [Effects] 패널은 [Project] 패널 그룹에 숨겨져 있습니다. [Effects] 패널을 보기 위해 메뉴의 [Workspace]로 변경해도 되지만 기본 작업 창에서는 패널 그룹의 크기를 조절하여 사용하는 것도 방법입니다.

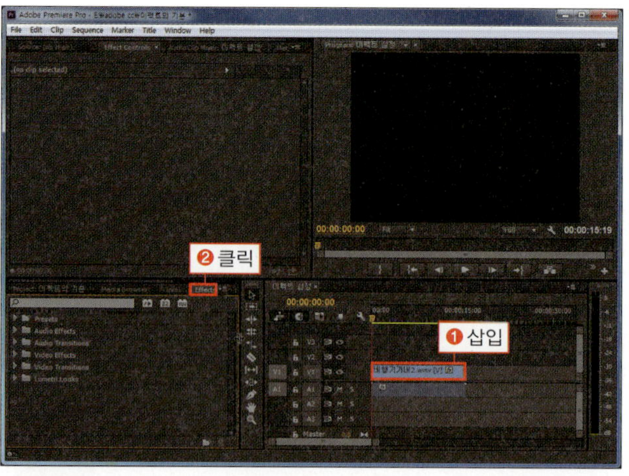

04. [Video Effects]에는 많은 이펙트들이 존재합니다. 직접 찾는 것보다는 이펙트 검색 창을 이용하여 'lens'라고 입력하면 lens 이름을 가진 [Lens Distortion]과 [Lens Flare]를 검색합니다. 여기서 'Lnes Distoration'을 드래그하여 [Timeline] 패널의 클립에 적용합니다.

TIP : 이펙트의 검색

이펙트를 일일이 찾아 적용하는 것은 요원한 일입니다. 그래서 검색 기능을 이용하는데 이펙트 이름의 일부만 적용해도 바로 나타나서 편리합니다.

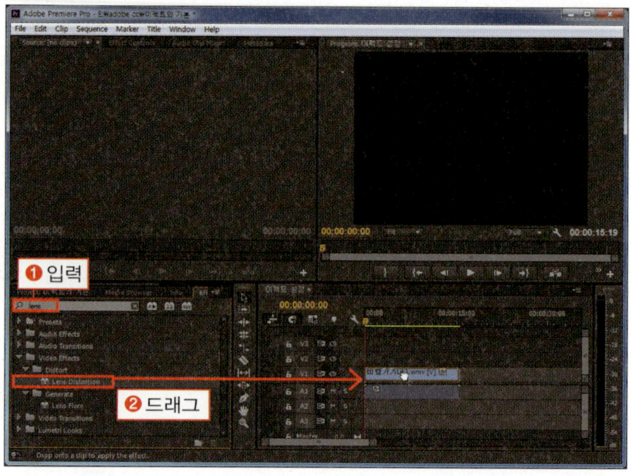

05. [Timeline] 패널의 타임코드에 '14'를 입력하고 상단의 [Effect Controls] 패널을 선택합니다. 혹, 패널 안에 이펙트들이 보이지 않으면 [Timeline] 패널의 클립을 선택하면 나타납니다.

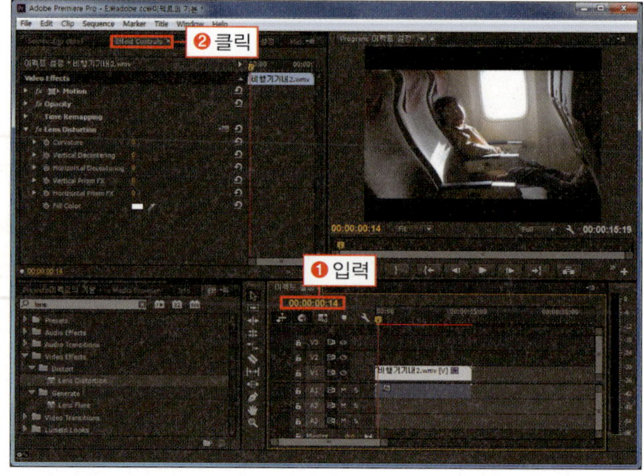

06. [Effect Controls] 패널 하단에 설정한 [Lens Distortion] 이펙트가 보이는데 이 이펙트의 [Settings] 단추를 클릭합니다. 그리고 [Curvature]에 '20'을 입력하고 [OK] 단추를 클릭합니다. 여기서 Min(마이너스)은 블록렌즈 형태로, Max(플러스)는 오목렌즈 형태로 변경됩니다.

> **T I P : Lnes Distoration 이펙트**
> 화면의 영상을 오목렌즈나 볼록렌즈 형태로 보이게 하는데 사용되는 이펙트입니다.

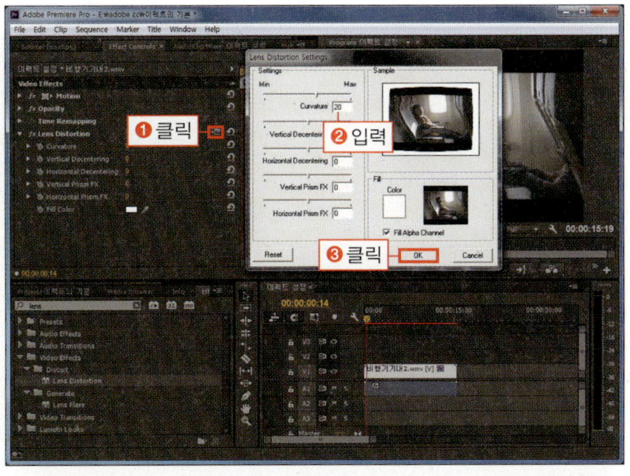

07. [Lnes Distoration] 이펙트의 [Curvature] 앞에 있는 [Toggle animation] 단추를 클릭하여 키프레임을 생성합니다. 바로 [Timeline] 패널의 타임코드에 '14.00'을 입력하여 시간을 이동하고 [Add/Remove Keyframe] 단추를 클릭하여 키프레임을 생성합니다.

> **T I P : 연속적인 키프레임 생성**
> 키프레임에는 설정한 값이 들어 있는데 시간을 이동하고 다시 키프레임을 입력하면 그 시간 동안 같은 이펙트가 유지하면서 진행됩니다.

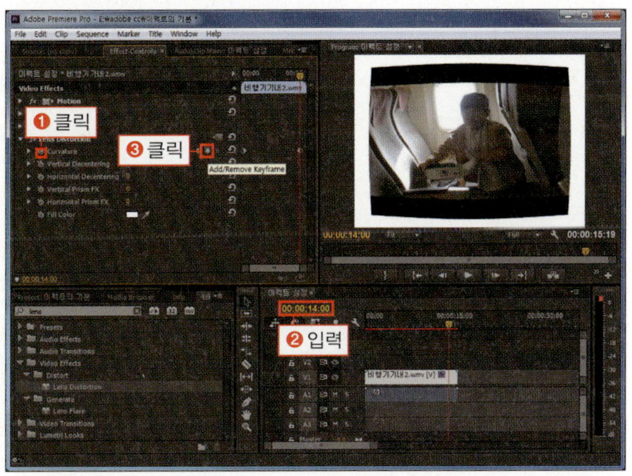

08. [Timeline] 패널에서 End 를 눌러 클립의 가장 마지막 프레임으로 이동하고 [Effect Controls] 패널의 [Add/Remove Keyframe] 단추를 클릭하여 키프레임을 만들고 [Curvature]의 값을 '0'으로 변경하여 이펙트를 없애줍니다.

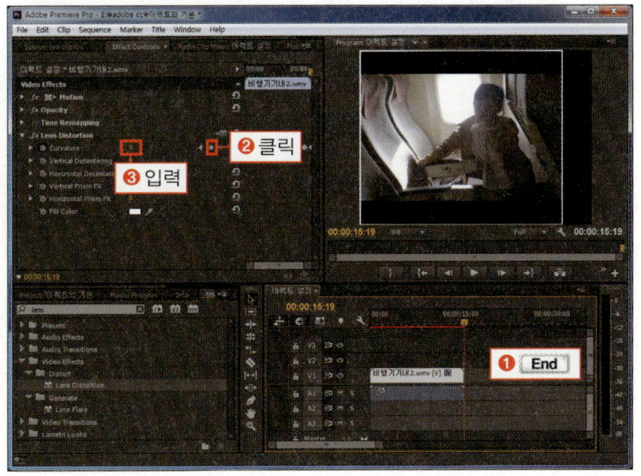

09. 먼저 `Space Bar` 를 눌러 이펙트를 확인하고
[Effect Controls] 패널의 [Go to Previous Keyframe]
단추를 눌러 맨 처음 키프레임으로 이동합니다.
[Curvature] 앞의 [Toggle animation] 단추를 눌러
전체 키프레임을 없애줍니다.

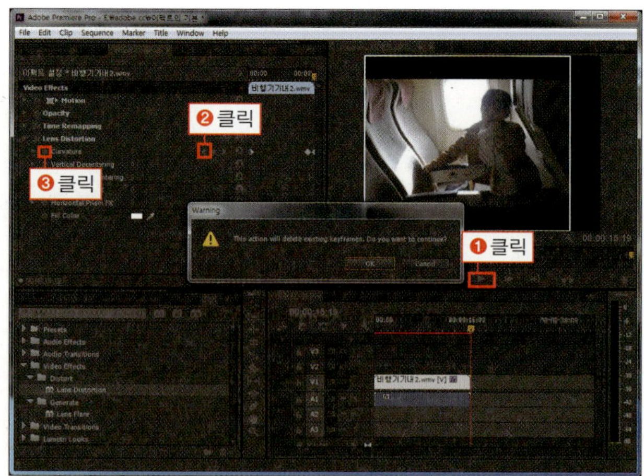

10. [Effect Controls] 패널의 [Lens Distorsion] 이
펙트를 선택하고 마우스 오른쪽 버튼을 클릭하여
바로가기 창이 나타나면 [Clear]를 선택하여 이펙
트 자체를 삭제합니다.

> **TIP : 이펙트 삭제하기**
>
> [Effect Controls] 패널에서 해당 이펙트를 선택하고 오
> 른쪽 버튼을 눌러 바로가기 창에서 [Clear]를 선택하면
> 삭제되고 [Timeline] 패널의 해당 클립을 선택하고 마
> 우스 오른쪽 버튼을 눌러 바로가기 창에서 [Remove
> Effect]를 선택하면 됩니다. 단, 클립에 2개 이상 이펙트
> 를 중복시켜 사용할 경우 모든 이펙트가 삭제됩니다.

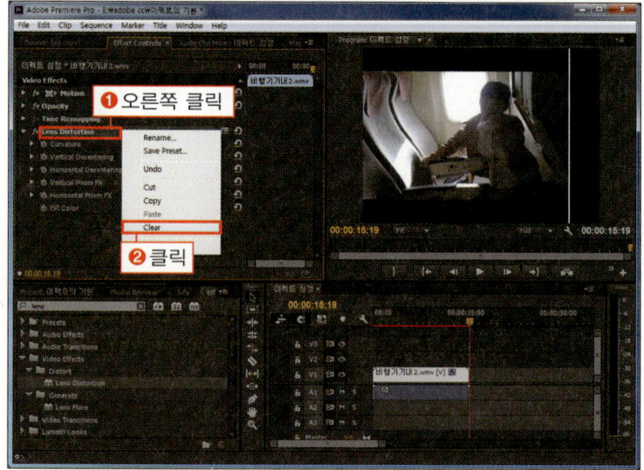

11. 이번에는 기존에 설정된 이펙트를 다른 클
립에도 적용하는 방법을 알아봅니다. [Project] 패
널을 선택하고 빈 곳에 더블클릭하여 [Import] 창
에서 '비행기기내1'을 가져온 다음 [V2] 트랙에 이
전 클립 다음으로 이동시켜 줍니다.

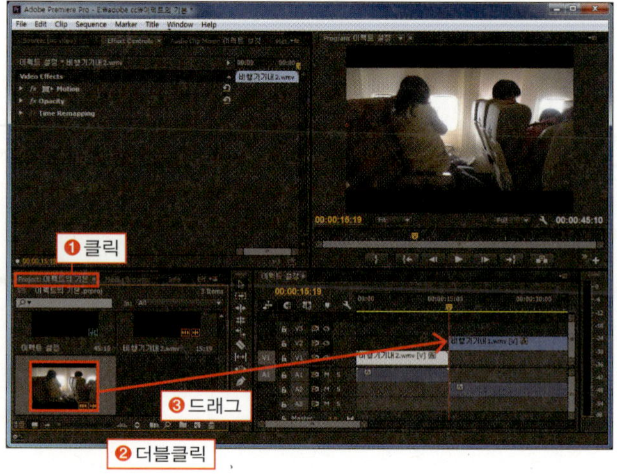

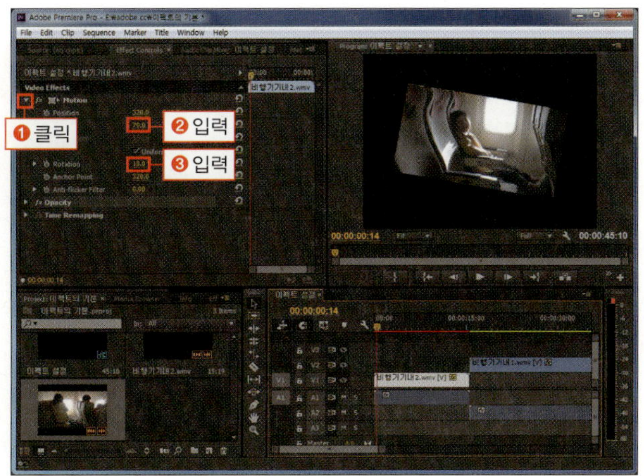

12. 특정 이펙트를 적용하지 않고 기본 비디오 이펙트를 이용합니다. [Motion] 앞의 삼각형을 눌러 많은 옵션이 나오도록 하고 [Scale]의 값을 '70'으로 변경하여 전체 크기를 줄여줍니다. 또한, [Rotation]의 값을 '10'으로 변경하여 시계 방향으로 10도 정도 기울어지게 합니다.

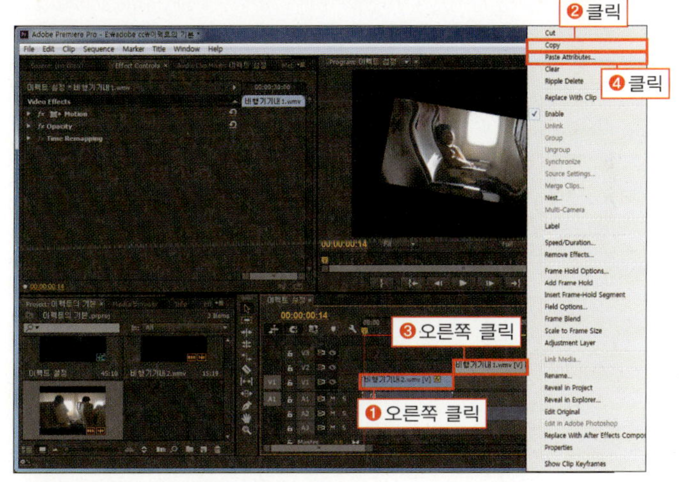

13. 이펙트를 복사하기 위해 [Timeline] 패널의 '비행기기내2' 클립을 선택하고 마우스 오른쪽 버튼을 클릭하여 바로가기 창에서 [Copy]를 선택하고 옆에 있는 '비행기기내1' 클립을 선택하고 오른쪽 버튼을 클릭하여 바로가기 창에서 [Paste Attrubutes]를 클릭해 이펙트만 붙여 넣기를 합니다.

14. [Paste Attribute] 창이 나타나는데 적용하려는 이펙트만 체크하면 해당 이펙트만 적용할 수 있습니다. 여기서는 바로 [OK] 단추를 클릭하여 적용합니다.

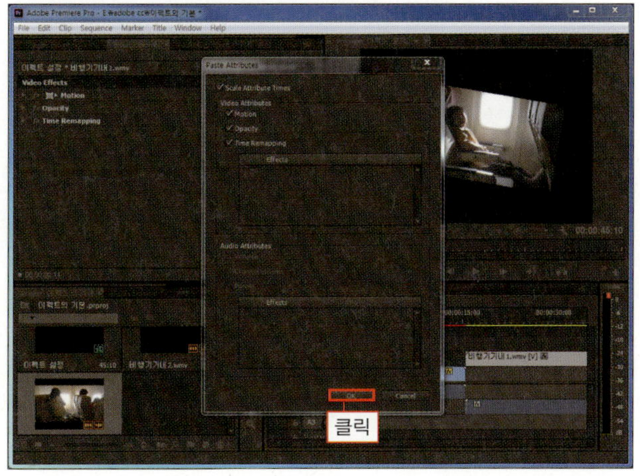

15. '비행기기내1' 클립을 선택하여 같은 이펙트
가 설정되어 있는지를 확인합니다.

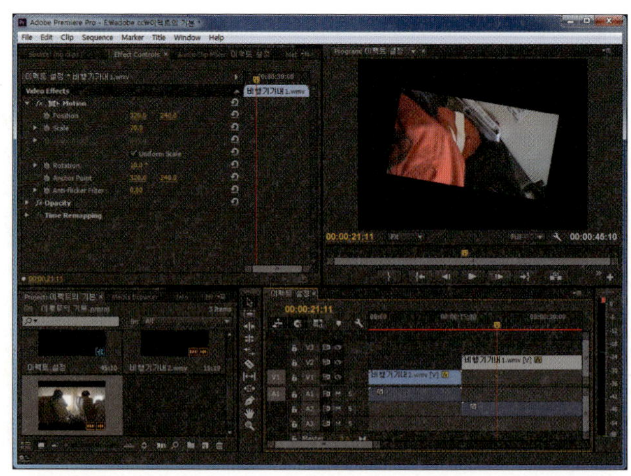

TIP : 이펙트 키프레임(Keyframe)

키프레임은 시간의 변화에 따른 효과를 조금씩 다르게 표현할 때 많이 사용됩니다. 특히, 이펙트(Effect)를 다루는 데 있어서 매우 중요합니
다. 이펙트에서 키프레임의 설정은 [Toggle Animation]을 설정하여 먼저 만들고 [Add/Remove Keyframe]을 통해 추가하거나 삭제합니다. 단
순히 시간의 움직임에 따라 변화 값을 주어 표현하는 것 보다는 키프레임 보간법을 통해 시간적/공간적으로 보다 역동적인 표현을 줄 수
있습니다. 즉, 이펙트는 단 한번에 표현하기보다는 시간에 따라 여러 키프레임에 적용하여 보다 다채로운 기능을 극대화합니다.

이펙트 기능을 이용한 영상을 편집해 봅니다. 특히, 비디오, 이펙트를 이용하여 클립의 이동과 회전, 여러 특징을 이용한 기능을 익혀봅니다.

완성 파일 | PART4₩이펙트활용.prproj

01. 프리미어 프로 CC를 실행하고 프로젝트 이름을 '이펙트활용'으로 입력하여 만듭니다. 새로운 시퀀스에 [Widescreen 48Khz]를 선택한 후 '이펙트 활용'을 입력하고 [OK] 단추를 클릭합니다.

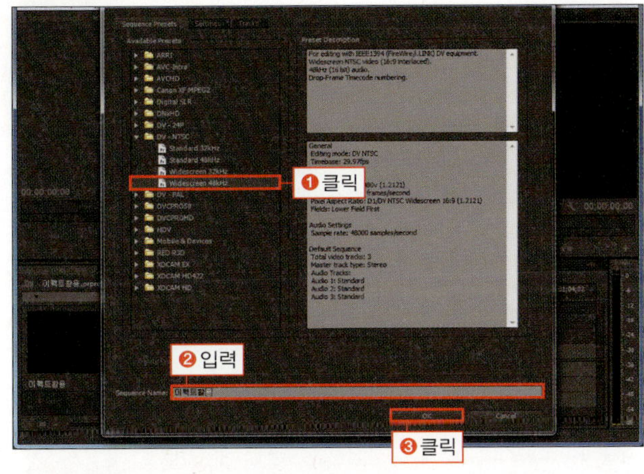

02. [Project] 패널의 빈 곳에 더블클릭하여 [Import] 창을 불러옵니다. [Source] 폴더에서 '사이판1.wmv'을 선택하고 [열기]를 클릭합니다.

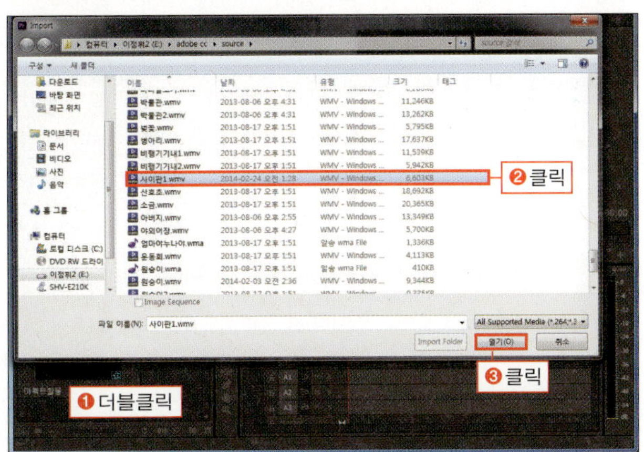

03. 클립이 [Project] 패널에 들어오면 상단에 있는 [Source] 패널로 드래그하여 이동시켜 줍니다. [Source] 패널의 오른쪽 하단에 있는 [Button Edit]을 클릭하여 창이 나타나도록 합니다. 창에 있는 [Export Frame] 단추를 드래그하여 [Source] 패널의 도구 안에 넣고 [OK] 단추를 클릭합니다.

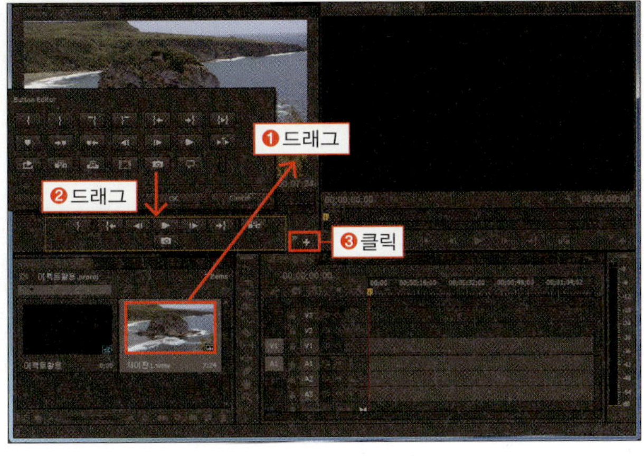

04. 바로 [Export Frame] 단추를 클릭하여 영상의 가장 처음 프레임을 추출합니다. 즉, 캡처하여 하나의 이미지로 변경합니다. [Export Frame] 창이 나타나면 [Name]에 '사이판'으로 변경하고 [Format]을 'JPEG'로 변경, 꼭 [Import into Project]에 체크한 후 [OK] 단추를 클릭합니다.

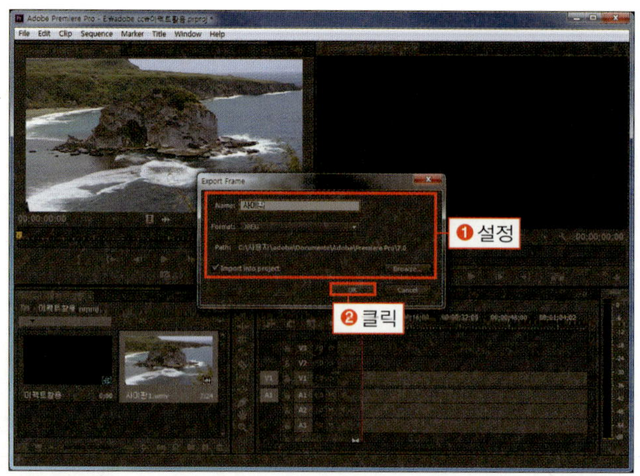

05. [Export Frame] 단추를 이용하여 캡처한 이미지가 [Project] 패널에 입력되는 것을 볼 수 있습니다. [V1] 트랙에 '사이판1.wmv' 클립을 드래그하여 이동시켜 놓고 [V2] 트랙에는 '사이판.jpg' 이미지 클립을 드래그하여 이동시켜 줍니다.

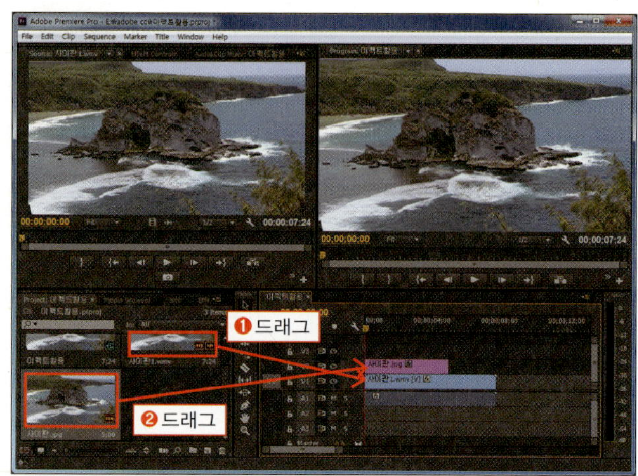

06. [Presets] 그룹의 이펙트를 이용하여 PiP 이펙트를 활용합니다. [Effects] 패널을 선택하고 검색란에 'pip 25 ul to ur'을 입력하여 이펙트 찾고 드래그하여 [V2] 트랙의 클립에 적용합니다. 왼쪽 상단의 [Effect Controls] 패널을 선택합니다.

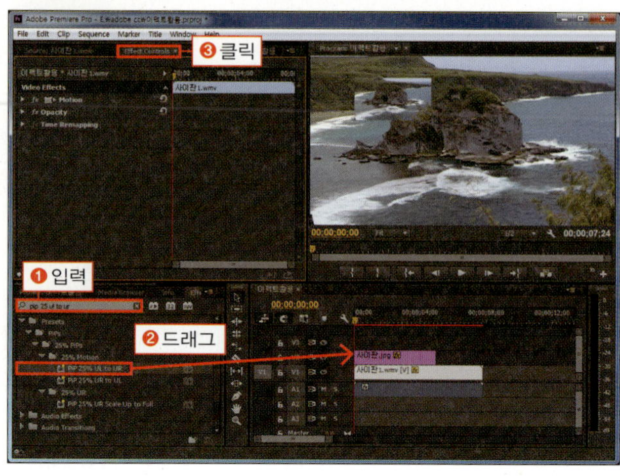

07. 클립의 이미지를 전체 화면의 가장 왼쪽 상단으로 이동시키기 위해 [V2] 트랙의 클립을 선택하고 [Program] 패널의 작은 이미지를 클릭하면 모서리에 포인트가 생성됩니다. 바로 드래그하여 가장 왼쪽 상단으로 이동시킵니다. 또는 [Effect Controls] 패널의 [Motion]을 클릭하여 [Position] 부분에 값을 입력하여 이동시킵니다.

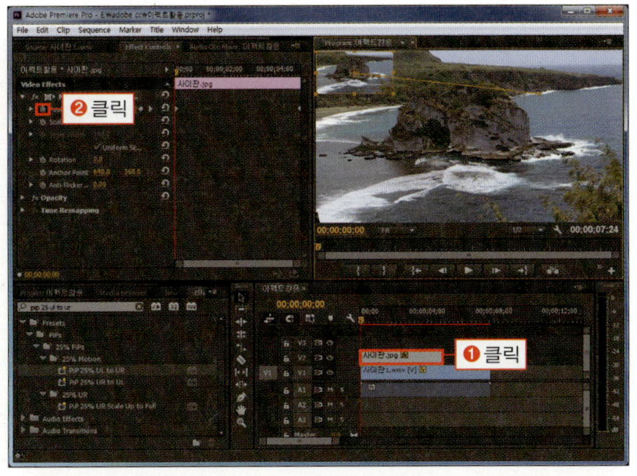

TIP : 이펙트의 [Motion]–[Position]로 드래그하여 이동할 때는 [Program] 패널에서 직접 선택하여 이동시키면 보다 빠르게 이동합니다. 단, 정확도는 떨어지게 됩니다.

08. [Timeline] 패널의 타임코드에 '4.00'을 입력하여 4초 정도 이동하고 [Effect Controls] 패널의 5초에 있는 키프레임을 4초로 이동합니다. [Position]의 값으로 (1119, 93)을 입력하여 똑바로 오른쪽으로 이동시킵니다. 다시 [Timeline] 패널의 '사이판' 클립을 4초 정도로 줄여줍니다.

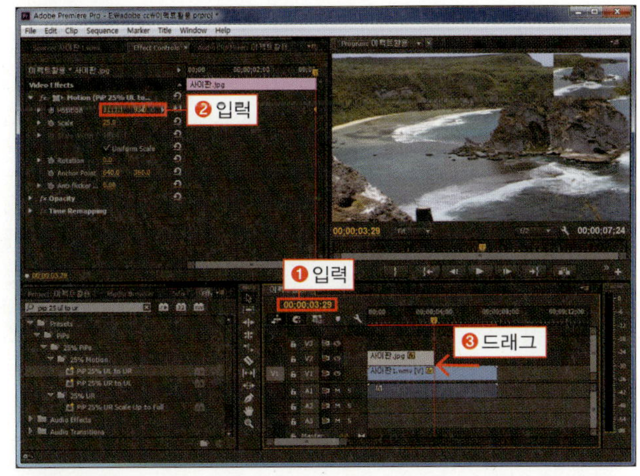

09. [Timeline] 패널의 [V2] 트랙에 [Project] 패널의 '사이판' 클립을 4초에 다시 드래그하여 넣어줍니다. [Effects] 패널의 검색란에 'pip 25 ur scale up to full'을 입력하여 원하는 이펙트를 찾고 드래그하여 2번째 클립에 적용합니다.

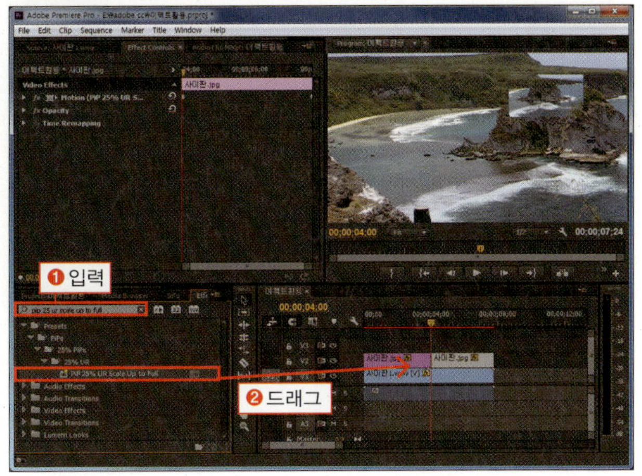

10. '4초 1' 프레임이 되는 위치의 오른쪽 상단에 정확하게 위치하게 하기 위해 [Effect Controls] 패널의 [Position] 값을(1190, 93) 설정합니다.

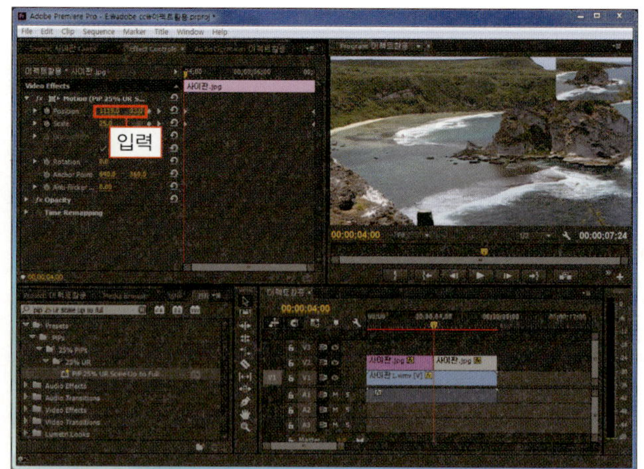

11. [Timeline] 패널에서 **End** 를 누르면 가장 마지막 프레임으로 이동합니다. 화면이 전체 화면에 맞게 덮여 있는 것을 볼 수 있습니다. 2번째 이펙트는 25%의 작은 화면이 이동하면서 [Scale] 크기가 커지면 전체 화면으로 변경하는 이펙트입니다.

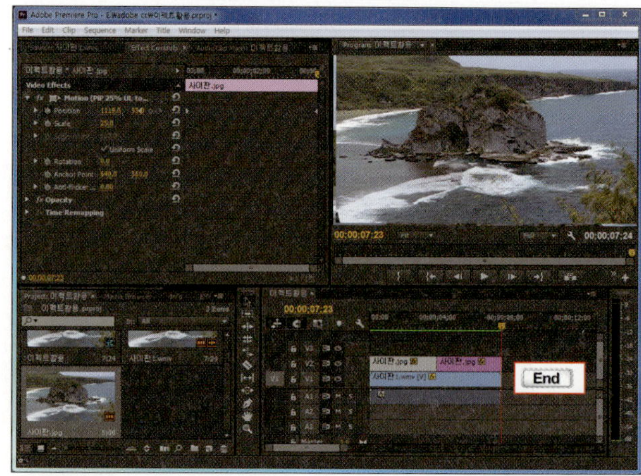

12. [V1] 트랙과 [V2] 트랙에 '사이판1.wmv' 클립을 드래그하여 이동시켜 줍니다. [Effects] 패널을 선택하고 검색란에 'Leave Color'를 찾아줍니다.

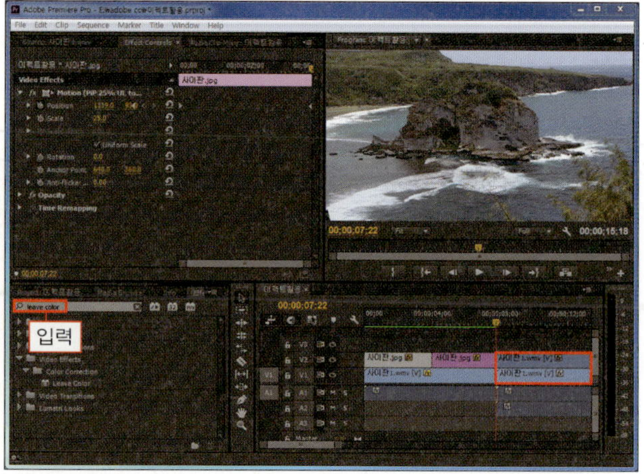

13. [Effects] 패널의 'Leave Color' 이펙트를 [V2] 트랙의 '사이판1.wmv' 클립에 드래그하여 적용합니다. [Effect Controls] 패널에서 [Leave Color]- [Amount to Decolor]의 값으로 '100'을 입력하여 화면을 흑백으로 변경합니다.

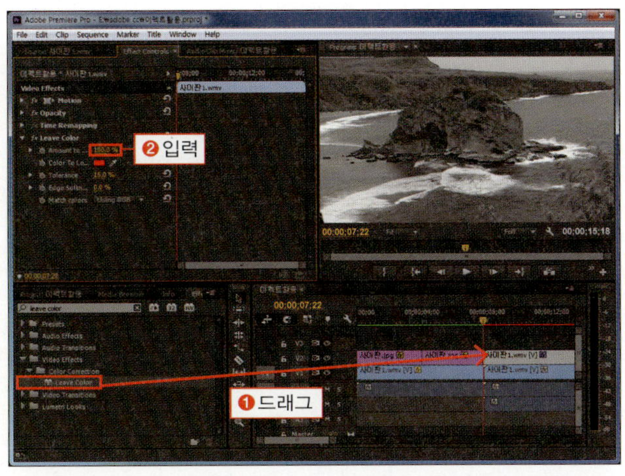

14. [Effects] 패널에서 검색란에 'radial wipe'을 입력하여 이펙트를 찾습니다. 찾은 이펙트를 [V2] 트랙의 '사이판1.wmv' 클립에 또 드래그하여 적용합니다. 이펙트는 사용 방법에 따라 여러 개도 적용이 됩니다.

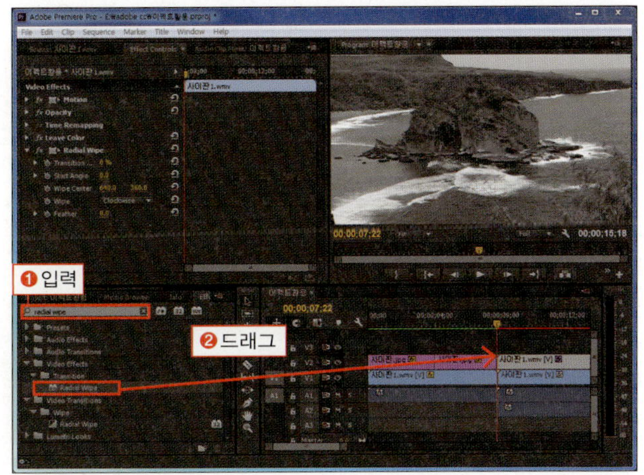

15. [Effect Controls] 패널의 [Radial Wipe]- [Transition] 이펙트의 [Toggle animation]을 클릭하여 키프레임을 만들어 줍니다. [Timeline] 패널의 타임코드에 '9.10'을 입력하고 [Effect Controls] 패널의 [Add/Remove Keyframe] 단추를 눌러 키프레임을 만들고 값을 '25'로 변경합니다.

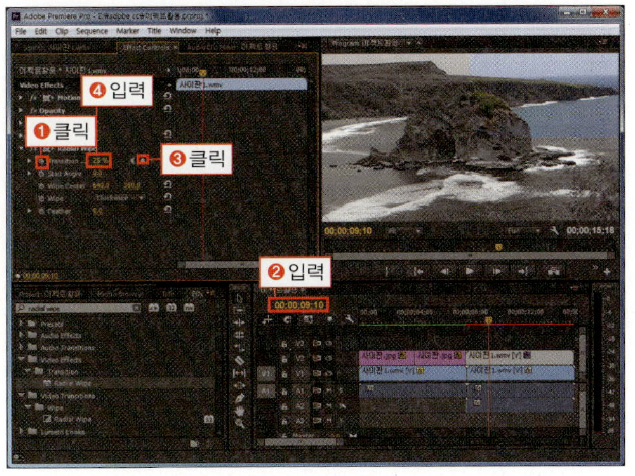

16. 같은 방법으로 타임코드에 '11.07'을 입력하
고 키프레임을 주고 값을 '50'으로 변경. 타임코드
에 '13.10'을 입력하고 키프레임을 주고 값을 '75'로
변경. 마지막 프레임으로 이동하고 키프레임을 주
고 값을 '100'으로 변경합니다.

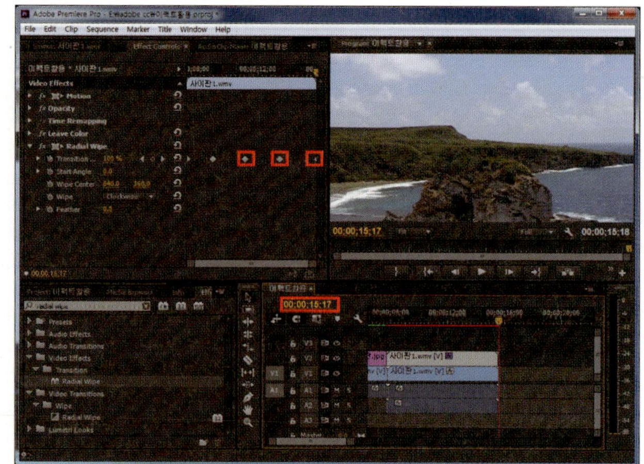

17. 편집한 영상을 완성하기 위해 [A2] 트랙
에 있는 같은 음성 파일을 선택하여 삭제하고
Enter를 눌러 랜더링을 합니다.

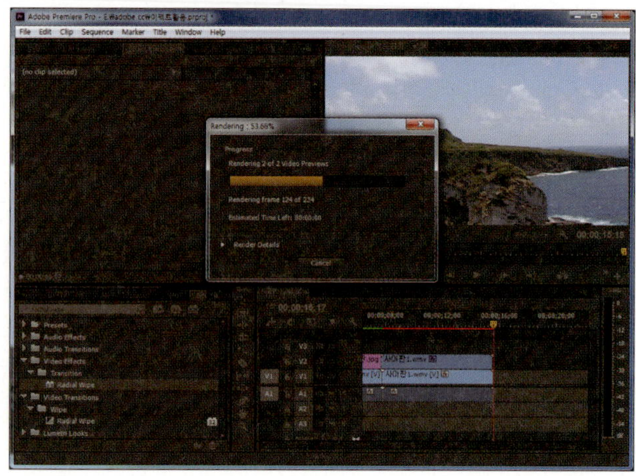

트랜지션(Transition)은 보통 장면 전환이라고 이해하면 됩니다. 서로 다른 클립 사이나 다른 내용의 영상에서 자연스럽게 넘어가도록 하거나 어떤 특색을 주어 표현을 극대화시켜 줍니다. 다만, 너무 많은 트랜지션의 효과는 불편함을 줄 수 있으니 적절한 곳에 사용하는 것이 좋습니다.

기초 탄탄 ▶ 트랜지션의 [Effect Controls] 기능 이해하기

■ 트랜지션

트랜지션은 이펙트와 다르게 설정합니다. 이펙트는 하나의 클립에 적용하지만 트랜지션은 일반적으로 2개 이상의 글립간에 넘어가는 장면, 화면 전환이 중심이 되기 때문에 설정 방법이 다릅니다.

트랜지션의 [Effect Controls] 패널 `221p`

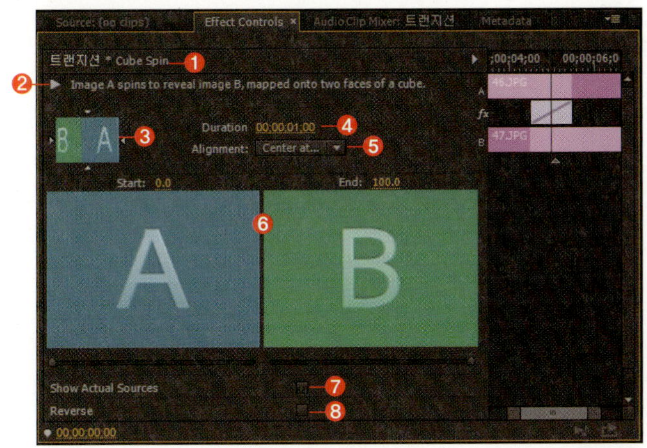

❶ 시퀀스 이름 * 트랜지션 설정 이름 : 클립이 들어 있는 시퀀스의 이름과 클립에 적용된 트랜지션 이름을 보여줍니다.

❷ Play the transition : 가장 왼쪽에 있는 단추(▷)를 클릭하면 트랜지션이 어떻게 적용되는지 미리 보여줍니다.

❸ 트랜지션 프리뷰 영역 : 트랜지션의 각 기능에 따라 Play the transition을 눌러 실행하고 미리 보기 영역에 있는 단추를 클릭하면 방향별 트랜지션 효과를 보여줍니다.

❹ Duration : 트랜지션의 실행되는 시간을 설정합니다. 기본이 1초인데 클릭하여 원하는 시간을 넣으면 트랜지션 효과를 늘이거나 줄여줍니다.

❺ **Alignment** : 트랜지션은 클립과 클립 사이에서 적용되는 기능입니다.

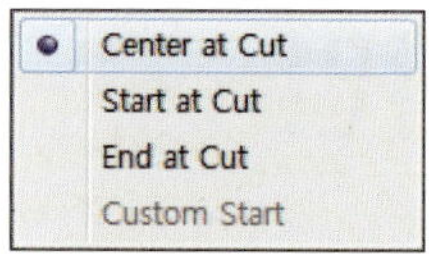

- Center at Cut : 기본 설정 기능으로 2개의 클립 사이에 배치되어 동작합니다.
- Start at Cut : 처음 클립은 변화 없이 진행되고 2번째 클립의 처음부터 트랜지션이 적용되어 동작합니다.
- End at Cut : 처음 클립은 마지막 부분에 적용되어 클립이 끝나갈 쯤에 트랜지션이 적용되어 동작합니다.
- Custom Start : [Center at Cut]은 정확히 2개의 클립 사이의 중간에 배치되어 적용되지만 사용자가 트랜지션을 임의대로 움직여 배치하면 동작하는 방식입니다.

❻ **Start, End 프리뷰 영역** : 트랜지션에서 시작되는 부분 설정 부분과 끝나는 부분의 설정 동작을 미리 보여줍니다.

❼ **Show Actual Source** : 체크하면 트랜지션의 동작 부분을 실제 화면처럼 적용하여 보여줍니다.

❽ **Reverse** : 트랜지션의 재생 방법을 반대로 진행합니다.

트랜지션의 디폴트 설정 시간 변경

클립에 트랜지션을 설정하면 기본 값으로 1초(30 프레임)가 적용됩니다. 트랜지션의 기본 값을 변경하고자 할 때는 [Edit]-[Preferences]-[General] 메뉴를 클릭하고 Video/Audio 트랜지션 기본 값을 변경하면 됩니다.

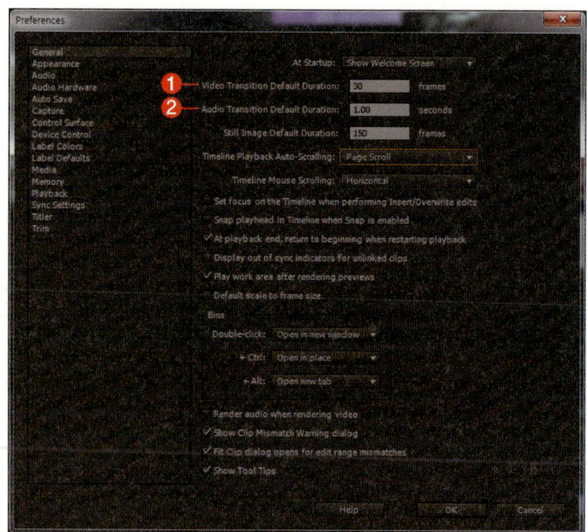

❶ **Video Transition Default Duration** : 기본 30 프레임(1초)을 원하는 프레임 단위로 변경합니다. 단, 시퀀스의 설정에서 PAL(25 프레임) 방식과 같은 25 프레임을 쓰는 시퀀스에서도 기본 값(30 프레임)은 같으나 트랜지션의 시간이 30프레임(1.05초)으로 나타나니 꼭 설정 상황을 확인 바랍니다.

❷ **Audio Transition Default Duration** : 비디오 트랜지션과 다르게 오디오는 프레임 단위가 아니라 초(Second) 단위로 1초를 기본 값으로 사용합니다.

트랜지션은 이펙트와 다르게 클립과 클립사이에 효과를 적용하여 서로 다른 클립의 변화를 얼마나 자연스럽게 또는 특색있게 변화하는가가 핵심입니다. 이펙트만큼이나 설정이나 변화의 다양화는 없지만 트랜지션만의 설정 기능을 익히고 적용하는 방법을 배워봅니다.

완성 파일 ┃ PART4₩트랜지션.prproj

01. 프리미어 프로 CC를 실행하고 프로젝트의 이름을 '트랜지션'으로 만들어 실행합니다. 프리미어 화면이 설정되면 시퀀스의 이름을 '트랜지션기본기능'으로 입력하고 [Standard 48Khz]를 선택한 후 [OK] 단추를 클릭합니다.

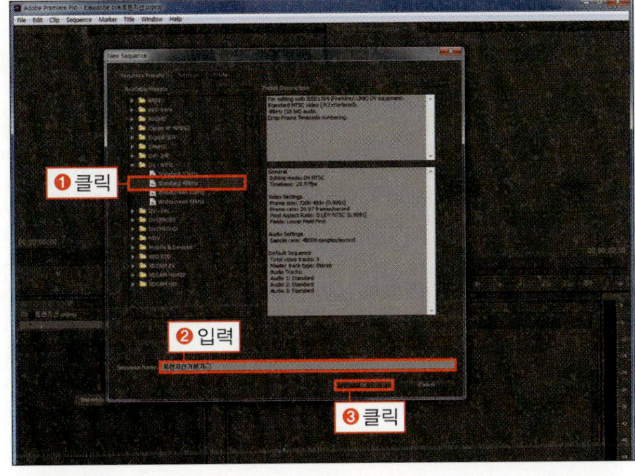

02. [Project] 패널의 빈 곳을 더블클릭하여 [Import] 창을 열고 [Source] 폴더에서 '46, 47' 이미지 파일을 선택하고 [열기] 단추를 클릭합니다.

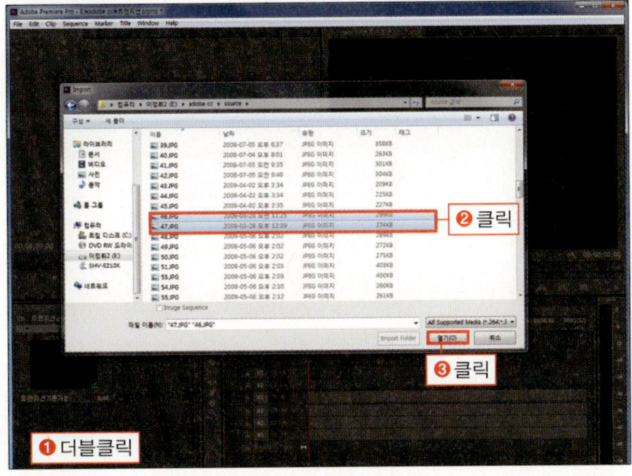

03. [Project] 패널의 '46, 47' 클립을 한 번에 선택하고 [V1] 트랙으로 드래그하여 이동합니다. [Effects] 패널을 선택하고 직접 [Video Transition]–[Iris]–[Iris Star] 메뉴를 찾아가 선택한 다음 클립과 클립 사이에 트랜지션을 드래그하여 배치합니다.

04. 상단의 [Effect Controls] 패널을 선택하고 [Timeline] 패널에서 설정한 트랜지션을 선택하면 기능 화면이 나타납니다. 옵션들 중 [Show Actual Source]에 체크하면 실제 화면을 미리 보여주는데 트랜지션이 어떤 동작을 하는지 보기 위해 상단의 [Play the Transition] 단추를 클릭합니다.

05. [Effect Controls] 패널의 [Start 프리뷰 영역] 안에 원이 있는데 그 원을 왼쪽 하단 부분으로 이동합니다. 키보드의 **Space Bar**를 누르면 트랜지션의 효과가 중앙에서 시작하는 것이 아니라 왼쪽 하단 부분에서 시작하는 것을 확인합니다.

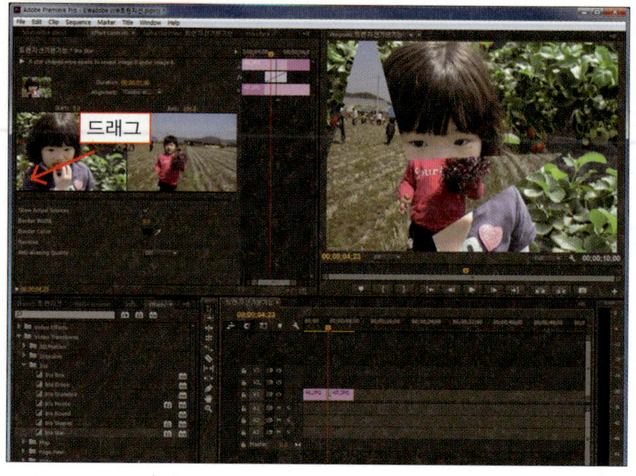

06. 트랜지션의 옵션 중에서 [Board Width]의 값을 '1.0'으로 입력하여 변경하고 [Border Color] 값의 색깔 부분에 클릭하면 [Color Picker] 창이 나타납니다. 중간의 색깔 부분에 파란색 부분을 선택하고 왼쪽의 큰 창에서 보다 자세한 임의의 파란색 선택한 다음 [OK] 단추를 클릭합니다.

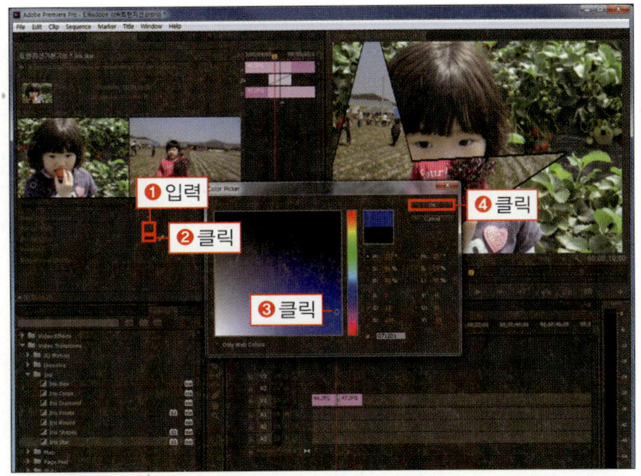

07. Space Bar 를 눌러 트랜지션의 변화를 확인하고 트랜지션을 변경해 봅니다. [Video Transition]-[Stretch]-[Stretch] 메뉴를 찾아서 선택하고 바로 드래그하여 [Timeline] 패널의 트랜지션 위치에 넣으면 이전의 트랜지션(Iris Star)은 없어지고 새로운 트랜지션(Stretch)으로 변경됩니다.

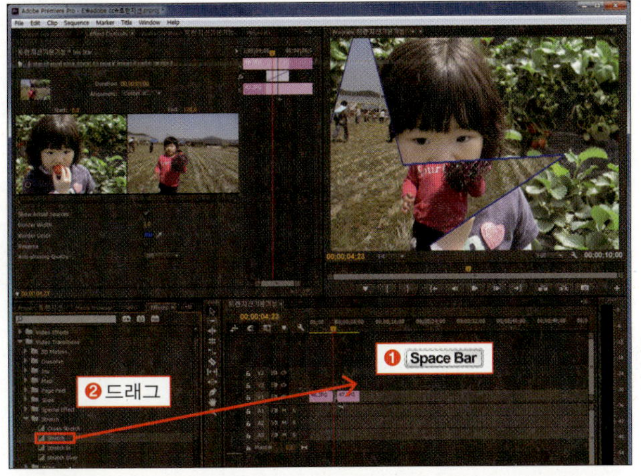

08. [Timeline] 패널의 트랜지션을 선택하고 [Effect Controls] 패널에서 트랜지션의 값이 변경된 것을 확인합니다. 상단의 트랜지션 프리뷰 영역에 8개의 버튼이 보이는데 여기에서 오른쪽 상단 모서리 부분인 [Northeast to Southwest] 단추를 클릭하면 트랜지션이 오른쪽 상단에서 왼쪽 하단으로 변화되는 것을 확인합니다.

09. [Effect Controls] 패널 의 옵션 중에서 [Reverse]에 체크하여 시작과 끝을 반대로 변경하고 [Alignment]의 값을 'End at Cut'으로 변경합니다. 즉, 트랜지션은 처음 클립이 마지막 부분에 다가오면 오른쪽 상단으로 이동하면서 없어지며 2번째 클립이 자연스럽게 전체를 나타냅니다.

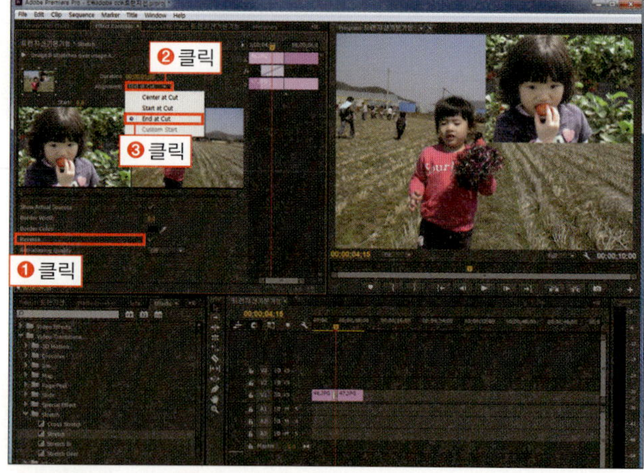

10. [Timeline] 패널에서 트랜지션을 직접 선택하고 마우스 오른쪽 버튼을 클릭하면 바로가기 창이 나타나는데 [Set Transition Duration]을 선택합니다. 창이 나타나면 '20'을 입력하여 트랜지션의 시간을 20프레임으로 변경합니다.

11. 다시 [Timeline] 패널의 트랜지션을 선택하여 마우스 오른쪽 버튼을 클릭하고 바로가기 창에서 [Clear]를 선택하면 트랜지션이 삭제됩니다.

TIP : anti-aliasing Quality

경계선을 부드럽게 변경합니다. 4가지 종류별로 경계선의 부드러움을 표현합니다.

• Off : 안티알리어싱(부드럽게 표현)을 적용하지 않습니다.

• Low : 조금의 안티알리어싱을 적용합니다.

• Medium : 중간 정도의 안티알리어싱을 적용합니다.

• High : 높은 강도의 안티알리어싱을 적용합니다.

트랜지션은 이펙트에 비해 설정 사항이나 편집하기가 보다 편리합니다. 그래서 다양한 트랜지션의 기능을 이용하여 간단한 영상의 화면 전환 기술을 알아보고 특히, 보다 편리한 영상의 엔딩 크레딧 장면을 만들어 봅니다.

완성 파일 | PART4₩드렌지션응용.prpoj　**추출 파일 |** PART4₩트랜지션응용.mp4

01. 프리미어 프로 CC를 실행하고 프로젝트의 이름을 '트랜지션응용'으로 만들어 실행합니다. 시퀀스의 이름을 '트랜지션응용'으로 입력하고 [Standard 48Khz]를 선택한 후 [OK] 단추를 클릭합니다.

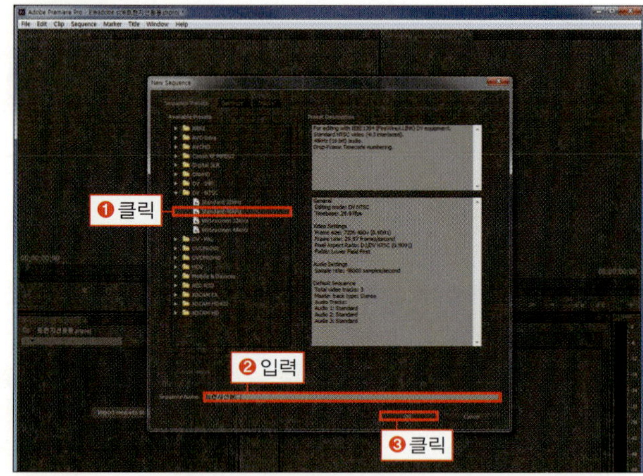

02. [Project] 패널의 빈 곳에 더블클릭하여 [Import] 창을 엽니다. [Source] 폴더에서 '71, 72, 73, 74' 이미지 클립과 '운동회' 동영상 파일을 선택하고 [OK] 단추를 클릭합니다.

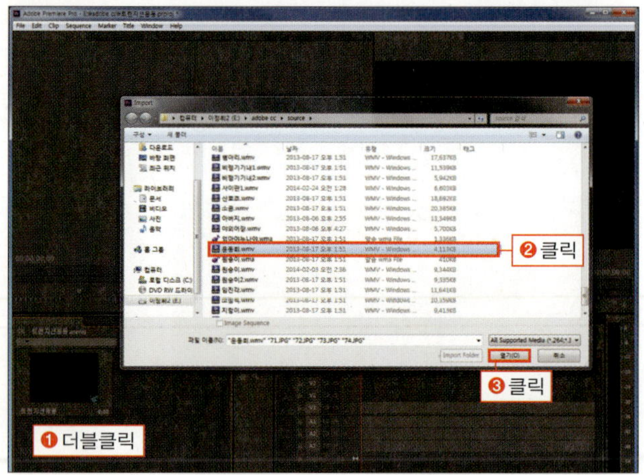

03. [Project] 패널에 클립들이 들어오면 [V1] 트랙에 '71.jpg' 클립을 선택하고 드래그하여 넣어줍니다. [Effects] 패널로 이동한 [Video Transitions]–[3D Motion]–[Fold up]의 트랜지션을 찾아줍니다. 그리고 [V1] 트랙에 있는 클립의 앞부분에 드래그하여 트랜지션 효과를 적용합니다.

> **TIP : 트랜지션의 효과 적용**
>
> 트랜지션은 기본적으로 클립과 클립사이에 위치하여 장면 전환을 위한 효과이지만 클립이 하나만 있어도 클립의 처음 부분이나 마지막 부분에 넣어주어 트랜지션 효과를 적용하기도 합니다.

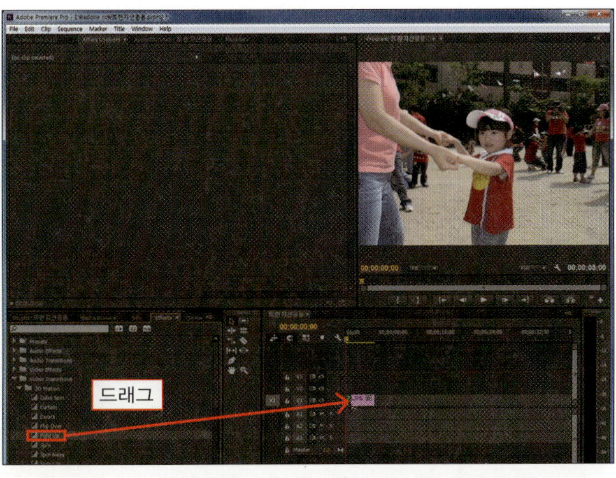

04. [Fold Up] 트랜지션은 종이접기하듯이 앞 영상이 접히면서 뒤 영상으로 전환되는 트랜지션인데, 여기서는 [Effect Controls] 패널의 [Revers]에 체크하여 접힌 영상이 퍼지면서 나타나도록 하고 [Duration]에 클릭하여 '5.00'을 입력하여 전체 트랜시션 길이를 5초로 늘려줍니다.

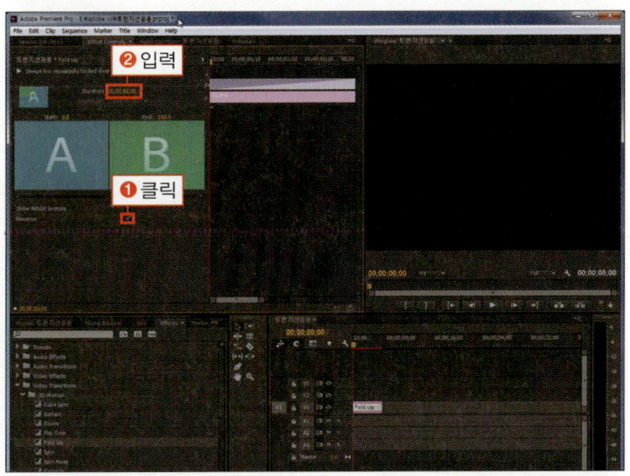

05. 이전 방식과 같은 방법으로 [Project] 패널의 '72' 클립을 [V1] 트랙의 '71' 클립 다음에 드래그하여 넣고 같은 트랜지션인 [Fold up]을 적용합니다. 또한, [Effect Controls] 패널에서 [Reverse]에 체크하고 [Duration]에 '3.00'을 입력하여 3초 동안 트랜지션이 동작하도록 합니다.

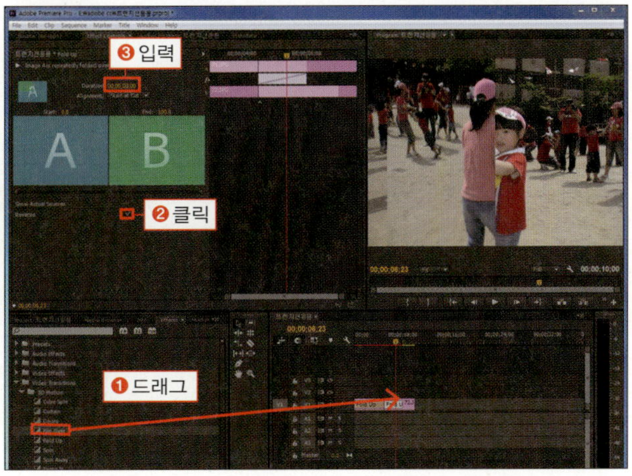

06. [Timeline] 패널의 [V2] 트랙에서 마지막 트랜지션이 끝나는 부분(8.00)에 '73' 클립을 가져다 놓습니다. [Effects] 패널에서는 [Video Transitions]–[3D Motion]–[Flip Over]를 선택하여 '73' 클립의 앞부분에 적용합니다.

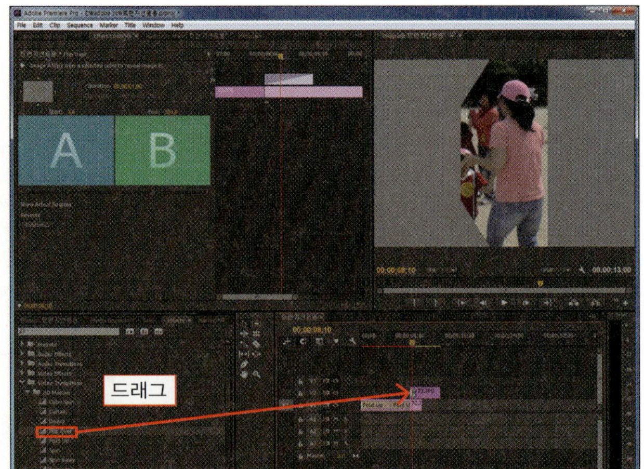

07. 트랜지션을 선택하고 [Effect Controls] 패널의 [Duration]의 값을 '2.00'으로 설정하고 하단의 [Custom] 버튼을 누릅니다. [Flip Over Settings] 창이 나타나면 [Fill Color]를 클릭하여 색깔을 흰색으로 변경하고 [OK] 단추를 누릅니다.

> **TIP : Fill Over 트랜지션**
>
> 앞 영상과 뒤 영상이 앞뒤로 붙어 있는 것처럼 180도 회전하면서 변화가 옵니다. 여기에서 색상을 변경하면 앞뒤로 변경 시 바탕이 되는 색상의 변경이 가능하게 됩니다.

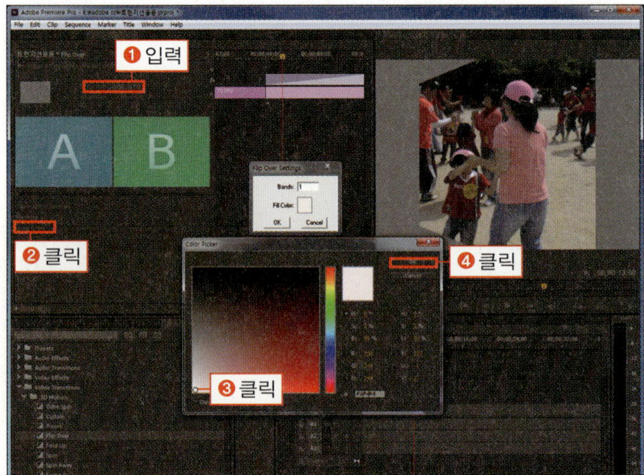

08. 계속 같은 방법으로 [V2] 트랙에 있는 '73' 클립 다음에 '74' 클립을 드래그하여 가져다 놓고 [Effects] 패널의 [Video Transitions]–[Page Peel]–[Page Peel]을 '73' 클립과 '74' 클립의 가운데에 적용합니다. 또한, [Effect Controls] 패널의 [Duration]의 값에 '3.00'을 입력하여 3초로 늘려줍니다.

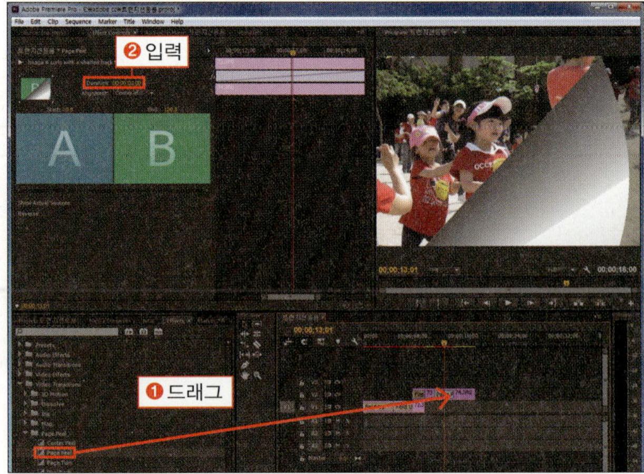

09. '74' 클립 다음에 [Project] 패널의 '운동회.wmv' 클립을 가져다 놓고 기본 트랜지션인 [Video Transitions]-[Disslove]-[Cross Dissolve]를 선택하여 적용합니다. 아마 '운동회' 클립에만 적용이 될 것입니다. 바로 [Effect Controls] 패널로 이동하여 [Duration]의 값을 2초로 늘려주고 편집 창에서 마우스를 이용하여 트랜지션을 강제로 왼쪽으로 움직여 가운데로 이동시킵니다.

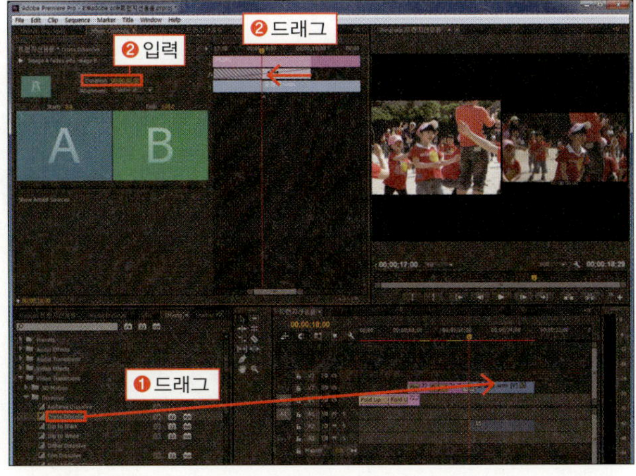

TIP : 트랜지션의 적용

트랜지션은 클립과 클립 사이에 기본적으로 위치하는데 이미지와 동영상 클립 사이에는 중간에 바로 위치되지 않습니다. [Effect Controls] 패널에서 강제로 이동하면 됩니다.

---

10. [Timeline] 패널의 타임코드에 '24.00'을 입력하여 이동하고 '운동회' 클립을 선택한 다음 **Ctrl** + **K** 를 눌러 클립을 자릅니다. 뒤에 잘려진 나머지 클립을 [V3] 트랙으로 이동시킵니다.

TIP : 잘려진 클립의 위치 변경

한 개의 클립에는 트랜지션을 앞, 뒤에만 줄 수 있습니다. 즉, 중간에 트랜지션을 적용하지 못합니다. 그래서 클립을 잘라 중간에 적용하는데 적용된 클립이 분리가 되면 트랜지션을 없어지기 때문에 먼저 클립을 이동하고 적용한 것이 좋습니다.

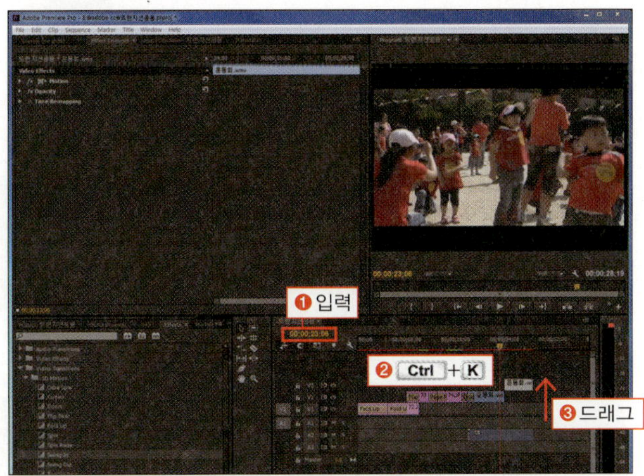

---

11. [V2] 클립에 잘려진 '운동회' 클립의 마지막에 [Video Transitions]-[3D Motion]-[Swing In]을 적용합니다. [Effect Controls] 패널에서 [Duration]의 값을 3초로 늘려주고 트랜지션 프리뷰 영역의 [End]에 '50.0'을 입력합니다. [Reverse]에 체크하여 트랜지션을 반대로 적용합니다.

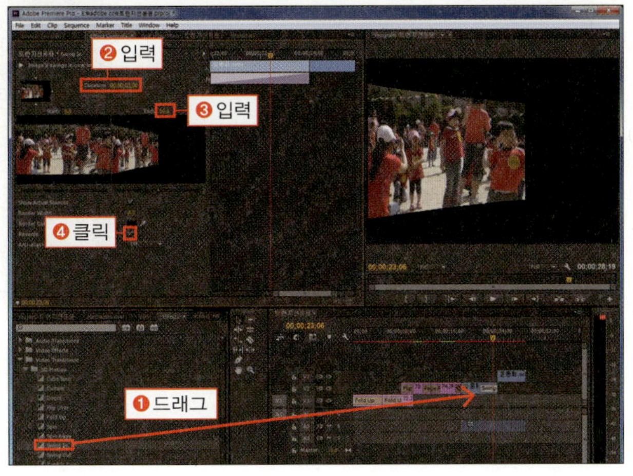

12. 3초 동안 영상의 엔딩 크레딧을 손쉽게 제작할 수 있습니다. [V3] 트랙의 나머지 클립에 [Swing In] 트랜지션을 적용하고 [Duration] 값에 '4.19'를 주어 전체 클립에 트랜지션을 다 적용합니다. 트랜지션 프리뷰 영역의 [Start]와 [End] 값에 각각 '50'을 입력합니다. 계속적인 엔진 크레딧 영상을 유지합니다.

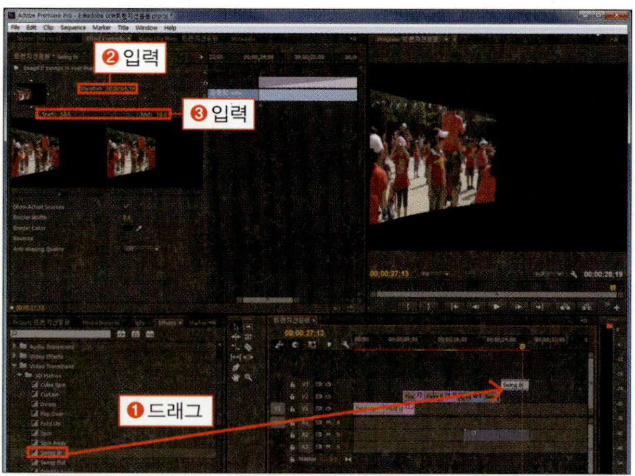

13. 영상을 완성하기 위하여 오디오 트랙의 오디오 클립을 선택하여 삭제합니다. 영상과 같이 지워진다면 클립에서 마우스 오른쪽 버튼을 클릭하여 바로가기 창의 [Unlink]을 선택하여 분리한 후 삭제하면 됩니다. [Project] 패널의 빈 곳을 더블클릭하여 왼쪽의 [라이브러리]-[음악]-[음악 샘플]에서 'Kalimba.mp3'을 선택한 다음 [열기] 단추를 클릭합니다.

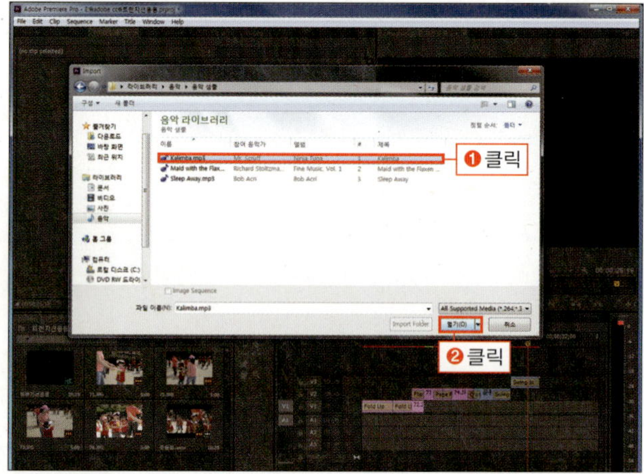

14. [Project] 패널에 오디오 파일일 들어오면 [A1] 트랙으로 클립을 이동하고 영상 트랙의 마지막으로 이동한 다음 Ctrl+K 를 눌러 오디오 파일을 잘라냅니다. 또한, 잘려진 뒤 오디오 클립은 삭제합니다.

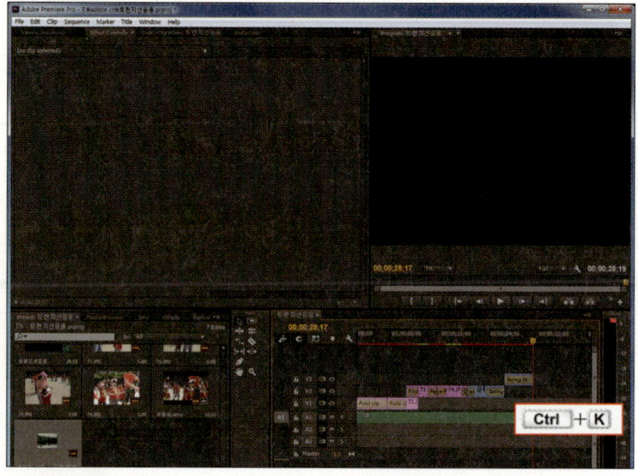

15. [V3] 트랙에서 마우스 오른쪽 버튼을 클릭하고 바로가기 창이 나타나면 [Add Track]을 선택하면 [V4] 트랙이 만들어집니다. 새로운 자막을 만들기 위해 [Project] 패널의 하단에 [New item]을 클릭하여 [Title]을 선택합니다.

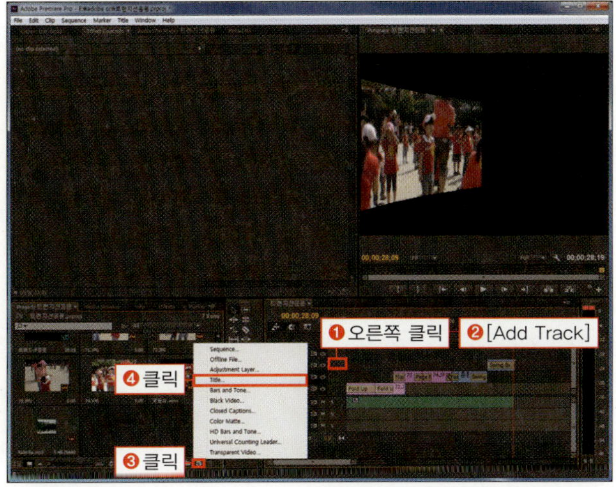

16. [Title] 창이 나타나면 [Name]에 '엔딩자막'이라고 입력하고 [OK] 단추를 클릭합니다. 자막 창이 나타나면 왼쪽 상단의 [Type Tool]을 선택하고 화면의 오른쪽 부분에 클릭합니다.

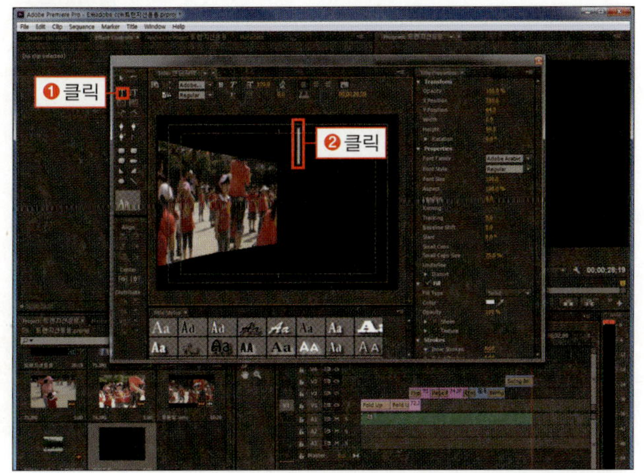

17. 먼저 한글로 자막을 넣기 위해 상단의 글꼴을 선택한 다음 'HY견고딕'으로 변경합니다. 그리고 글자의 크기를 줄이기 위해 오른쪽에 '100'이라고 써있는 곳을 클릭하여 '50'으로 변경합니다.

18. 바로 글자를 입력합니다. 글자의 위치 이동 시 왼쪽 상단의 [Selection Tool]을 선택하고 글자 전체를 이동하면 됩니다. 수정을 할 경우에는 다시 선택하고 [Type Tool]을 클릭한 후 변경합니다.

장소 : 운동장
일시 : 5월 13일
촬영 : 아빠가
협찬 : 엄마
주인공 : 나

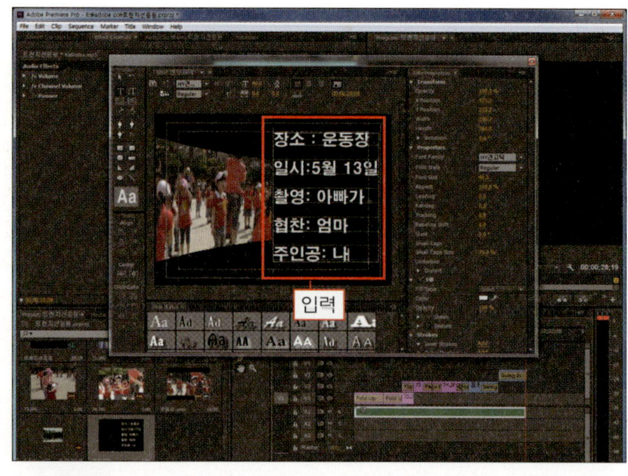

19. 자막 창의 상단에 [Roll/Crawl Option] 단추를 클릭하여 창이 나타나면 [Title Type]에 'Roll'을 선택하고 [OK] 단추를 클릭합니다. 이러면 자막이 아래에서 위로 이동합니다.

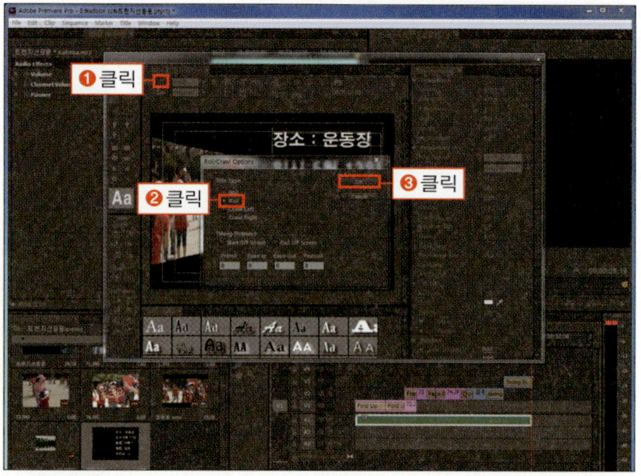

20. 자막을 아래에서 위로 이동시키기 위해 [Selection Tool]을 클릭하고 자막 전체를 선택한 후 안전선 바깥에 아래로 이동시켜 줍니다. 그리고 자막 창을 닫아줍니다.

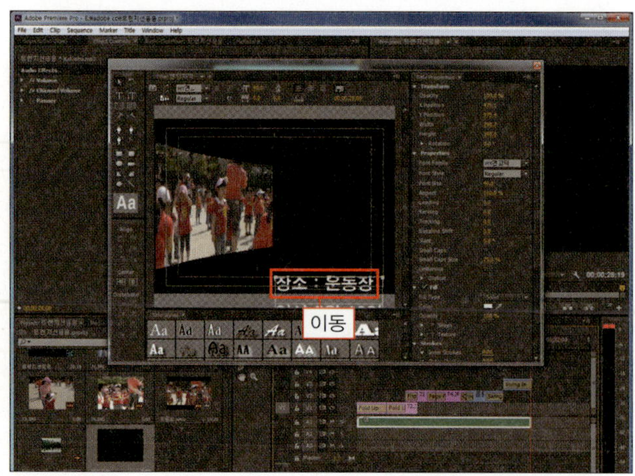

21. [Timeline] 패널의 [V4] 트랙에 엔딩 자막을 [V3] 트랙의 클립 크기에 맞추어 이동시켜 주고 자막이 크다면 자막 클립의 끝을 선택하고 왼쪽으로 밀어 넣어 크기를 아래 클립과 같게 해줍니다.

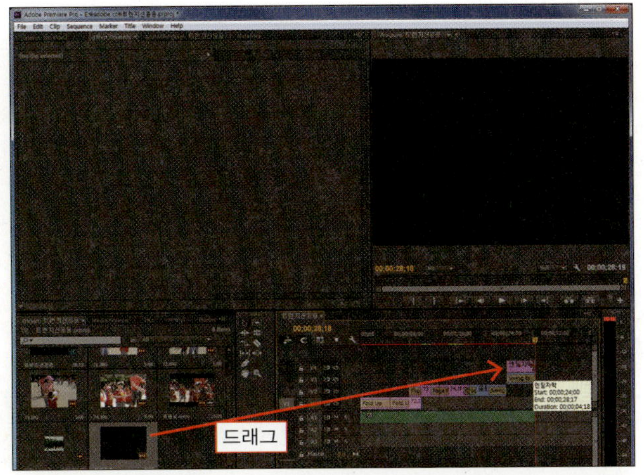

22. 전체 영상을 확인하기 위해 Enter 를 눌러 랜더링을 하고 확인합니다.

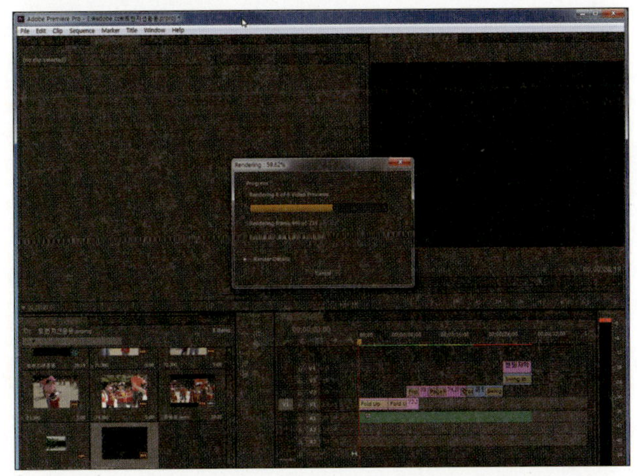

23. 완성된 영상을 추출하기 위해 [File]–[Export]–[Media](Ctrl + M) 메뉴를 클릭하여 [Export Settings] 창이 나타나면 오른쪽의 [Format]을 'H.264'로 변경하고 하단의 [Export] 단추를 클릭하여 추출합니다.

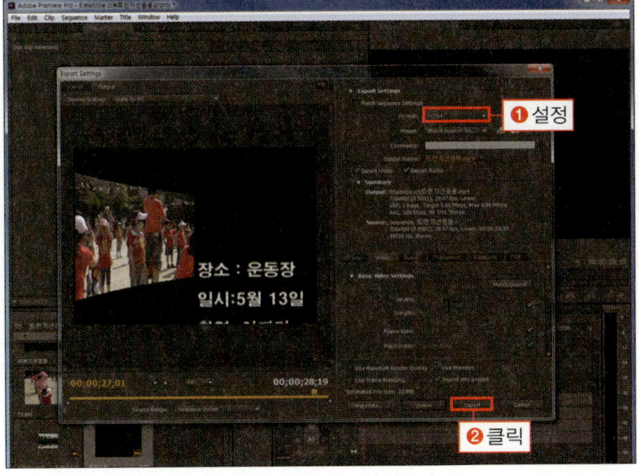

24. 추출된 영상을 확인합니다.

오디오 이펙트와 트랜지션을 이용한 영상 작업

영상 편집에 있어서 이펙트와 트랜지션은 가장 중요한 기능들입니다. 특히, 이펙트와 트랜지션은 각 효과를 따로 사용하기 보다는 같이 사용하는 경우가 많은데 이번 레슨에서는 좀 더 깊이 들어가서 오디오의 이펙트와 트랜지션을 알아보며 효과를 극대화시켜주는 보간법도 알아보고 연습해 봅니다.

기초탄탄 ▶ 오디오 이펙트와 오디오 트랜지션, 보간법

■ 오디오 이펙트(Audio Effects)

오디오에 효과를 주는 이펙트들입니다. 다양한 음향 효과를 기대할 수 있으며 이전보다 많은 이펙트로 보나 뛰어난 음실노 만들어 주줄합니다.

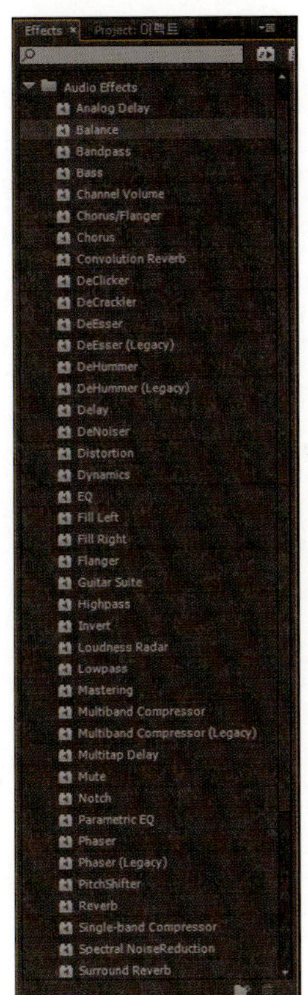

• Analog Delay : 디지털의 음향을 아날로그 방식으로 변화 시 사용합니다. Tage, Analog 형식 등의 음으로 변경 시 사용합니다.
• Balance : 좌, 우 스피커에 볼륨 값을 조절합니다.
• Bypass : 모든 이펙트에 존재하며, on/off 기능을 하는데 체크하면 지금의 이펙트가 적용되지 않습니다.
• Bandpass : Center에서 지정한 범위의 주파수 범위와 Q에서 지정한 대역폭을 제외한 나머지를 제거합니다.
• Bass : 낮은 주파수(200Hz 이하)를 증가시키거나 감소시킬 수 있습니다. Boost를 이용하여 증가/감소합니다.
• Channel Volume : 스테레오 또는 5.1채널의 볼륨을 독립적으로 좌/우 조절할 수 있습니다.
• Chorus/Flanger : 음성에 대한 코러스나 플랜저 효과를 추가합니다. 각 코러스의 간단한 버전으로 변경하거나 선명한 음성/음향 필요 시 사용합니다.
• Chorus : 서로 다른 원본에서 약간, 타이밍, 억양 변화와 바이브레이션에 의해 소리를 만들어 합창하는 듯한 효과를 만들 수 있습니다.
• LFO Type : 저주파 발진기의 웨이브 유형(Sine(전자), Rect(각도), Tri(세배각도)), Rate, Depth, Dealy, Feedback, Mix 설정을 이용하여 좀 더 효과적으로 표현합니다.
• Convolution Reverb : 옷장이나 콘서트 홀에 이르기까지 다양한 객실에서 연주하는 것처럼 음향을 재현합니다. 회선 기반의 리버스 사용 임펄스 음향 공간을 시뮬레이션하는 파일을 믿을 수 없을 만큼 재생합니다.
• DeClicker : 오디오 신호에서 원치 않는 잡음을 제거합니다.
• DeCrackler : 오디오의 지직 소리를 제거하고, 외부 잡음 소리로부터 완화해 줍니다.
• DeEsser : 해설자나 가수가 'S'나 'T' 발음 시 발생되는 잡음을 제거합니다.
• DeHummer : 50~60Hz의 낮은 영역의 잡음을 제거합니다.
• Delay : 시간이 지정된 이후에 발생하여 메아리 효과를 발생합니다.
• DeNoiser : 자동으로 테이프 잡음을 감지하고 제거합니다.
• Distortion : 음향에 여러 가지 일그러지는 음향 효과를 조절합니다.
• Dyanmics : 독립적으로 오디오를 조정하는 오디오의 컨트롤의 집합을 제공하여 효과적으로 조정합니다.
• EQ : 오디오의 주파수, 대역폭, 레벨을 제어하여 신호를 증폭하거나 전송에 따른 변형을 보정해주는 기능을 합니다.
• Fill Left, Fill Right : 왼쪽 채널(left) 또는 오른쪽 채널(Right)만의 오디오를 양쪽 채널에 같이 들려줍니다.
• Flanger : 오디오의 중간 주파수를 이용하여 사운드 효과를 주는데 음성 변조 시 많이 활용됩니다.
• Guitar Suite : 음향에 특별한 기타 음향 효과를 주어집니다. 특별한 기타 리스트 표현과 예술 공연에 만든 효과를 만들어 줍니다.
• Highpass : 지정된 주파수의 낮은 주파수를 제거합니다. 주로 고음을 사용합니다.
• Invert : 모든 채널의 위상을 반전시킵니다.
• Loudness Radar : 음향의 설정에 따라 오디오 파형의 변호를 미리 볼 수 있도록 하여 시간을 절약 합니다.
• LowPass : 지정된 주파수보다 높은 주파수를 제거합니다. 주로 저음을 사용합니다.
• Mastering : 라디오, 비디오, CD 또는 웹 등의 특정 매체에 대한 오디오 파일을 최적화하는데 필요합니다. 특히, 등화 단계를 거쳐 저음 주파수를 높일 수 있습니다.

- MultibandCompressor : 사운드의 3개의 대역별로 조절하여 오디오의 강도를 조절합니다.
- Multitap Delay : 4개의 지연 효과를 이용하여 만들어 냅니다.
- Mute : 뮤트 기능대로 소리를 없애주는데 이것을 이용하면 왼쪽 스피커나 오른쪽 스피커, 전체 스피커의 음성을 완성이 들리지 않도록 합니다.
- Notch : 지정한 주파수 근처에 있는 주파수를 제거합니다.
- Parametric EQ : 지정한 주파수 근처의 주파수를 증가하거나 감소시켜 줍니다.
- Phaser : 위상의 신호를 변환한 오디오와 원곡 신호를 합쳐 독특한 사운드를 만들어 줍니다.
- PitchShifter : 신호의 피치(음정의 속도)를 높게하거나 낮게 할 수 있습니다. 특히, 음성변조에 많이 사용합니다.(기계음을 사용할 경우 Formant Preserve를 해제합니다.)
- Reverb : 극장이나 무대에서의 울림 효과를 시뮬레이션하여 보여줍니다.
- Single-band Compressor : 음향의 진폭 음량 생산 증가, 동적 범위를 감소, 인식 음의 크기 등 효과를 주는데 특히, 음성 해설에 효과적으로 사용됩니다.
- Spectral NoiseReduction : 스펙트럼을 이용하여 3개의 필터롤 잡음을 제거합니다. 마우스를 가져다 대면 주파수가 표시됩니다.
- Surround Reverb : 주로 5.1채널에서 사용됩니다. 그러나, 모노나 스테레오 음향에서도 사용이 가능합니다. 즉, Reverb의 5.1채널 전용이라고 보면 됩니다.
- Swap Channels : 좌우의 채널이 서로 변경됩니다.
- Treble : 4000hz 이상의 높은 주파수를 증가시키거나 감소시켜 줍니다.
- Tube-modeled Compressor : 음향의 진폭 및 압축 효과로 색상의 오디오를 유쾌하게 미묘한 왜곡시켜 사용합니다.
- Vocal Enhancer : 보컬 증가 효과가 신속하게 음성 해설 녹음의 품질을 향상시켜 줍니다. 남성과 여성 모드를 선택하며 보다 나은 음성 해설을 보안하여 음악 모드에 최적화시켜 줍니다.
- Volume : 오디오의 볼륨을 조절합니다.

■ 오디오 트랜지션

- Constant Gain : 오디오가 교차되어 변경하는데 직선 방식으로 설정합니다.

- Constant Power : 오디오가 교차되어 변경하는데 곡선 방식으로 설정되어 더 편안하게 들을 수 있도록 설정합니다.

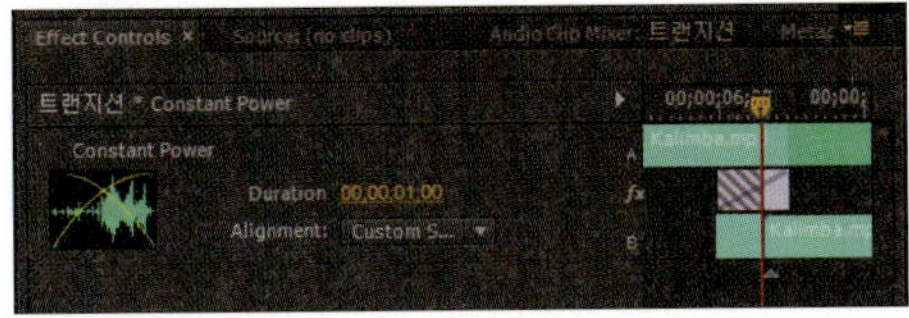

- Exponential Fade : 오디오가 교차되어 변경하는데 로그 상수 값에 의해서 변경합니다.

■ 보간법의 종류 살펴보기

[Effect Controls] 패널에는 Motion(위치 이동), Scale(확대/축소), Rotation(회전) 등을 이용하여 키프레임을 주고 시간의 변화에 따라 움직임을 원하는대로 변경합니다. 그러나 자세히 보면 움직임이 보다 딱딱한 것을 알 수 있습니다. 그래서 보간법을 이용하여 보다 자유스럽게 움직임을 조절이 가능합니다. 키프레임을 설정하면 시간의 변화에 따라 키프레임의 값은 계속 변하게 되는데 이 값을 보다 다양한 시간적, 공간적 방법으로 표현하고자 합니다. 설정하는 방법은 키프레임을 선택하고 마우스 오른쪽 버튼을 클릭하여 나타나는 바로가기 창에서 원하는 보간법을 찾아 선택하면 됩니다.

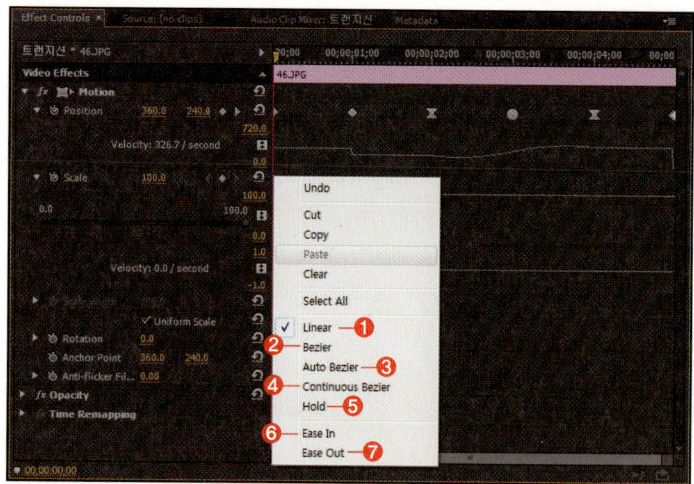

❶ Linear : 기본 속도를 그대로 유지합니다.

❷ Bezier : 핸들이 나오면 수동으로 속도를 유연하게 조절합니다.

❸ Auto Bezier : 핸들이 나오면 자동으로 속도를 유연하게 조절합니다.

❹ Continuous Bezier : Bezier는 한쪽으로만 조절해 주지만, 이것은 양쪽으로 조절하여 보다 유연하게 조절합니다.

❺ Hold : 다음 프레임까지는 변경 없이 그대로 진행되다가 프레임을 만날 때 갑자기 변경됩니다.

❻ Ease In : 설정해 놓은 키프레임에 가까워질수록 속도가 점점 느려집니다(감속).

❼ Ease Out : 설정해 놓은 키프레임에 멀어질수록 속도가 점점 빨라집니다(가속).

보간법을 이용한 자연스러운 움직을 연출하고 자체 색상 보정 기능를 이용한 색감 보정을 합니다.

완성 파일 | PART4\이펙트설정.prproj   **추출 파일 |** PART4\보정과 보간법.mp4

01. 프리미어 프로 CC를 실행하고 프로젝트 이름을 '이펙트설정'으로 줍니다. 새로운 시퀀스를 만들어서 이름을 '보정과 보간법'으로 입력하고 [Widescreen 48Khz]로 설정한 후 [OK] 단추를 클릭합니다.

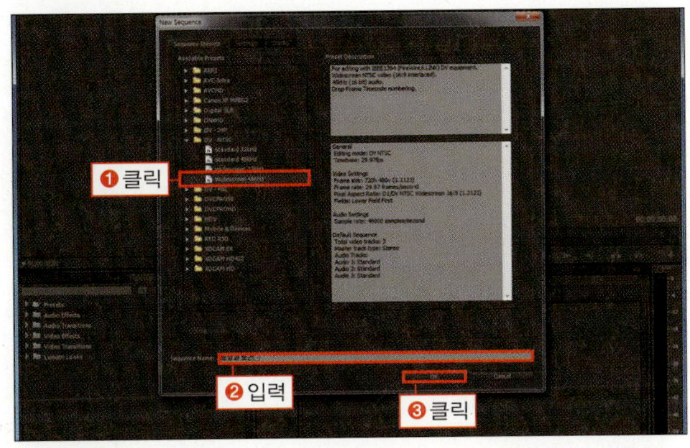

02. [Project] 패널의 빈 곳에 더블클릭하여 [Import] 창을 열고 [Source] 폴더에서 동영상 파일인 '게', '야외어장', '운동회'를 한 번에 선택하여 [열기] 단추를 클릭합니다.

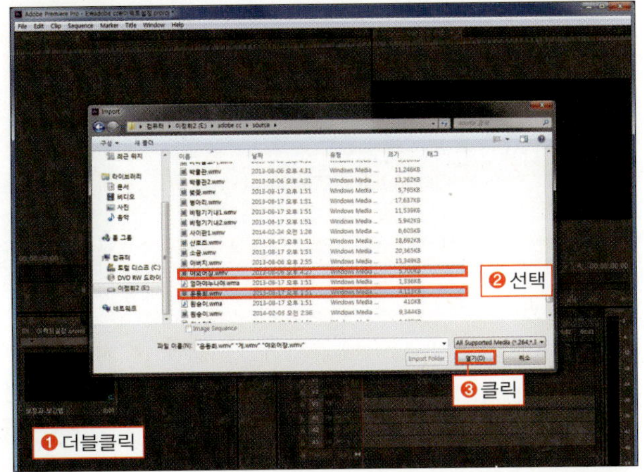

03. [Project] 패널의 하단에 [New item]을 클릭하여 바로가기 창이 나타나면 [Color Matte]를 선택하여 검은색을 선택한 후 이름을 '바탕'으로 주고 [OK] 단추를 클릭합니다.

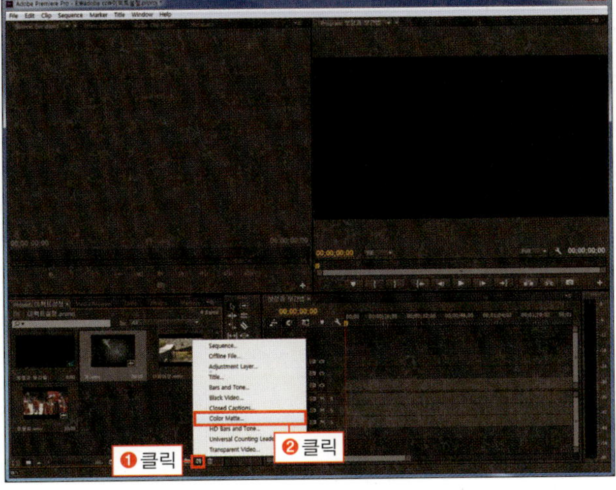

04. [Timeline] 패널의 [V1] 트랙에 '바탕' 클립을 이동시켜 놓고 [V2] 트랙에는 '게' 클립을 이동시켜 줍니다. 그리고 [V1] 트랙의 '바탕' 클립을 위에 있는 '게' 클립의 크기에 맞게 드래그하여 키워줍니다.

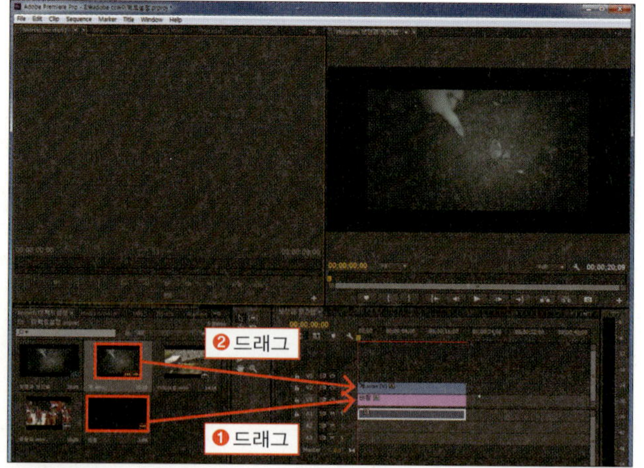

05. [Project] 패널의 '게' 클립을 [Source] 패널로 드래그하여 이동시켜 주고 [Source] 패널의 오른쪽 상단의 패널 옵션을 클릭합니다. 바로가기 창이 나타나면 [Gang Source and Program]을 선택합니다.

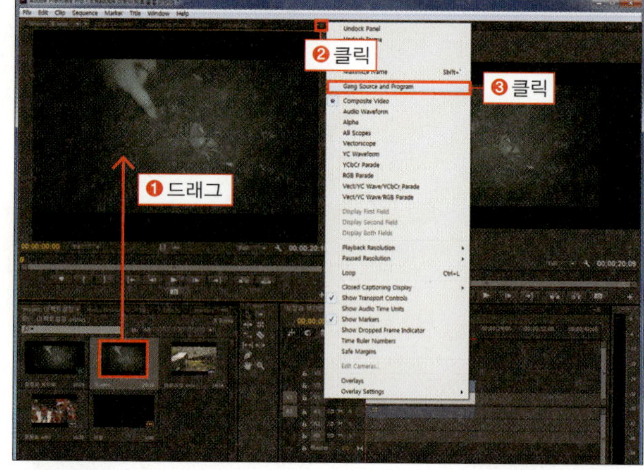

> **TIP :** Gang Source and Program
>
> [Source] 모니터 패널과 [Program] 모니터 패널의 영상이 같아집니다. 즉, 어느 한쪽의 영상이 진행되더라도 2개의 패널은 같은 영상을 보여주게 됩니다.

06. 계속 같은 방법으로 [Source] 패널의 패널 옵션을 선택하여 바로가기 창이 나타나면 [YC Wavefrom]을 선택합니다.

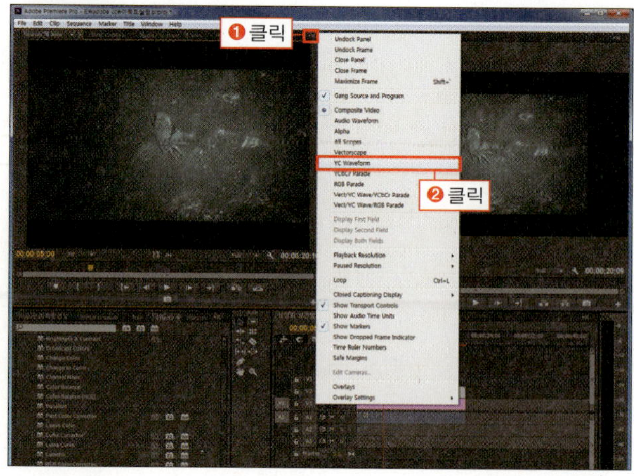

07. [Source] 패널이 웨이브폼 모니터 형태로 변경되는데 옵션 중 [Choma]을 체크 해제합니다. 그러면 전체 파란색이 녹색으로 변경됩니다. 녹색은 전체 화면의 명도를 표시합니다.

> **TIP : YC Waveform 옵션**
> · Intensity : 50%는 안쪽 색감의 명암도로 기본 값이 50%이고 높을수록 색감이 진해지게 됩니다.
> · Setup(7.5 IRE): 최저 밝기 값으로 7.5~100 IRE를 정하고, 체크 해제하면 0~100 IRE로 설정됩니다.
> · Chroma : 명도(녹색)와 채도(청색) 정보가 표시됩니다. 체크 해제하면 명도(녹색)만 표시됩니다.

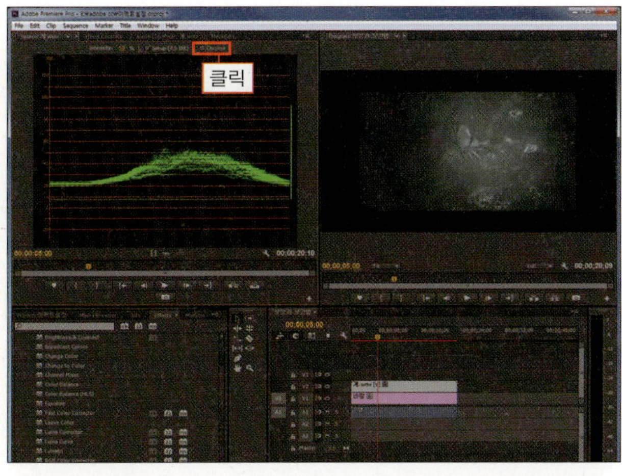

08. 명도를 조절하기 위해 [Effects] 패널의 검색란에 'level'을 입력하여 찾고 비디오 이펙트인 'level'을 '게' 클립에 적용합니다.

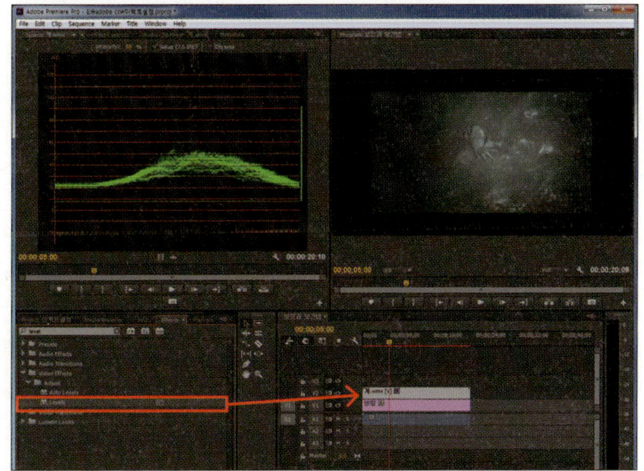

09. 색상의 보정 작업을 원활히 하기 위해 [Windows]–[Workspace]–[Color Correction] (Alt + Shift + 3) 메뉴를 클릭합니다.

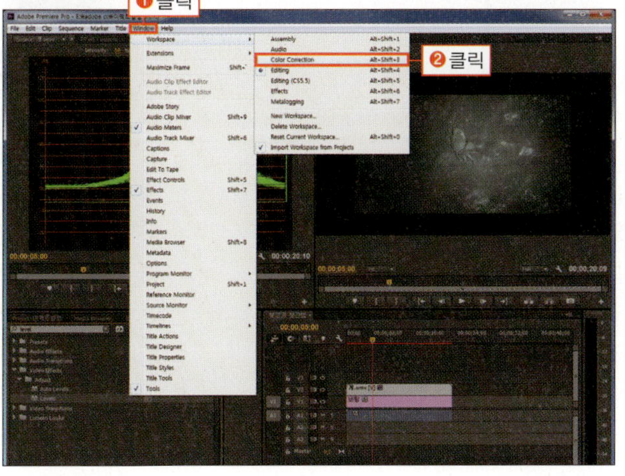

10. [Color Correction] 작업 환경으로 변경 되면 [Effect Controls] 패널을 선택하고 이펙트 인 [Levels]의 단추를 클릭합니다. 그럼 [Levels Settings] 창이 나타납니다.

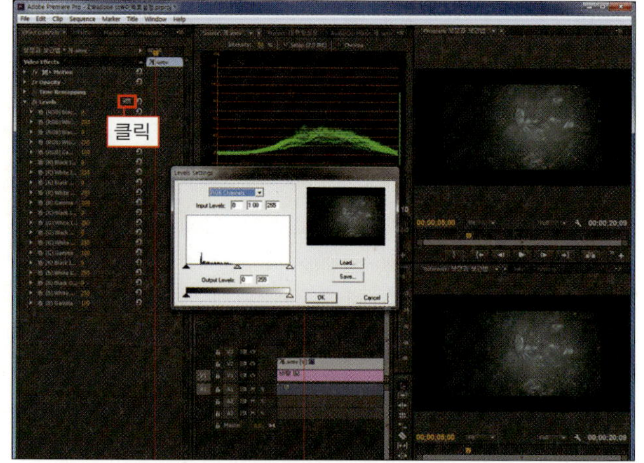

11. [Levels Settings] 창에 레벨의 값을 '0, 1.10, 150'으로 변경하고 [OK] 단추를 클릭합니다.

> **T I P** : Levels
>
> 삼각형(▲)이 3개 있는데, 왼쪽 삼각형은 어두운 부분의 넓이를 지정하는 것으로 값이 클수록 어두운 부분이 커지고, 오른쪽 삼각형은 밝은 부분의 넓이를 지정하는 것으로 작아질수록 밝은 부분이 커집니다.

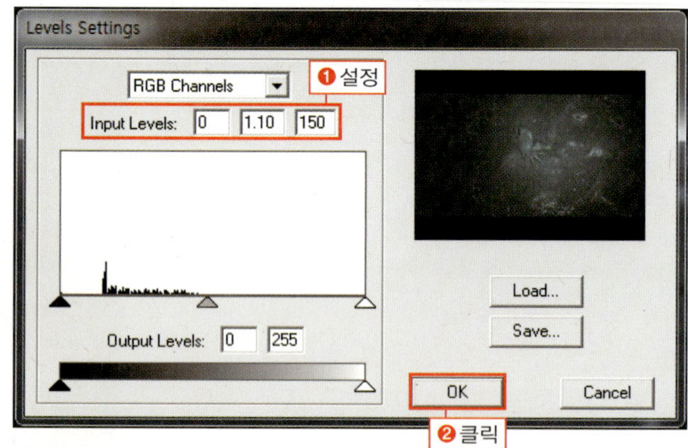

12. 오른쪽에 있는 2개의 '게' 클립 화면을 확 인하면 [Reference] 패널의 화면이 더 밝아진 것 을 확인할 수 있습니다. 그럼 보정 작업이 끝났으 니 다시 [Windows]-[Workspace]-[Editing](**Alt** + **Shift** + **4**) 메뉴를 클릭합니다.

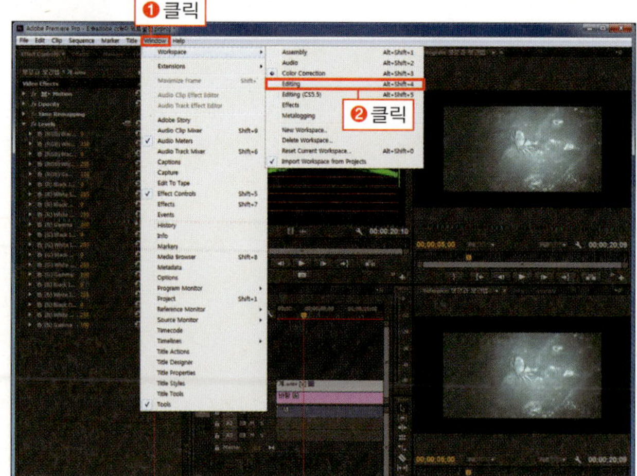

13. 원래의 작업 환경으로 되돌아오면 [Effect Controls] 패널을 선택하고 [Motion]을 클릭합니다. 그러면 [Program] 패널에 포인트가 있는 사각형이 나타나는데 크기를 약 1/5로 줄이고 위치를 중앙 하단으로 이동시켜 줍니다.

> **TIP : 모션 이펙트 직접 설정**
>
> [Motion]에 있는 각종 옵션의 값을 주어 설정해도 되지만 정확한 값이 필요한 것이 아니라면 [Program] 패널에 나타나는 사각형을 이용하여 설정한 것도 보다 빠른 편집에 도움이 됩니다.

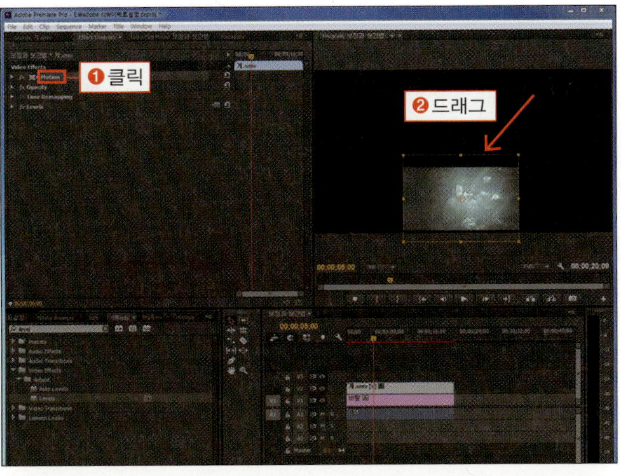

14. [Project] 패널의 '운동회' 클립을 [V3] 트랙에 배치하고 같은 방법으로 타임라인의 '운동회' 클립을 먼저 선택하고 [Effect Controls] 패널의 [Motion]을 선택합니다. [Program] 패널에 포인터를 가진 사각형이 나타나면 크기를 줄이고 왼쪽 상단으로 이동한 후 모서리 부분으로 약간의 회전을 주어집니다.

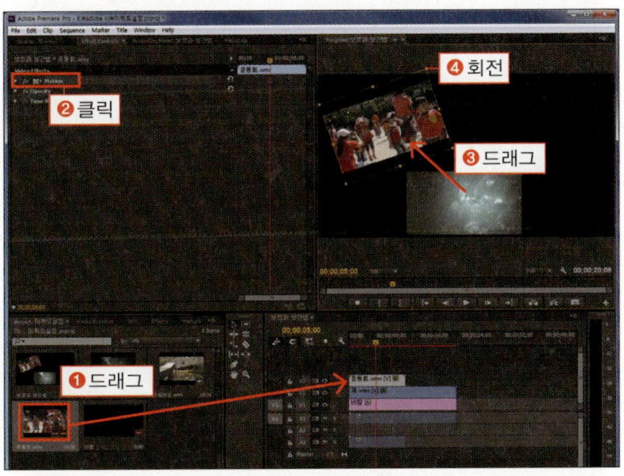

15. [V3] 트랙에서 마우스 오른쪽 버튼을 클릭하고 바로가기 창에서 [Add Track]을 선택하여 [V4] 트랙을 만들고 '야외어장' 클립을 이동시켜 줍니다. 또한, 같은 방법으로 클립을 선택한 후 [Effect Controls] 패널에서 [Motion]을 선택하고 [Program] 패널의 사각형을 크기를 줄이고 오른쪽 상단으로 배치합니다.

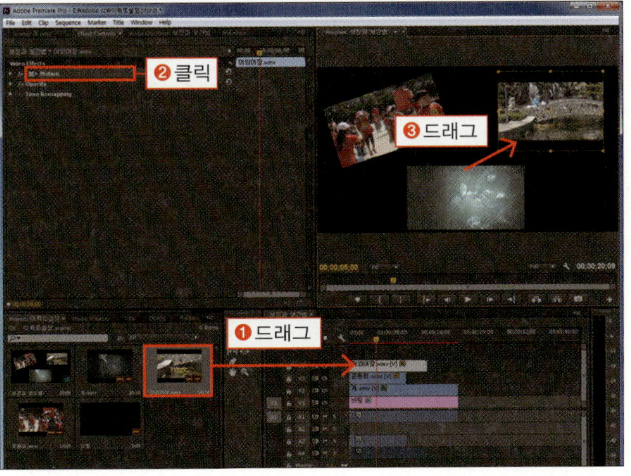

16. 전체 영상의 길이를 맞추기 위해 영상의 길이가 작은 '운동회' 클립의 마지막으로 이동시켜 놓고 [V4] 트랙과 [V2], [V1] 트랙에 있는 클립들은 Ctrl + K 를 눌러 잘라냅니다.

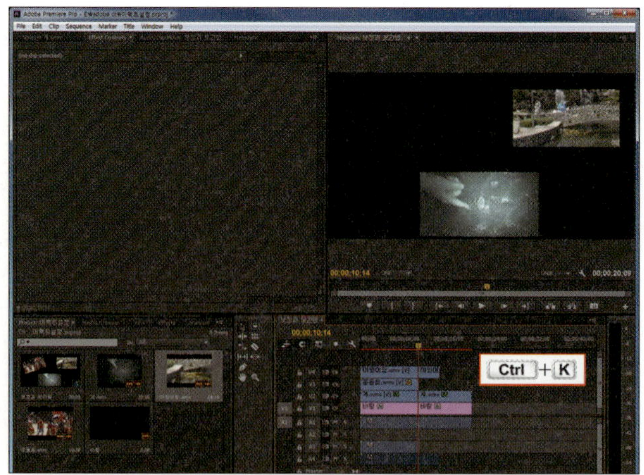

17. [V1] 트랙부터 [V4] 트랙까지 잘려진 클립을 선택하여 삭제하고 오디오 트랙의 모든 클립도 삭제합니다.

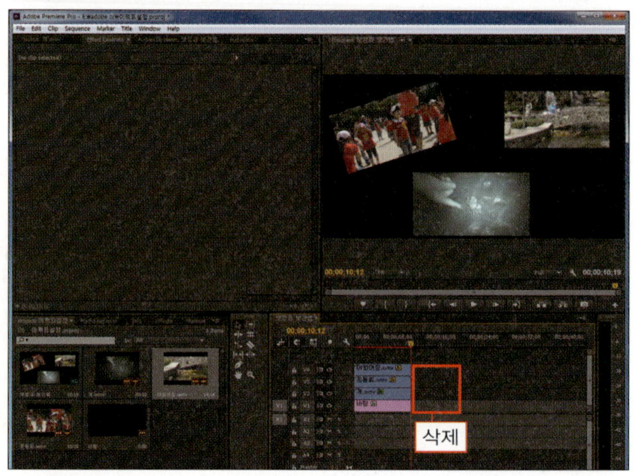

TIP : 오디오 삭제 이유

비디오 클립들은 겹치면 가장 상단에 있는 클립이 보이는데 오디오 클립은 겹치더라도 같이 나오게 됩니다. 그럼 기능 중에 Mute를 이용하여 음소거를 해도 되지만 보다 빠른 랜더링을 위해서라면 하나의 오디오를 남기거나 삭제하는 것이 좋습니다.

18. '야외어장' 클립은 좌우로 회전하는 모션을 만들기 위해 먼저 [Timeline] 패널의 '야외어장' 클립을 선택하고 [Effect Controls] 패널에서 [Anchor Point]의 y축 값을 '0'으로 만들고 [Positon]의 y축 값을 '4.9' 정도로 변경하면 사각형 상단 모서리로 앵커 포인트가 이동됩니다.

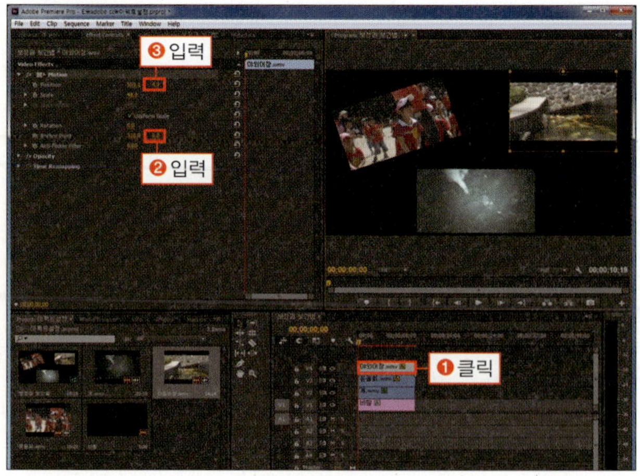

TIP : Anchor Point 이동

회전의 앵커 포인트를 중심으로 회전하는데 기본적으로 앵커 포인트는 클립의 중앙에 있습니다. 시계추처럼 움직임을 갖기 위해서는 중앙 상단으로 이동해야 합니다.

19. [Effect Controls] 패널의 [Rotation]에서
[Toggel animation]을 클릭하여 키포인트를 만들고
포인트 값으로 '20'을 줍니다.

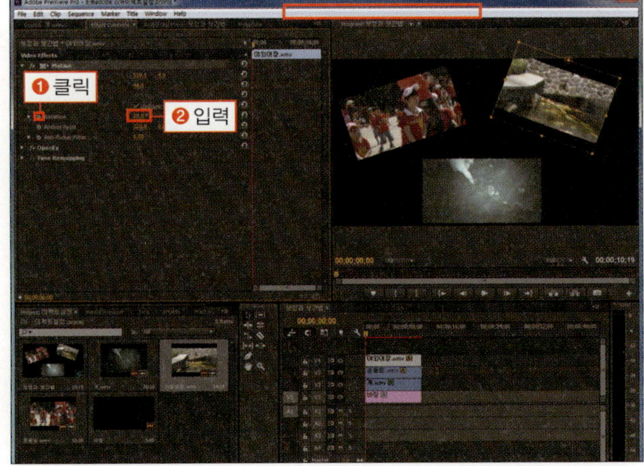

TIP : Rotation의 값

회전의 값에 양수를 넣으면 시계 방향으로 회전하고
음수를 넣으면 반시계 방향으로 회전하게 됩니다.

20. 타임코드에 '2.00'을 주고 [Effect Controls] 패
널에서 [Add/Remove Keyframe] 단추를 클릭하여
키포인트를 추가하고 [Rotation] 값을 '0'으로 입력
합니다.

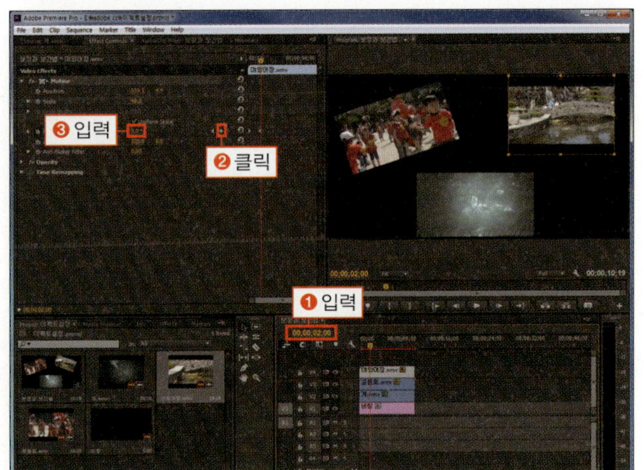

21. 같은 방법으로 타임코드의 4초로 이동하고
키포인트를 입력한 후 [Rotation] 값을 '−20'으로
설정합니다.

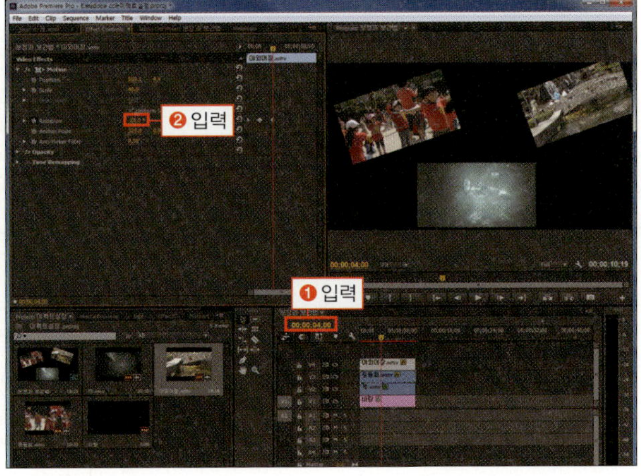

22. 계속 같은 방법으로 진행합니다.

시간	Rotation
6	0
8	20
10	0

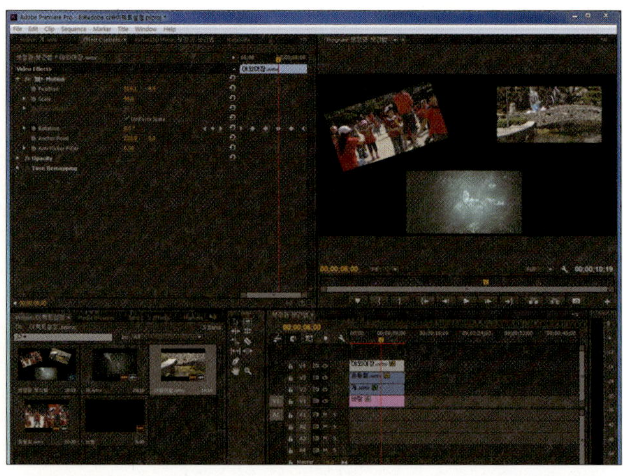

23. [Space Bar]를 눌러 진행시켜 보면 '야외어장' 클립이 좌우로 시계추처럼 이동하는 것을 보여줍니다. 회전이 좀 딱딱하게 움직이는 것도 볼 수 있을 것입니다. [Effect Controls] 패널을 선택하고 [~]를 눌러 [Effect Controls] 패널만 보이도록 합니다.

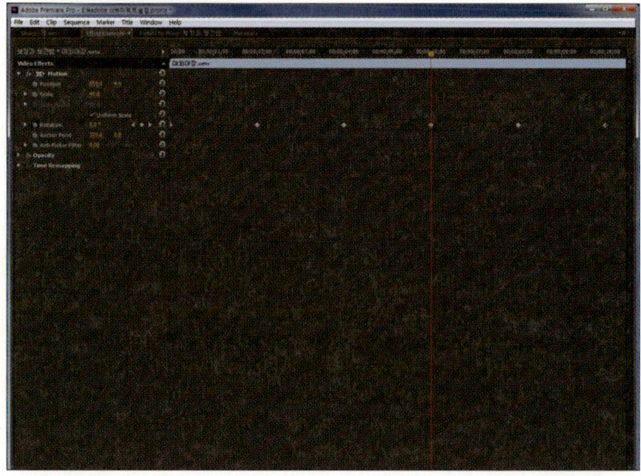

24. 마우스로 전체 키포인트를 선택한 다음 마우스 오른쪽 버튼을 클릭해 바로가기 창이 나타나면 [Auto Bezier]를 클릭합니다.

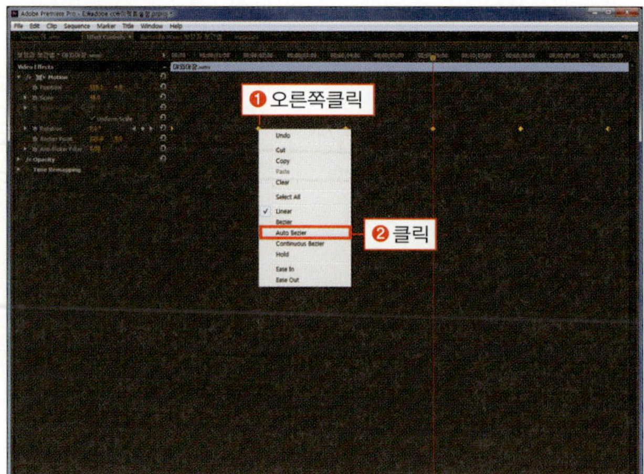

25. 키포인트들이 [Auto Bezier] 형태로 변경되면
[Effect Controls] 패널에 ~ 를 눌러 원래의 형태로
변경합니다. Enter 를 눌러 랜더링을 진행하면서
'야외어장' 클립이 움직임이 보다 자연스러워진
것을 확인합니다.

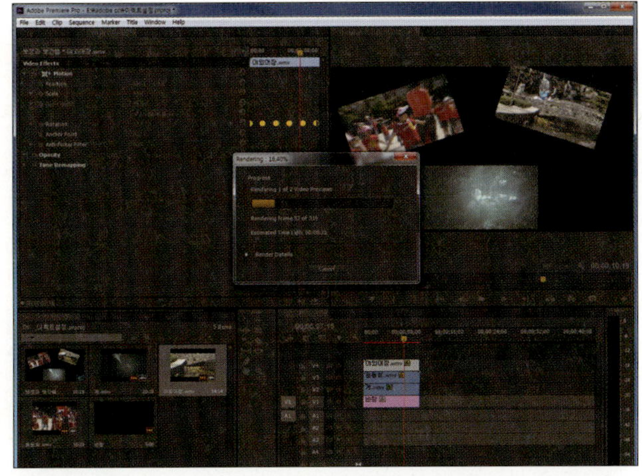

26. 완성된 영상을 추출하기 위해 [File]-[Export]-
[Media](Ctrl + M) 메뉴를 클릭하여 [Export
Settings] 창이 나타나면 오른쪽의 [Format]을 'H.264'
로 변경하고 하단의 [Export] 단추를 눌러 추출합니
다.

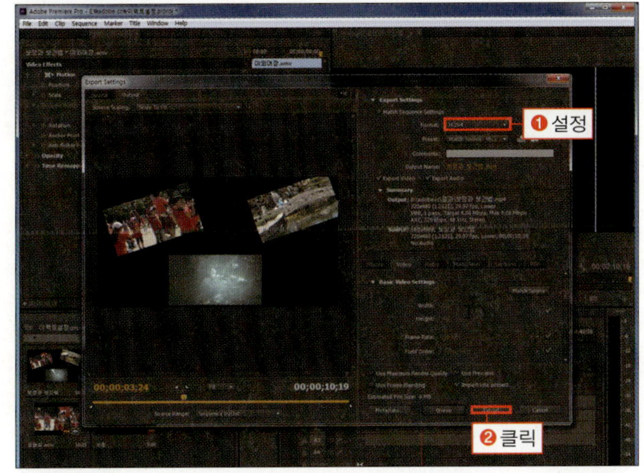

27. 결과를 확인합니다.

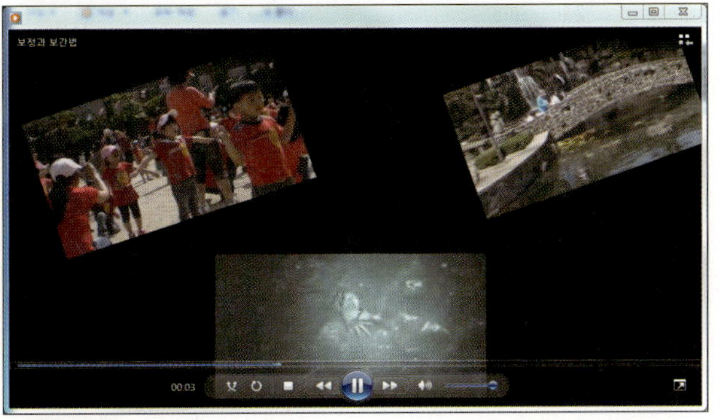

기존의 타이틀(Title)을 사용하는 것이 아니라 이펙트나 트랜지션을 이용하여 필요한 자막을 활동적으로 사용하고, 오디오 이펙트를 이용하여 보다 흥미로운 영상으로 편집하도록 합니다.

완성 파일 ㅣ PART4₩오디오이펙트.prproj **추출 파일 ㅣ** PART4₩오디오이펙트사용.mp4

01. 프리미어 프로 CC를 실행하고 프로젝트 이름을 '오디오이펙트'로 지정한 다음 새로운 시퀀스를 만들어 줍니다. 시퀀스의 이름은 '오디오이펙트사용'으로 지정하고 [Standard 48Khz]로 지정한 다음 [OK] 단추를 클릭합니다.

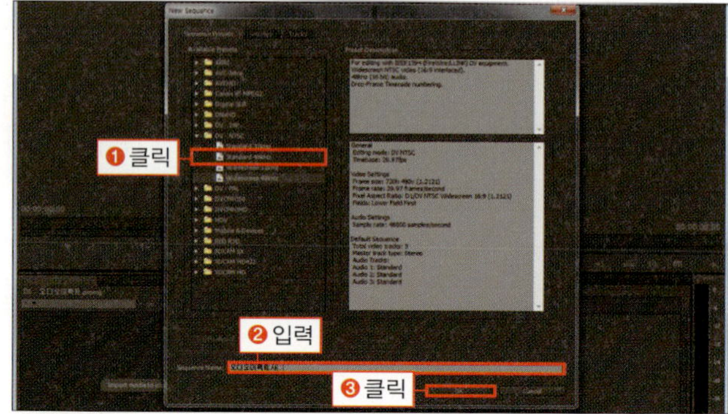

02. [Project] 패널의 빈 곳을 더블클릭하여 [Import] 창을 열고 [Source] 폴더에서 동영상 파일인 '운동회'를 선택하고 [열기]단추를 클릭해 가져옵니다.

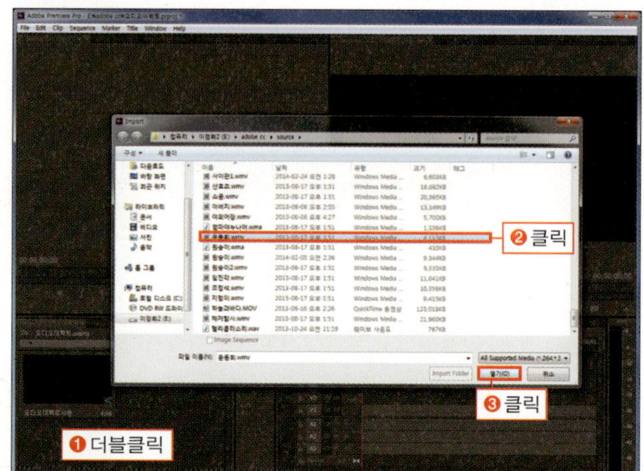

03. [Project] 패널의 '운동회' 클립을 [Timeline] 패널의 [V1] 트랙으로 이동시켜 놓고 [Project] 패널의 [New item]을 클릭하여 바로가기 창이 나타나면 [Title]을 선택합니다. [New Title] 창이 나타나면 [Name]에 '자막'이라고 입력하고 [OK] 단추를 클릭합니다.

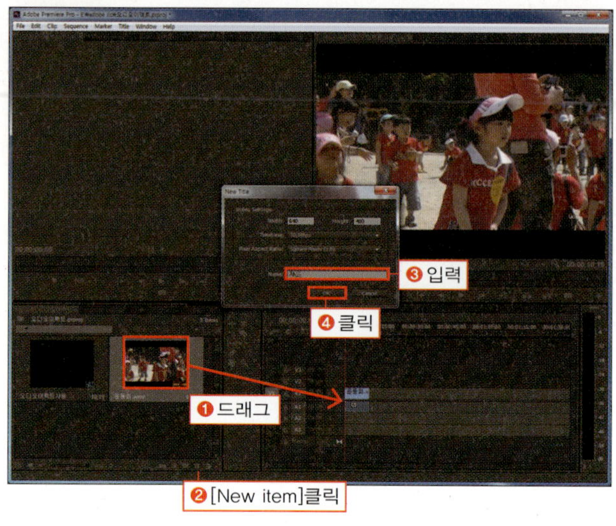

04. [Title] 창에서 왼쪽의 [Title Tool] 패널에 있는 [Round Rectangle Tool]을 클릭하여 편집 창의 왼쪽 상단에 일정하게 드래그하여 줍니다. 오른쪽의 [Title Properties] 패널에 있는 [TransForm]–[Fill]의 [Color]를 클릭하여 RGB 값을 (255, 140, 0)으로 변경하고 [Opacity]의 값으로 '50'을 주어 투명도를 낮춥니다.

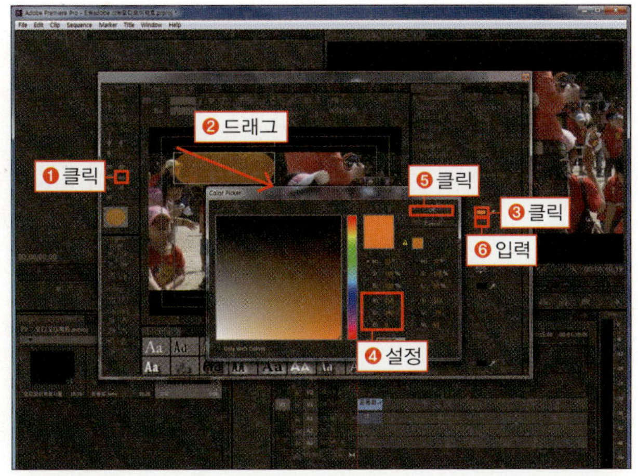

05. [Title Tool] 패널에서 [Type Tool]을 선택하고 편집 창의 타원 안에 클릭한 후 바로 '신나는 가을 운동회'라고 쓰고 **Space Bar** 를 눌러줍니다. 글씨가 이상한데 그냥 전체를 블록을 지정하고 속성을 다음과 같이 변경합니다.

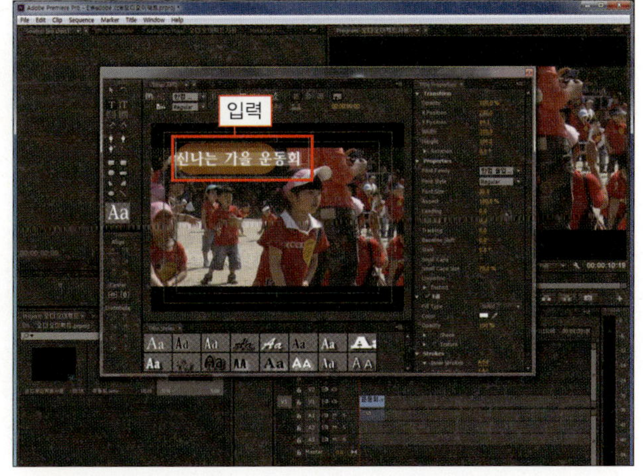

[Properties]–[Font Famliy] : 한컴 솔잎 M
[Properties]–[Font Size] : 35
[Fill]–[Color] : 흰색
[Fill]–[Opacity] : 100%

---

06. 글자에 비해 타원이 작거나 너무 크다면 [Title Tool] 패널의 [Selection Tool]을 클릭하여 타원의 크기를 줄이거나 늘려주고 타이틀 창을 닫습니다.

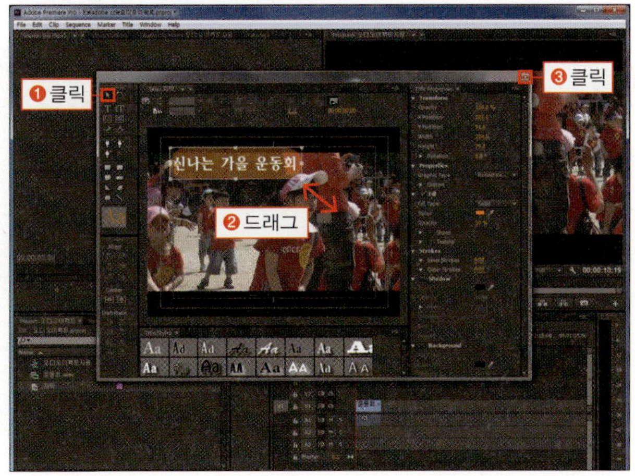

07. 만들어진 자막을 [V2] 트랙에 이동시켜 주
어 아래의 '운동회' 클립의 크기만큼 늘려줍니다.
바로 [Effect Controls] 패널의 [Motion]을 선택하고
[Program] 패널에 키포인트가 있는 사각형을 확
인한 다음 아래의 [Select Zoom Level]을 선택하여
'50%'로 변경합니다.

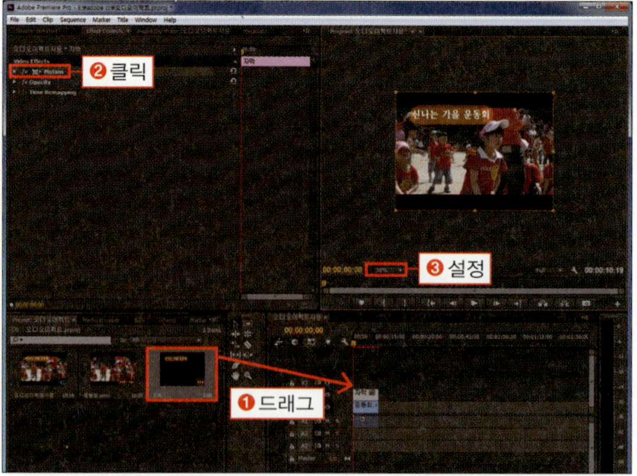

08. [Program] 패널의 사각형을 타원이 보이지
않을 때까지 왼쪽으로 이동시켜 줍니다.

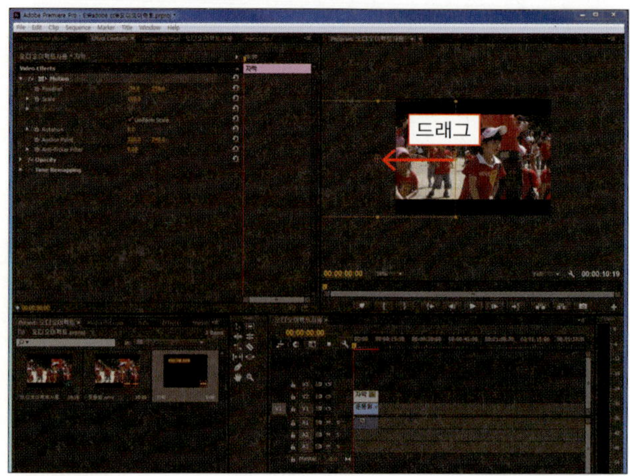

09. 순서대로 해야 됩니다. [Effect Controls] 패
널의 [Motion]−[Position]에서 [Toggle animation]
단추를 클릭하여 키프레임을 만들고 [Timeline]
패널의 타임코드를 2초 정도 이동합니다. 다시,
[Position]의 [Add/Remove Keyframe] 단추를 클릭
하여 키프레임을 만들어 줍니다. 만든 키포인트의
[Position] 값의 x축 값에 클릭하여 오른쪽으로 드
래그하여 타원이 다 보이도록 합니다.

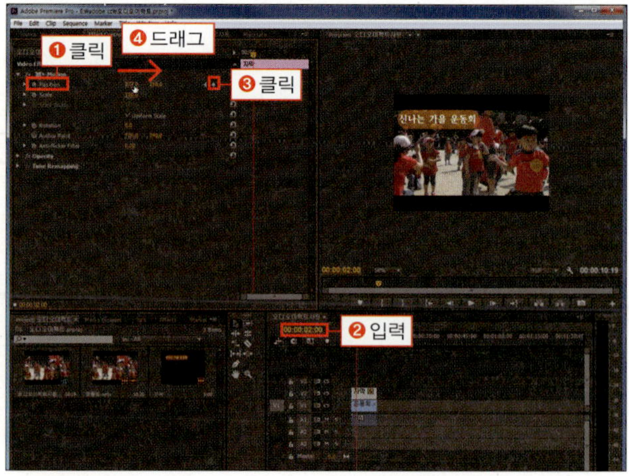

10. 타임코드에 '4.00'을 주어 이동하고 [Position]에 키프레임을 추가합니다. 다시 타임코드에 '6.00'을 주어 이동하고 [Position]에 키프레임을 추가합니다. [Position]의 x축 값을 왼쪽으로 드래그하여 타원이 완전히 보이지 않도록 합니다.

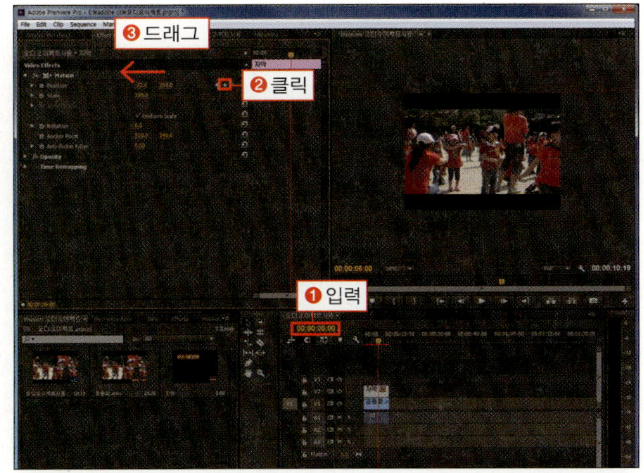

11. [Project] 패널의 [New item]을 클릭하여 바로가기 창이 나타나면 [Title]을 선택합니다. [New Title] 창이 나타나면 [Name]에 '자막2'이라고 입력하고 [OK] 단추를 클릭합니다.

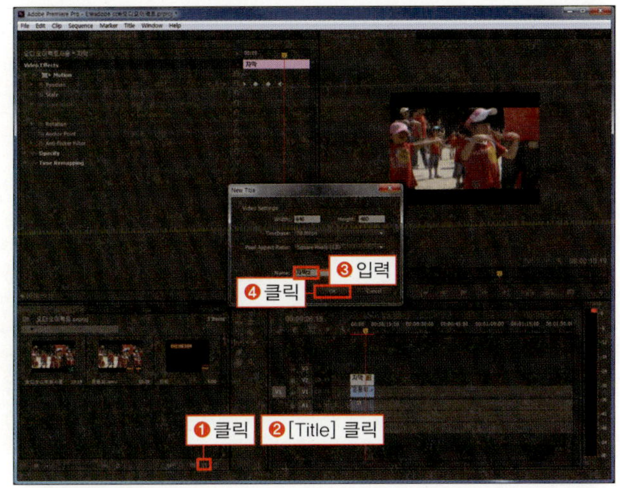

12. 타이틀 창이 나타나면 이전과 같은 방식으로 [Title] 창에서 왼쪽의 [Title Tool] 패널에 있는 [Round Rectangle Tool]을 클릭하고 편집 창의 중간 하단에 일정하게 드래그하여 줍니다. 오른쪽의 [Title Properties] 패널에 있는 [Transform]–[Opacity]의 값에 '50'을 주어 투명도를 낮춥니다.

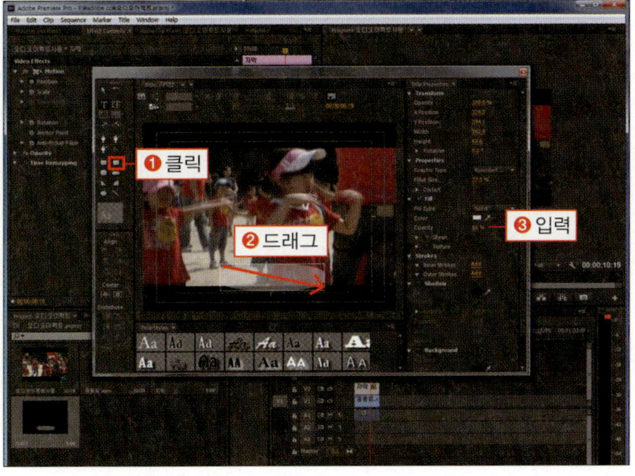

13. 이전과 같은 방식으로 [Title Tool] 패널에서 [Type Tool]을 선택하여 편집 창의 타원 안에 클릭한 후 바로 '이다현 화이팅'이라고 쓰고 Space Bar 를 눌러줍니다. 글씨가 이상한데 그냥 전체를 블록을 지정하고 오른쪽의 속성을 다음과 같이 변경합니다. 바로 [Selection Tool]로 타원과 글자를 조절합니다.

> [Properties]–[Font Famliy] : 궁서
> [Properties]–[Font Size] : 35
> [Fill]–[Color] : 파란색
> [Fill]–[Opacity] : 100%

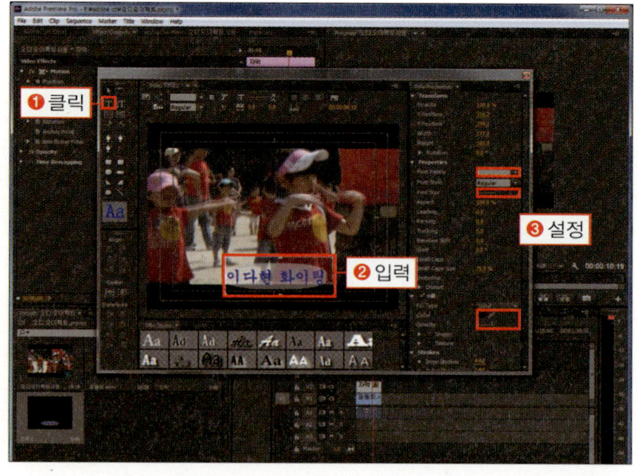

14. 타이틀 창을 닫고 [Project] 패널에 있는 '자막2' 클립을 [V3] 트랙으로 이동합니다. 클립을 아래와 같은 동영상 크기로 늘려줍니다.

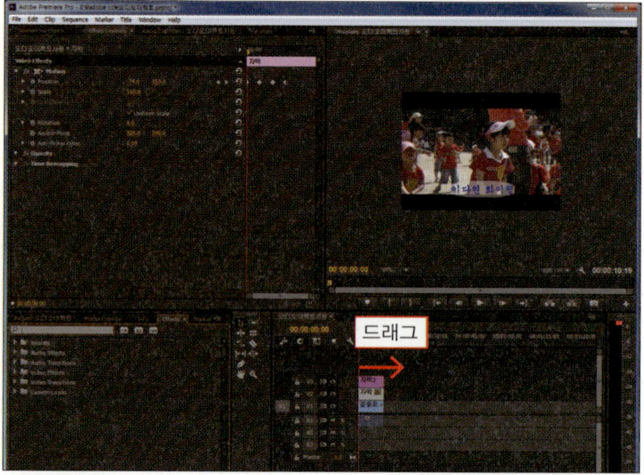

15. [Effects] 패널로 이동한 다음 검색란에 'pinwheel'을 입력하여 트랜지션을 찾아 [V3] 트랙에 있는 '자막2' 클립 앞에 적용합니다. 바로 [Effect Controls] 패널의 [Duration]의 값을 '2.00'으로 변경합니다. 하단의 [Custom] 단추를 클릭하면 창이 나타는데 여기에 '32'를 입력합니다.

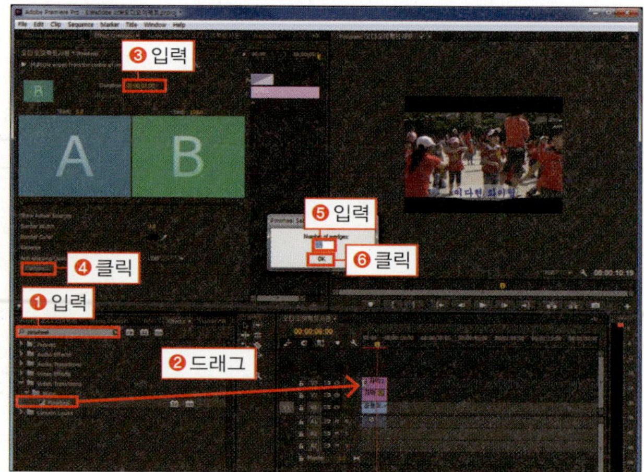

> **TIP : Pinwheel 트랜지션**
> 바람개비와 같은 트랜지션으로 [Wedges]가 많을수록 많이 쪼개져서 나타납니다.

16. 타임코드에 '6.00'을 입력하여 이동하고 [V3] 트랙에 클립을 선택한 후 `Ctrl`+`K`를 눌러 자르고 뒤에 클립은 삭제합니다.

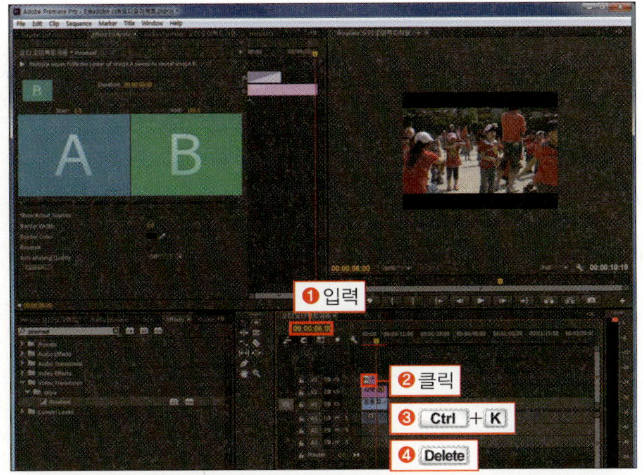

17. 같은 방법으로 [V3] 트랙의 클립에 이전에 찾은 'Pinwheel' 트랜지션을 마지막에 적용합니다. [Effect Controls] 패널에서 [Duration]의 값을 '2.00'으로 변경하고 [Reverse]에 체크한 후 [Custom]을 클릭하여 값을 '32'로 설정하고 [OK] 단추를 클릭합니다.

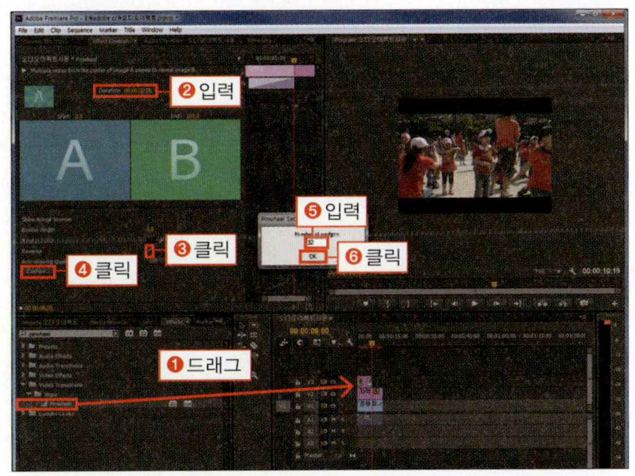

18. [Project] 패널의 빈 곳을 더블클릭하여 [Import] 창을 열고 [Source] 폴더에서 '헬리콥터소리'를 가져와서 [A2] 트랙에 이동시켜 줍니다. 계속 3개를 연속으로 붙여줍니다. [A1] 트랙에 있는 기존의 오디오 파일은 삭제합니다.

19. [Effects] 패널의 검색란에 'delay'을 입력하여 오디오 이펙트를 찾은 후 [A2] 트랙의 처음 클립에 적용합니다. [Effect Controls] 패널에 [Delay]의 값을 '2.0'으로 변경하고 [Feedback] 값을 '100%'로 변경합니다.

> **TIP : Delay 오디오 이펙트**
> 메아리와 같은 효과를 주는데 헬기소리가 가까운 곳이 아닌 먼 곳에서 들리는 듯한 효과를 줍니다.

20. 나머지 클립도 같은 이펙트 효과를 주기 위해 처음 클립을 선택하고 마우스 오른쪽 버튼을 클릭한 후 [Copy]를 합니다. 2번째, 3번째 클립을 마우스 오른쪽 버튼으로 클릭한 후 [Paste Attributes]를 선택하여 속성들만 복사하여 적용합니다. 3번째 클립은 비디오의 크기에 맞게 잘라줍니다.

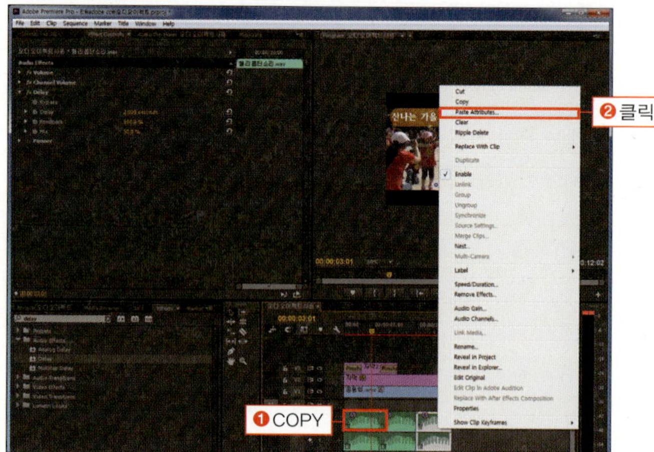

21. [A2] 트랙을 확장하고 트랙의 하단에 [Show Keyframe]을 클릭합니다. 바로가기 창이 나타나면 [Track Keyframes]로 변경합니다.

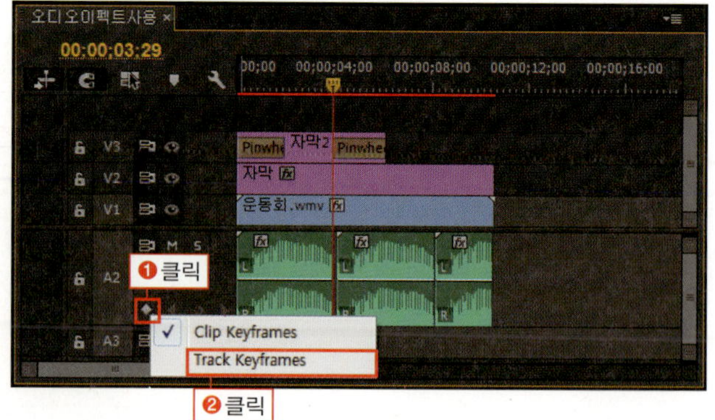

22. 0초에서 [Add/Remove Keyframe]을 클릭하여 키프레임 만들고 클립의 경계선마다 클릭하여 4개의 키프레임을 만들어 줍니다. 그리고 처음 키프레임과 마지막 키프레임은 가장 아래로, 2번째와 3번째는 가장 상단으로 이동시켜 줍니다.

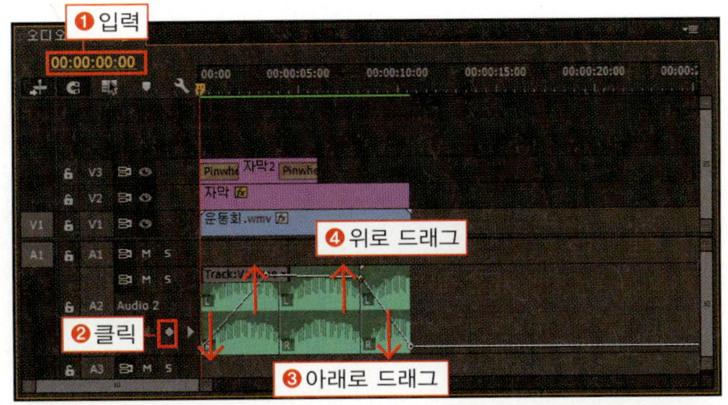

23. [Enter]를 눌러 랜더링을 하고 영상을 확인합니다. 영상을 추출하기 위해 [File]–[Export]–[Media]([Ctrl]+[M]) 메뉴를 클릭하여 [Export Settings] 창이 나타나면 오른쪽의 [Format]을 'H.264'로 변경하고 하단의 [Export] 단추를 클릭해 추출합니다.

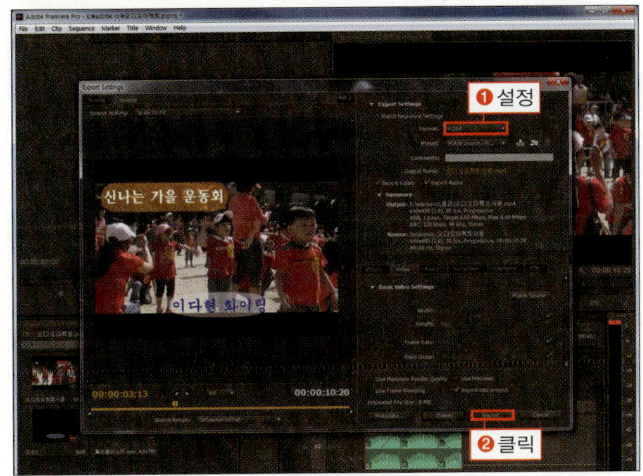

24. 완성된 영상을 확인합니다.

- 이펙트(Effect)와 트랜지션(Transition)은 편집에 있어서 핵심이 되는 기능들입니다. **204p**

- [Effects] 패널은 비디오와 오디오의 이펙트와 트랜지션을 모아 놓은 패널로 검색란에서 원하는 이펙트와 트랜지션을 찾아서 바로 적용합니다. **204p**

- [Effect Controls] 패널은 타임라인에 적용된 클립을 선택하면 활성화되는데 이펙트나 트랜지션을 조정하거나 다른 형태로 설정하는데 사용합니다.

- [Effect Controls] 패널에서 기본적으로 제공되는 [Motion]은 클립의 위치, 화면상의 비율을 조절하고 [Rotation]은 클립의 회전, [Anchor Point]는 회전 시 기준이 되는 위치 중심점을 설정, [Opacity]는 클립의 투명도를 조절하는 데 사용합니다.

- [Effect Controls] 패널에서 시간에 따라 원하는 효과를 적용하는 키프레임을 주는 [Toggle Animation], 키 프레임의 추가와 삭제를 조정하는 [Add/Remove Keyframe], 기존의 모든 설정에 값을 초기화 시켜주는 [Reset Effect] 등을 이용하여 편집을 합니다.

- 이펙트는 하나의 클립에 적용하고 삭제하며 트랜지션은 클립과 클립 사이에 배치하는게 일반적이지만 하나의 클립의 맨 앞이나 맨 뒤에 적용하여 효과를 주기도 합니다.

- 트랜지션의 기본적인 효과 설정은 미리 보기가 되는 [Preview], 설정되는 시간을 지정하는 [Duration], 양쪽 클립 중에 어느 쪽에 더 효과 설정을 결정하는 [Alignment], 클립의 실제 동작 화면을 보여주는 [Show Actual Source], 효과 설정을 반대로 적용하는 [Reverse] 등이 있습니다. **219p**

- 오디오 이펙트는 이전 버전보다 많은 효과를 주어 다른 제품에 약한 오디오 효과가 보강되었습니다.

- 시간의 변화에 따라 효과를 키프레임을 주어 다르게 설정할 수 있는데 키프레임에 준 효과를 딱딱하게 느낄 수 있습니다. 이때 보간법을 이용하면 딱딱한 효과를 보다 부드럽고 자연스럽게 적용합니다.

01 다음 조건에 맞게 프로젝트를 완성하시오.

예제 파일 : PART4₩PART4-문제.prproj   완성 파일 : PART4₩PART4-결과.prproj   추출 파일 : PART4₩효과적용.mp4
동영상 파일 : PART4-SELF TEST.avi

HINT

❶ 10초 이후부터 [Lens flare] 효과
 – [Flare Center] : (500, 150)으로 설정
 – [Lens Type] : 105mm Prime으로 변경
❷ 18초 이후부터 [Brightness & Contrast] 효과
 – 18초에는 키프레임을 주어 [Brightness]의 값을 '0' 입력
 – 마지막 장면에 키 프레임을 주어 [Brightness]의 값을 '100' 입력
❸ '바다' 클립에는 [Color Pass] 효과
 – 스포이트를 이용하여 빨간색을 선택
 – [Similarity]의 크기를 40 정도로 지정
❹ 36초에는 [Color Pass] 효과를 삭제
❺ 마지막 부분에 [Dip to Black] 트랜지션을 적용하고 3초로 늘림
❻ 추출하기
 • 추출 영상 파일명 : 효과 적용
 • 영상 포맷 : MP4

05

자막을 이용하여
다양한 영상 작업하기

영상의 편집은 이펙트와 트랜지션을 얼마나 잘 적용하여 원하는 영상으로 편집하고 추출하는가에 있습니다. 여기에, 사람들로 하여금 보다 많은 내용을 전달할 수 있으려면 자막 작업이 필수적입니다. 자막은 영상의 완성도를 높여주기 위해 필요한 부분이며, 자세한 설명을 넣고 영상의 이해를 높입니다.

타이틀 창 이해하기

타이틀(Title)은 영상의 설명이나 부가 설명을 위해 꼭 필요한 기능입니다. 이번 Lesson에서 타이틀의 가장 기본적인 기능을 알아보고, 타이틀 창에 포함되어 있는 각 패널의 기능과 자막 작업을 위한 기본 설정 값들을 소개합니다.

기초탄탄 ▶ 타이틀 창 – Tool, Properties, Title

[Projcet] 패널의 [New item]에서 [Title]을 클릭하거나 [Title]–[New Title] 메뉴를 이용하여 타이틀을 만들어 줍니다. 타이틀 창이 열리면 타이틀의 이름을 입력하고 가운데의 편집 창에 원하는 글자를 입력합니다.

■ [Title Tool] 패널

프리미어 프로 CC의 [Tool] 패널과 다르게 글자의 입력, 선택, 도형 입력 등을 기본적으로 할 수 있으며 자막의 작업에 있어서 가장 기본이 되는 툴입니다. 이 툴을 이용한 작업 설정을 알아봅니다.

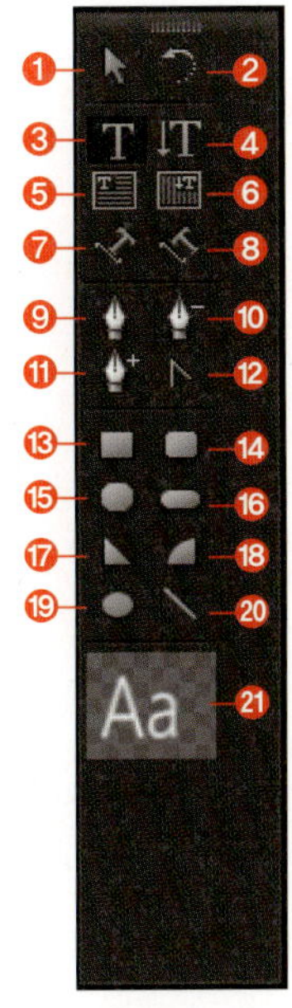

❶ Selection Tool : 편집 창에 놓여 있는 글자나 자막을 선택할 때 사용합니다. 자주 사용하는 툴로 [Type Tool]로 작성한 글자를 이동하거나 변화를 주는 경우에 대부분 사용합니다.

❷ Rotation Tool : 글자나 도형을 선택하고 회전시키는 경우에 사용합니다.

❸ Type Tool : 기본 툴로 가로 쓰기 글자를 사용하는 경우 선택하고 글자를 씁니다.

❹ Vertical Type Tool : 세로 쓰기 글자를 사용하는 경우 선택하고 글자를 씁니다.

❺ Area Type Tool : 여러 가로 쓰기 글자로 여러 줄에 가로로 글자를 쓰며 관리를 같이 합니다.

❻ Vertical Area Type Tool : 여러 세로 쓰기 글자로 여러 줄에 세로로 글자를 쓰며 관리를 같이 합니다.

❼ Path Type Tool : 가로 패스 편집 툴로 펜 툴로 먼저 가로로 쓰는 글자 방향을 설정하고 그대로 글자를 쓸 수 있습니다.

❽ Vertical Path Type Tool : 가로 패스 편집 툴로 펜 툴로 먼저 세로로 쓰는 글자 방향을 설정하고 그대로 글자를 쓸 수 있습니다.

❾ Pan Tool : 포토샵의 펜 툴과 같은 방법으로 펜으로 방향을 그려가면서 선이나 도형을 만듭니다.

❿ Delete Anchor Point Tool : Pan Tool로 만들어 놓은 앵커 포인트를 삭제하여 선이나 도형으로 변경합니다.

⓫ Add Anchor Point Tool : Pan Tool로 만들어 놓은 선이나 도형에 앵커 포인트를 추가하여 변경합니다.

⓬ Convert Anchor Point Tool : Pan Tool로 만들어 놓은 선이나 도형의 앵커 포인트를 보다 부드럽게 변화시킵니다.

⓭ Rectangle Tool : 사각형을 만듭니다.

⓮ Rounded Corner Rectangle Tool : 모서리가 둥근 사각형을 만듭니다.

⓯ Clipped Corner Rectangle Tool : 팔각형 도형을 만듭니다.

⓰ Rounded Rectangle Tool : 원형 도형을 만듭니다.

⑰ Wedge Tool : 삼각형 도형을 만듭니다.

⑱ Arc Tool : 부채꼴 도형을 만듭니다.

⑲ Ellipse Tool : 타원 도형을 만듭니다.

⑳ Line Tool : 선을 만들어 줍니다.

㉑ 스타일 미리 보기 : 상단의 선택되는 글자나 도형을 미리 보여줍니다.

■ [Title Main] 패널

자막의 글꼴 설정이나 문단 속성, 롤/크롤, 폰트 설정이나 드로잉 영역 등을 포함하여 줍니다.

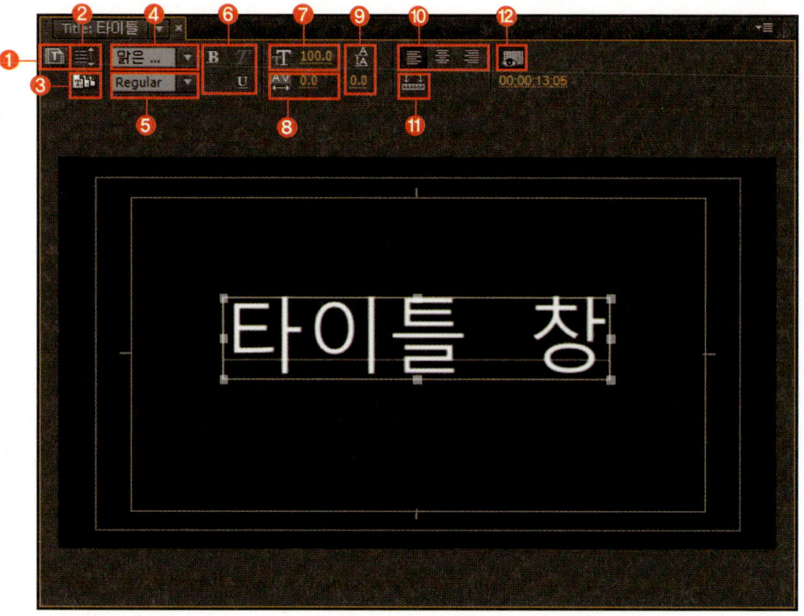

❶ New Title Based on Current Title : 현재 작업 중이 타이틀 내용을 그대로 복사하며 새로운 이름으로 타이틀을 만들어 줍니다. 복사한 타이틀은 새로운 이름으로 [Project] 패널에 나타나면 내용이 변경이 되어도 이전의 타이틀에는 영향을 주지 않습니다.

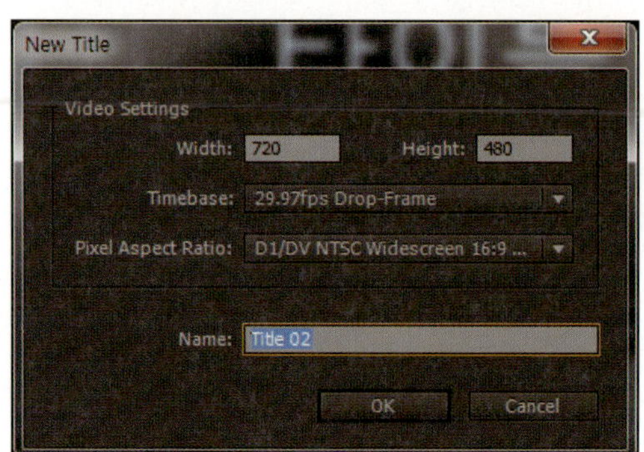

❷ Roll/Crawl Options : 흐르는 자막을 만드는 롤/크롤 옵션입니다.

❸ Templates : 템플릿 대화상자를 열어줍니다.

❹ 글꼴 : 글자의 글꼴을 선택합니다.

❺ 글꼴 굵기 : 글자의 굵기를 결정합니다.

❻ Bold, Italic, Underline : 글자를 굵게, 기울리게, 밑줄을 적용합니다.

❼ Size : 글자의 크기를 결정합니다.

❽ Kerning : 글자간의 간격을 조정합니다.

❾ Leading : 이전 줄과 다음 줄 문단의 줄 간격을 조정합니다.

❿ Left, Center, Right : 문단의 왼쪽, 가운데, 오른쪽으로 정렬합니다.

⓫ Tap Stops : 문단에 글자 입력 시 Tab 설정의 옵션을 지정합니다.

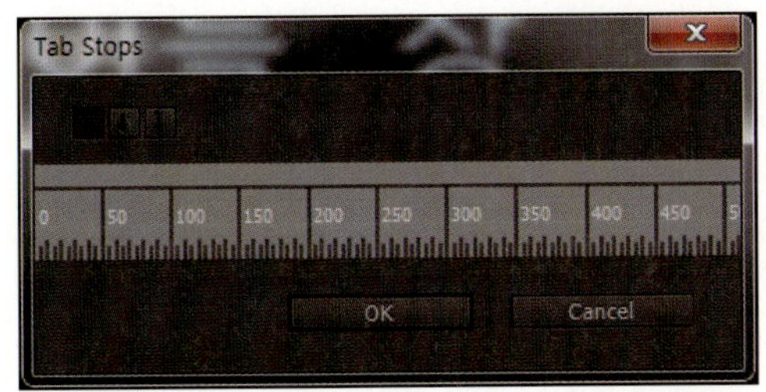

⓬ Background Video Timecode : 타임코드 시간에 있는 클립을 배경으로 깔고 글자를 입력합니다. 글자의 배치나 화면에 글자의 속성(크기, 글자색, 글꼴)을 맞추기는 좋지만 입력 시 불편할 경우도 있습니다. 그래서, 클릭해 비활성화여 배경 화면을 보이지 않게 하고 글자를 입력 후 다시 클릭하여 맞추기도 합니다.

TIP : [Title Style] 패널

하단에 위치하며 글꼴, 크기, 색상, 외곽선 등 문자 속성을 포함한 모든 세부 속성을 미리 설정해 놓고 클릭하면 스타일에 맞게 글자들이 변경됩니다. 또한, 스타일의 추가와 삭제가 가능하며 자주 쓰는 스타일을 1~2개 정도 설정하여 빠르게 편집하는 데 용이합니다.

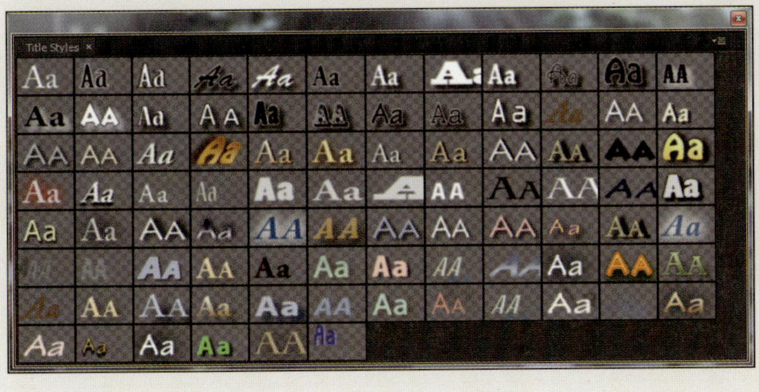

■ [Title Properties] 패널

글자를 입력하고 글자에 대한 속성을 지정합니다. 속성은 크게 6가지(Transform, Properties, Fill, Strokes, Shadow, Background) 옵션을 상세히 설정합니다.

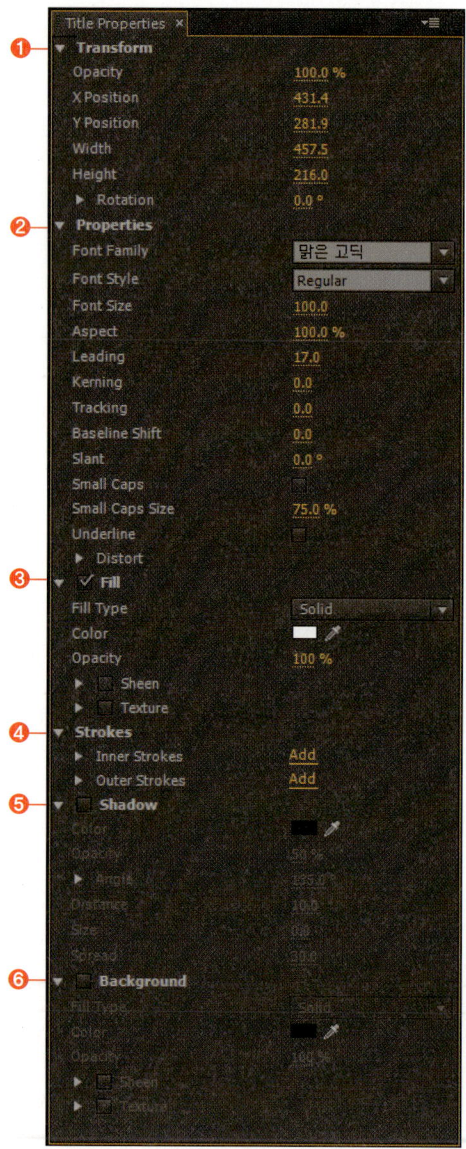

❶ Transform : 객체가 가지는 변환에 대한 옵션을 설정합니다.

　• Opacity : 투명도를 설정합니다.

　• X, Y Position : 객체가 가지는 위치 값을 (x, y)로 설정합니다.

　• Width, Height : 객체가 가지는 가로, 세로의 크기를 설정합니다.

　• Rotation : 객체를 회전시키는 각도를 설정합니다.

❷ Properties : 객체가 가지는 글자에 대한 기본 옵션을 설정합니다.

　• Font Family : 글자의 글꼴을 설정합니다.

　• Font Style : 글자의 글꼴 스타일(굵기의 정도)을 설정합니다.

• Font Size : 글자의 크기를 설정합니다.

• Aspect : 글자의 종횡비(가로대 세로의 크기)를 설정합니다.

• Leading : 글자의 줄 간격을 설정합니다.

• Kerning, Tracking : 2가지 모두 글자간의 간격을 조절하는 것으로 트래킹(자간)은 단순한 글자의 간격을 조절하고 커닝은 글자간의 조합을 보다 좋게 보이도록 하는 것입니다.

• Baseline Shift : 첨자 설정을 위한 기준선 이동 속성을 지정합니다.

• Slant : 글꼴의 기울기를 설정합니다.

• Small Caps : 체크하면 모든 문자가 대문자로 표현됩니다.

• Small Caps Size : 대문자로 된 문자의 크기를 설정합니다.

• Underline : 체크하면 글자에 밑줄을 설정합니다.

• Distort : 글자를 x, y축을 기준으로 왜곡시켜 보입니다.

❸ Fill : 객체의 채우기 옵션을 설정합니다.

• Fill Type : 객체의 색을 7가지(Solid, Linear Gradient, Radial Gradient, 4 Color Gradient, Bevel, Eliminate, Ghost) 형태를 가지고 설정합니다.

• Color : 객체의 색을 설정합니다.

• Opacity : 객체의 색의 투명도를 설정합니다.

• Sheen : 체크하면 객체의 광택을 설정합니다.

• Texture : 체크하면 객체에 이미지 자체를 색상으로 설정합니다.

❹ Strokes : 객체의 외각선을 설정합니다.

• Inner Strokes : Add를 클릭하면 객체의 안쪽 외각선을 설정합니다.

• Outer Strokes : Add를 클릭하면 객체의 바깥쪽 외각선을 설정합니다.

❺ Shadow : 체크하면 객체의 그림자 옵션을 설정합니다.

• Color : 그림자의 색상을 설정합니다.

• Opacity : 그림자의 색상 투명도를 설정합니다.

• Angle : 그림자의 각도를 설정합니다.

• Distance : 그림자와 객체의 간격을 설정합니다.

• Size : 그림자의 크기를 설정합니다.

• Spread : 그림자의 번짐 효과를 설정합니다.

❻ Background : 객체와 상관없이 전체 타이틀의 배경색을 설정합니다.

• Fill Type : 배경색을 7가지 유형으로 설정합니다.

• Color : 배경색의 색상을 설정합니다.

• Opacity : 배경색의 색상 투명도를 설정합니다.

• Sheen : 체크하면 배경색 위에 광택선을 설정합니다.

• Texture : 체크하면 배경을 이미지 자체의 색상으로 설정합니다.

자막(타이틀)은 영상의 편집에 있어서 완성도를 높여주는 중요한 기능입니다. 이 자막(타이틀)의 기본적인 기능을 익혀봅니다.

완성 파일 | PART5₩타이틀.prproj

01. 프리미어 프로 CC를 실행하고 프로젝트 이름을 '타이틀'로 지정하고 새로운 시퀀스를 만들어 줍니다. 시퀀스의 이름을 '자막의 기본'으로 입력하고 [Standard 48KHz]로 설정한 후 [OK] 단추를 클릭합니다.

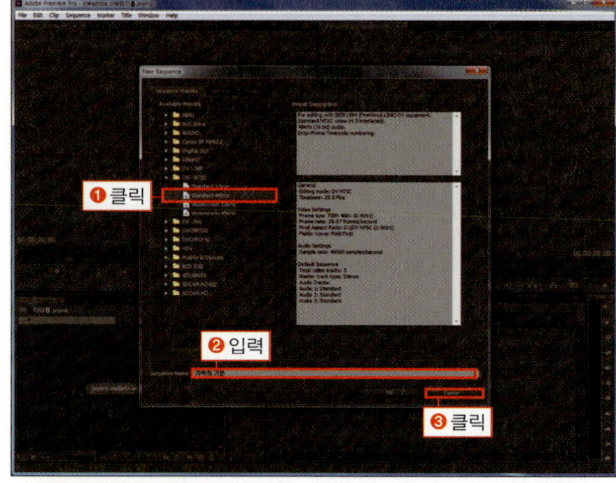

02. [Project] 패널의 빈 곳을 더블클릭하여 [Import] 창을 열고 [Source] 폴더에서 '9.jpg'를 선택한 다음 [열기] 단추를 클릭합니다.

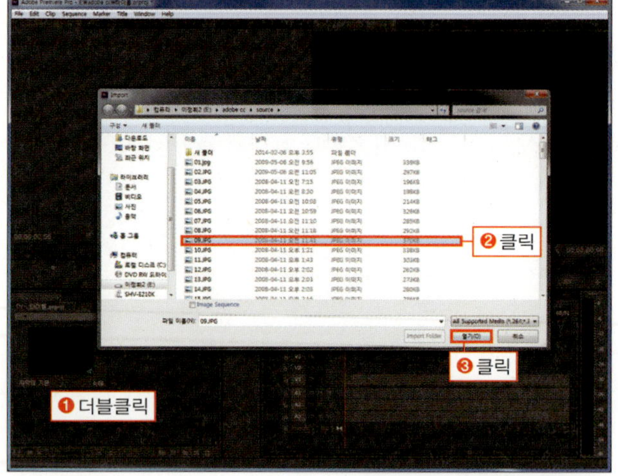

03. [Project] 패널에 생긴 '9' 클립을 [V1] 트랙으로 이동시켜 주고 [Project] 패널의 하단의 [New item]을 클릭하면 바로가기 창이 나타나는데 여기서 [Title]을 클릭합니다.

T I P : 자막 열기

기본적인 자막을 여는 방법은 크게 2가지입니다. [Project] 패널의 [New item]–[Title]을 선택하여 열거나 [Title] 메뉴의 [New Title]–[Default Still]을 선택하여 불러오면 됩니다.

04. [New Title] 창이 나타나면 이름에 '자막'이라고 입력하고 [OK] 단추를 클릭합니다. 본격적으로 타이틀 창이 나타나면 [Tool] 패널에서 [Type Tool]을 클릭하고 미리 보기 영역의 중간에 클릭한 후 '꽃밭에서'라고 입력합니다. 꼭 글자 마지막에는 **Space Bar** 를 한 번 눌러줍니다.

T I P : 자막 글꼴

타이틀 창의 기본 글꼴은 외국 글꼴이므로 한글은 깨져서 보이게 됩니다. 나중에 한글 글꼴로 변경되니 한국어는 한글 글꼴을 사용해야 합니다.

05. '꽃밭에서'라고 쓴 글자에 블록을 지정하고 상단 메뉴의 글꼴을 선택한 다음 '맑은 고딕'을 찾아 선택합니다. 그러면, 한글이 표시됩니다.

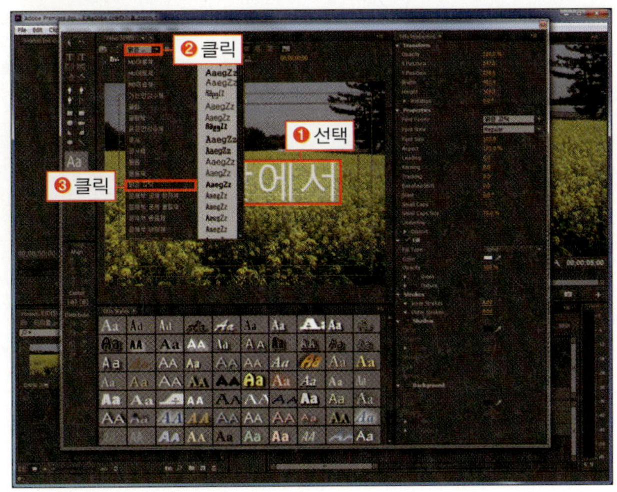

06. 왼쪽의 [Selection Tool]을 클릭하고 자막을
선택합니다. 선택한 자막은 미리 보기 영역의 자
막 안전선 왼쪽 아래에 맞추어 이동시켜 줍니다.

> **TIP : 미리 보기 안전선**
>
> 화면에는 2개의 안전선(Safe Margins)이 존재하는데
> [Program] 패널이나 [Source] 패널도 설정이 가능합니
> 다. 이 안전선은 중심에 가까운 선을 자막 안전 영역으
> 로 자막이 들어가는 영역이고 바깥 선은 액션 안전 영
> 역으로 자막의 스크롤 시 선택되는 영역입니다.

07. 타이틀 창을 닫으면 [Project] 패널에 자막
이 생기는 것을 볼 수 있습니다. 자막을 [V2] 트
랙에 아래의 클립에 맞추어 이동시켜 줍니다.
[Program] 패널에 클립과 자막이 같이 보입니다.

08. [Project] 패널의 '자막'을 더블클릭하면 타
이틀 창이 나타납니다. 상단의 [New Title Based
on Current Title] 단추를 클릭하면 [New Title] 창이
나오는데 [Name]에 '자막2'를 입력하고 [OK] 단추
를 클릭합니다.

09. 하단의 '꽃밭에서'를 선택하여 지우고 상단의 메인 메뉴 중에서 [Background Video Timecode] 단추를 클릭하면 배경들이 없어지는데 글자도 보이지 않게 됩니다. 바로 왼쪽 [Type Tool]을 클릭하고 미리 보기 영역의 상단에 '꽃 피는 계절'이라고 입력합니다.

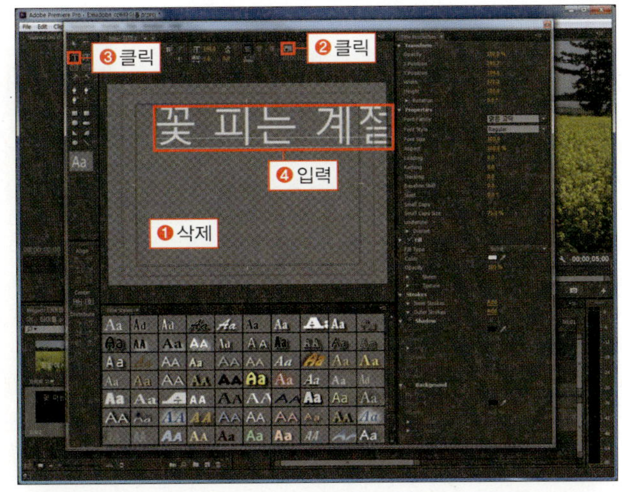

10. '꽃 피는 계절'이라고 입력된 문자에 블록을 지정하고 오른쪽의 [Title Properties]–[Properties]에 있는 [Font Family]의 값을 '궁서'로, [Font Size]는 '70'으로 변경하고 [Selection Tool]을 선택하여 자막 안전선이 벗어나지 않는 중간 상단으로 이동시킵니다.

11. [Tool] 패널의 [Rounded Rectange Tool]을 클릭하여 오른쪽 하단에 일정한 크기로 그려주고 [Title Properties] 패널의 [Color]에 '자주색' 계열을 선택하고 [Opacity]는 '50'을 입력하여 해상도를 줄여줍니다.

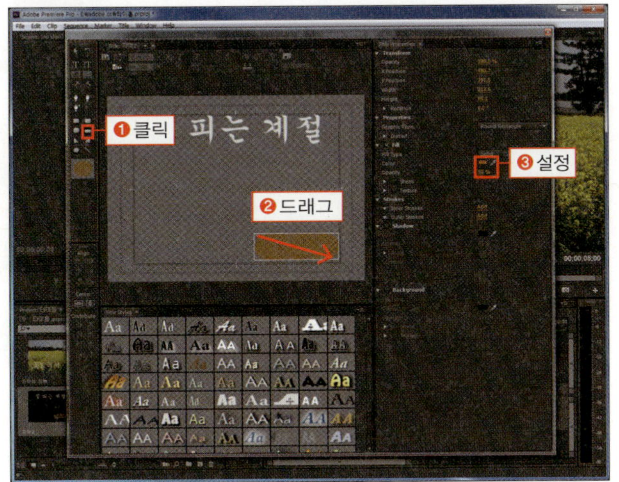

12. [Type Tool]을 클릭하고 타원 위에 '봄으로
가는 길목에서'라고 입력하고 다음과 같이 속성을
설정합니다. 자막은 타원의 가운데로 이동하도록
조절합니다.

> • [Font Size] : 20
> • [Font Family] : 한컴돋움
> • [Color] : 흰색
> • [Opacity] : 100%

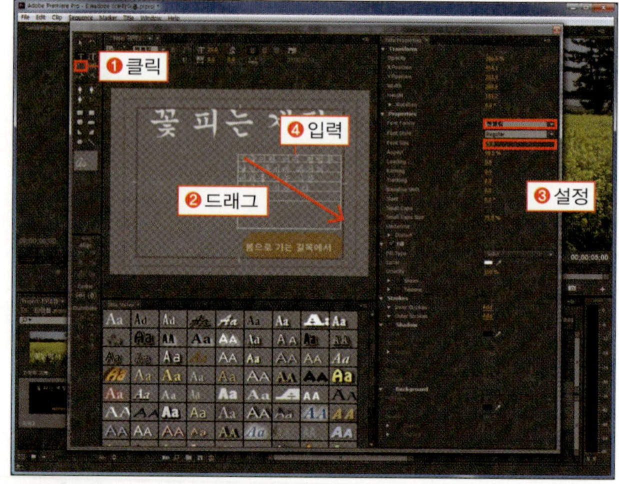

TIP : 글자 속성 변경

글자에 대한 속성을 지정하면 그 속성은 다시 [Type Tool]을 사용해도 계속 같은 속성이 적용됩니다.

---

13. 왼쪽의 [Area Type Tool]을 클릭하여 오른
쪽 중간에 어느 정도 드래그하여 공간을 만들고
[Font Size]는 '25'로, [Font Family]는 '펜흘림'을 변
경하고 안에 다음과 같이 내용을 입력합니다.

> 오늘이란 너무 평범한 날인 동시에 과거의
> 미래를 잇는 가장 소중한 시간이다.
> – 괴테

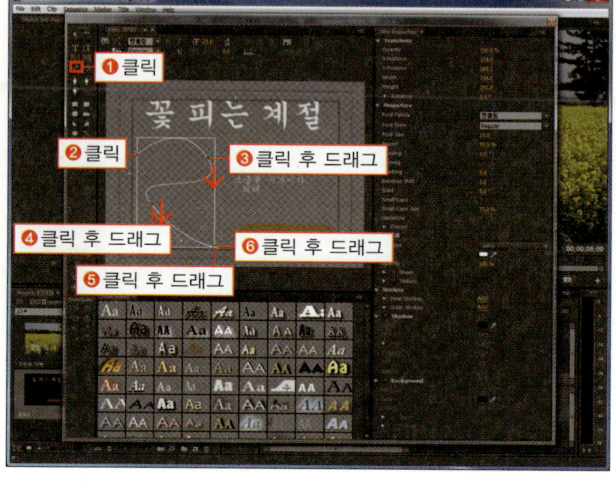

14. 왼쪽의 [Path Type tool]을 클릭하고 왼쪽 중
간에 먼저 클릭하고 일정한 거리의 오른쪽에 클
릭한 후 손을 떼지 않고 타원이 나타나도록 합니
다. 또한, 하단 왼쪽에 클릭하고 S 모형의 원이 그
려지도록 하고 오른쪽 하단을 클릭하여 완전한 S
모형이 되도록 합니다.

15. [Type Tool]을 클릭한 다음 왼쪽 상단 [Path Type Tool] 안에 클릭하여 다음과 같이 글자를 입력하면 S 모형으로 글자가 입력됩니다.

한 자락 봄 향기 내뿜으며 다가오는 그대의
향기속으로....

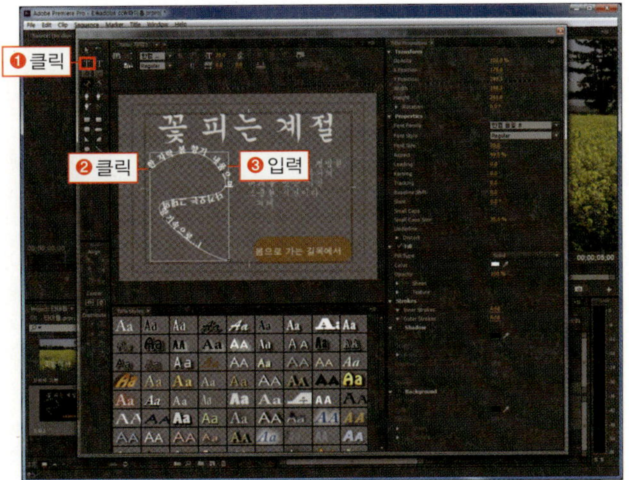

16. 왼쪽의 [Type Tool]을 클릭하고 '꽃 피는 계절' 안을 클릭하여 블록을 지정한 다음 오른쪽의 [Properties]의 [Strokes]—[Outer Strokes]에 'Add'를 클릭한 다음 [Size]를 '20'으로 설정하고 [Color]를 '파랑'으로 지정하여 파란색 외곽선을 만듭니다.

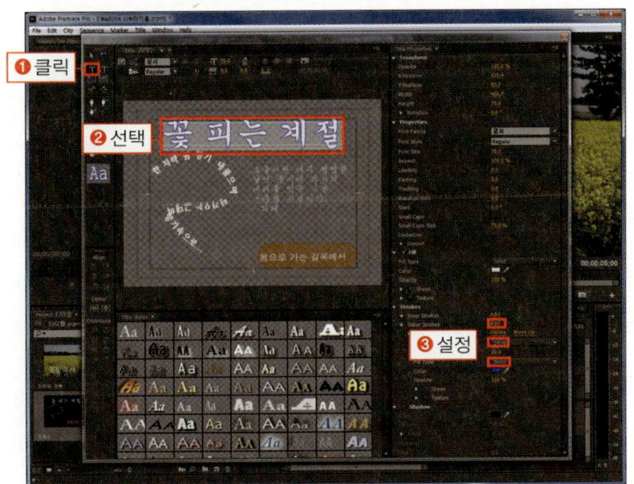

17. 같은 방법으로 [Type Tool]을 클릭하여 '꽃 피는 계절'에 블록을 지정하고 [Fill]—[Texture]에 체크한 후 [Texture]에 클릭하여 [Import] 창이 나타나면 [Source] 폴더에서 '17.jpg'를 선택합니다. 그러면, 글자의 색상이 이미지 색으로 변경됩니다.

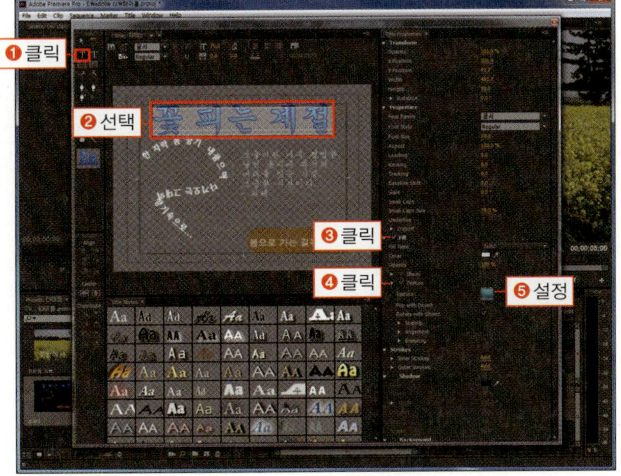

18. [Properties]에서 [Background]에 체크하고 [Color]를 '빨간색' 계열로 선택합니다. 타이틀만 가지고 작업할 경우 타이틀 배경색을 직접 설정하고 사용합니다.

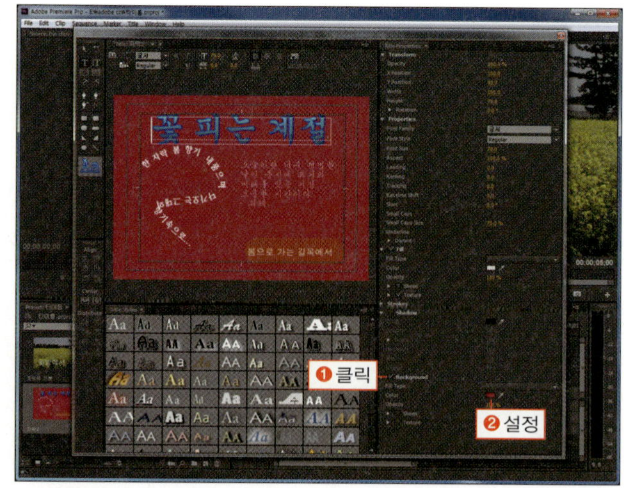

19. 타이틀 창을 닫고 [V2] 트랙에 '자막2'를 이전 자막에 넣고 랜더링을 하여 영상을 완성합니다.

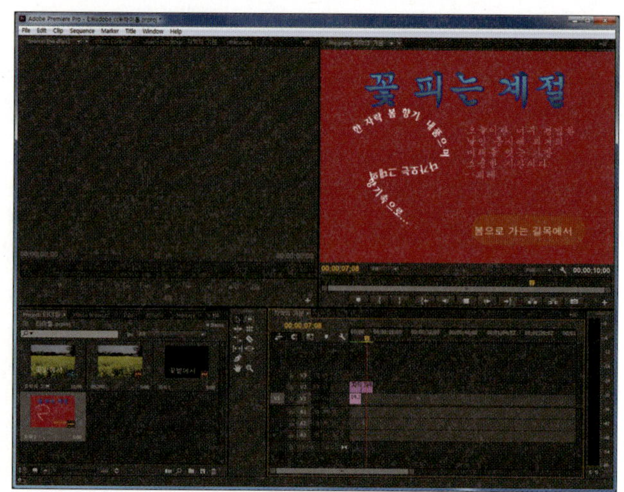

TIP : 타이틀의 배경

프리미어 프로 CC에서 타이틀(자막)에 변화가 왔는데 그 중에 가장 큰 변화는 자막 배경의 설정입니다. 기존의 자막은 글자 자체에만 설정하고 배경은 클립 위에 있기 때문에 자막의 배경은 생각하지 않았지만 CC 버전부터는 자막과 같이 움직이는 배경에 대한 설정이 가능하기 때문에 자막 배경에 선, 배경 그림 등을 넣어 보다 자유로운 배경을 만들 수 있습니다.

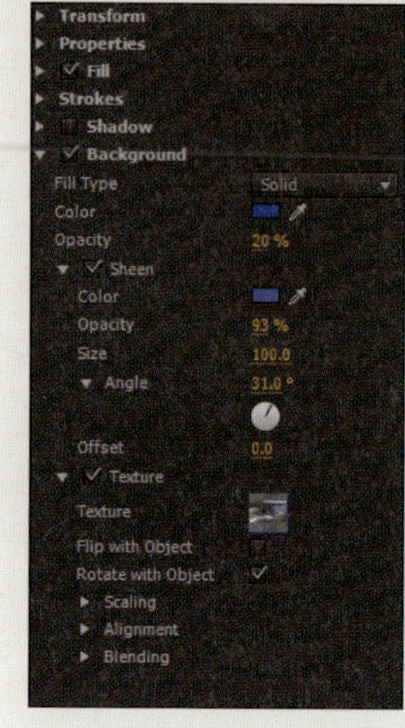

자막은 기본적으로 글자를 사용하지만 글자를 보조하기 위한 도형을 이용한 액션 툴을 알아보고 속성에 있는 기능을 자세히 설정하며 템플릿을 이용한 자막의 완성도를 높여봅니다.

완성 파일 | PART5₩타이틀의 활용.prproj

01. 프리미어 프로 CC를 실행하고 프로젝트 이름을 '타이틀의 활용'으로 지정하고 새로운 시퀀스를 만들어 줍니다. 시퀀스의 이름을 '자막의 활용도 높이기'로 입력하고 [Standard 48KHz]로 설정한 후 [OK] 단추를 클릭합니다.

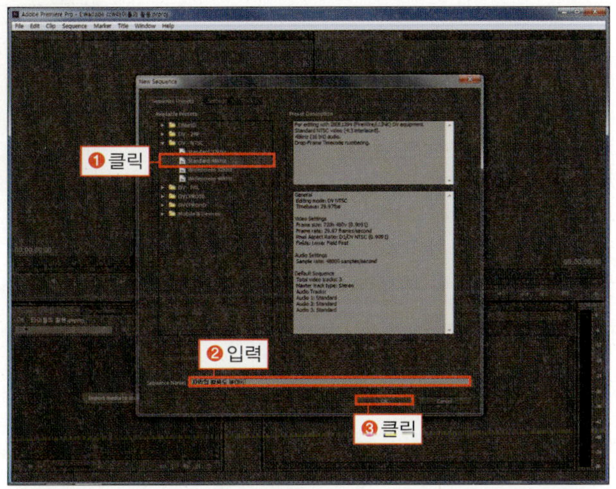

02. [Project] 패널의 빈 곳에 더블클릭하여 [Import] 창을 열고 [Source] 폴더에서 '16.jpg'를 선택한 다음 [열기] 단추를 클릭합니다.

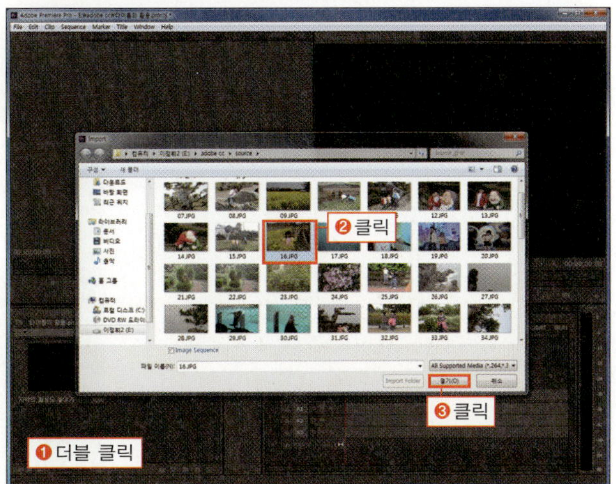

03. [V1] 트랙에 '16' 클립을 드래그하여 배치하
고 메뉴의 [Title]-[New Title]에서 [Default Still]을 선
택합니다.

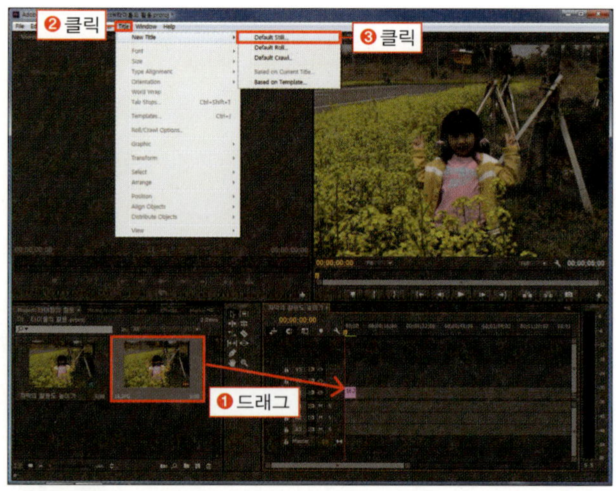

새로운 자막을 만들려면 5가지 중에 하나를 선택하면 됩니다. 기본적으로 [Default Still]을 선택하지만 기능에 따라 다른 타이틀의 선택이 가
능합니다.
- [Default Still] : 고정된 자막만 나오도록 합니다.
- [Default Roll] : 세로로 스크롤되는 롤링 타이틀이 나오도록 합니다.
- [Default Crawl] : 가로로 스크롤되는 크롤 타이틀이 나오도록 합니다.
- [Based on Current Title] : 현재 만들어진 타이틀 위에 새로운 타이틀을 만들어 줍니다.
- [Based on Template] : 현재 만들어진 타이틀 위에 타이틀 템플릿을 사용합니다.

04. 왼쪽의 [Ellipse Tool]을 클릭하고 화면의 왼
쪽 하단에서 Shift 를 누른 상태로 드래그하여
정원을 그려줍니다. [Rectangle Tool]을 클릭하고
화면의 오른쪽 하단에서 Shift 를 누른 상태로
드래그하여 정사각형을 그려줍니다. [Type Tool]
을 클릭하고 화면에 '도   형'을 입력하고 [Font
Family]에서 '한컴 소망 B'로 글꼴을 변경합니다.

05. 오른쪽의 정사각형을 선택하고 [Properties] 창에서 [Width]의 값을 '100'으로, [Height]의 값을 '50'으로 변경시키고 왼쪽 상단으로 이동시킵니다.

06. 왼쪽 상단에 변경된 사각형을 선택하고 Alt 를 누른 상태에서 드래그하면 복사가 됩니다. 3개의 사각형을 더 만들어 봅니다.

07. 4개의 만들어진 사각형에서 왼쪽 사각형부터 선택하고 [Properties] 창의 [Fill]–[Color]를 선택하여 빨강, 파랑, 녹색, 노란색으로 변경합니다. 변경한 4개의 도형을 Shift 를 누른 상태에서 각각 선택하면 전체 4개의 도형이 한 묶음으로 변경됩니다.

08. 4개의 사각형의 균형을 맞추기 위해 먼저 오른쪽 하단의 정렬 패널에서 [Algin]–[Vertical Top]을 클릭하여 상단의 균형을 맞추고 [Distribute]–[Horizontal Center]를 클릭하여 서로의 균형된 거리를 유지하게 합니다.

09. 왼쪽 하단의 원을 클릭한 후 [Fill]–[Color]를 '자주색' 계열로 변경하고 글자가 있는 가운데로 위치합니다. '도 형'이라는 글자를 선택하고 크기를 원 도형에 맞추어 작게 줄여줍니다.

10. '도 형'이라는 글자를 선택하고 하단의 [Title Styles] 패널에서 'Hobo Black 75'를 클릭합니다. 글자의 스타일은 그대로 적용되지만 글자 자체는 깨집니다.

11. [Type Tool]을 클릭하여 '도 형' 글자를 블록으로 지정하고 [Font Family]에서 'HY태백 B'를 선택하면 한글 글꼴로 변경됩니다. 그러나 고유의 글자 형태는 유지하기 어렵습니다.

12. 그래서 자체 한글 글꼴을 가진 스타일을 만들어 봅니다. [Type Tool]을 클릭하고 하단에 '한글 스타일'이라고 입력하면 이전의 스타일로 글자가 나옵니다. [Title Styles] 패널에서 왼쪽 가장 상단의 스타일인 [Caslon Pro 68]을 선택하며 기본 스타일로 변경됩니다.

13. [Type Tool]을 클릭하여 글자에 블록을 지정하고 다음과 같이 속성을 지정합니다.

- [Font Family] : 양재백두체 B
- [Font Size] : 50
- [Fill]–[Color] : 파랑색
- [Strokes]–[Outer Strokes] : Add 체크
- [Color] : 흰색

14. 나머지인 그림자 효과도 지정합니다. [Shadow]에 체크하고 [Color]는 '검은색'으로, [Opacity]는 '100'으로, [Angle]은 '-120'으로, [Spread]는 '20'으로 변경합니다. 모든 스타일이 완성되면 [Title Styles] 패널 하단의 빈 곳에서 마우스 오른쪽 버튼으로 클릭하고 바로가기 창이 나오면 [New Style]을 선택합니다.

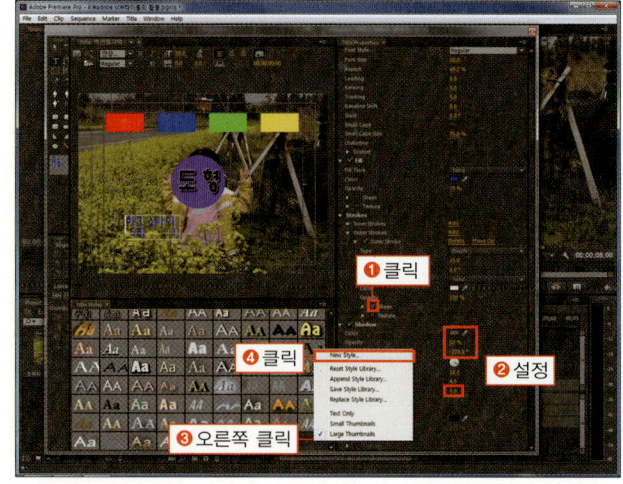

15. [New Style] 창이 나타나면 [Name]에 '한글스타일1'을 입력하고 [OK] 단추를 클릭합니다.

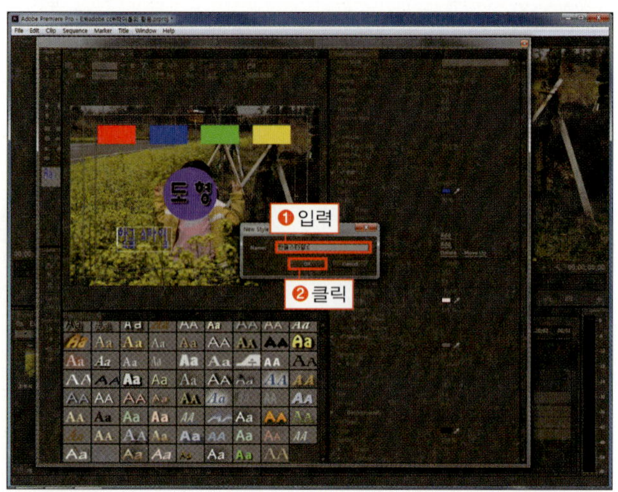

16. 새로운 스타일이 나오면 타이틀 창을 닫습니다. 새로운 타이틀 창을 만들고 이름을 '자막2'라고 입력한 다음 미리 보기 영역에 '한글 스타일'이라고 입력합니다. [Title Styles] 패널에서 새로 만든 '한글스타일1'을 클릭하면 스타일이 문자에 바로 적용됩니다.

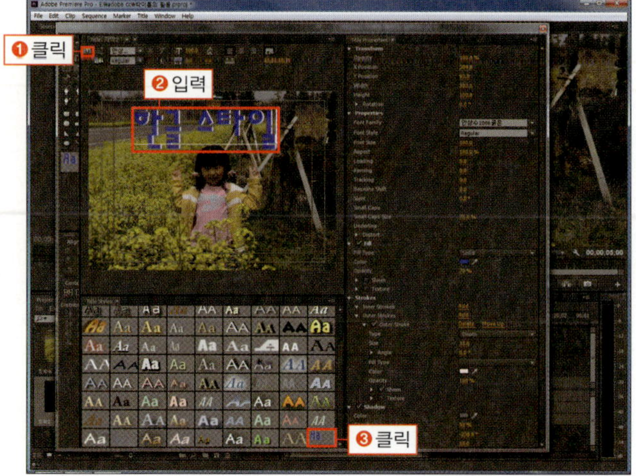

17. [Title Styles] 에서 해당 스타일을 클릭하면 그 스타일이 적용됩니다. 패널[Hobe Medium Gold 58] 스타일에서 오른쪽 버튼을 눌러 바로가기 창이 나타나면 [Apply Style Color Only]를 클릭합니다.

TIP : 타이틀 창의 바로가기

- [Apply Style] : 현재 선택된 스타일의 글꼴 크기는 그대로 유지하면서 스타일 속성만 변경합니다.
- [Apply Style with Font Size] : 선택한 스타일의 글꼴 크기까지 포함해서 모두 변경합니다.
- [Apply Style Color Only] : 선택한 스타일의 색상 속성만 변경합니다.
- [Duplicate Style] : 현재 스타일을 복제하여 스타일 목록의 끝에 추가합니다.
- [Delete Style] : 현재 선택한 스타일을 삭제합니다.
- [Rename Style] : 현재 선택한 스타일의 이름을 변경합니다.
- [Text Only] : 스타일의 목록을 글자로만 보여줍니다.
- [Small Thumbnails] : 스타일의 목록을 작은 아이콘 형태로 보여줍니다.
- [Large Thumbnails] : 스타일의 목록을 큰 아이콘 형태로 보여줍니다.

18. 타이틀 창을 닫고 템플릿을 사용하기 위해 [Title]–[New Title] 메뉴에서 [Based on Template]을 선택합니다.

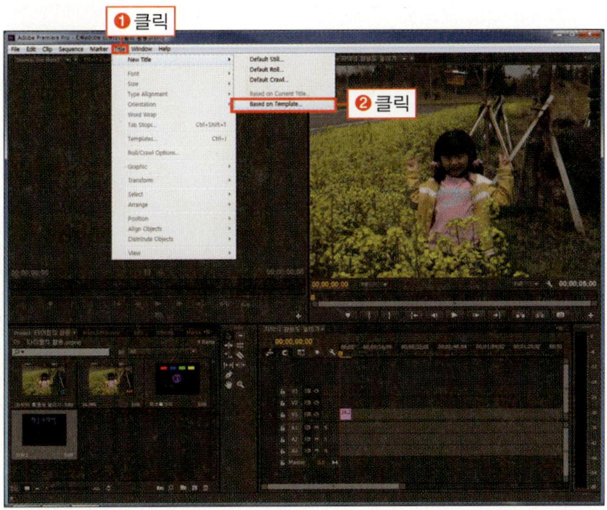

19. [Templates] 창이 나타나면 메뉴에서 [Title Designer Presets]를 선택하고 [Name]에 '템플릿'을 입력한 후 [Click to download Preset Templates]를 클릭합니다.

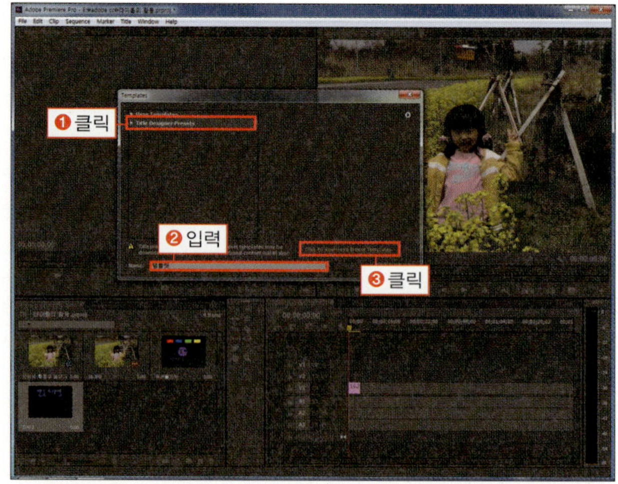

20. 관련 홈페이지가 나타나면 중간에 [Windows(734MB)]를 클릭합니다. 그럼 다운로드가 시작될 것입니다.

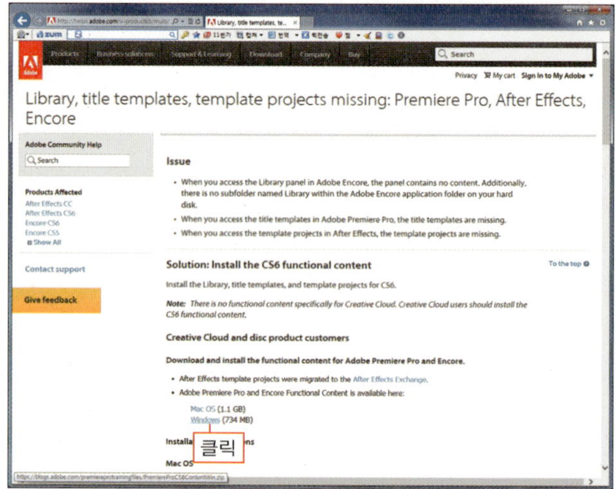

21. 다운로드가 끝났으면 압축을 풉니다. 2개의 파일이 있는데 [PremierePro_6_Content_LS7.exe]를 더블클릭하여 실행합니다.

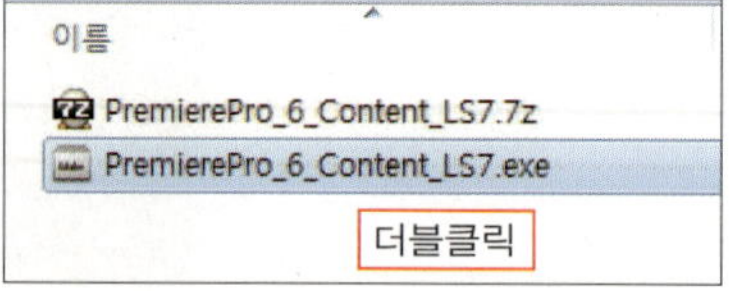

22. 압축되어 있는 파일을 풀기 위해 경로 지정하거나 기존의 경로를 사용하여 압축을 풉니다. 여기서는 [다음] 단추를 클릭합니다.

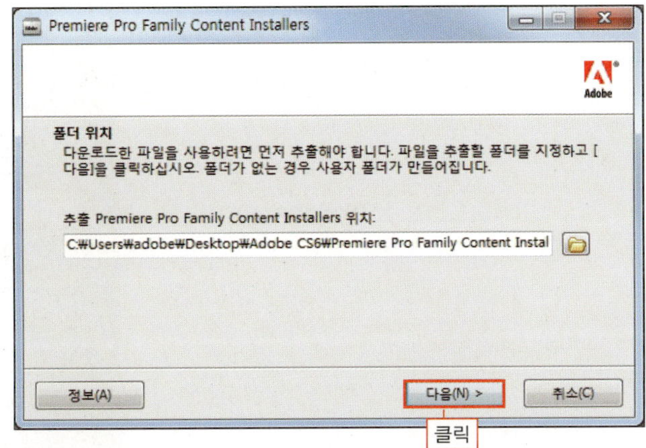

23. 압축을 풀면 2개의 큰 폴더가 보이는데 여기서 [Adobe Premiere Pro CS6 Functional Content] 폴더로 이동한 다음 [Set-up.exe]를 더블 클릭하여 설치합니다.

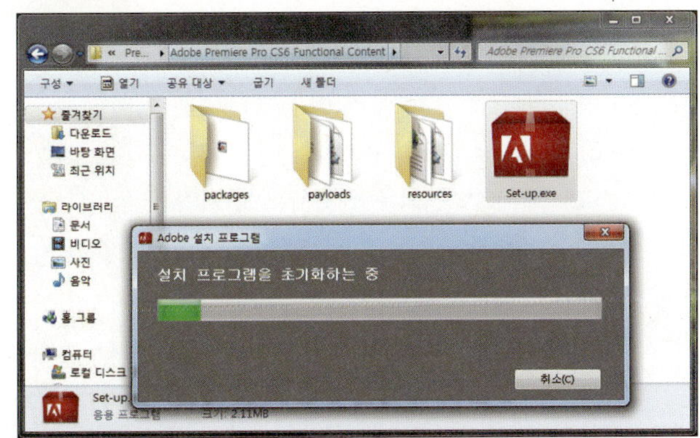

> **문제 해결** **설치 시 주의**
>
> 만약 프리미어 프로 이전 버전인 CS6가 같이 설치되어 있다면 이전 버전에 설치가 되니 설치 시에는 이전 버전을 삭제하고 설치하세요. 만약 설치가 되었는데 보이지 않는다면 설치된 폴더 안에 [Preset] 폴더의 모든 내용을 복사하여 직접 붙여 넣기하면 됩니다.

24. 모든 설치가 마치면 다시 [Title]–[New Title] 메뉴의 [Based on Template]을 클릭합니다. 그럼, 이전과 다르게 여러 가지 템플릿이 설치되어 있는 것을 볼 수 있습니다.

25. 목록 중 [Travel]–[Road Trip]에 있는 '도보 여행 하단3'을 선택하고 하단의 [Name]에는 '템플 릿'이라고 입력한 다음 [OK] 단추를 클릭합니다.

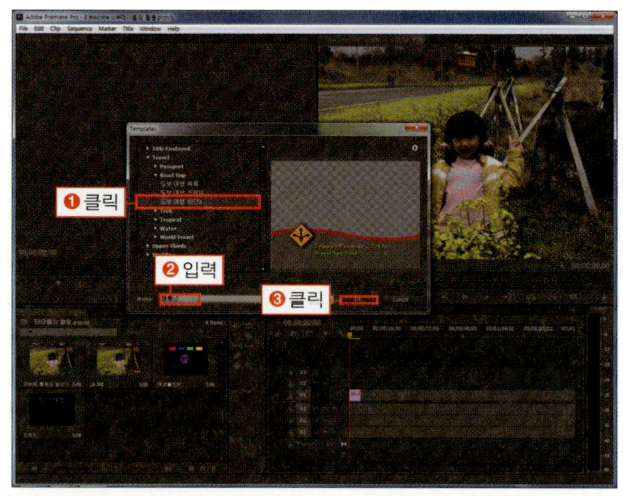

26. 타이틀 창이 나타나면 하단의 노란색으로 써 있는 글자를 [Type Tool]로 클릭하여 안의 내용 은 삭제하고 '제주도 아름다운 꽃밭에서'라고 입 력합니다. 또한, 글꼴을 '한컴 쿨재즈 M'으로 변경 하여 한글로 바꾸어 줍니다. 같이 겹치는 녹색 글 자는 하단으로 이동합니다.

- [Font Family] : HY 동녘 B
- [Font Size] : 20
- [Shadow]–[Color] : 흰색
- [Shadow]–[Size] : 100
- [Shadow]–[Spread] : 50

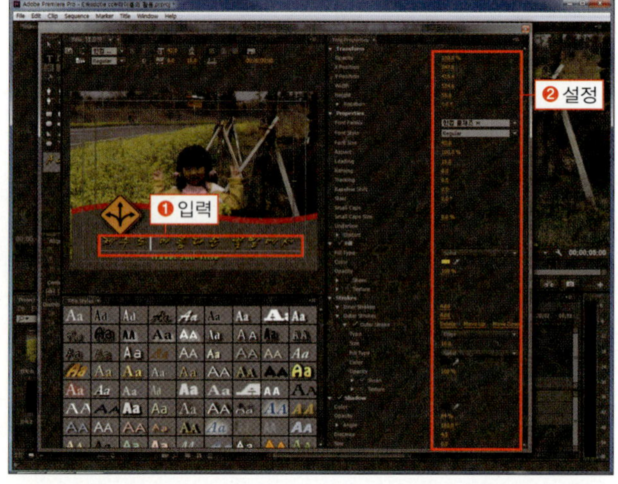

27. 하단의 녹색 글자를 선택하고 기존의 내용 을 삭제한 후 '서정리'라고 입력합니다. 그리고, 다 음과 같이 속성을 변경합니다.

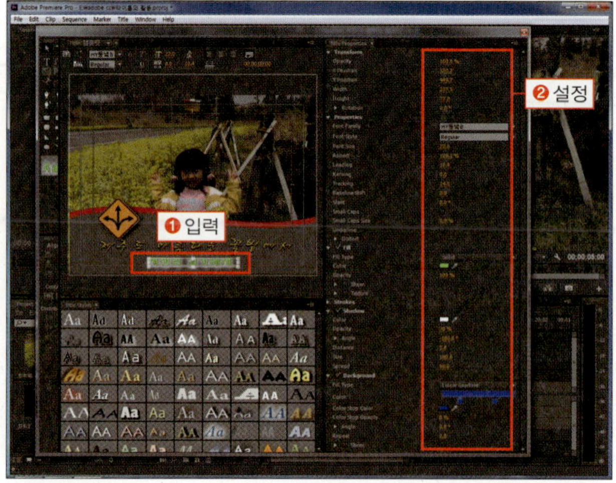

28. 편집하여 작성한 템플릿을 저장하기 위해 상단 메뉴의 [Templates]을 클릭합니다. [Templates] 창이 나타나면 오른쪽 상단의 삼각형 단추를 클릭하여 바로가기 창이 나오도록 합니다. 바로가기 창에서 [Import Current Title as Template]을 선택합니다.

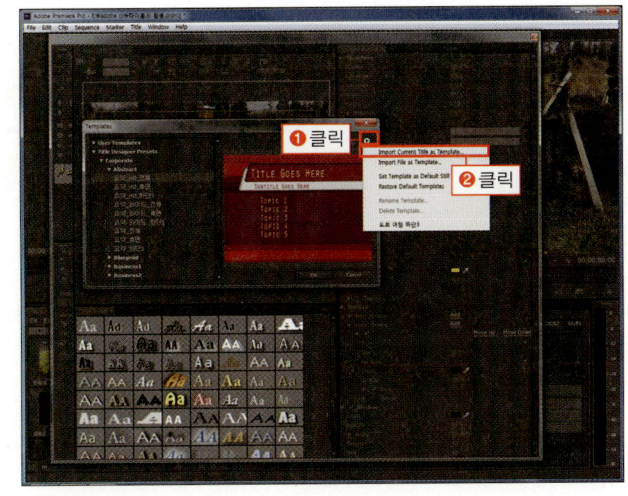

29. 템플릿을 저장하기 위해 '템플릿'을 입력하고 [OK] 단추를 클릭하면 [Uesr Templates] 하단에 방금 작성한 템플릿 이름이 나타납니다. 나중에 이 템플릿은 계속 사용이 가능합니다.

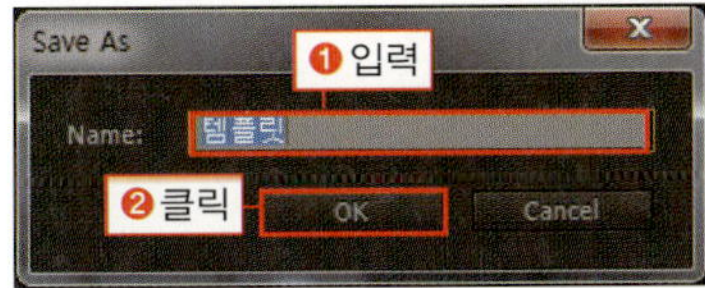

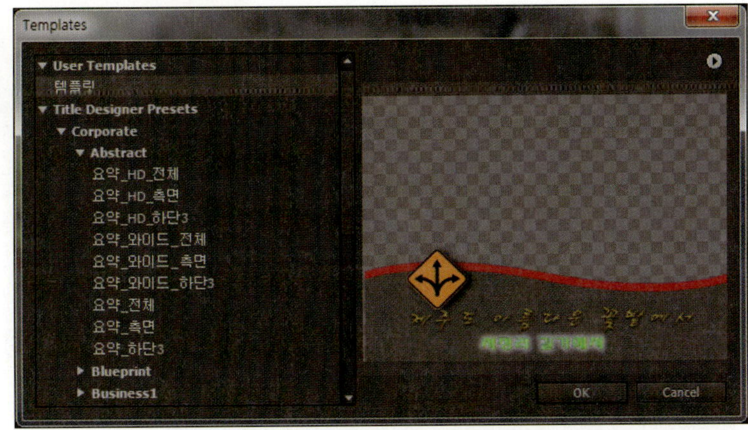

30. [V2] 트랙에 작성한 3가지 자막 타이틀을 순서대로 드래그하여 넣고 전체를 확인해 봅니다.

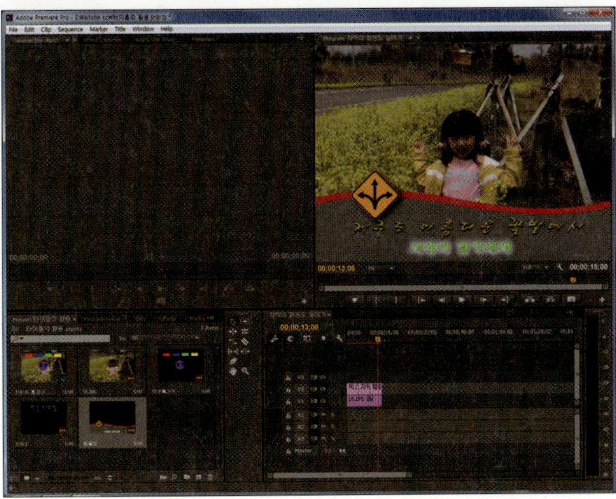

283

기존의 자막은 화면의 이해를 돕기 위해 설명을 하는 것이 주된 기능입니다. 롤/크롤 자막은 아래에서 위로 흘러 올라가도록 하거나 왼쪽에서 오른쪽으로 흐르도록 조절하는 자막입니다. 특히, 아래에서 위로 흐르도록 하는 자막은 엔딩 크레딧에서 많이 사용하고 오른쪽에서 왼쪽으로 자막이 흐르도록 하는 것은 뉴스같은 화면에서 많이 볼 수 있습니다.

기초탄탄 ▶ Roll/Crawl Options

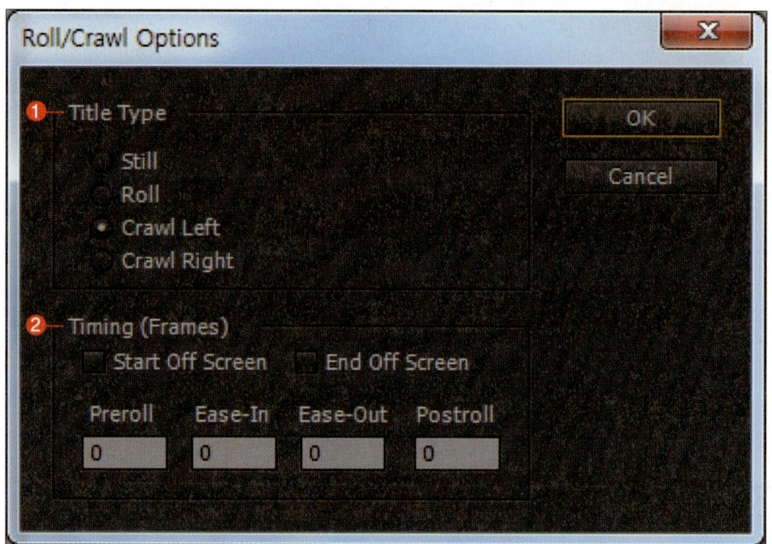

❶ **Title Type** : 자막을 기본 자막, 롤, 크롤 자막 중에서 선택하여 변경합니다.

• Still : 기본적으로 사용되는 자막으로 움직임이 없는 정지 자막입니다.

• Roll : 수직으로 자막의 흐름을 가져오는데 흐름은 아래에서 위로 올라가도록 합니다.

• Crawl Left : 수평으로 자막의 흐름을 가져오는데 왼쪽에서 오른쪽으로 움직이도록 합니다.

• Crawl Right : 수평으로 자막의 흐름을 가져오는데 오른쪽에서 왼쪽으로 움직이도록 합니다.

❷ **Timing(Frames)** : 롤/크롤 선택인 경우 자막의 시작 시 설정을 하는 옵션입니다.

• Start Off Screen : 체크하면 자막을 써 놓은 위치와 상관없이 바로 그 위치에서 자막이 시작하지 않고 빈 화면부터 나타나게 합니다.

• End Off Screen : 체크하면 자막이 끝나는 위치와 상관없이 전체 자막을 흐르게 하면서 자막이 화면의 바깥 부분으로 완전히 벗어나 보이지 않을 때 까지 흐르게 합니다.

• Preroll : 준비시간으로 일정한 프레임 단위를 입력하면 그 프레임 단위만큼은 정지 되어 있다가 프레임 단위가 지나면 바로 자막이 움직이기 시작합니다. 또한, [Start Off Screen]에 체크하면 사용할 수 없습니다.

• Ease-In : 자막을 가속시키는 기능으로 설정한 프레임 단위부터 자막을 가속시켜 빠르게 움직이도록 합니다.

• Ease-Out : 자막을 감속시키는 기능으로 설정한 프레임 단위부터 자막을 감속시켜 느리게 움직이도록 합니다.

• Postroll : 자막이 전체 길이에서 정지해 있는 시간을 넣는 단위로 일정한 프레임 단위를 넣으면 자막이 움직이고 프레임 단위만큼 정지해 있다가 사라지게 됩니다.

TIP : [Roll/Crawl Options] 대화상자의 옵션

• Tool, Styles, Actions, Properties : 각 패널을 선택하면 독립적 창으로 나타납니다.
• Safe Title Margin, Safe Action Margin : 가운데 미리 보기 화면의 자막과 편집 창 안전선이 표시됩니다.
• Text Baselines : 자막의 밑줄을 보여주는데 기본적으로 체크하지 않습니다.
• Tab markers : Tap Stops에서 설정된 탭 상태를 보여줍니다.
• Show Video : 배경으로 설정된 클립을 보여주거나 숨겨주는 기능을 합니다.

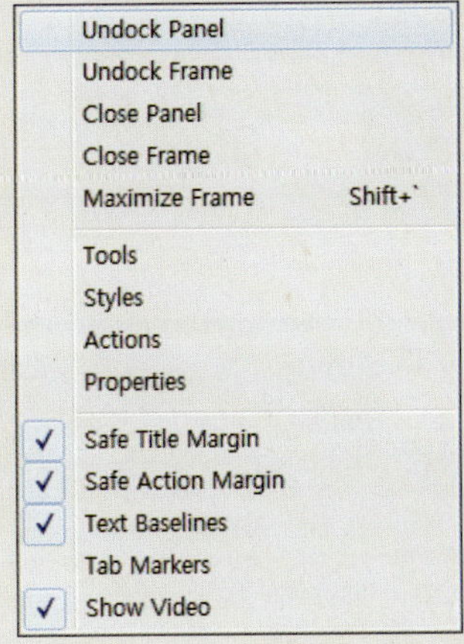

움직이는 자막인 롤의 기능을 익혀봅니다. 롤은 엔딩 크레딧 방식에 많이 사용하는데 영상이 끝나면 글자가 세로 방향으로 흘러가면서 영상을 보는 사람들의 시선을 끌어내는 데 효과적입니다.

완성 파일 | PART5₩움직이는 자막.prproj　**추출 파일** | PART5₩롤 기능.mp4

01. 프리미어 프로 CC를 실행하고 프로젝트 이름을 '움직이는 자막'으로 지정한 다음 새로운 시퀀스를 만들어 줍니다. 시퀀스의 이름을 '롤 기능'으로 지정하고 시작합니다.

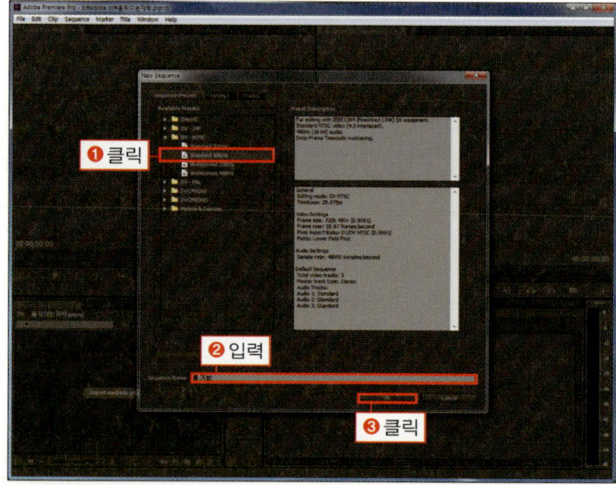

02. 메뉴의 [Title]–[New Title]에서 [Default Still]을 클릭합니다.

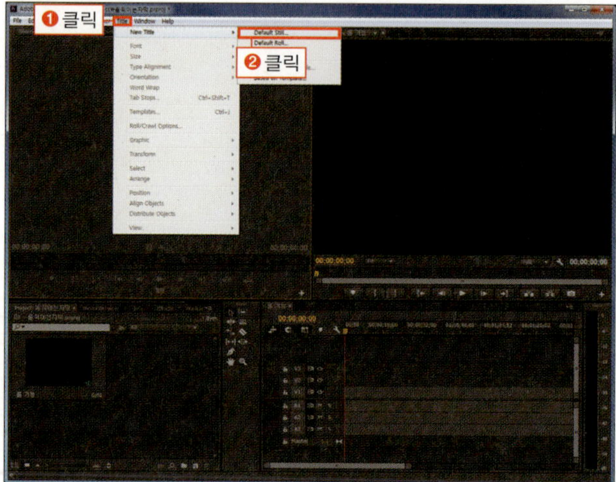

03. [New Title] 창이 나타나면 '자막'을 입력하고 [OK] 버튼을 클릭합니다. 타이틀 창이 나타나면 미리 보기 화면을 클릭하고 '프리미어 프로 CC'를 입력한 후 다음과 같이 속성을 지정합니다. 속성 설정이 끝나면 다음과 같이 중간에 글자를 위치시킵니다.

- [Font Family] : 휴먼 옛체
- [Font Size] : 60
- [Color] : 파랑

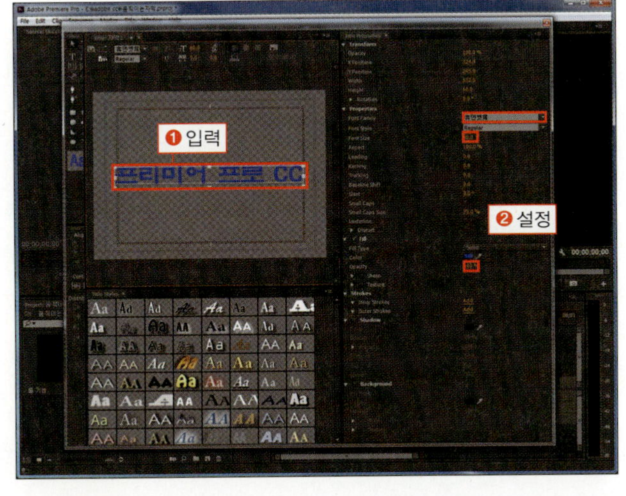

04. 타이틀 창을 닫고 [Project] 패널의 '자막' 클립을 [V1] 트랙으로 이동시켜 줍니다. [Effects] 패널로 이동한 다음 [Video Transition]–[Dissolve]에서 [Cross Dissolve]를 클립의 앞과 뒤에 각각 드래그하여 적용시킵니다.

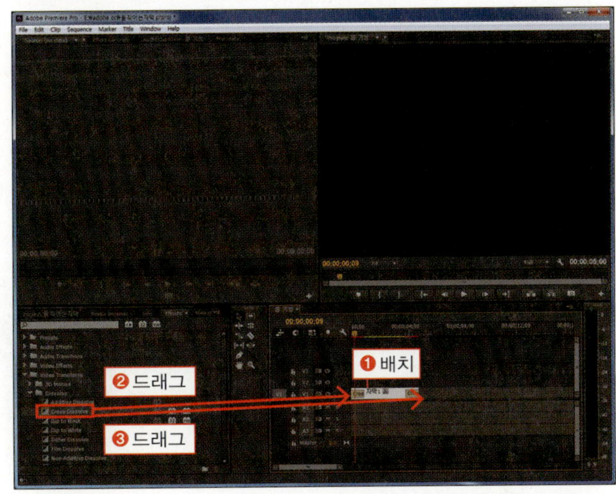

05. 롤 자막을 만들기 위해 [Title]–[New Title] 메뉴를 선택하고 [Default Roll]을 클릭합니다.

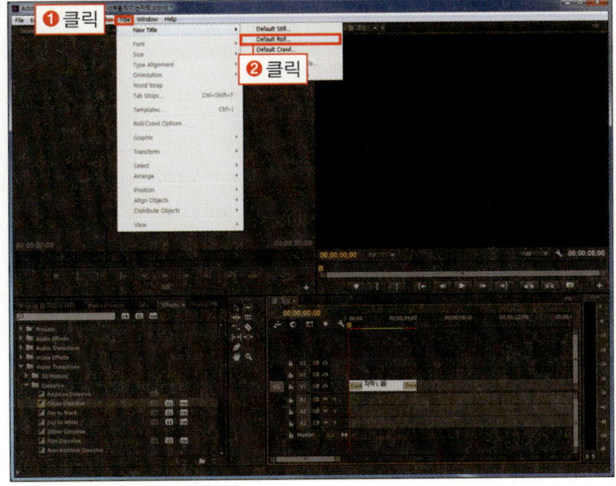

06. 새로운 타이틀 창이 나타나면 타이틀 이름을 '자막2'로 입력하여 만듭니다. 타이틀 창에서 [Type Tool]를 클릭하여 가운데 부분에 '제작 : 홍길동'이라고 입력한 후 [Font Family]를 'HY신명조'로 변경하고 [Font Size]를 '30'으로 만듭니다.

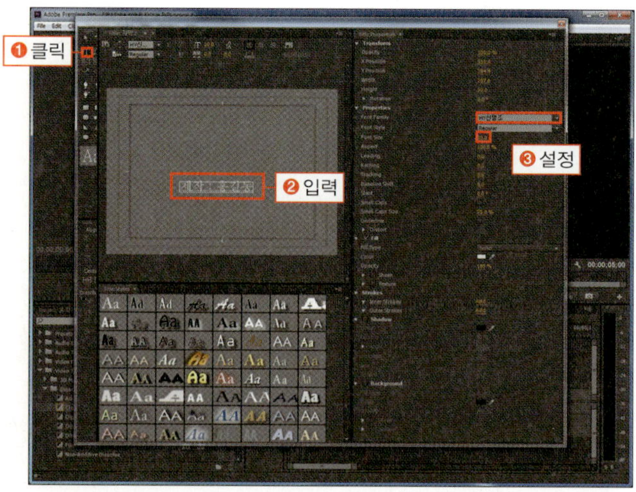

07. [Type Tool]로 '홍길동'의 마지막 글자를 클릭하고 **Enter**를 누릅니다. 다음과 같이 글자를 완성하고 블록을 지정한 다음 [Leading]에 '10'을 입력하여 줄 간격을 확장시켜 줍니다.

제작 : 홍길동
기획 : 프리미어 레코드
감독 : 성춘향
각본 : 반사도
조명 : 반짝 조명
주연 : 나

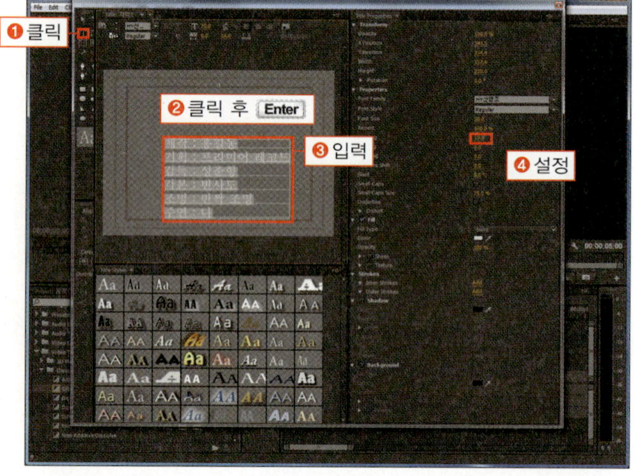

08. '자막2' 클립은 롤링 방식을 가지고 있습니다. 정확한 작업을 하기 위해 먼저 [Selection Tool]로 자막 전체를 중앙 하단으로 이동시켜 자막 안전선 밖으로 이동시켜 주고 상단의 [Roll/Crawl Options] 단추를 클릭합니다. 창이 나타나면 [End Off Screen]을 체크하여 화면이 끝까지 진행되도록 합니다. [OK] 단추를 클릭합니다.

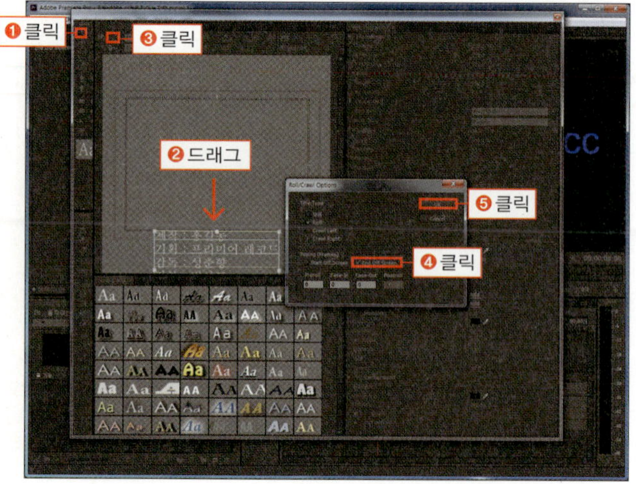

09. 타이틀 창을 닫고 '자막2' 클립을 [V2] 트랙으로 이동시킵니다. 타임코드에 '8.00'을 입력하여 8초로 이동시켜 주고 '자막2' 클립을 8초까지 드래그하여 키워줍니다.

> **TIP : 롤/크롤 자막의 크기**
>
> 자막의 기본 크기 값은 이전에 설정한 값대로 '5초'로 나타납니다. 롤이나 크롤에서 자막의 크기는 안에 입력한 자막의 내용과 전체 자막의 크기에 따라 속도가 결정됩니다. 즉, 내용이 많고 자막의 전체 크기가 작으면 빠르게 진행되고 내용이 적고 전체 크기가 크면 느리게 진행됩니다.

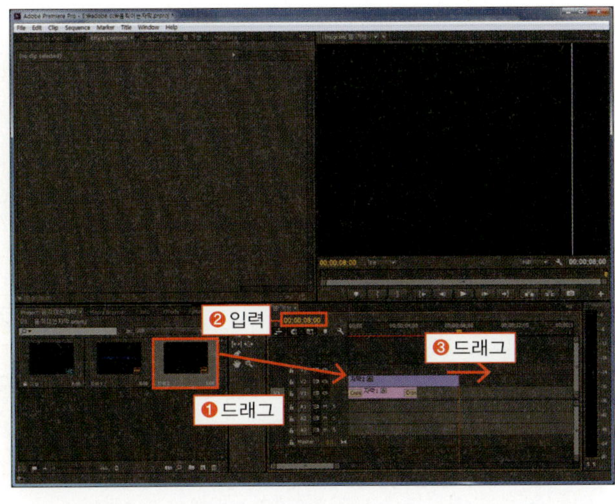

10. '자막2'가 롤이 되면서 하단의 '자막1'과 겹치는 부분에서 사라지는 효과를 보이기 위해 타임코드 값을 '1.00'을 주어 이동하고 '자막2' 클립을 여기에 맞춥니다. 그리고 Space Bar 를 눌러 진행하면서 겹치는 부분에서 없어지는가를 확인합니다. 맞지 않다면 '자막2'를 이동시켜 정확히 맞추면 됩니다.

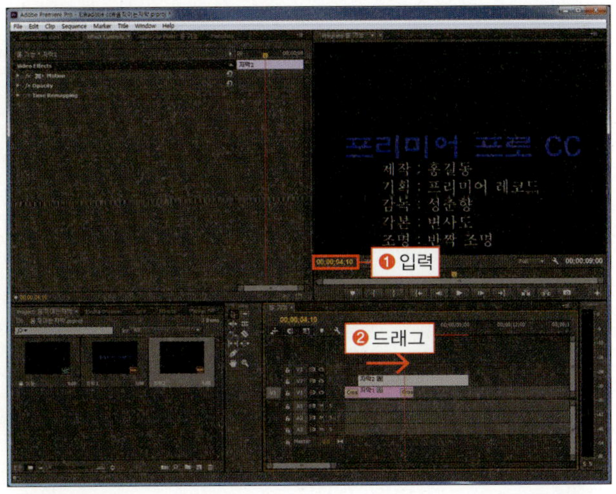

11. [Project] 패널의 빈 곳에 더블클릭하여 [Import] 창이 나타나면 [Source] 폴더에서 '18.jpg'을 선택하여 가져옵니다. 클립을 [V3] 트랙으로 이동시켜 주고 다시 선택한 다음 [Effect Controls] 패널로 이동합니다.

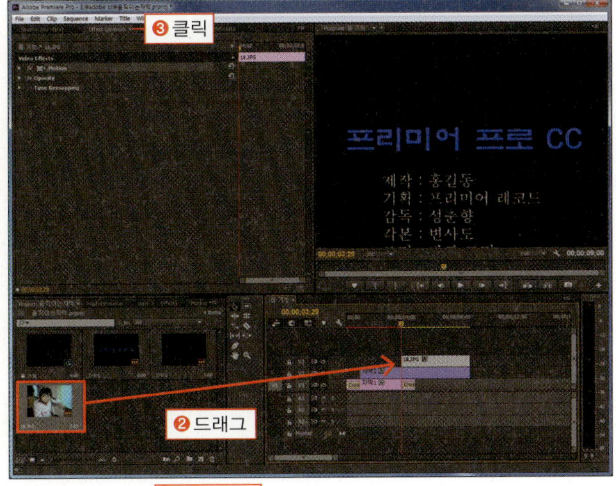

12. '18' 클립의 이미지를 자막의 크기만큼 맞추기 위해 [Motion]-[Scale]에 '50'을 입력하여 크기를 줄여줍니다. 자막 전체가 화면에 보이는 타임인 '4.16'에 '18' 클립을 이동시켜 줍니다.

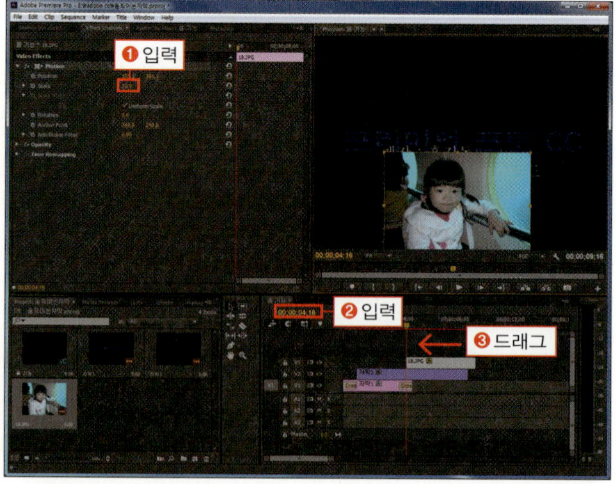

13. 클립의 이미지도 롤 자막과 같이 이동하는 연출을 하기 위해 '18' 클립을 중앙 하단으로 이동시켜 놓고 [Motion]-[Position]의 [Toggle animation]을 클릭하여 키포인트를 만듭니다.

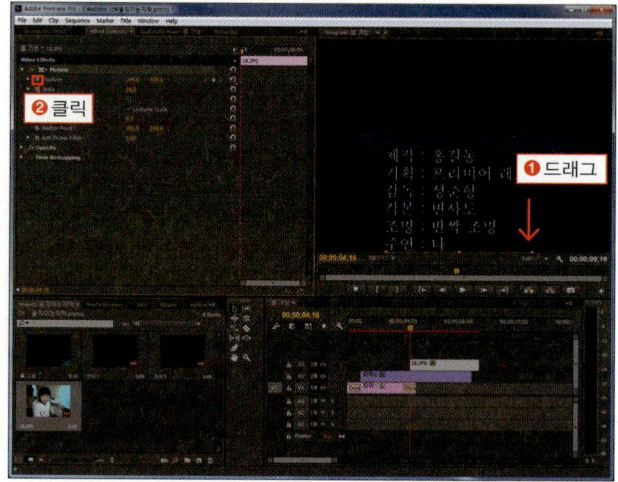

14. 자막이 중간 정도 이동되는 지점인 '6.17'로 이동하고 [Add/Remove Keyframe] 단추를 클릭하여 키프레임을 만듭니다. '18' 클립도 자막과 같이 이동되도록 [Program] 패널의 이미지를 선택하여 롤 자막 바로 밑으로 드래그하여 이동시켜 줍니다.

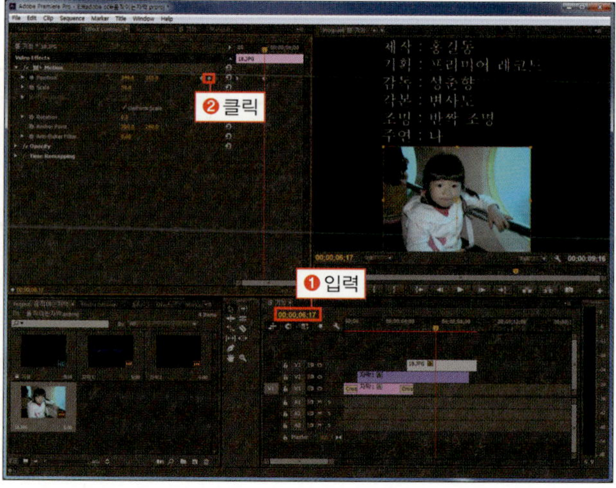

15. 롤 자막이 바로 없어지는 지점인 '8.18'로 이동하고 [Program] 패널의 이미지를 선택하여 중앙 상단으로 이동시켜 줍니다.

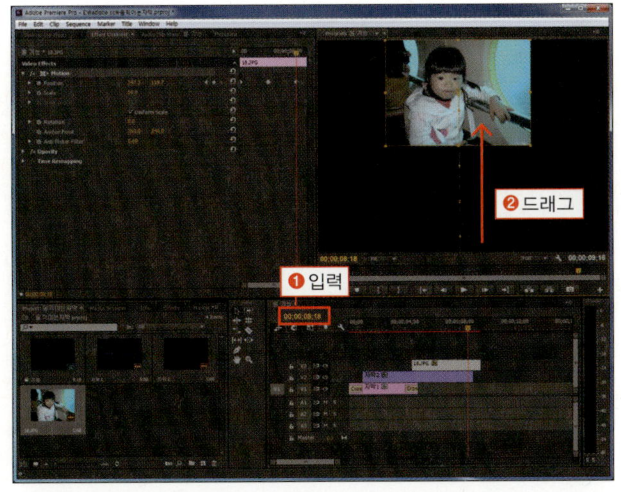

16. '18' 클립의 마지막 프레임으로 이동하고 이미지를 화면에서 보이지 않도록 끝까지 상단으로 이동시켜 줍니다. 그러면, 이미지도 롤 자막처럼 이동하는 효과를 볼 수 있습니다.

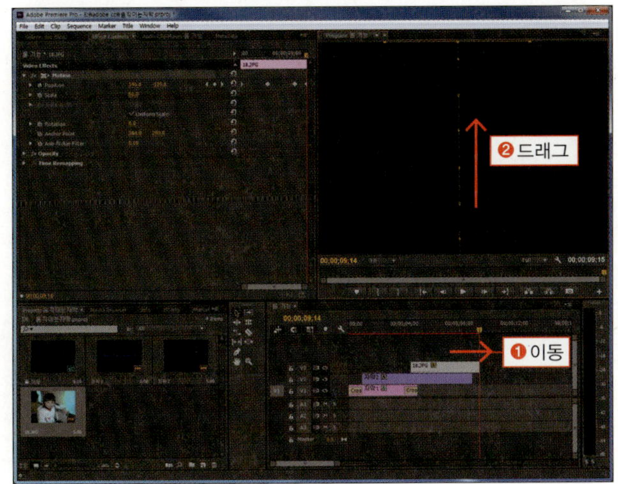

17. Space Bar 를 눌러 전체 진행을 보면 마지막에서 조금 빠르다는 것을 느낄 수 있는데 이럴 때는 자막처럼 클립을 늘려주면 됩니다. 타임코드의 값을 '10.14'로 입력하여 이동시켜 주고 '18' 클립의 크기를 늘려줍니다. [Effect Controls] 패널의 [Position]에 있는 마지막 키프레임을 가장 오른쪽으로 이동시켜 줍니다.

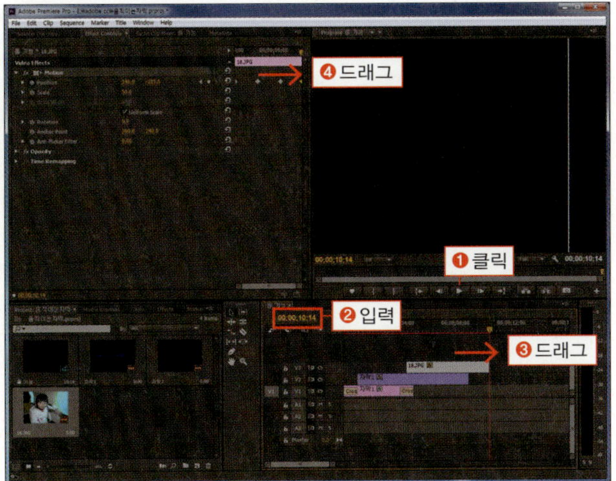

18. 새로운 롤 자막을 만들기 위해 [Project] 패널의 '자막2'를 더블클릭하여 타이틀 창을 엽니다. 상단의 [New Title Based on Current Title] 단추를 클릭합니다. 기존의 자막에 있는 속성은 그대로 사용합니다.

19. 타이틀 이름을 '자막3'으로 입력하여 새로 만들고 기존 자막을 블록으로 지정하여 삭제한 후 바로 다음과 같이 내용을 입력합니다.

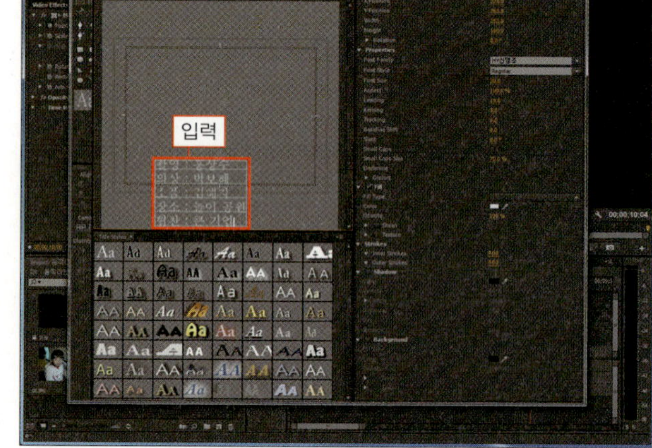

촬영 : 홍상수
의상 : 박보혜
장소 : 놀이 공원
협찬 : 큰 기업

20. 상단의 [Show Background Video] 단추를 클릭하여 기존의 자막들이 보이도록 한 다음 새로 만들어 놓은 자막의 위치가 같도록 이동시켜 줍니다. 타이틀 창을 닫습니다.

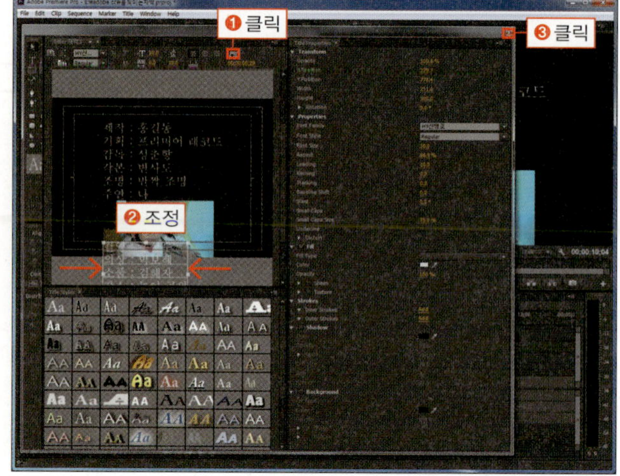

21. [V4] 트랙에 '자막3' 클립을 이동시켜 놓고 타임코드의 값으로 '6.00'을 주어 이동한 다음 크기를 6초로 크게 키워줍니다.

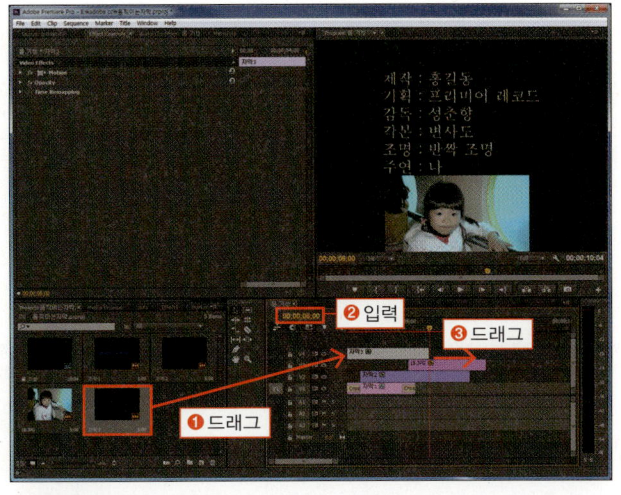

22. 6초를 기준으로 '자막3' 클립을 뒤로 이동시켜주고 Space Bar 를 눌러 전체 화면을 확인하면 이미지 다음에 '자막3'의 내용이 따라오는 것을 확인합니다.

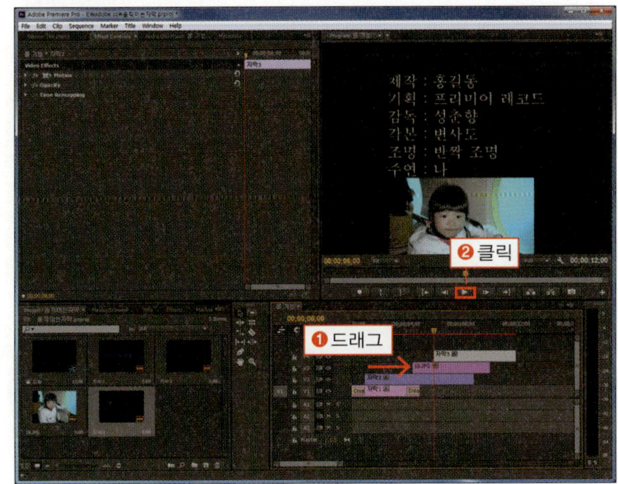

23. Enter 를 눌러 랜더링을 합니다. [File]–[Export]–[Media](Ctrl + M) 메뉴를 클릭하여 [Export Settings] 창이 나타나면 [Format]을 'H.264'로 변경하고 [Export] 단추를 클릭해 영상을 추출합니다.

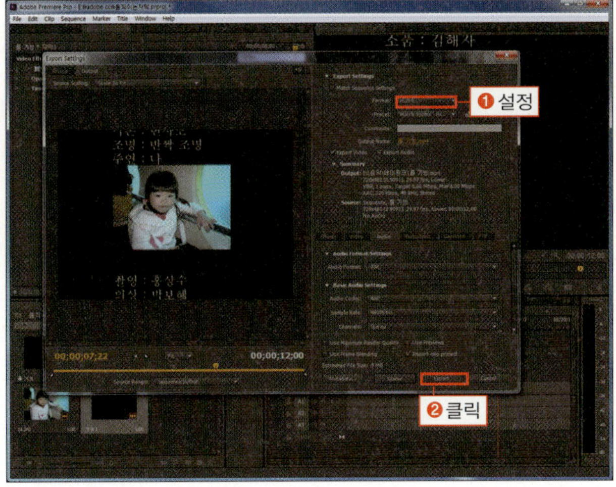

크롤 기능으로 움직이는 자막을 만들어 봅니다. 뉴스를 시청하다 보면 보여주는 영상과 상관없이 전체 뉴스의 내용을 한 번에 확인할 수 있는 흐르는 자막을 볼 수 있는데 이것이 크롤 기능을 이용한 흐르는 자막입니다.

완성 파일 | PART5₩흐르는 자막2.prproj   **추출 파일 |** PART5₩크롤 기능.mp4

01. 프리미어 프로 CC를 실행한 프로젝트 이름을 '흐르는 자막2'로 입력하고 새로운 시퀀스를 만들어 줍니다. 시퀀스의 이름으로 '크롤 기능'을 입력하고 [OK] 단추를 클릭합니다.

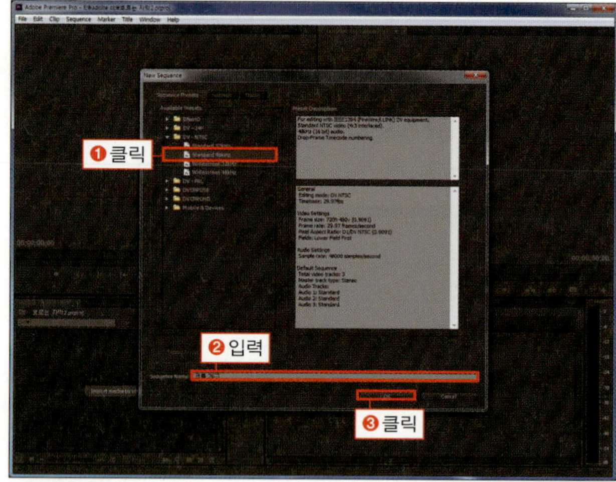

02. [Project] 패널의 빈 곳에 더블클릭하여 [Import] 창이 나타나면 [Source] 폴더에서 '임진각.wmv' 파일을 선택하여 가져옵니다. [V1] 트랙에 '임진각' 클립을 드래그하여 이동시켜 주고 [Title]–[New Title] 메뉴를 클릭한 다음 [Default Crawl]을 선택합니다.

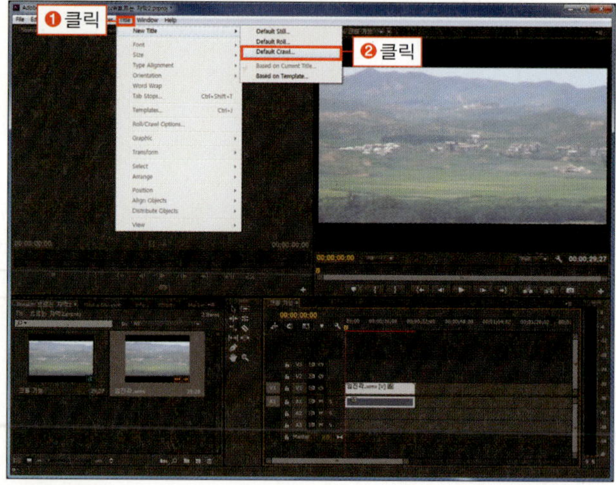

03. 타이틀 이름을 '자막1'로 입력합니다. [Type Tool]을 선택하고 하단 왼쪽에 클릭한 다음 '6:00 저녁뉴스'를 입력합니다. [Font Family]를 'HY 견고 딕'으로 주고 [Font Size]를 '30'으로 변경합니다.

04. 나머지 내용도 완성합니다.

6:00 저녁 뉴스 7:00 인기가요 8:00 일일 드라마
9:00 뉴스데스크 10:00 수목드라마 11:00 라디오
스타 12:00 마감뉴스 1:00 우리가 사는 세상

05. [Roll/Crawl Options] 단추를 클릭하고 창이 나타나면 [Title Type]은 [Crawl Left]를 선택하고 [Start Off Screen]과 [End Off Screen]에 체크한 후 [OK] 단추를 클릭합니다.

06. '자막'을 드래그하여 [V2] 트랙에 넣어주고 타임코드에 '20.00'을 입력하여 이동한 다음 자막의 크기를 20초로 늘려줍니다.

07. Space Bar 를 눌러 진행합니다. 자막의 속도가 좀 빠르다고 느껴질 것입니다. '자막'에서 마우스 오른쪽 버튼을 클릭하고 바로가기 창에서 [Clip Speed/Duration]을 선택한 다음 창이 나타나면 값을 '25.00'으로 늘려주고 [OK] 단추를 클릭합니다.

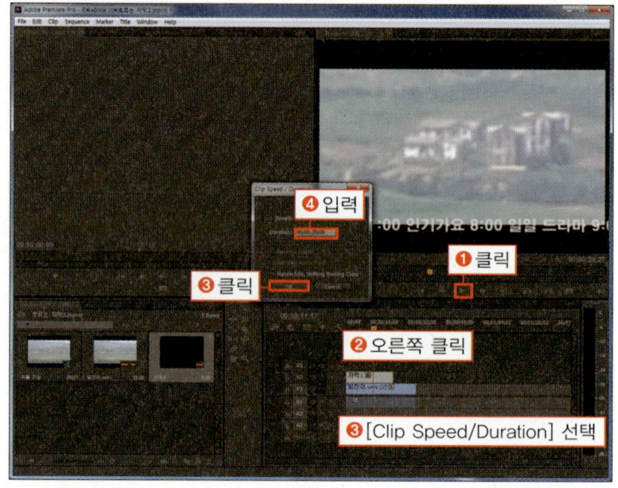

08. '자막'이 늘어난 것을 확인합니다. 자막이 흰 글씨로 되어 있어 잘 보이지 않기 때문에 배경색이 필요한데 이를 위해 [Project] 패널의 [New item]을 클릭하고 [Title]을 선택합니다.

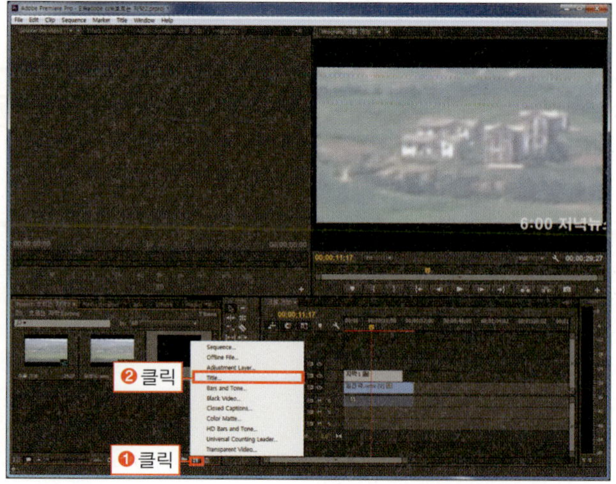

09. 타이틀 이름을 '배경'으로 입력합니다. 타이틀 창이 나타나면 왼쪽의 [Rectangle Tool]을 클릭하여 직사각형을 자막의 글자보다 조금 크도록 만듭니다. 바로 속성 창에서 [Color]를 '파랑'으로, [Opacity]를 '50%'로 변경하고 창을 닫습니다.

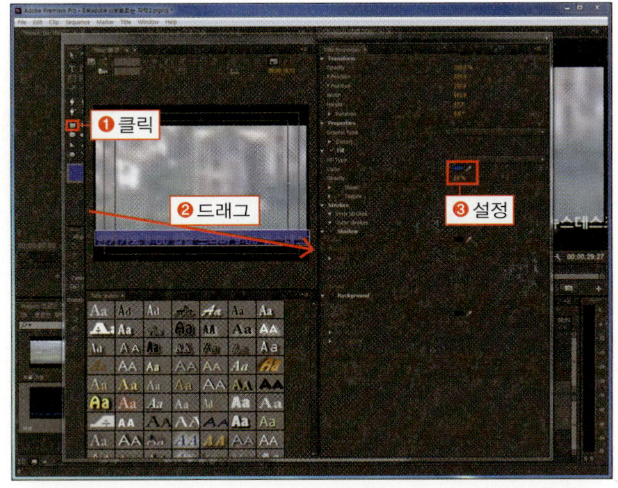

10. [V2] 트랙에 있는 '자막'을 [V3] 트랙으로 이동하여 마지막으로 붙여넣고, [V2] 트랙에는 '배경' 클립을 자막이 나타나기 1초 전인 '14.00'에 맞추어 드래그합니다.

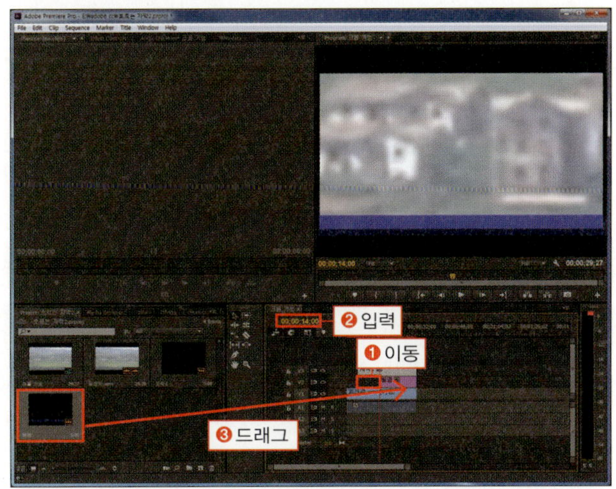

11. Enter 를 눌러 랜더링을 합니다. [File]–[Export]–[Media](Ctrl + M) 메뉴를 클릭하여 [Export Settings] 창이 나타나면 [Format]을 'H.264'로 변경하고 [Export] 단추를 클릭해서 영상을 추출합니다.

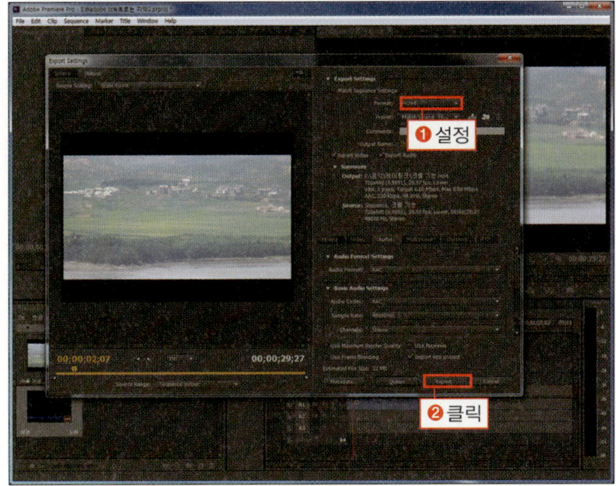

■ 자막(Title)은 영상의 내용을 보다 쉽게 전달하는데 필수적인 아이템입니다. `266p`

■ 자막 창은 크게 [Tool] 패널, [Action] 패널, [Main] 패널, [Properties] 패널, [Styles] 패널, 미리 보기 영역으로 나뉩니다. `260p`

■ [Tool] 패널은 글자의 입력과 편집, 선택, 도형 입력과 선택 등을 기본적으로 할 수 있으며 글자의 회전, 세로 쓰기, 방향성을 가진 글자 쓰기, 원하는 형태의 모양을 입력, 편집합니다.

■ [Main] 패널은 글자의 글꼴 설정, 문단 속성, 정렬, 드로잉 영역 등을 설정하고 바로 다른 새로운 자막을 만들어 사용하기도 합니다.

■ [Properties] 패널은 크게 6가지 글자 속성을 설정하는데 객체가 변화를 가지는 [Transform], 객체가 가지는 글자 기본 속성 변경인 [Properties], 객체에 색상 채우기를 할 수 있는 [Fill], 객체 외곽선 설정인 [Strokes], 객체의 그림자 설정인 [Shadow], 새로 만들어진 자막 전체의 배경색을 설정하는 [Background] 등으로 나누어 설정합니다.

■ [Styles] 패널은 미리 여러 속성 값들이 들어 있는 스타일들로 글자에 바로 적용합니다. 또한, 자신이 만들어 놓은 스타일 설정하여 계속적으로 사용할 수 있습니다.

■ 자막 템플릿을 이용하여 전체 자막 형태를 설정하고 내용만 변경하여 적용하기도 합니다.

■ [Roll/Crawl]은 자막의 이동을 설정하는데, [Roll]은 자막이 아래에서 위로 올라가도록 하고, [Crawl]은 자막이 왼쪽에서 오른쪽으로, 오른쪽에서 왼쪽으로 이동하도록 만들어 줍니다. `284p`

■ [Roll/Crawl] 창에는 자막의 시작과 끝의 위치를 정하는 설정 옵션과 시간을 직접주어 원하는 시간에 움직이거나 멈출 수 있도록 하는 설정 사항이 있습니다.

■ [Roll] 기능을 이용하면 모든 영상을 끝났을 때 영상의 제작에 관련된 사람들을 소개하는 엔딩 크레딧을 만들 수 있습니다.

■ [Crawl] 기능을 이용하면 뉴스나 관련 영상이 진행할 때 자막이 아래에 흐르는 자막 방송을 만들 수 있습니다.

01 다음 조건에 맞게 프로젝트를 완성하시오.

예제 파일 : PART5₩PART5-문제.prproj   완성 파일 : PART5₩PART5-결과.prproj
추출 파일 : PART5₩자막설정.mp5   동영상 파일 : PART5-SELF TEST.avi

 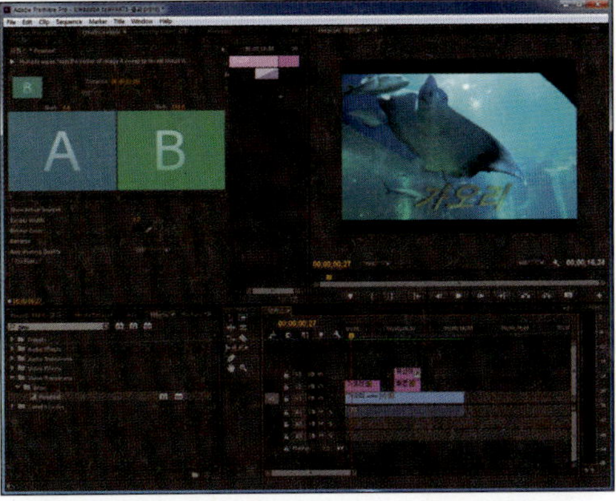

HINT

❶ 자막 설정하기
-첫 번째 자막을 만드시오.
  자막명 : 가오리
  자막에 '가오리'로 작성
  자막에 [HoboStd Slant Gold 80]을 적용하고 글자 크기를 '70'으로 변경
  글자체는 '돋움체'로 변경
-두 번째 자막을 만드시오.
  자막명 : 배경
  도형을 일정한 크기로 만들어 넣고 색상은 '노란색'으로 투명도는 [80]%
-세 번째 자막을 만드시오.
  자막명 : 귀상어
  글자 크기는 '50'으로, 글자 색상은 '자주색'으로, 글자체는 '휴먼옛체'로 변경
❷ 편집하기
- [V2] 트랙에 0~5초까지 [가오리] 자막을 설정하시오.
- 0초에 키프레임을 넣고 투명도를 0으로 2초에서 투명도를 100으로 설정하시오.
- 4초에 키프레임을 넣고 5초에 키 프레임을 주어 투명도를 0으로 설정하시오.
- [V2] 트랙에 7~11초까지 [배경] 자막을 설정하시오.
- [V3]트랙에 7~11초까지 [귀상어] 자막을 설정하시오.
- [배경], [귀상어] 자막을 7초에 키프레임을 설정하고 [Position]을 (-150, 240)으로 설정하시오.
- [배경], [귀상어] 자막을 8초에 키프레임을 설정하고 [Position]을 (360, 240)으로 설정하시오.
- [귀상어] 자막의 마지막에 [Pinwheel] 트랜지션을 적용하고 [Custom]의 값을 '32'로 변경
❸ 추출하기
- 추출 영상 파일명 : 자막 설정
- 영상 포맷 : MP4

06

실전에서 사용하기 위한
영상 작업

이번 Part는 지금까지 배워본 여러 가지 프리미어 프로 CC 기법을 사용하여 영상을 만들어 봅니다. 실제 종합적인 실전 방법을 통해 영상 완성을 해보고 영상을 통합적으로 어떻게 만들어 나갈 것인지 생각해 봅니다.

뮤직비디오와 같은 영상 만들기

여기서는 음악과 이미지를 이용한 뮤직비디오를 만들어 봅니다. 뮤직비디오는 음악을 제공하는 사이트나 유튜브에서 많은 영상을 확인할 수 있으며 그런 영상을 보고 따라하면서 편집 기술을 업그레이드 하기 바랍니다.

완성 파일 | PART6\뮤직비디오.prproj **추출 파일 |** PART6\뮤직비디오.mp4

01. 프리미어 프로 CC를 실행하고 프로젝트 이름을 '뮤직비디오'로 지정한 다음 새로운 시퀀스를 생성합니다. 시퀀스의 이름을 '뮤직비디오'로 입력하고 [OK] 단추를 클릭합니다.

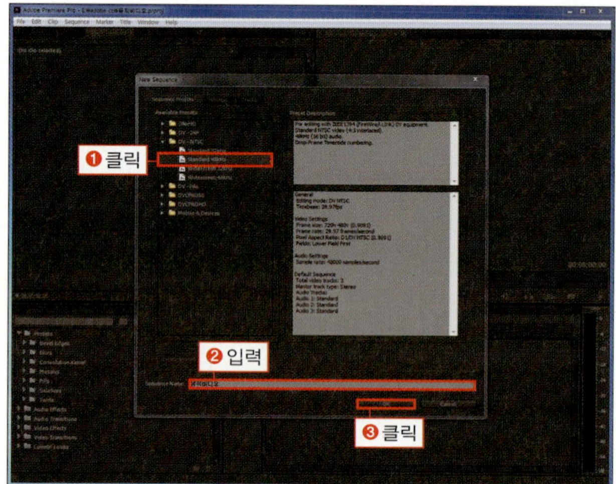

02. 이미지를 가져오기 위해 [Project] 패널의 빈곳에 더블클릭하여 [Import] 창이 나타나면 [Source] 폴더에서 '6~15' 클립들을 한 번에 선택하고 [열기] 단추를 클릭하여 이미지들을 가져옵니다.

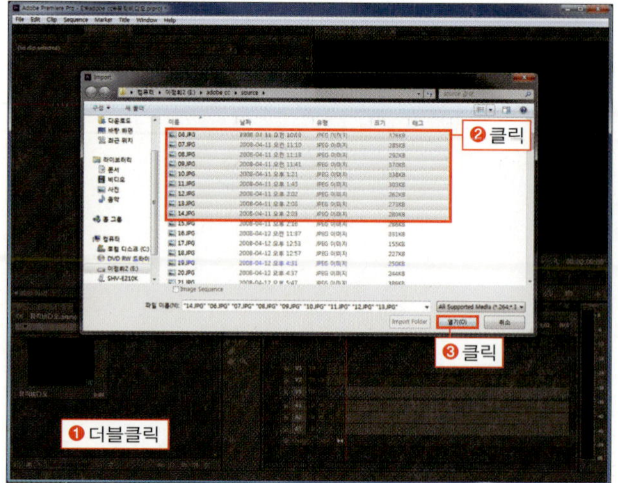

03. 이미지들과 같이 음악도 필요하니 [Project] 패널의 빈 곳을 더블클릭합니다. [Import] 창을 열고 [라이브러리]-[음악]을 선택한 후 [음악 샘플]을 더블클릭하여 'Maid with the Flaxen Hair.mp3'를 선택하고 [열기] 단추를 클릭합니다.

> **TIP : 음악의 저작권**
>
> 3번을 따라할 때 자신이 가지고 있는 음악 파일을 이용해야 합니다. 영상의 편집에 있어서 음악은 매우 중요합니다. 그러나 직접 작곡을 하지 않는 이상 기존의 음악을 가져다 사용할 것입니다. 개인적인 영상 작업은 큰 영향 없지만 유투브나 블로그, 카페처럼 보여주기 위한 영상은 저작권을 생각해야 됩니다.

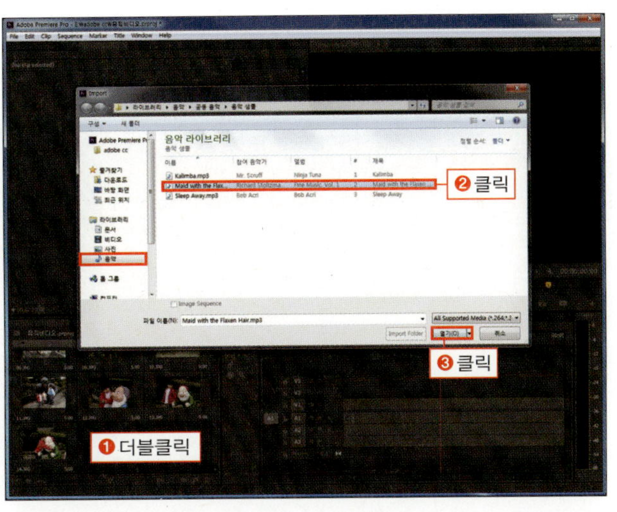

04. 가져온 음악 파일을 [A1] 트랙으로 이동시켜 주고 트랙을 늘려주기 위해 앞부분에서 마우스 오른쪽 버튼을 눌러 바로가기 창이 나타나면 [Add Track]을 클릭합니다.

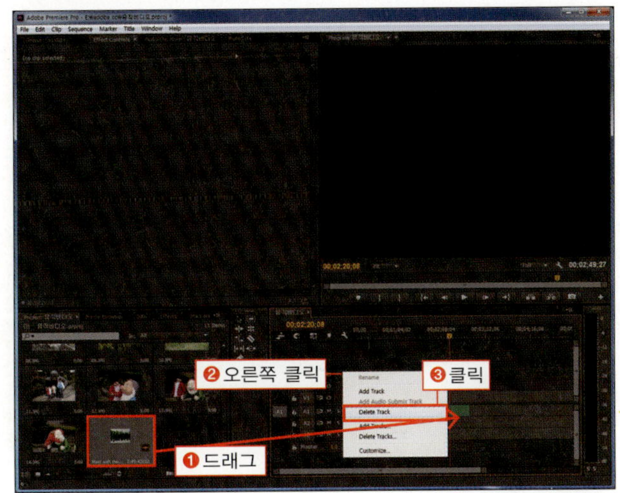

05. 비디오 트랙만 총 9개의 트랙으로 작업하기 위해 [Add Tracks] 창이 나타나면 [Video Tracks]의 [Add]를 클릭하고 '6'으로 변경하고 [Audio Tracks]의 [Add]에는 '0'을 입력한 다음 [OK] 단추를 클릭합니다.

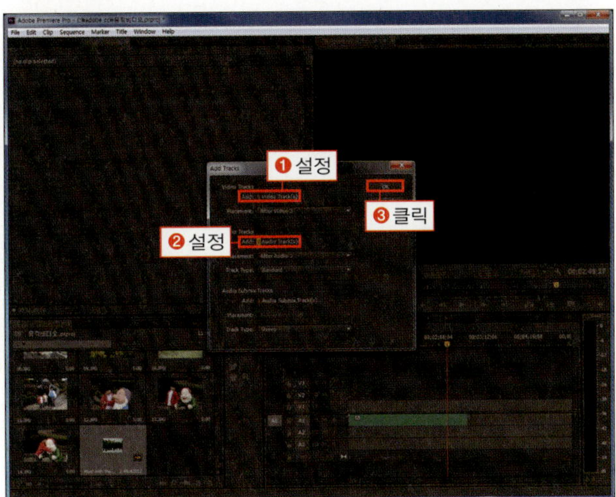

06. 프로젝트의 이미지 클립들을 [V1]에는 '6.jpg' 클립을 [V2]에는 '7', [V3]에는 '8', [V4]에는 '9', [V5]에는 '10', [V6]에는 '11', [V7]에는 '12', [V8]에는 '13', [V9]에는 '14' 순서대로 배치합니다. [Timeline] 패널의 크기를 높이기 위해 중앙의 바를 상단으로 이동하여 크게하고 이미지 트랙과 오디오 트랙 중간의 바를 이용하여 음악 트랙의 공간을 줄여줍니다.

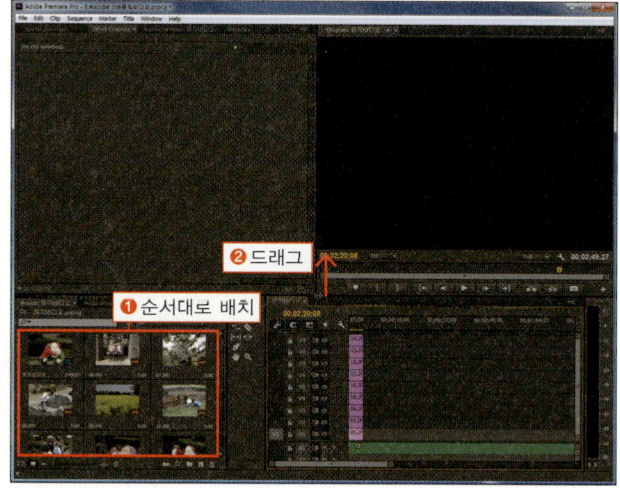

07. 영상이 전체적으로 각 이미지가 5초간 진행되어 전체 45초 동안 진행됩니다. 먼저 타임코드를 클릭하고 '45.00'을 입력하여 45초로 이동하고 전체 이미지 클립을 선택하여 한 번에 45초까지 드래그하여 크기를 키워줍니다.

08. 타임코드에 '5.00'을 입력하여 5초로 이동하고 [V2] 트랙~[V9] 트랙에 있는 모든 클립들을 선택하여 5초 뒤로 이동시켜 줍니다. 다시 [V1] 트랙의 이미지 클립을 선택한 후 0초로 이동하고 [Effect Controls] 패널을 클릭합니다.

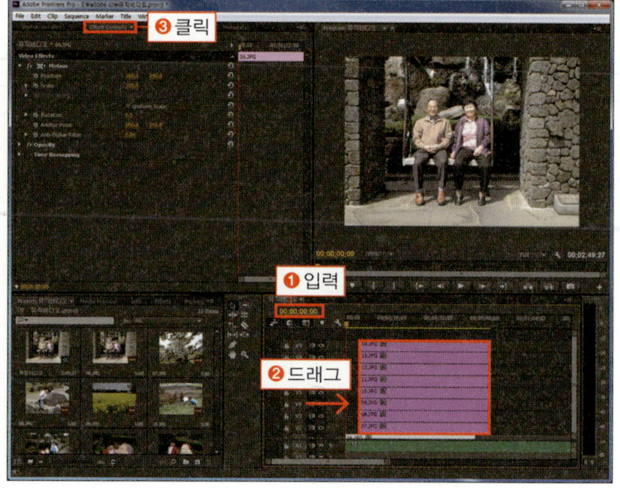

09. [Scale]의 [Toggle animation]을 클릭하여 키 프레임을 만들고 타임코드에 '3.00'을 입력하여 3 초로 이동한 다음 [Scale]의 값에 '33.3'을 입력합니다. 또한, [Position]의 [Toggle animation]을 클릭하여 키프레임을 만들어 줍니다.

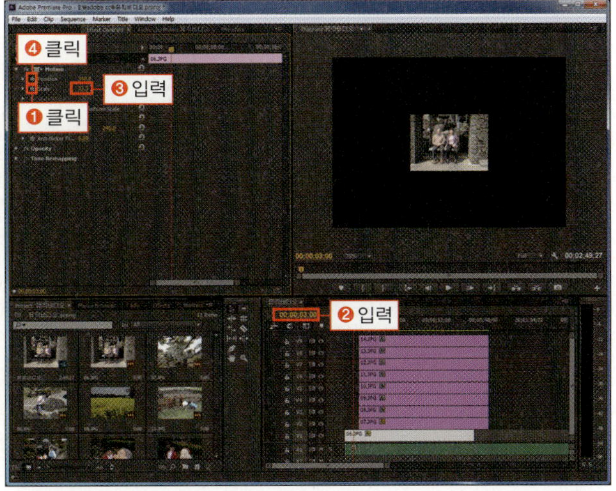

10. 타임코드에 '5.00'을 입력하여 5초로 이동하고 [Position]의 x와 y값은 (120, 80)으로 주어 위치를 이동시켜 줍니다. 그리고 Space Bar 를 눌러 이전에 설정한 움직임을 확인합니다.

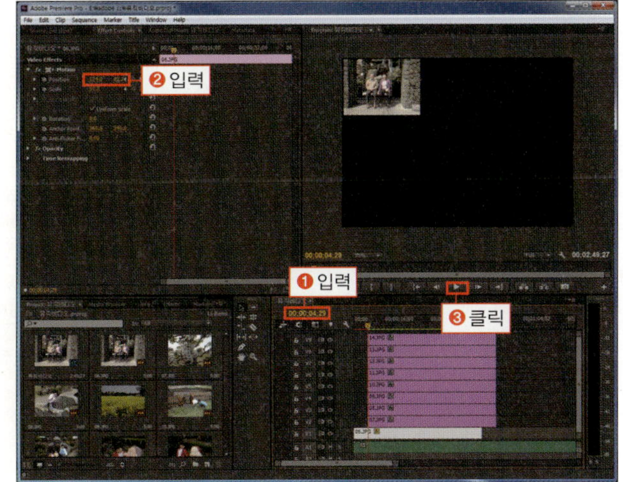

TIP : [Position] 지정하기

이 영상 편집의 위치 값(Position)은 전체 9등분으로 나누어 나중에는 9화면으로 분리하여 보여줍니다. 정확히, 위치 값을 알아야 하는데 시퀀스의 크기는 720×480입니다. 중앙의 위치 값은 (480, 240)입니다. 그래서 다음과 같이 9개의 중앙 위치 값을 지정할 수 있습니다. 대충 위치 값을 지정한 것이 아니라 계산에 의해 정확히 위치 값이 나옵니다. 직접 계산해 산출해 보세요.

(120, 80)	(360, 80)	(600, 80)
(120, 240)	(360, 240)	(600, 240)
(120, 400)	(360, 400)	(600, 400)

11. [V3]~[V9] 클립들을 전체 선택하고 45초
로 이동시켜 줍니다. [V2] 클립의 이미지를 선택
하고 5초로 이동합니다. [Effect Controls] 패널에서
[Scale]의 [Toggle animation]을 클릭하여 키프레임
을 만들고 타임코드에 '8.00'을 입력하여 8초로 이
동한 다음 [Scale]의 값으로 '33.3'을 입력합니다.
또한, [Position]의 [Toggle animation]을 클릭하여
키프레임을 만들어 줍니다.

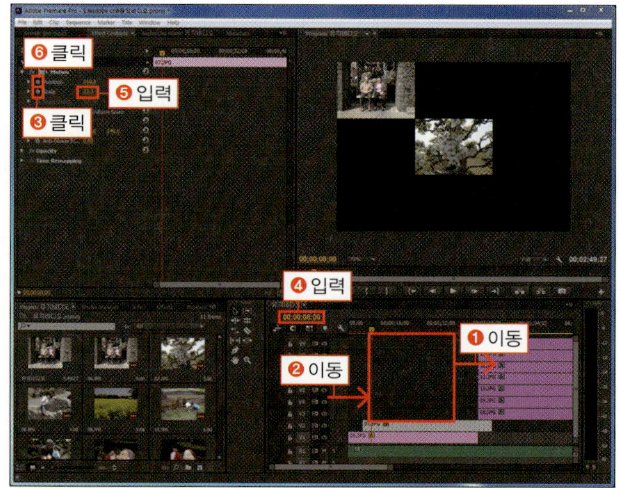

> **TIP :** [Position]에 키프레임 넣기
>
> '8'초에 기존의 값을 가지고 있는 [Position]의 키프레임을 입력합니다. 이유는 가장 마지막에서 키프레임 값을 변경하면 5초 동안 프레임 변
> 동 값이 적용됩니다. 즉, 8~10초 동안에만 변동되도록 하기 위해 8초에 기존의 키프레임 값을 그대로 가져와 입력하는 것입니다.

12. [Position]의 값에 (600, 80)을 입력하여 키프
레임 값을 변경합니다. 2번째 이미지의 변환을 확
인합니다.

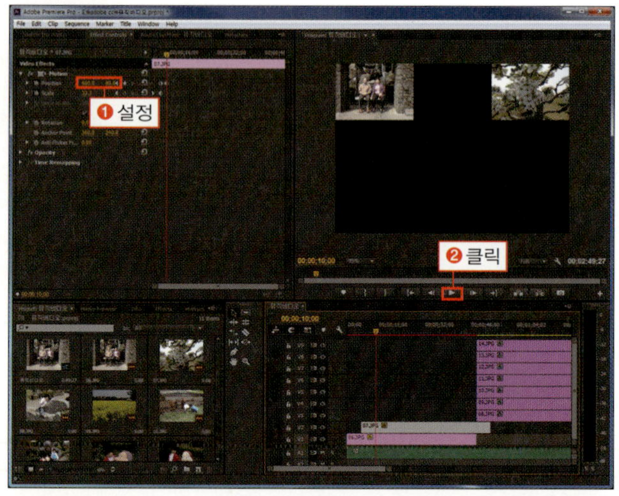

13. 10초로 이동하고 [V3] 트랙의 이미지 클립
을 이동시켜 줍니다. [Effect Controls] 패널에서
[Scale]의 [Toggle animation]을 클릭하여 키프레임
을 만들고 타임코드에 '13.00'을 입력하여 13초로
이동한 다음 [Scale]의 값으로 '33.3'을 입력합니
다. 또한, [Position]의 [Toggle animation]을 클릭하
여 키프레임을 만들어 줍니다.

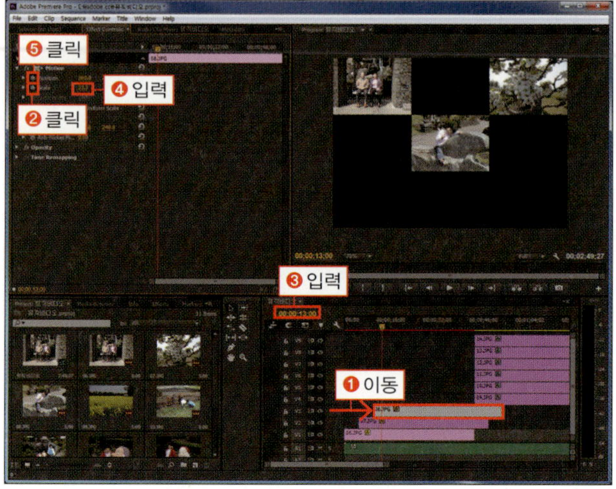

14. 15초로 이동합니다. [Position]의 값에 (120, 400)을 입력하여 키프레임 값을 변경합니다.

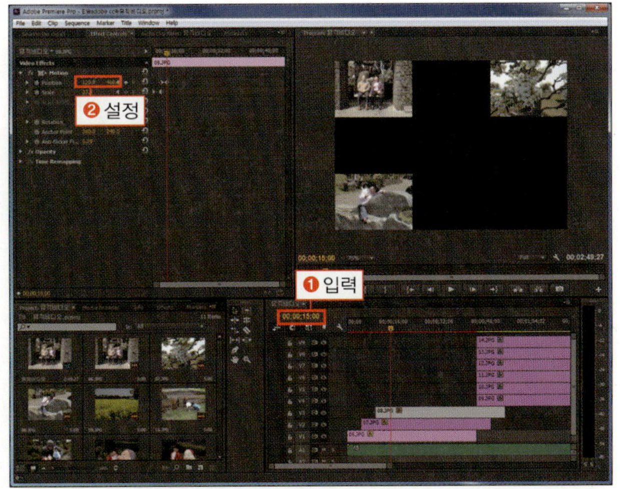

15. 15초에 [V4] 트랙의 이미지 클립을 이동시켜 줍니다. [Effect Controls] 패널에서 [Scale]의 [Toggle animation]을 클릭하여 키프레임을 만들고 타임코드에 '18.00'을 입력하여 18초로 이동한 다음 [Scale]의 값으로 '33.3'을 입력합니다. 또한, [Position]의 [Toggle animation]을 클릭하여 키프레임을 만들어 줍니다.

16. 20초로 이동합니다. [Position]의 값에 (600, 400)을 입력하여 키프레임 값을 변경합니다.

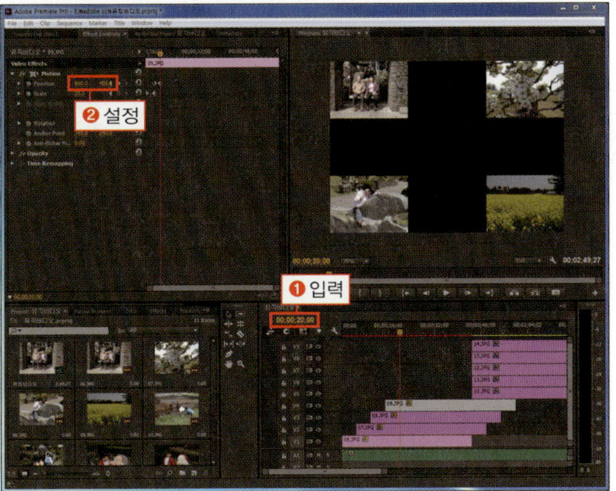

17. 20초에 [V5] 트랙의 이미지 클립을 이동시켜 줍니다. [Effect Controls] 패널에서 [Scale]의 [Toggle animation]을 클릭하여 키프레임을 만들고 타임코드에 '23.00'을 입력하여 23초로 이동한 다음 [Scale]의 값으로 '33.3'을 입력합니다. 또한, [Position]의 [Toggle animation]을 클릭하여 키프레임을 만듭니다.

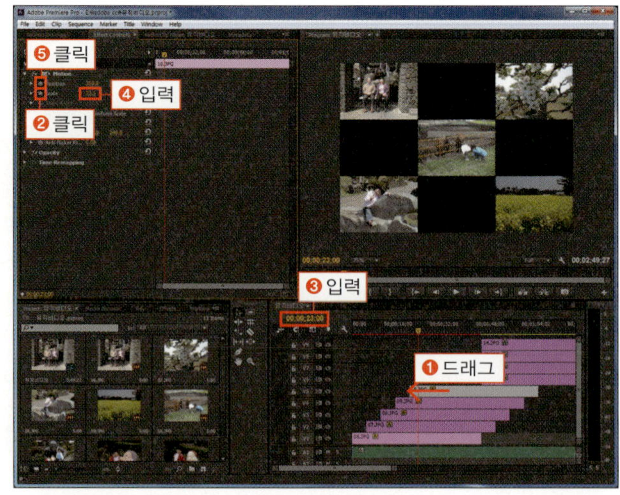

18. 25초로 이동합니다. [Position]의 값을 (360, 80)으로 변경합니다.

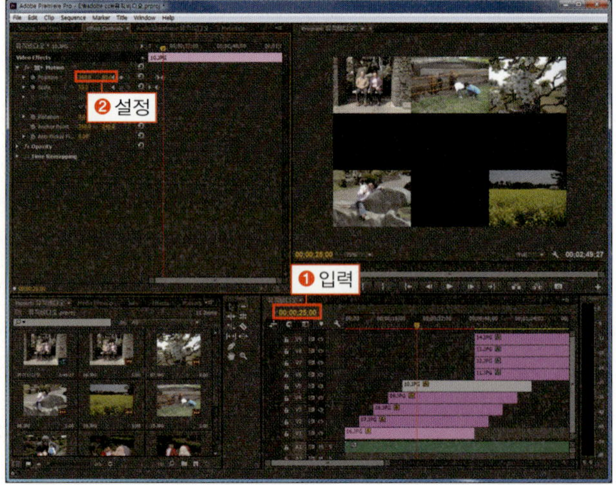

19. 25초에 [V6] 트랙의 이미지 클립을 이동시켜 줍니다. [Effect Controls] 패널에서 [Scale]의 [Toggle animation]을 클릭하여 키프레임을 만들고 타임코드에 '28.00'을 입력하여 28초로 이동한 다음 [Scale]의 값으로 '33.3'을 입력합니다. 또한, [Position]의 [Toggle animation]을 클릭하여 키프레임을 만들어 줍니다.

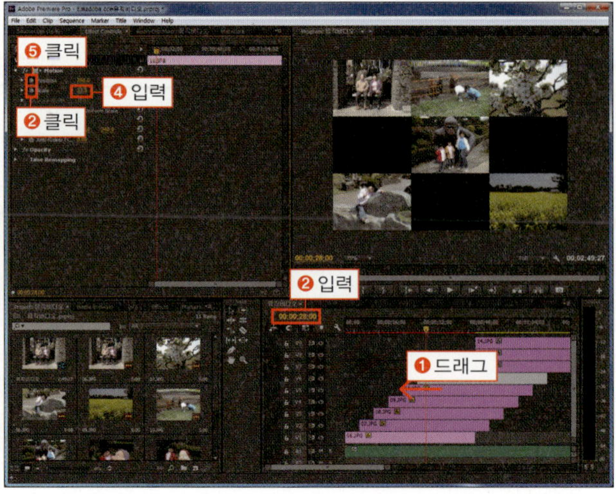

308

20. 30초로 이동합니다. [Position]의 값을 (600, 240)으로 변경합니다.

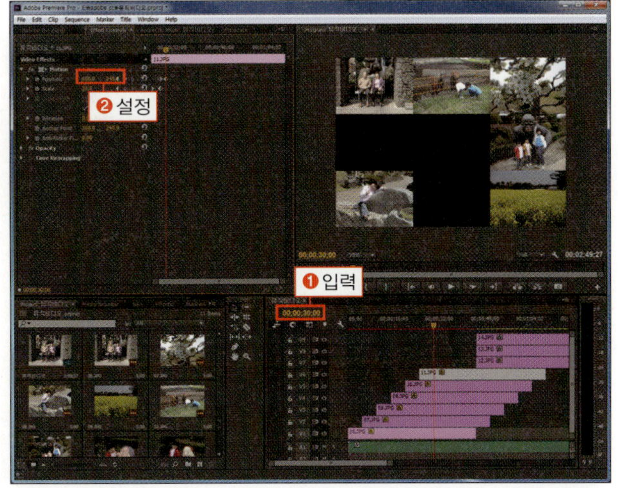

21. 30초에 [V7] 트랙의 이미지 클립을 이동시켜 줍니다. [Effect Controls] 패널에서 [Scale]의 [Toggle animation]을 클릭하여 키프레임을 만들고 타임코드에 '33,00'을 입력하여 33초로 이동한 다음 [Scale]의 값으로 '33.3'을 입력합니다. 또한, [Position]의 [Toggle animation]을 클릭하여 키프레임을 만들어 줍니다.

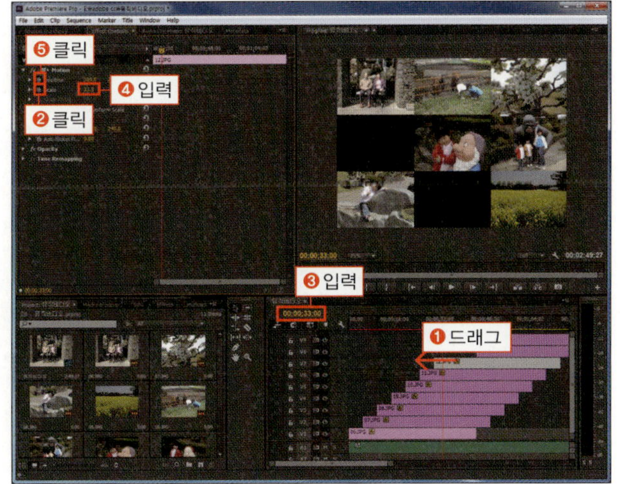

22. 35초로 이동합니다. [Position]의 값을 (360, 240)으로 변경합니다.

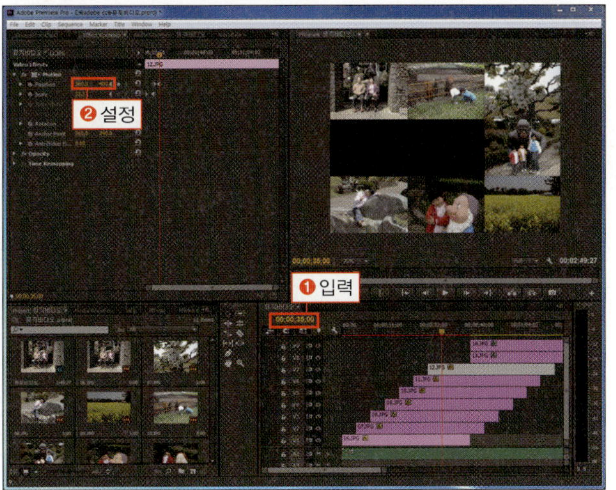

23. 35초에 [V8] 트랙의 이미지 클립을 이동시 켜 줍니다. [Effect Controls] 패널에서 [Scale]의 [Toggle animation]을 클릭하여 키프레임을 만들 고 타임코드에 '38.00'을 입력하여 38초로 이동한 다음 [Scale]의 값으로 '33.3'을 입력합니다. 또한, [Position]의 [Toggle animation]을 클릭하여 키프레 임을 만듭니다.

24. 40초로 이동합니다. [Position]의 값을 (120, 240)으로 변경합니다.

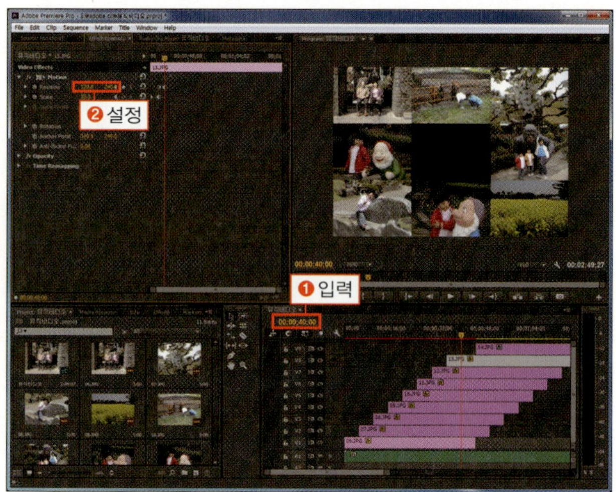

25. 40초에 [V9] 트랙의 이미지 클립을 이동시 켜 줍니다. [Effect Controls] 패널에서 [Scale]의 [Toggle animation]을 클릭하여 키프레임을 만들고 타임코드에 '45.00'을 입력하여 45초로 이동한 다 음 [Scale]의 값으로 '33.3'을 입력합니다.

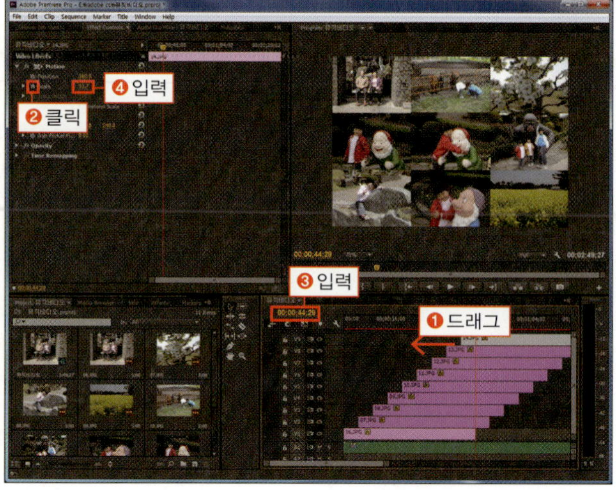

26. [V9] 트랙의 이미지 클립을 마지막 타임코드 (1.25.00)로 이동하고 [V1]~[V8] 트랙의 모든 이미지의 크기를 늘려줍니다.

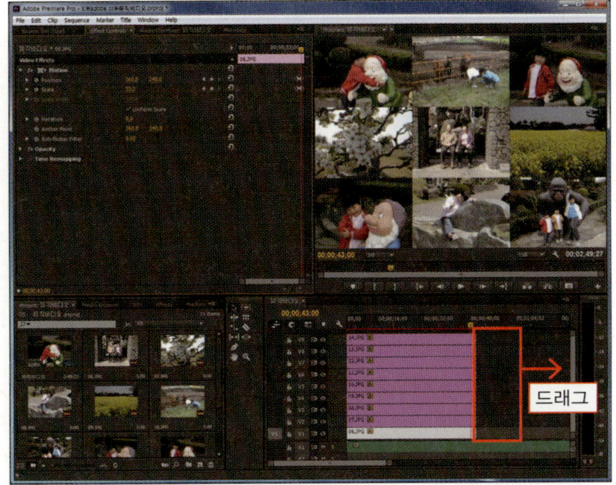

27. 타임코드에 '50.00'을 입력하여 50초로 이동하고 [V1]~[V9] 트랙의 모든 이미지 클립을 선택한 다음 **Ctrl**+**K**를 눌러 잘라줍니다.

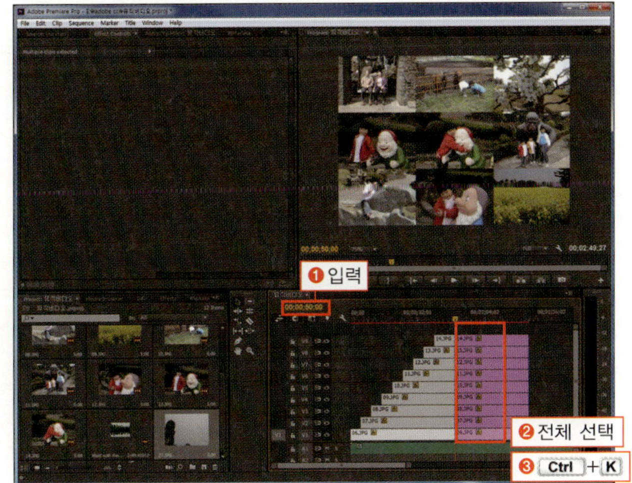

28. 이펙트를 주기 위해 [Effects] 패널로 이동해서 검색란에 'black'라 입력하면 해당되는 이펙트들이 나타나는데 이 중에 'Black & White'를 선택하고 [V1] 트랙의 잘려진 뒤에 있는 이미지에 적용합니다.

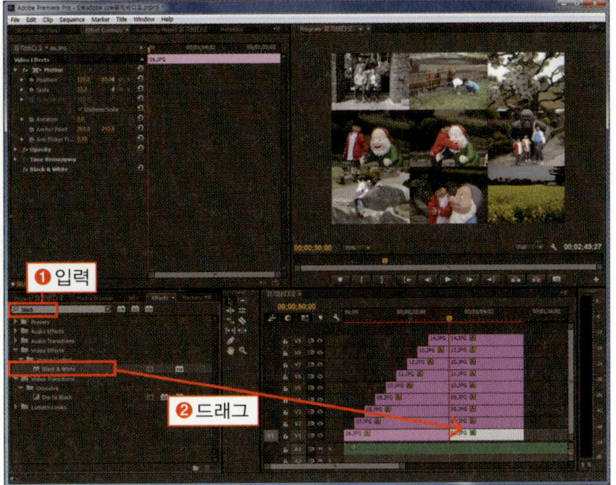

29. 타임코드에 '51.00'을 입력하여 51초로 이동하고 [V5] 트랙의 이미지 클립을 선택하여 Ctrl + K 를 눌러 잘라줍니다. 잘려진 마지막 이미지에 'Black & White' 이펙트를 적용합니다.

> **TIP : 이펙트가 적용되는 순서**
>
> 9개로 구분된 이미지에 흑백 이펙트를 적용하는데 바깥에서 안으로 파고드는 순서대로 이펙트를 적용하려고합니다. 순서는 [1]-[5]-[2]-[6]-[4]-[7]-[3]-[8]-[9] 순서대로 이펙트가 1초마다 적용됩니다.
>
> | 1 | 5 | 2 |
> |---|---|---|
> | 8 | 9 | 6 |
> | 3 | 7 | 4 |

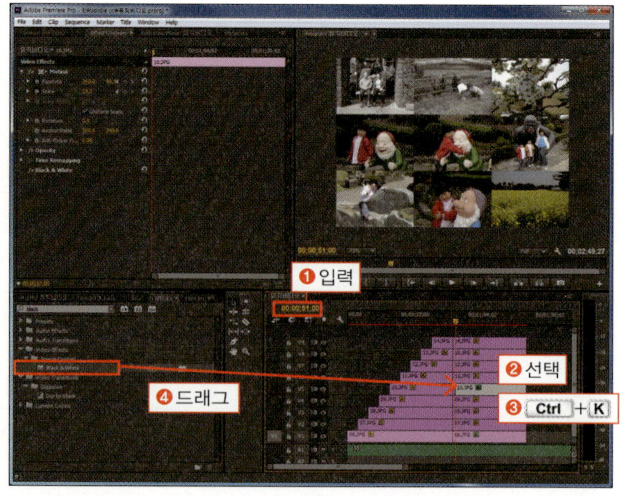

30. 타임코드를 52초로 이동하고 [V2] 트랙의 이미지 클립을 선택하고 Ctrl + K 를 눌러 잘라줍니다. 잘려진 마지막 이미지에 'Black & White' 이펙트를 적용합니다.

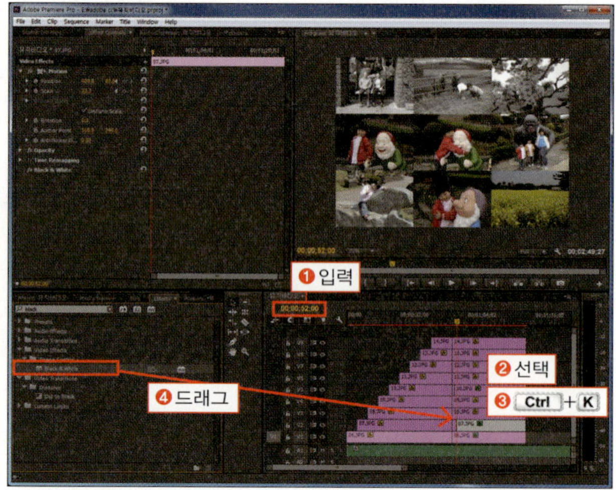

31. 나머지도 같은 방법으로 순서대로 적용합니다.

시간	트랙
53초	[V6]
54초	[V4]
55초	[V7]
56초	[V3]
57초	[V8]
58초	[V9]

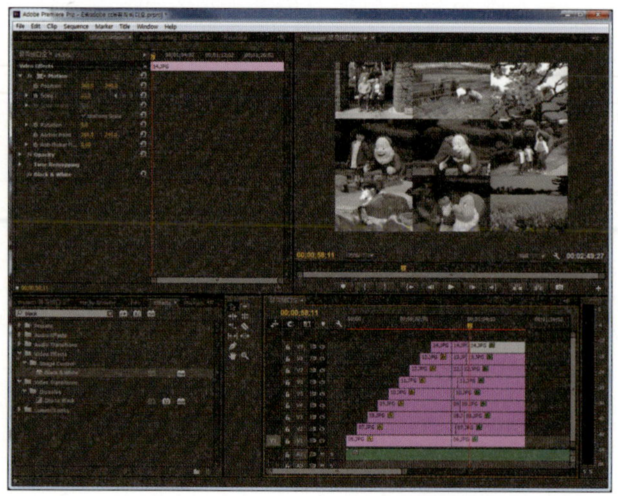

32. 타임코드에 '59.00'을 입력하여 이동하고 모든 트랙의 마지막 이미지들을 선택합니다. Ctrl + K 를 눌러 잘라줍니다.

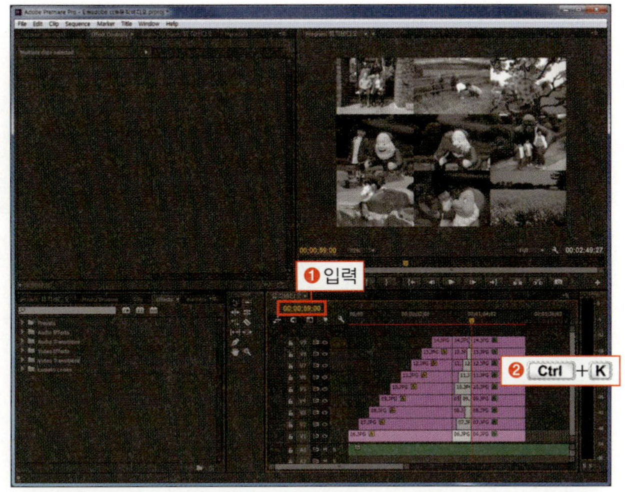

33. 다시 잘려진 모든 트랙의 이미지들을 선택하고 마우스 오른쪽 버튼을 클릭해 바로가기 창에서 [Remove Effects]를 선택합니다. [Remove Effects] 창이 나타나면 바로 [OK] 단추를 클릭합니다.

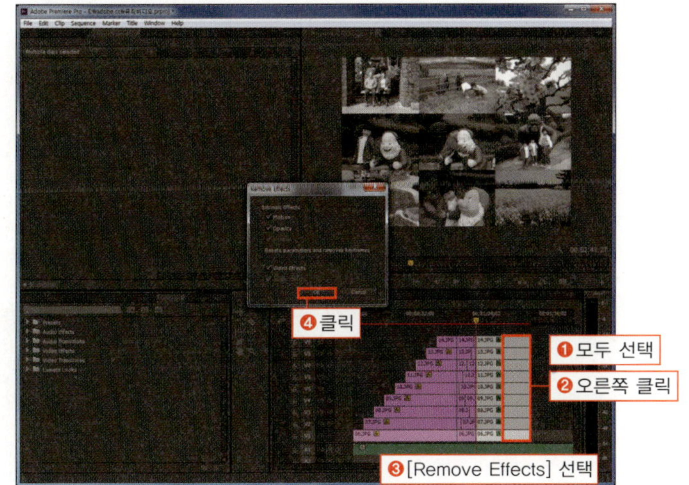

34. 타임코드에 '60.00'을 입력하여 이동하고 모든 트랙의 이미지와 오디오까지 선택한 후 Ctrl + K 를 눌러 잘라줍니다. 잘려진 나머지 부분들은 삭제합니다.

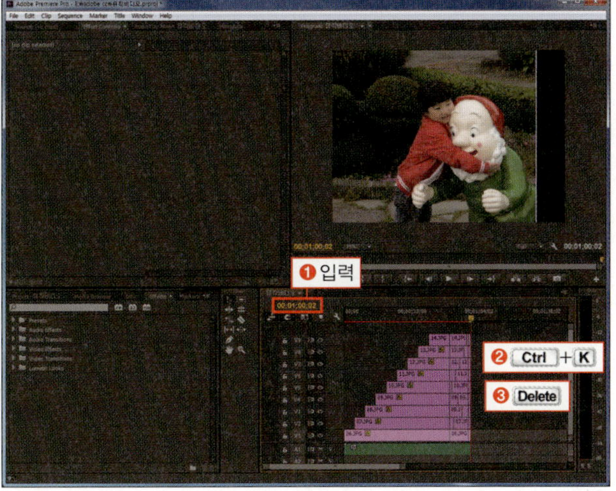

35. 모든 작업이 끝났으면 Enter 를 눌러 랜더
링을 합니다.

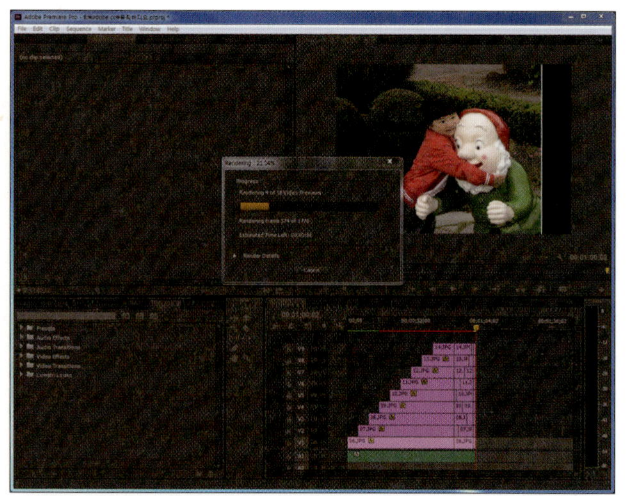

36. 동영상을 추출하기 위해 [File]–[Export]–
[Media](Ctrl + M) 메뉴를 클릭하여 [Export
Settings] 창을 열고 [Format]을 'H.264'로 변경합니
다. 하단의 [Export] 단추를 클릭해 추출합니다.

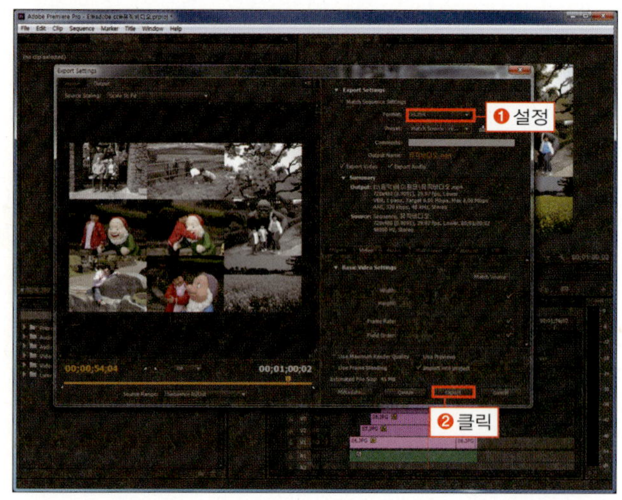

37. 결과를 확인합니다.

이전에 올림푸스에서 홍보한 CF 동영상입니다. 생각보다 간단하게 만들면서도 생각이 많이 남는 영상입니다. 저작권으로 인하여 똑같이 따라할 수는 없지만 비슷하게 따라하면서 여러분만의 노하우를 쌓아보기 바랍니다. 유튜브에서 검색하면 비슷한 영상을 확인할 수 있습니다.

완성 파일 | PART6₩광고.prproj **추출 파일 |** PART6₩광고영상.mp4

01. 프리미어 프로 CC를 실행하고 프로젝트 이름을 '광고'로 입력하고 새로운 시퀀스를 만듭니다. 새로운 시퀀스의 이름은 '광고영상'이라고 입력하고 [OK] 단추를 클릭합니다.

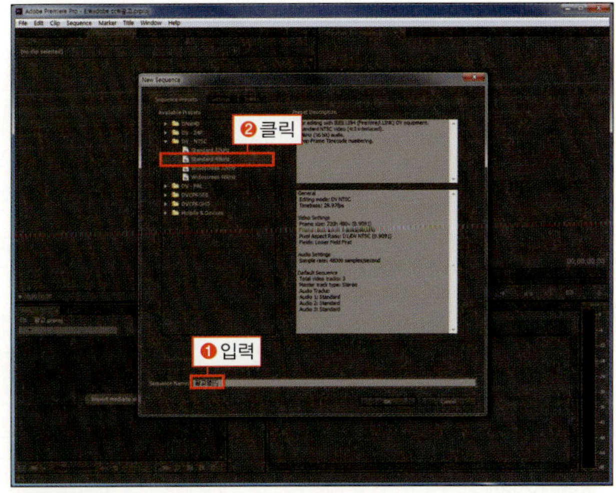

02. [Project] 패널의 빈 곳을 더블클릭하여 [Import] 창을 열어줍니다. 여러 이미지 클립 중에서 인물 사진을 중심으로 [Source] 폴더에서 '10, 16, 33, 43, 46, 48, 54, 71'을 **Ctrl** 을 눌러 선택하고 [열기] 단추를 클릭합니다.

TIP : 가져올 이미지

예제 파일을 사용하기 보다는 독자들이 가지고 있는 사진으로 하는 것인 좋습니다. 특히, 인물 사진을 사용하는 것이 좋은데 얼굴, 전신 사진 위주로 사용하길 바랍니다.

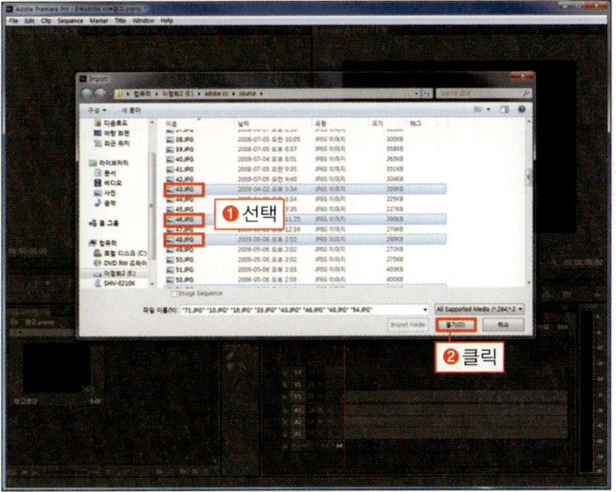

03. 음악 파일을 가져와야 하는데 [Project] 패널의 빈 곳을 더블클릭하여 [Import] 창을 열고 [라이브러리]-[음악]-[내 음악]의 [음악 샘플]을 더블클릭하여 'Sleep Away.mp3'를 선택한 후 [열기] 단추를 클릭합니다.

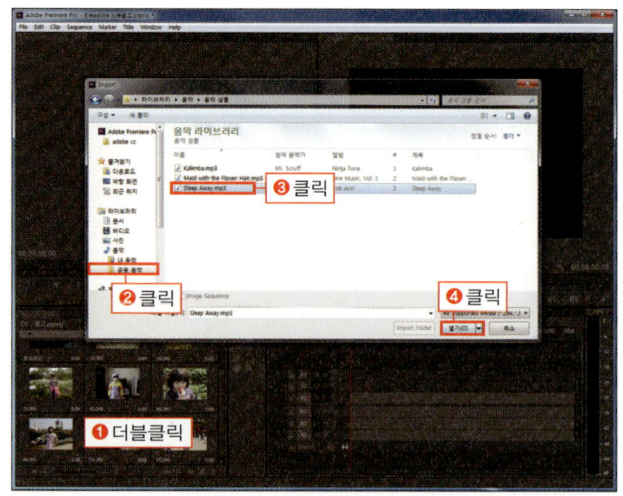

04. [A1] 트랙에 오디오 클립을 가져다 놓고 이미지가 변경되는 부분에 마커를 표시합니다.

> 1:17 4:02 5:07 6:15 9:01
> 10:09 11:18 13:06 16:07

TIP : 마커 위치 시간

이 마커 시간은 지금 오디오 클립보다는 광고 영상에 있는 오디오 클립에 맞추어 마커를 표시한 것이니 정확히 설정하는 것이 좋습니다.

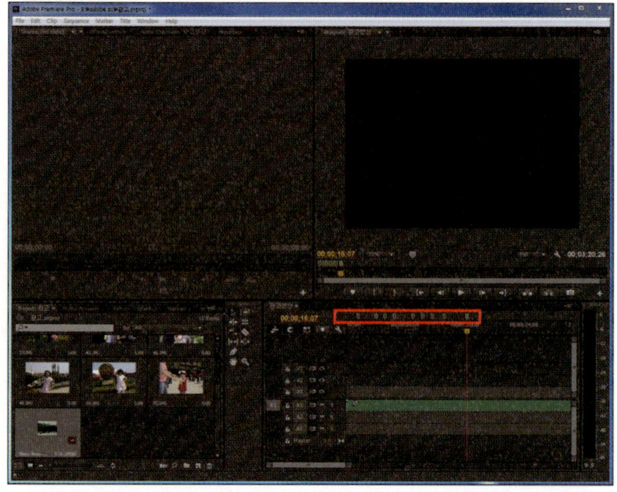

05. [Timeline] 패널의 가장 처음에 있는 마크를 클릭하여 이동하고 [Project] 패널 모든 이미지 클립들을 선택한 후 하단의 [Automate To Sequence] 단추를 눌러 창이 나타나도록 합니다.

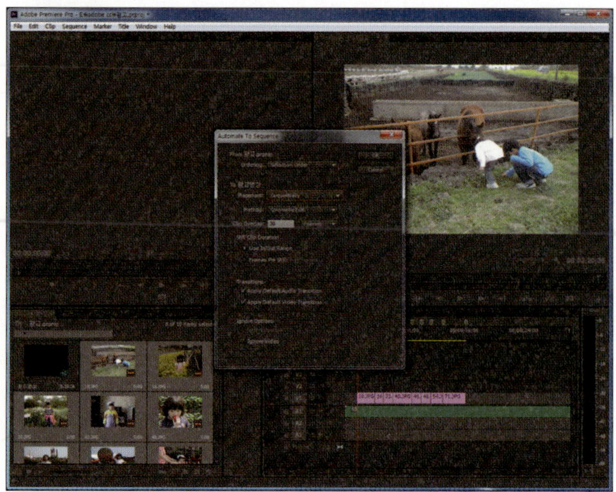

06. [Automate To Sequence] 창이 나타나면 [Placement]의 값을 'At Umnumbered Markers'로 변경하고 [OK] 단추를 클릭합니다.

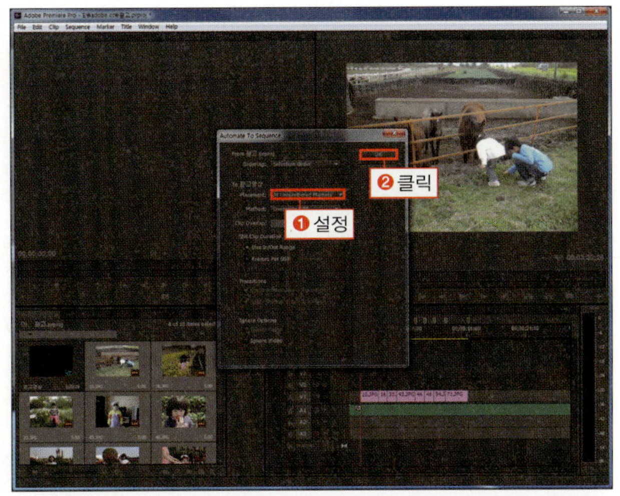

07. 마커에 맞게 이미지 클립들이 길이와 상관 없이 설정되어 있습니다. 이미지 클립 중 가장 처음에 있는 클립인 '10'을 선택하고 [Effect Controls] 패널로 이동합니다. 이미지의 처음 위치인 '1:17'에 [Opacity] 값을 '0'을 주고 마지막 위치인 '4:01'의 [Opacity] 값을 '100'을 주어 페이드 인 효과를 줍니다.

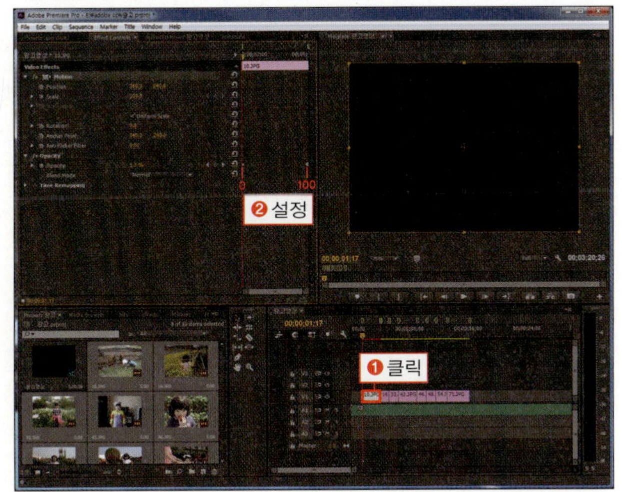

08. 타이틀을 만들기 위해 [Title]–[New Title] 메뉴에서 [Default Still]을 선택합니다. 자막 이름을 '자막바탕1'로 입력하고 타이틀 창이 열리면 왼쪽 툴에서 [Retangle Tool]을 클릭하고 오른쪽 상단 부분에 드래그합니다. 크기는 속성 창에서 [Width]의 값을 '27', [Height]의 값을 '28'로 설정합니다.

09. 만들어진 네모 칸을 선택하고 Alt 를 누른 상태에서 오른쪽으로 이동하면 복사가 됩니다. 이렇게 복사하여 4개의 상자를 만들어 줍니다. 상자들 간의 정렬을 하기 위해서는 전체를 선택하고 [Align]–[Vertical Top]과 [Distribute]–[Horizontal Center]를 클릭하여 조절합니다.

10. 첫 번째 네모상자를 선택하고 [Fill]–[Color]를 클릭하여 색상은 RGB(140, 100, 100)을 주고 2~4 번째 상자의 색상은 RGB(140, 50, 50)을 주어 1개의 옅은색과 3개의 진한색으로 구분합니다.

11. 새로운 타이틀 창을 만들기 위해 [New Title Based on Current Title] 단추를 클릭하고 타이틀 이름으로 '글자1-1'을 입력합니다.

> **TIP** : [New Title Based on Current Title] 단추 사용
>
> 4개의 상자위에 글자를 삽입하기 위해서는 이전의 화면이 필요하므로 기존의 타이틀 창을 닫고 새로운 타이틀 창을 열지 말고 단추를 눌러 바로 생성합니다.

12. [Type Tool]을 클릭하여 편집 창에서 '있' 글자를 입력하고 [Font Family]는 '바탕체', [Font Size]는 '26', [Color]는 '흰색'으로 지정합니다. '있' 글자의 위치를 2번째 상자로 이동시킵니다.

13. 2번째 상자 위에 있는 글자를 더블클릭하여 '있'을 'ㅇ'으로 변경합니다. 타이틀 창을 닫습니다.

TIP : 글자를 자음 변경하는 이유

글자를 타자치는 듯한 효과를 주기 위해서는 하나의 음절을 완성하는 단계를 보여주는데 무조건 자음을 설정하고 진행하는 것보다 완성된 글자를 먼저 쓰고 속성을 지정한 다음 다시 자음으로 변경해서 사용하는 것이 좋습니다.

14. [Timeline] 패널의 2번째 마커(4:02)를 클릭하여 이동시켜 놓고 [V2] 트랙에는 '자막배경1'을, [V3] 트랙에는 '글자1-1'을 드래그하여 넣어주고 2프레임 동안 진행하도록 크기를 줄여줍니다.

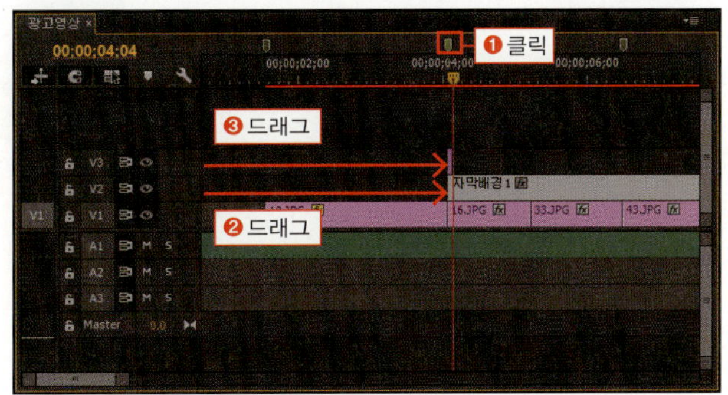

15. [Project] 패널의 '글자1–1'을 더블클릭하고 [New Title Based on Current Title] 단추를 클릭한 후 타이틀 이름을 '글자1–2'로 변경합니다. 편집 창에서 'ㅇ'을 '이'로 변경합니다. 타이틀 창을 닫습니다.

16. 새로 만들어진 '글자1–2' 클립을 [V3] 트랙의 '글자1–1' 다음에 이어서 붙여놓고 '4:04～4:06'의 크기에 맞게 줄여줍니다.

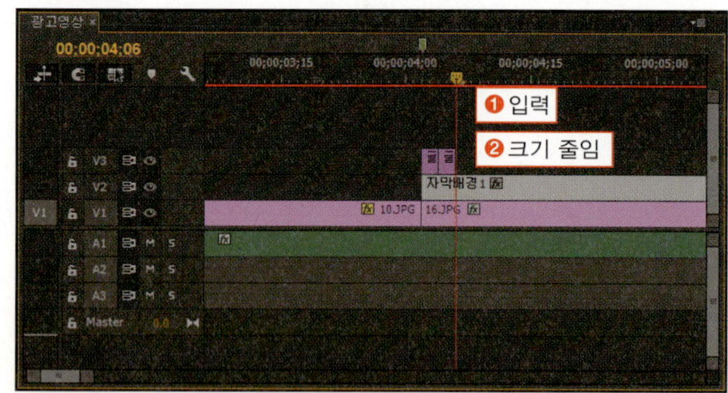

17. 같은 방법으로 새 타이틀을 만들고 2프레임 단위로 글자를 줄여줍니다. 마지막 클립은 다음 마커의 위치까지 줄여줍니다.

'글자1–3' : '있' : '4:06～4:08'
'글자1–4' : '있ㄴ' : '4:08～4:10'
'글자1–5' : '있니' : '4:010～4:12'
'글자1–6' : '있니?' : '4:06～5:07'

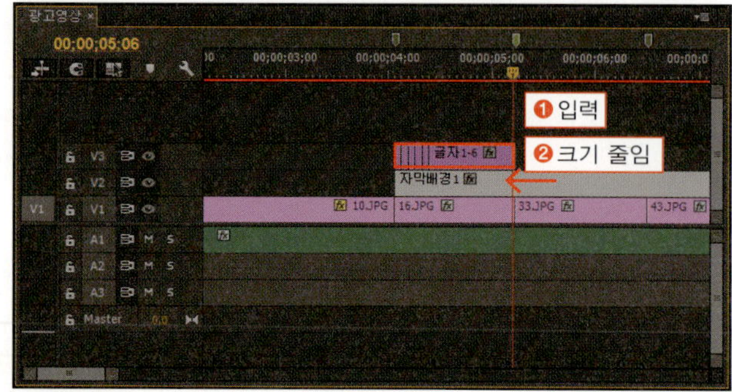

18. [V1] 트랙에서 3번째 이미지 클립을 선택하고 [Effect Controls] 패널로 이동합니다. 가장 처음 프레임 위치인 '5:07'에는 [Position]의 [Toggle animation]을 클릭해 키프레임을 만듭니다. 마커를 클릭하여 마지막 프레임 위치로 이동하여 (370, 240)을 입력한 후 이미지 클립이 오른쪽으로 약간 이동하는 움직임을 가집니다.

19. [Project] 패널에서 '자막배경1'을 더블클릭하여 타이틀 창을 열고 [New Title Based on Current Title] 단추를 클릭한 후 타이틀 이름으로 '자막배경2'를 입력합니다. 기존에 있던 4개의 상자에서 뒤의 2개를 식제하고 나머지 2개의 위치를 번경합니다. 타이틀 창을 닫습니다.

20. 타임라인에 있는 '자막배경1'의 길이를 '4:02~5:07'로 줄여주고 그 뒤에 '자막배경2' 클립을 이어 붙여줍니다. 길이도 '5:07~6:15'까지 크기를 줄여줍니다.

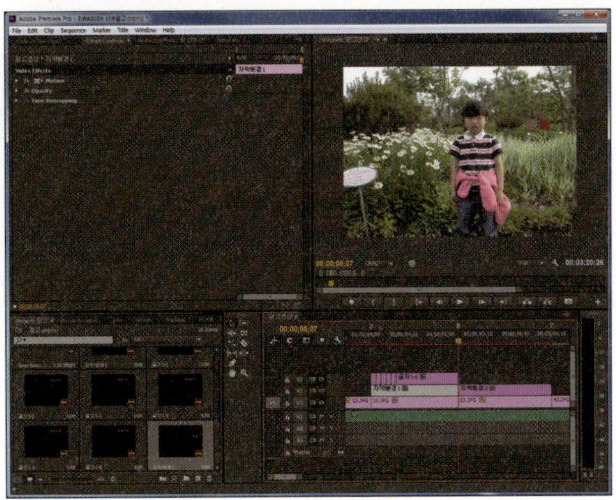

21. 타이틀을 만드는 방법을 그대로 하여 새로운 글자를 만들어 봅니다. '글자1-1'을 열고 [New Title Based on Current Title] 단추를 클릭하고 타이틀 이름으로 '글자2-1'을 입력합니다. 'ㅇ'을 그대로 2번째 상자로 이동하여 'ㅂ'으로 변경합니다. 타이틀 창을 닫고 각각의 위치에 맞게 크기를 줄여줍니다.

'글자2-1' : 'ㅂ' : '5:07~5:09'
'글자2-2' : '바' : '5:09~5:11'
'글자2-3' : '밭' : '5:11~6:15'

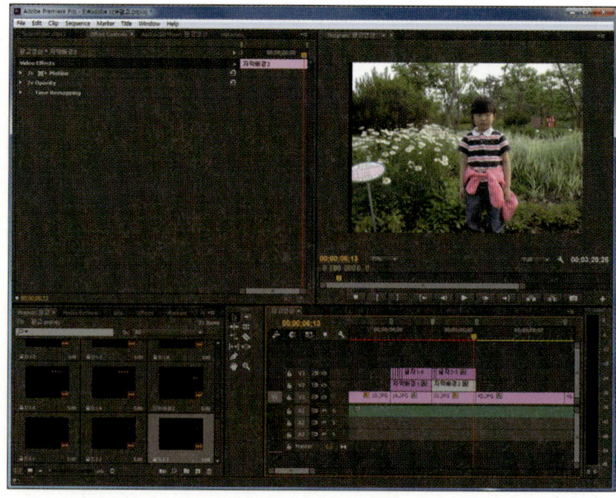

22. [V1] 트랙의 4번째 이미지 클립을 선택하고 [Effect Controls] 패널로 이동합니다. 처음 프레임 위치인 '6:15'에서 [Position]의 [Toggle animation]을 클릭해 키프레임을 만듭니다. 다음 마커를 클릭하여 마지막 프레임 위치로 이동한 후 (340, 240)을 입력하여 이미지 클립이 왼쪽으로 약간 이동하는 움직임을 가집니다.

23. [Project] 패널의 '자막바탕1'을 더블클릭하여 타이틀 창을 열고 [New Title Based on Current Title] 단추를 클릭한 후 타이틀 이름으로 '자막배경3'을 입력합니다. 상자들의 위치를 중앙 하단으로 이동하고 옅은 색 사각형을 1개 더 복사하여 3개를 만들고 짙은 색 사각형도 1개 더 복사하여 화면과 같이 만들어 줍니다. 타이틀 창을 닫습니다.

24. '자막바탕3' 클립을 '6:15~9:01' 사이에 배치하고 크기를 줄여줍니다.

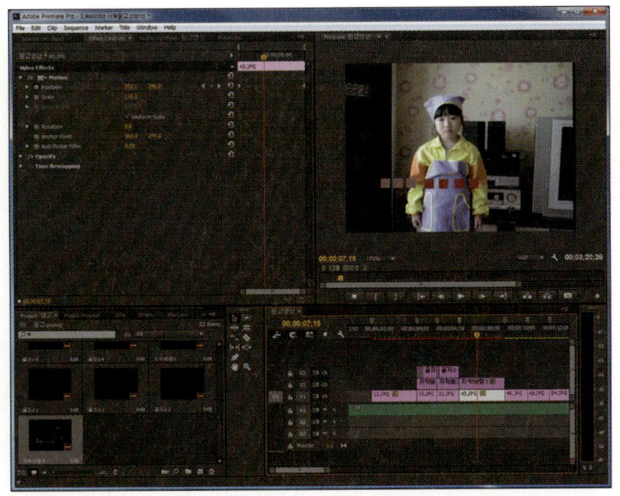

25. [Project] 패널의 '글자2-3'을 더블클릭하여 타이틀 창을 열고 새로운 글자를 만들어 갑니다. 타이틀을 다 만들었으면 창을 닫습니다.

'글자3-1' : 'ㅇ'
'글자3-2' : '어'
'글자3-3' : '어ㄸ'
'글자3-4' : '어떠'
'글자3-5' : '어떡'
'글자3-6' : '어떡ㅎ'
'글자3-7' : '어떡하'
'글자3-3' : '어떡하ㅈ'
'글자3-3' : '어떡하죠'

26. 만들어진 자막 '글자3-1'부터 '글자3-8'까지는 2프레임을 주어 배치하고 '글자3-9'는 다음 마커 위치인 '9:01'까지 배치합니다.

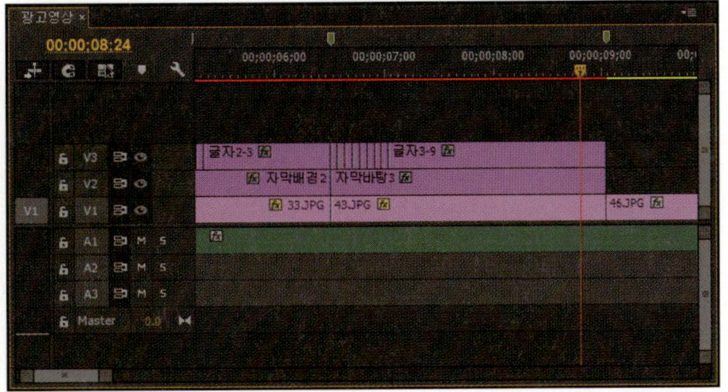

T I P : 자막 배치 작업

자막의 기본 크기는 5초입니다. 그래서 가져다 놓고 줄이는 방식을 사용합니다. 우선, 자막을 가져다 놓고 타임코드에서 2프레임을 이동합니다. Ctrl + K 를 눌러 잘라줍니다. 잘려진 뒤의 클립을 삭제하면 줄이는 것보다는 보다 쉽게 작업을 할 수 있습니다.

27. [V1] 트랙의 5번째 이미지를 선택하고 [Effect Controls] 패널로 이동합니다. 가장 처음 프레임의 [Scale]에서 [Toggle animation]을 클릭하여 키프레임을 주고 마지막 프레임에는 값에는 '110'을 줍니다. 그래서 이미지가 천천히 확대되는 효과를 가집니다. 나머지 이미지들도 효과를 지정합니다.

> • 6번째 클립 : [Position]에 키프레임, 마지막 값 (370, 240)
> • 7번째 클립 : [Position]에 키프레임, 마지막 값 (360, 230)
> • 8번째 클립 : [Position]에 키프레임, 마지막 값 (360, 250)

28. [Project] 패널에서 '자막배경3'을 더블클릭하여 타이틀 창을 열고 [New Title Based on Current Title] 단추를 클릭하고 타이틀 이름으로 '자막배경4'를 입력합니다. 기존의 상자들을 오른쪽 상단으로 이동하고 진한 상자 3개를 삭제합니다. 타이틀 창을 닫습니다.

29. 이미지 클립의 가장 마지막 부분인 '13:06'에서 [V2] 트랙에 '자막바탕4' 클립을 크기에 맞게 이동시켜 줍니다.

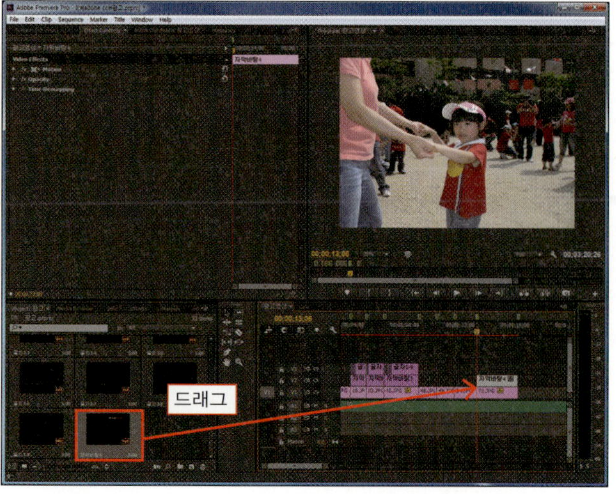

30. [Project] 패널의 '글자3-9'를 더블클릭하여
타이틀 창을 열고 새로운 글자를 만들어 갑니다.
[New Title Based on Current Title] 단추를 클릭하
고 타이틀 이름으로 '글자4-1'을 입력합니다. 첫
번째 진한 상자 위에 'ㅋ'를 넣고 다시 '글자4-2'
타이틀을 만들어 줍니다. 타이틀 창을 닫습니다.

31. 타임라인 '13:18~13:28'에 '글자4-1'을 넣고
크기에 맞게 줄이고 '13:29' 다음에 '글자4-2'를 넣
고 마지막 마커의 크기에 맞게 늘려 놓습니다.

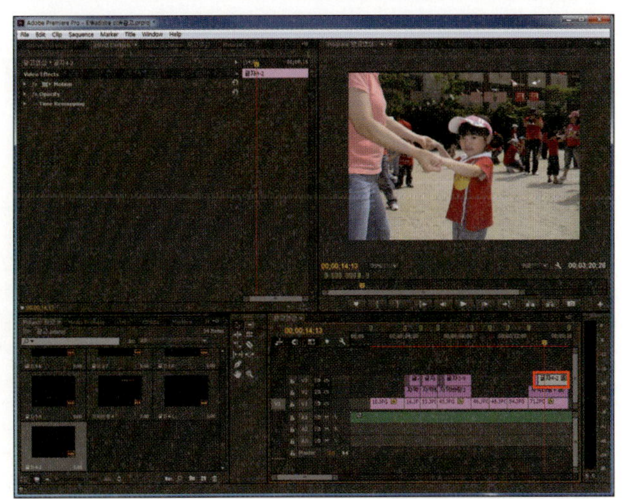

32. [Title] 메뉴의 [New Title]-[Default Still]을 선택
하고 [Name]에 '글자5-1'을 입력합니다. 편집 창
에 '사진은'을 입력한 후 [글꼴]은 '서울남산체'로
지정하고 [글자 크기]는 '50'으로 변경합니다.

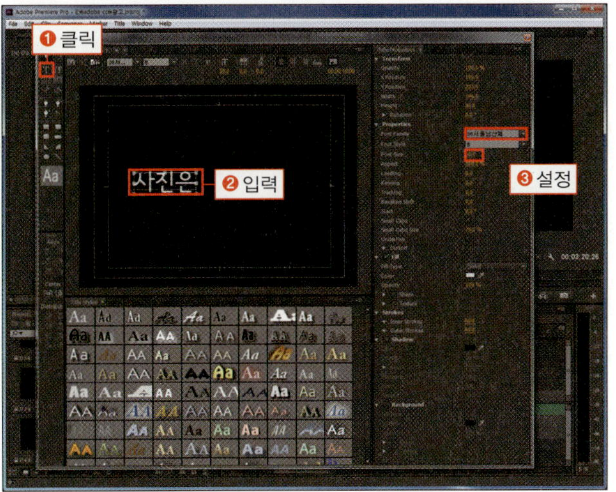

33. [New Title]을 클릭하고 타이틀 이름으로 '글자5-2'를 입력합니다. 편집 창의 '사진은'을 복사-붙여 넣기한 다음 또 하나의 '사진은'을 오른쪽으로 이동하여 '말을 한다.'로 변경합니다.

34. 타이틀 창을 닫고 [V2]과 [V1] 트랙의 '16.07'에 '글자5-1'과 '글자5-2'를 배치합니다.

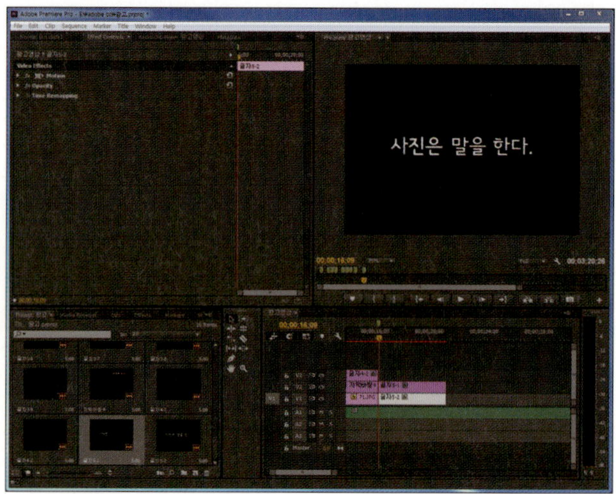

35. [Effects] 패널로 이동하여 검색란에 'lens'를 입력하고 [Lens Flare]를 찾음 다음 '글자5-1'에 적용합니다. 바로 [Effect Controls] 패널에서 [Flare Brightness]의 값을 '150'으로 변경하여 줍니다.

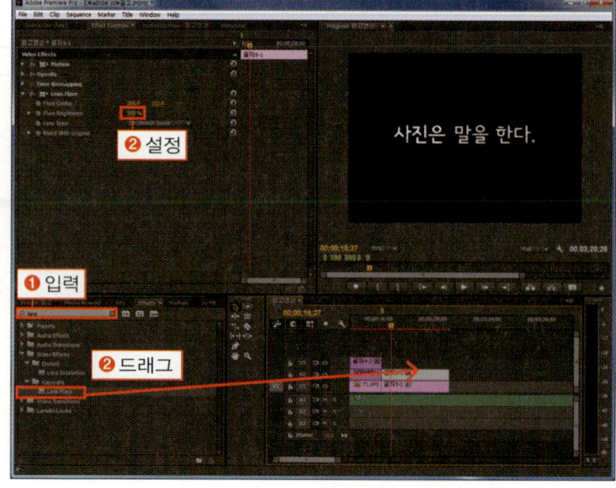

36. 타임코드를 '16.27'로 이동한 다음 [V1] 트랙의 '글자5–2'를 선택하고 Ctrl + K 를 눌러 잘라줍니다. 잘려진 뒤의 이미지에 [Lens Flare] 이펙트를 적용하고 [Flare Brightness]의 값을 '150'으로 변경합니다.

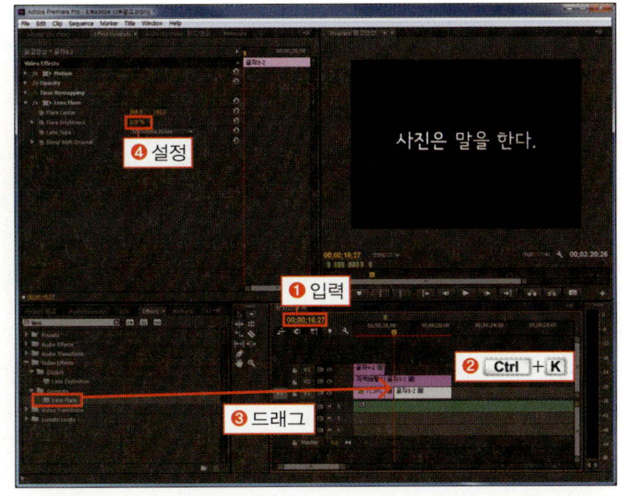

37. 타임코드에 '17.25'를 입력하여 이동하고 [V2] 트랙의 '글자5–1'에서 Ctrl + K 를 눌러 자른 후 뒤의 이미지를 삭제합니다. 바로 '글자5–1'을 더블클릭하여 창을 열고 [New Title]을 눌러 타이틀 면을 '글자5–3'으로 변경하고 '사진은'을 '그대로'로 변경합니다.

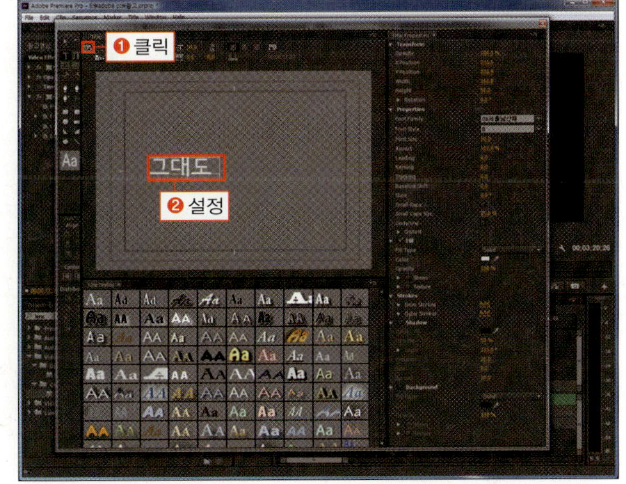

38. '글자5–1'에 적용된 이펙트를 그대로 복사하기 위해 '글자5–1' 클립에서 마우스 오른쪽 버튼을 클릭한 후 [Copy]를 선택하고 '글자5–3'에서 마우스 오른쪽 버튼을 클릭한 후 [Paste Attributes]를 선택합니다.

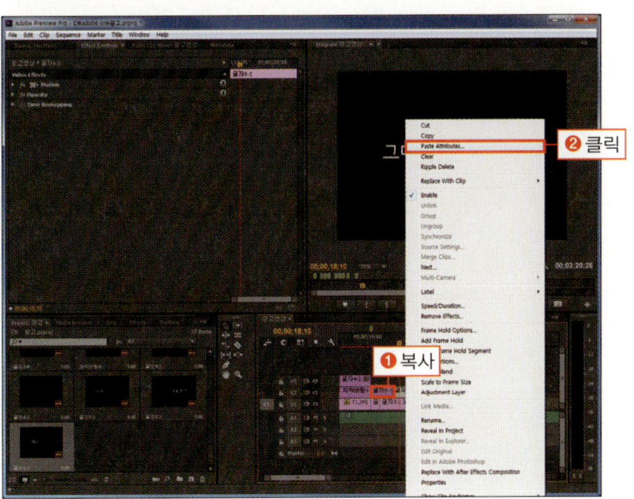

39. 모든 작업이 끝났으면 이미지의 마지막 타임으로 이동하고 [A1] 트랙의 오디오를 크기에 맞게 잘라줍니다. 바로 **Enter** 를 눌러 랜더링을 합니다.

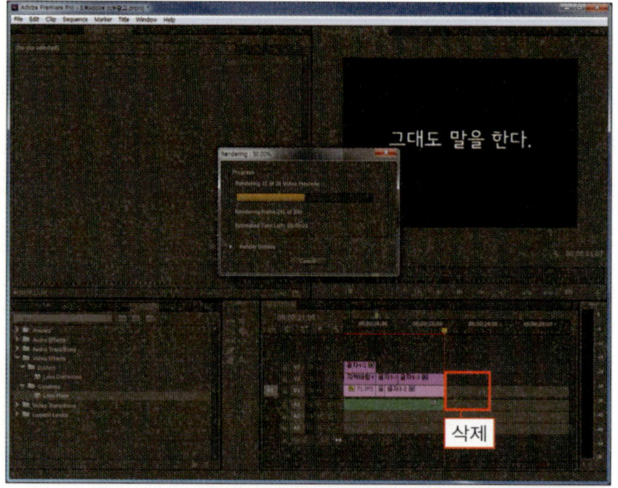

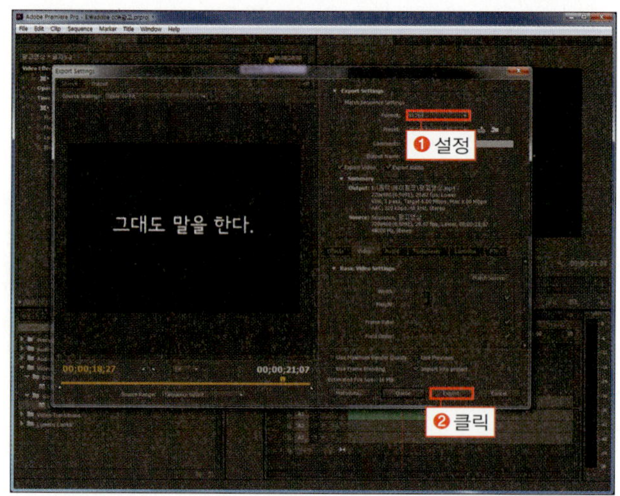

40. 동영상을 추출하기 위해 [File]-[Export]-[Media](**Ctrl** + **M**) 메뉴를 클릭하여 [Export Settings] 창을 열고 [Format]을 'H.264'로 변경합니다. 하단의 [Export] 단추를 클릭하여 추출합니다.

41. 결과를 확인합니다.

노래방 자막 만들기

친구들 모임이나 노래를 부르고 싶을 때 혼자 노래방에 가서 껄끄러울 때가 있습니다. 보통 음악 사이트(멜론, 벅스, 엠넷 등)에서 음악을 다운받아서 같이 부르거나 스트리밍하여 부르는 데 가수들의 보컬이 있어 자신만의 목소리 노래를 알 수가 없습니다. 또한, 웹 노래방을 이용하는 경우도 있는 데 이것 보다는 자신이 직접 프리미어를 이용하여 노래방 형식의 영상을 만들고 마이크를 이용하여 노래방처럼 이용해 보는 건 어떨까요?!

완성 파일 I PART6₩노래방.prproj **추출 파일 I** PART6₩노래방영상.mp4

01. 노래방 회사인 금영 노래방(http://www.ikaraoke.kr/isong/hit_song.asp) 이나, 태진미디어 노래방(http://www.ziller.co.kr/main.do) 홈페이지에서 회원가입 후 노래방의 음원을 구매합니다.

문제 해결 실제 노래방과 같은 효과를 보려면 반주가 잘 되어 있는 사이트(금영, 태진)에서 구매하는 것이 좋습니다.

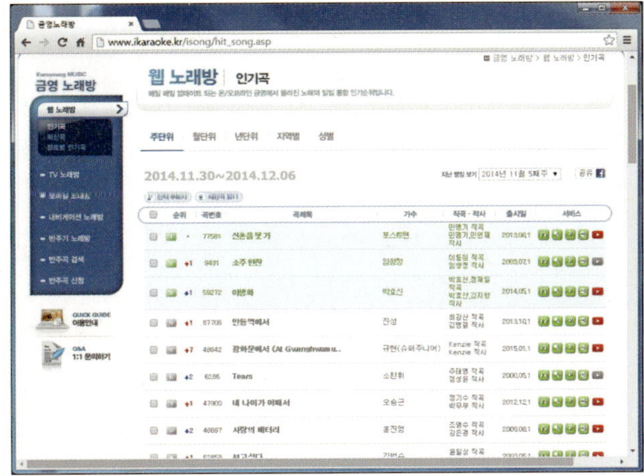

02. 나온 지 얼마 지나지 않은 최신곡이나 노래방 사이트에서 지원하지 않는 음원인 경우는 직접 음악 사이트(멜론, 벅스, 엠넷 등)에서 mp3 파일을 다운받거나 자신이 가지고 있는 mp3 파일을 이용합니다.

TIP : 저자는 멜론 사이트에서 '마야-진달래꽃'을 다운받아서 사용합니다. 음악 사이트에서 다운을 받아서 사용하면 음원이 깨끗하니, 불법 다운보다는 음악 사이트(멜론, 벅스, 엠넷 등)에서 좋아하는 최신곡이나 좋아하는 곡으로 예제를 따라하기 바랍니다.

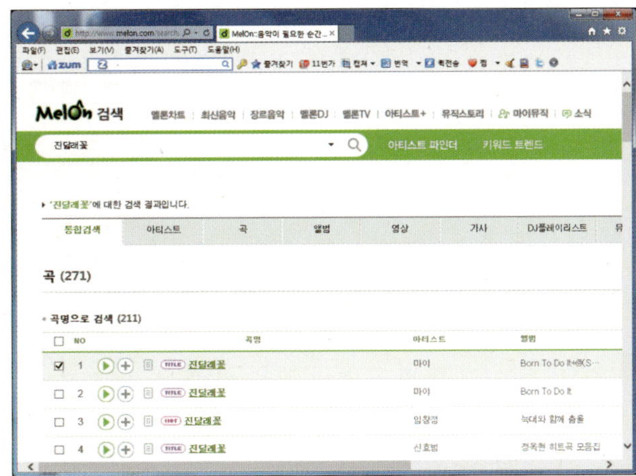

03. 노래방 영상을 만들기 위해서는 다운받은 원본 음원과 가수의 보컬을 줄여 놓은 음원이 필요합니다. 원본 음원은 노래방 영상의 자막과 보컬의 싱커를 맞추기 위해 필요하고 모든 자막이 완성되면 보컬을 줄인 음원이 필요합니다. 그래서, 먼저 포털 사이트에서 'WavePad Sound Editor'를 검색하여 다운로드를 합니다.

> **TIP :** 다음이나 네이버에서 검색하고 바로 다운받으면 됩니다. 프리웨어 프로그램으로 자유롭게 받아서 사용하면 됩니다.

04. 프로그램을 설치하면 다음과 같은 화면이 나타납니다.

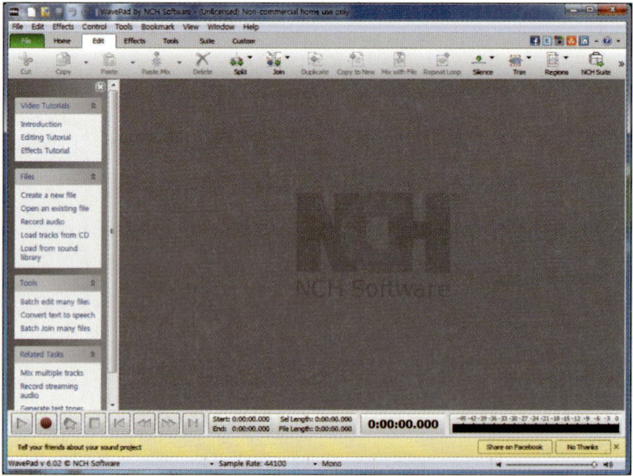

05. [File]–[Open File] 메뉴를 클릭하고 다운로드한 mp3 파일을 선택하여 불러옵니다.

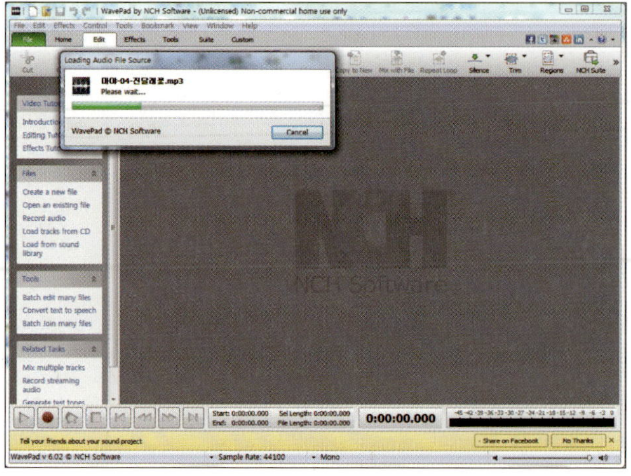

> **문제 해결** 저자가 예제로 사용하는 mp3 파일은 저작권 문제로 절대 제공하지 못합니다. 또한, 결과 파일에도 음원이 들어가 있지 않으니 사이트를 통해서 좋아하는 mp3 파일을 받거나 가지고 있는 mp3 파일을 이용하기 바랍니다(예제와 같이 따라하고 싶다면 음원 사이트에서 직접 다운받아서 사용하기 바랍니다).

06. mp3 파일을 가져왔으면 Ctrl+A를 눌러 전체 음원을 선택하고 [Effects]–[Reduce Vocals.] 메뉴를 선택합니다.

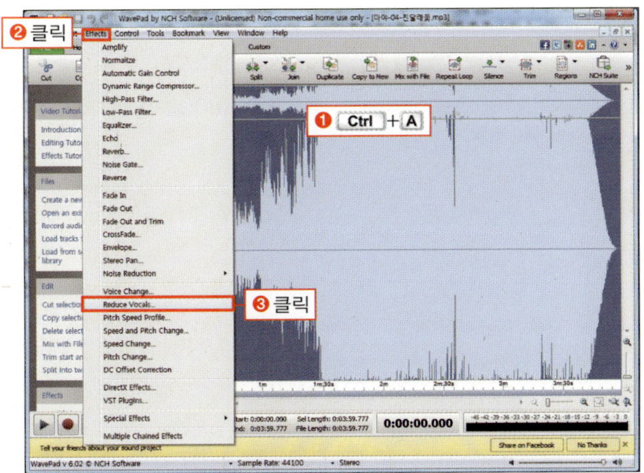

07. [Reduce Vocal] 창이 나타나면 중간에 있는 [Vocal Level]을 왼쪽으로 이동하여 최하 단계인 '–60dB'까지 낮게 설정합니다. 그리고 플레이 버튼(▶)을 클릭하여 음원을 들어봅니다. 그리고, 바로 [Apply] 단추를 클릭합니다.

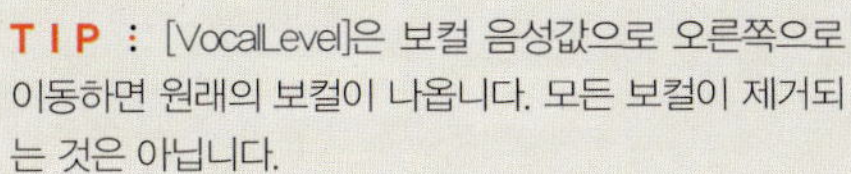

T I P : [VocalLevel]은 보컬 음성값으로 오른쪽으로 이동하면 원래의 보컬이 나옵니다. 모든 보컬이 제거되는 것은 아닙니다.

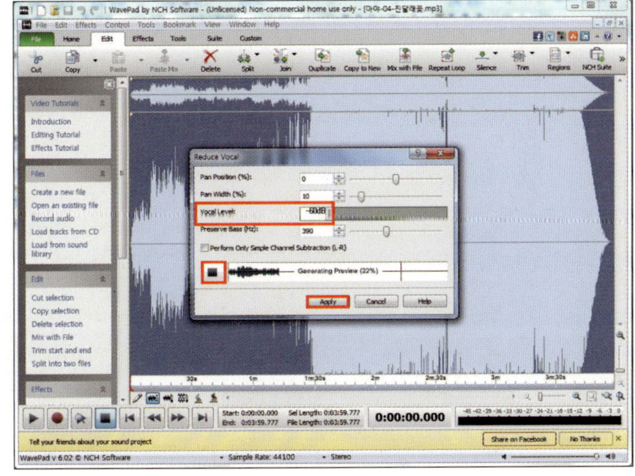

08. 보컬의 낮게 설정된 음원으로 변경했으면 mp3 파일로 추출하기 위해서 [File]–[Save File As] 메뉴를 클릭하고 파일 이름은 '음원파일이름—노래방'으로 설정합니다.

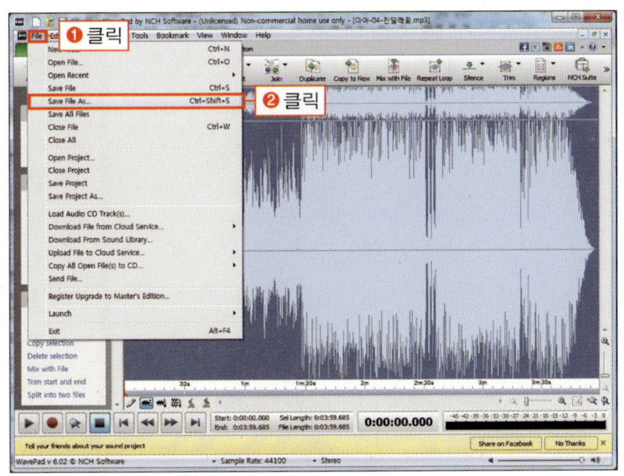

09. [MP3 Encoder] 창이 나타나면 [Channel Encoding Mode]를 'Stereo'로 변경한 후 [OK] 단추를 클릭합니다. 추출된 음원을 실행하여 들어봅니다.

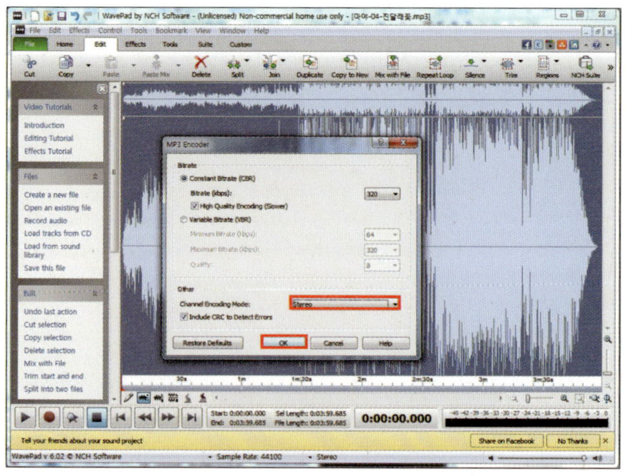

10. 프리미어 프로 CC를 실행하고 프로젝트의 이름을 '노래방'으로 설정한 후 시퀀스의 이름으로 '노래방영상'을 입력합니다.

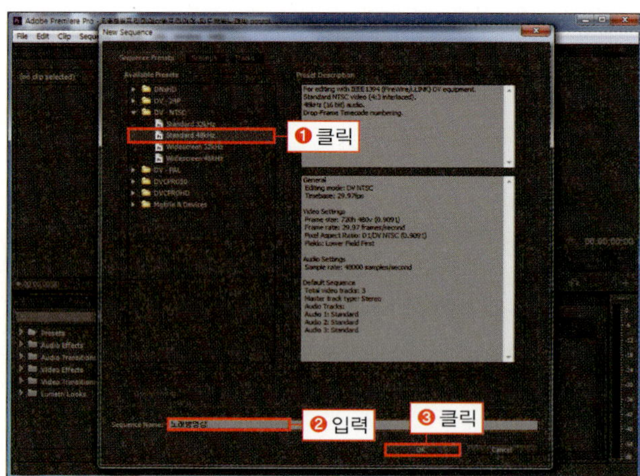

11. [Project] 패널의 빈 곳을 더블클릭하여 [Import] 창이 나타나면 [Source] 폴더에서 '물놀이', '바다', '벚꽃', '병아리', '섬', '야외어장', '임진각', '하늘과 바다'를 선택하고 [열기] 단추를 클릭합니다.

12. 실제 노래방 음원 파일인 원본 음원과 원본
음원–노래방인 mp3 파일을 가져옵니다.

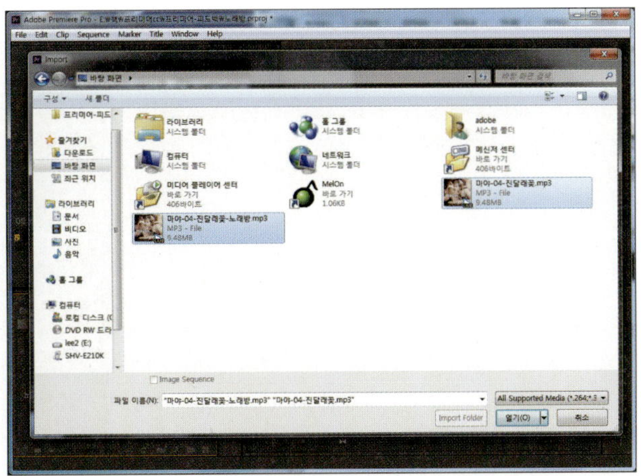

13. Ctrl 을 누른 상태로 [Project] 패널의 모든
영상 클립을 선택하고 [Timeline] 패널로 이동시킵
니다.

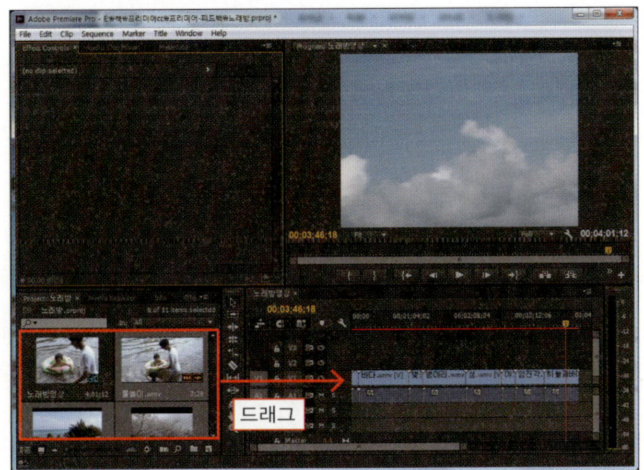

14. [Timeline] 패널에서 하나의 클립을 선택하고
Ctrl+A를 눌러 전체 영상 클립을 선택합니
다. 그리고 마우스 오른쪽 버튼을 눌러 비디오와
오디오를 분리하기 위한 [Unlink]를 선택합니다.

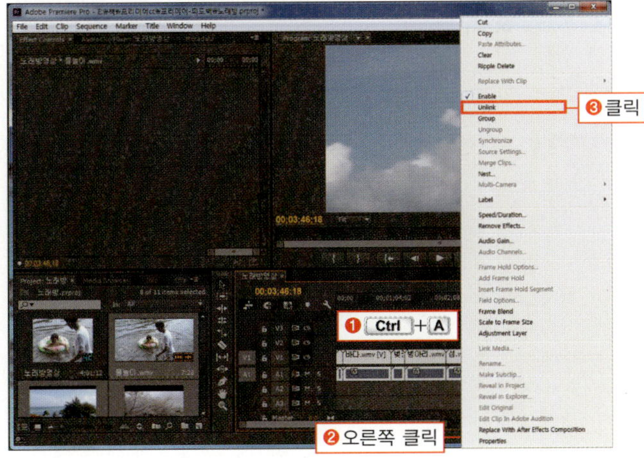

15. [A1] 트랙에서 오디오 부분의 클립을 한 번에 선택한 다음 **Delete** 를 눌러 삭제합니다. 다운받은 오디오 클립 중 원본 클립을 선택하여 다시 [A1] 트랙에 넣어줍니다.

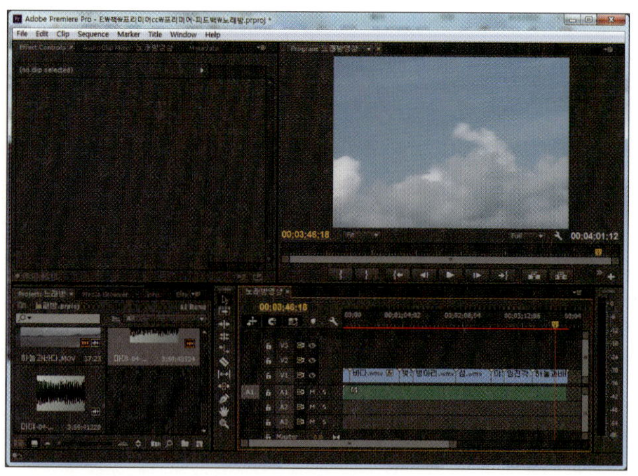

TIP : 오디오 클립의 이름은 대체로 길기 때문에 잘 보이지 않으므로 정확히 확인하고 넣기 바랍니다. 자막 처리를 해야하므로 확인하고 넣어주세요.

16. 포털 사이트로 이동하여 음악의 제목을 검색한 후 가사를 복사하여 메모장에 붙여 넣습니다.

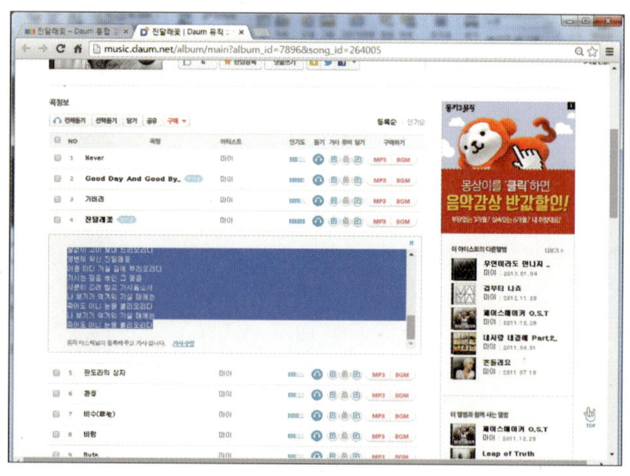

TIP : 메모장에 가사를 넣어놓고 필요할 때마다 가사를 복사해 타이틀 창으로 이동하려고 합니다.

17. 오디오 트랙인 [A1] 트랙을 확장시켜 놓고 [PLAY]를 해서 들어보면 '10.16'부터 시작하는 것을 알 수 있습니다. [Timeline] 패널 상단의 [Add Maker]를 클릭하여 시작점을 표시합니다.

TIP : 노래방에서 처음 시작은 가장 중요합니다. 그러므로, 꼭 마커를 이용하여 시작점을 표시하기 바랍니다. 정확한 시작점을 찾기 위해 오디오 트랙을 크게 열어보면 보컬의 시작점 위치를 쉽게 찾을 수 있습니다.

18. 노래가 시작하기 전에 카운트를 만들기 위해서 [Project] 패널의 [New Item]에서 [Title]을 클릭합니다. [New Title] 창이 나타나면 '카운트4'라고 입력하고 [OK] 단추를 클릭합니다.

> **TIP :** 노래방의 카운트는 역순으로 진행하기 때문에 높은 수인 4부터 설정합니다.

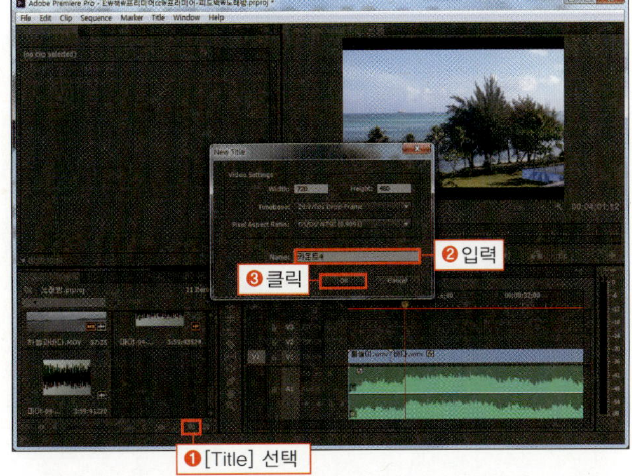

19. 타이틀 창에서 [Type Tool]을 클릭하고 '4'를 입력합니다. 오른쪽의 [Title Properties] 창에서 [Font Family]는 'CooperBlack'으로, [Font Size]는 '50', [Color]는 '파란색'으로 설정합니다. 위치는 노래 자막이 나타나는 위치의 상단에 배치합니다.

20. 상단의 [New title based on Current Title] 단추를 클릭하여 새로운 타이틀 창을 열고 이름을 '카운트3'으로 지정하고 '4'의 위치를 가로 크기만큼 왼쪽으로 이동시킵니다. [Type Tool]을 선택하여 '3'으로 변경합니다.

21. 같은 방법으로 '2', '1'을 만들어 카운트 자막
을 완성합니다. 마지막으로 시작을 알리는 자막을
넣기 위해 같은 방법으로 만들고 이름을 '카운트
go'를 입력한 후 'go'로 편집한 다음 [Color]를 '보
라색'으로 변경합니다.

22. [Timeline] 패널에서 타임코드를 4초전인
'6.16'으로 이동하고 [V3] 트랙에 타임코드에 맞게
'카운트4' 자막을 이동시킵니다.

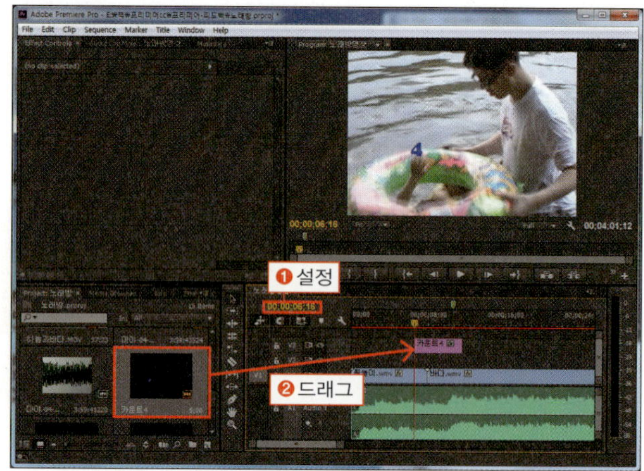

> **TIP :** 카운트는 1초 단위가 가장 좋습니다. 전체 4초 이전
> 시간으로 이동하여 시작하는데 [V2] 트랙에는 노래 자막을
> 넣을 것입니다.

23. 타임코드를 '7.16'으로 변경하고 '카운트4' 자
막을 1초 크기로 줄여줄고 바로 옆에 '카운트3' 자
막을 이동시킵니다.

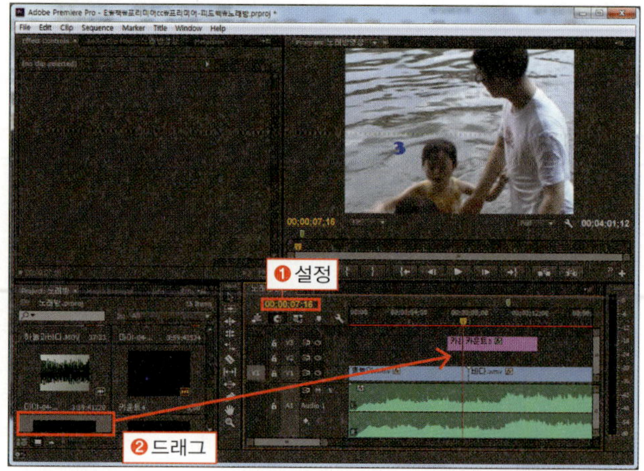

24. 같은 방법으로 '8.16'에 '카운트2' 자막을, '9.16'에 '카운트1' 자막을 이동시켜주고 자막의 크기를 1초로 잡아줍니다. 마지막으로 시작을 알리는 '10.16'에 '카운트go'를 이동시켜줍니다. 11초로 이동한 다음 크기만큼 줄여줍니다.

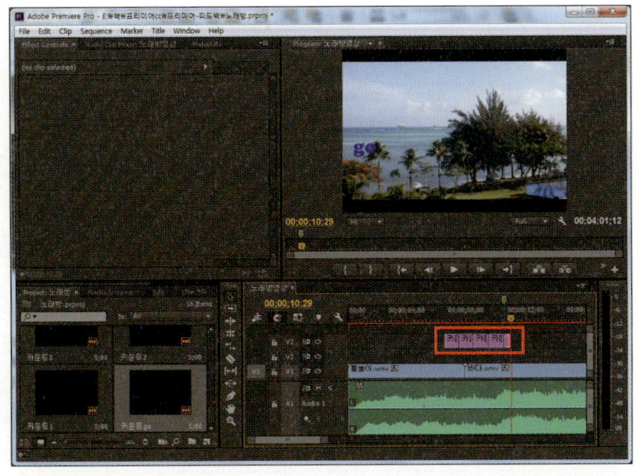

25. 새로운 [Title]을 클릭하여 이름을 '자막'로 지정하고 카운트 자막 아래 부분에 [Type Tool]을 클릭하고 메모장에 있는 노래 가사의 한 소절을 복사해 붙여 넣습니다. 글꼴은 'HY궁서B'로, 글자 크기는 '30'으로 지정합니다. 바로 아래에 다시 다음 소절을 복사해 위치시킵니다.

> **TIP :** 노래 가사는 2소절 단위로 넣는 것이 편합니다. 또한, 글자의 글꼴이나 크기는 한 소절에 들어가는 자막의 길이에 맞게 조절하여 줍니다.

26. 음악을 듣고 2소절이 끝나는 부분에 마커를 입력합니다. 여기서는 '18.20'에 마커를 입력하고 타이틀 '자막1'을 가져다 놓고 마커와 마커 사이의 크기만큼 늘려서 배치합니다.

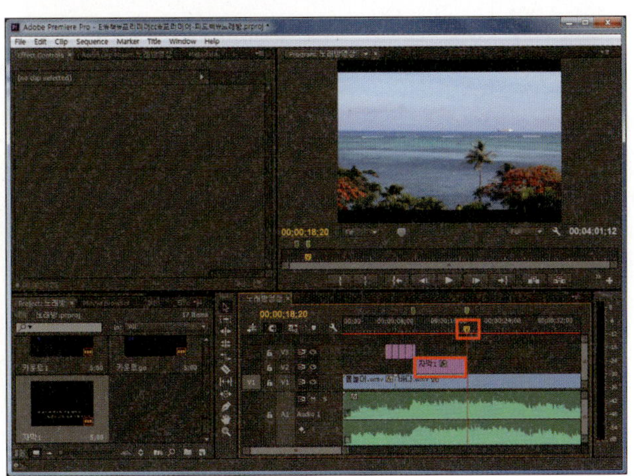

27. 자막을 배치하기 위해 먼저 모든 음악을 듣
고 2소절 단위로 마커를 입력합니다. 예제 mp3를
기준으로 마커를 입력하여 봅니다.

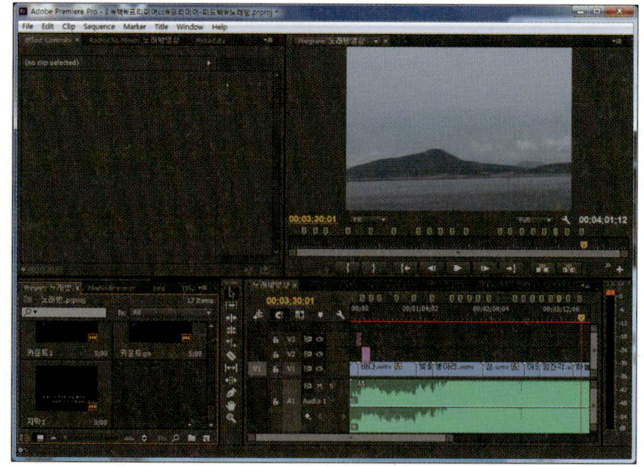

시간	자막
10:16	자막 1
18:20	자막 2
26:00	자막 3
41:20	자막 4
58:00	자막 5
1:14:12	자막 6
1:32:06	자막 7
1:40:00	자막 8
1:47:28	자막 9
1:56:00	자막 10
2:06:00	간주 자막
2:30:00	자막 11
2:37:10	자막 12
2:46:00	자막 13
2:54:01	자막 14
3:02:03	자막 15
3:10:05	자막 16
3:18:07	자막 17
3:28:21	마지막

28. [Project] 패널의 '자막1'을 더블클릭하고 상
단의 [New Title Based on Current Title] 단추를 클
릭하여 새로운 타이틀 창을 열고 이름을 '자막02'
로 설정한 후 02소절을 넣어줍니다.

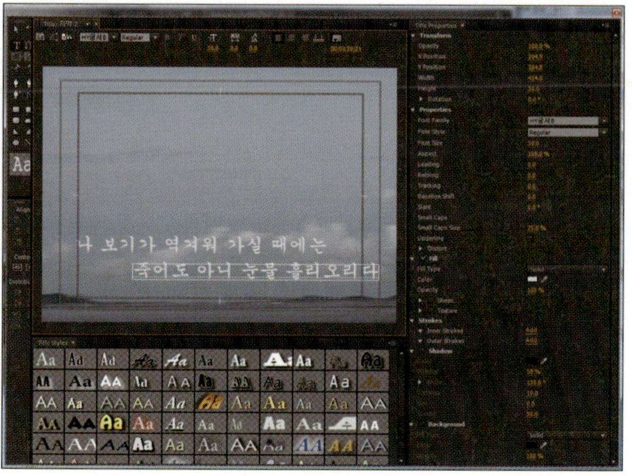

나 보기가 역겨워 가실 때에는
죽어도 아니 눈물 흘리오리다

29. 같은 방법으로 [자막 3 ~ 자막 18]까지 만들어 줍니다.

시간	자막	노래 가사
10:16	자막 1	나 보기가 역겨워 가실 때에는 말없이 고이 보내 드리오리다
18:20	자막 2	나 보기가 역겨워 가실 때에는 죽어도 아니 눈물 흘리오리다
26:00	자막 3	날 떠나 행복한지 이젠 그대 아닌지
41:20	자막 4	그댈 바라보며 살아온 내가 그녀 뒤에 가렸는지
58:00	자막 5	사랑 그 아픔이 너무 커 숨을 쉴 수가 없어
1:14:12	자막 6	그대 행복하게 빌어줄께요 내 영혼으로 빌어줄께요
1:32:06	자막 7	나 보기가 역겨워 가실 때에는 말없이 고이 보내 드리오리다
1:40:00	자막 8	역변에 약산 진달래꽃 아름 따다 가실 길에 뿌리오리다
1:47:28	자막 9	가시는 걸음 놓인 그 꽃을 사뿐히 즈려 밟고 가시옵소서
1:56:00	자막 10	나 보기가 역겨워 가실 때에는 죽어도 아니 눈물 흘리오리다
2:06:00	간주 자막	
2:30:00	자막 11	내가 떠나 바람되어 그대를 맴돌아도
2:37:10	자막 12	그댄 그녈 사랑하겠지
2:46:00	자막 13	나 보기가 역겨워 가실 때에는 말없이 고이 보내 드리오리다
2:54:01	자막 14	영변에 약산 진달래꽃 아름 따다 가실 길에 뿌리오리다
3:02:03	자막 15	가시는 걸음 놓인 그 꽃을 사뿐히 즈려 밟고 가시옵소서
3:10:05	자막 16	나 보기가 역겨워 가실 때에는 죽어도 아니 눈물 흘리오리다
3:18:07	자막 17	나 보기가 역겨워 가실 때에는 죽어도 아니 눈물 흘리오리다
3:28:21	마지막	

30. 자막을 시간의 순서에 맞게 배치합니다. 가운데에 있는 간주 자막을 제외하고 모든 자막을 마커에 맞게 배치합니다.

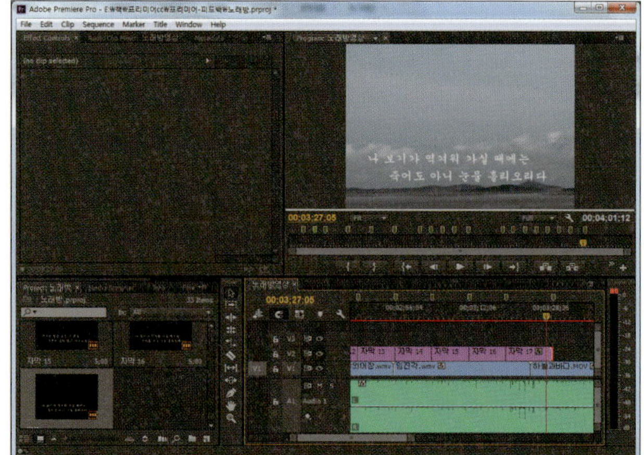

31. 간주 자막을 만들기 위해 새로운 타이틀 창을 열고 이름을 '간주 자막'으로 입력합니다 [Type Tool]을 이용하여 중간 하단을 클릭한 후 '간 주 중'이라고 입력합니다. 글꼴을 '08서울남산체'로, 크기는 '100'으로 설정한 다음 글자색을 '녹색'으로 변경합니다.

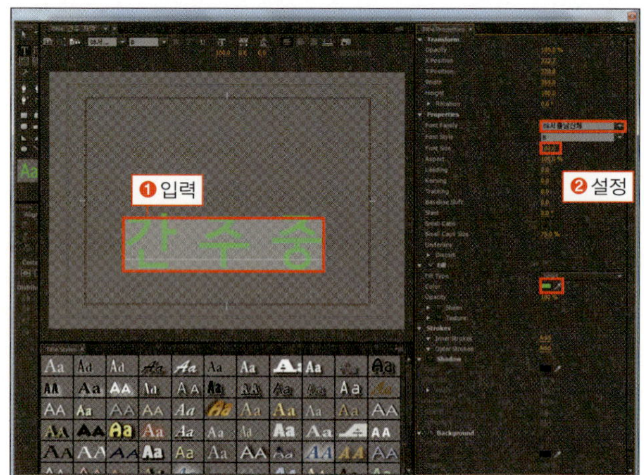

32. [Project] 패널의 '간주 자막'을 중간에 비어 있는 타임코드인 '2:06:00'에 배치하고 마커 사이의 크기에 맞게 늘려줍니다.

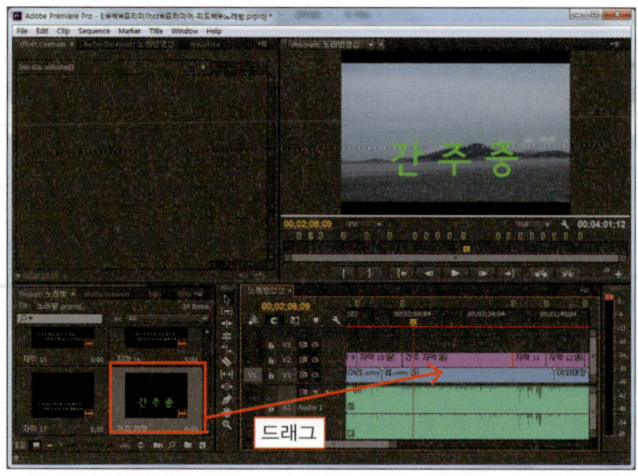

33. 간주가 끝나고 다시 2 소절이 시작하기 전에 4초 전으로 이동합니다. 즉, '2:26:00'로 이동한 다음 '간주 자막' 클립을 줄여주고 [V3] 트랙에 '카운트 4'를 배치합니다.

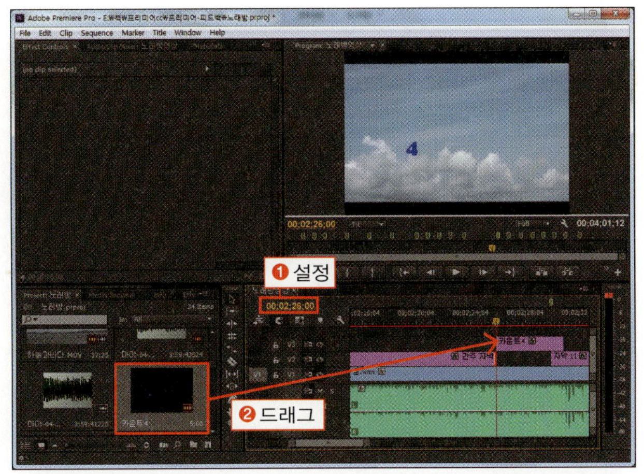

34. 이전에 했던 방식대로 카운트 자막은 1초로 줄여주고 1초 사이마다 카운트 자막 3, 2, 1을 배치합니다. 마지막에 '2:30:00'에 '카운트 go' 자막 클립을 배치하고 클립을 15프레임 크기로 줄여줍니다.

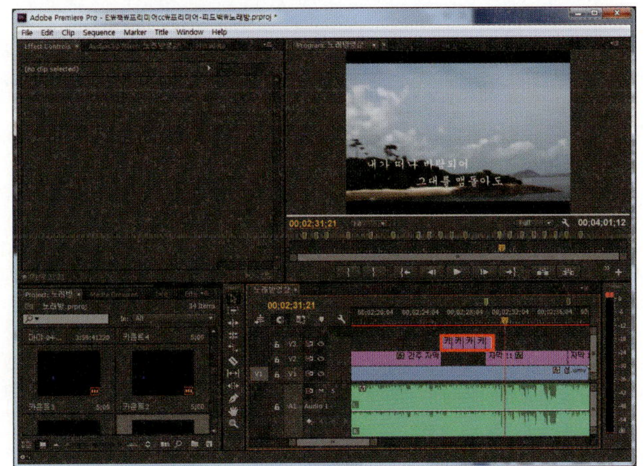

35. 노래방처럼 노래 자막이 보컬에 맞게 흘러가는 기법을 사용하기 위해 [V2] 트랙의 '자막 1'을 더블클릭하고 [New title based on CurrentTitle] 단추를 클릭합니다. 새로운 타이틀 창이 나타나면 이름으로 '자막1-1-색상'을 입력한 후 모든 자막에 파란색(R:0, G:0, B:255)을 적용합니다.

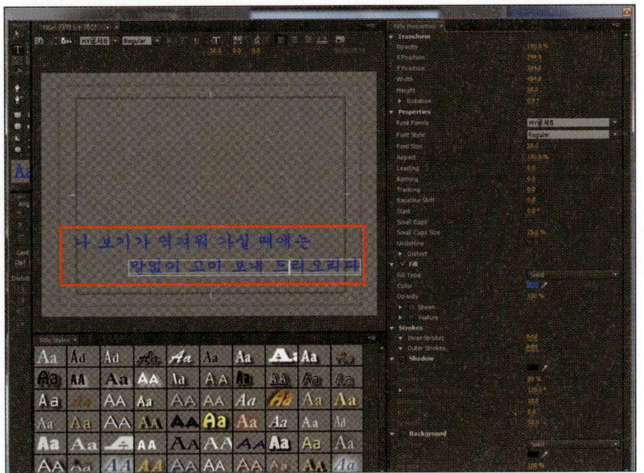

36. 우선 카운트 효과를 보기 위해 '자막 1'을 '카운트 4' 클립의 시작인 '6.14'로 늘려 주고 [V3] 트랙에서 마우스 오른쪽 버튼을 클릭한 후 [Add Track]을 선택합니다. 새로운 트랙을 만든 후 [V4] 트랙에 '자막1-1-색상' 클립을 이동시킵니다.

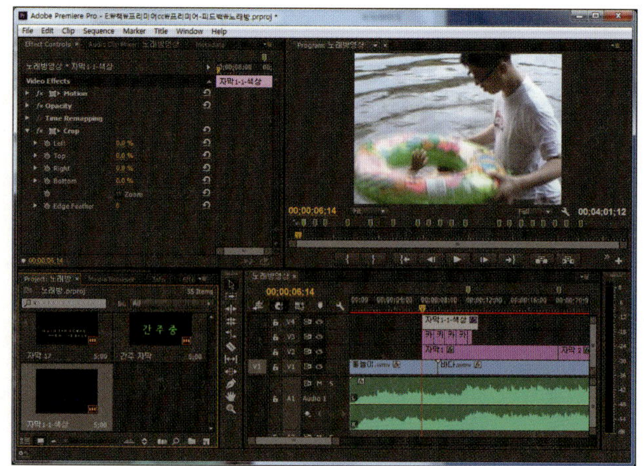

37. [Effects] 패널에서 'crop'을 입력하여 이펙트를 찾은 후 '자막1-1-색상'에 적용합니다. [Effect Controls] 패널의 [Crop] 이펙트를 클릭하고 [Program] 패널에서 직접 조절하여 색상 값이 보이지 않도록 합니다.

> **T I P** : Crop 이펙트에서 Left(0), Top(65), Right(90), Bottom(25)을 직접 설정합니다.

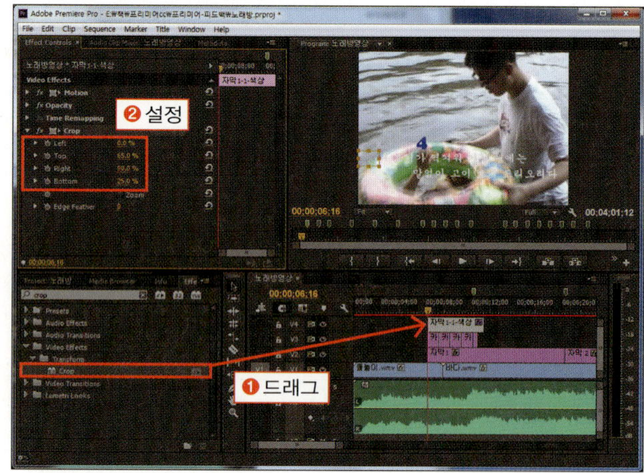

38. [Right] 값의 [Toggle animation]을 클릭하여 키프레임을 생성하고 실제 시작 타임인 '10.16'로 이동한 다음 [Add/Remove Keyframe]을 클릭하여 키프레임을 만듭니다.

39. 음악을 들으면서 진행을 하는데 [∼에는]끝 나는 타임코드에서 잠깐 멈추고 [Right] 값의 가로 막대 값을 이동하여 모든 색상이 보이도록 합니다. 그럼, 자연스럽게 그 지점에 키프레임이 생성되는 것을 확인할 수 있습니다.

> **문제해결** [Right] 값을 끝까지 내리기 보다는 글자의 색상이 나타날 정도로만 값을 설정하는 것이 보컬의 내용과 싱크를 맞추기가 쉽습니다.

40. '자막1–1–색상' 클립을 더블클릭하여 타이틀 창이 나타나면 [New Title Based on Current Title] 단추를 클릭하여 새로운 타이틀 창을 열고 이름을 '자막1–2–색상'으로 입력하여 새로운 자막을 만듭니다. 2번째 소절의 시작인 '14:04' 타임코드에 맞게 [V3] 트랙에서 놓고 크기를 마커에 맞춥니다.

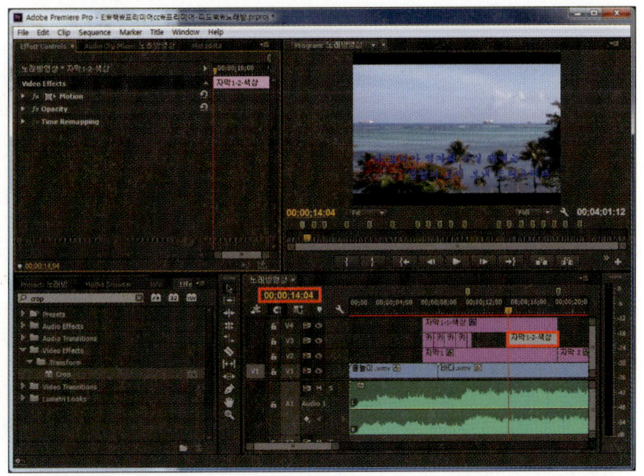

41. '자막1–2–색상' 클립에 [Crop] 이펙트를 찾아 적용하고 [Effect Controls] 패널에서 [Crop] 이펙트를 선택하고 조절하여 파란색이 보이지 않도록 합니다.

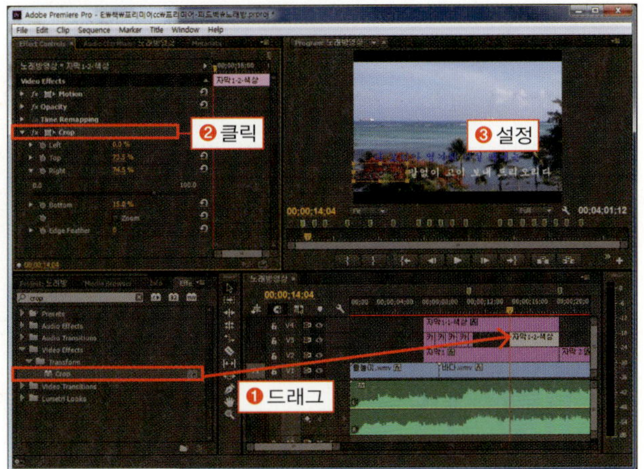

> **TIP :** Crop 이펙트를 선택한 다음 [Program] 패널에 키포인트를 가진 사각형을 직접 움직여서 사용하는 것이 편리하고 빠릅니다.

42. 보다 자연스러운 노래방 자막 효과를 얻기 위해 먼저 [Right] 값의 [Toggle animation]을 클릭하여 키프레임을 생성하고 노래의 [~말없이]로 끝나는 부분에 중지한 후 [~말없이] 글자의 색상이 보이도록 가로 막대 값을 왼쪽으로 이동시킵니다.

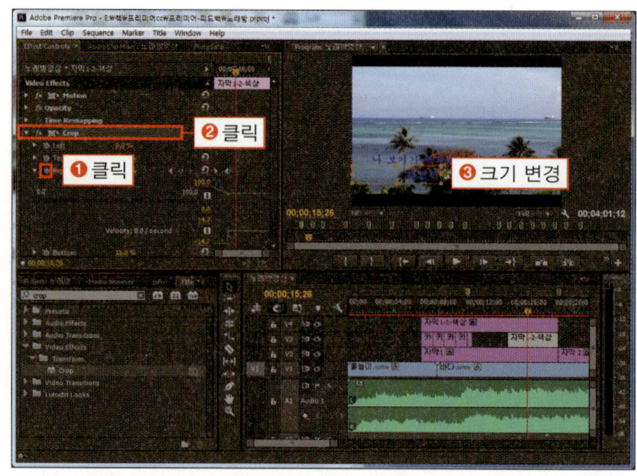

43. 나머지 부분도 같은 방법으로 [~고이], [~보내 드리오리다]의 부분에서 각각 정지하고 [Right] 값의 가로 막대 값을 왼쪽으로 이동하여 색상이 덮이도록 합니다.

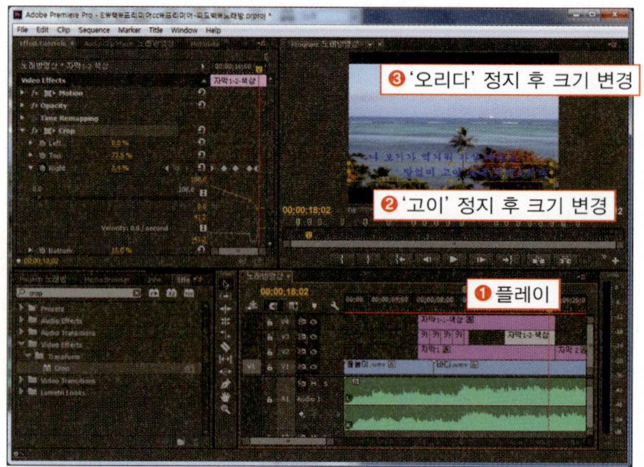

44. '자막 2'를 더블클릭하여 타이틀 창이 나타나면 이름을 '자막2-1-색상'으로 설정하여 새로운 타이틀을 만들고 파란색(R:0, G:0, B:255)을 적용합니다. 두 번째 마커(18:20)로 이동하여 자막을 이동한 다음 3번째 마커에 맞게 크기를 늘려줍니다.

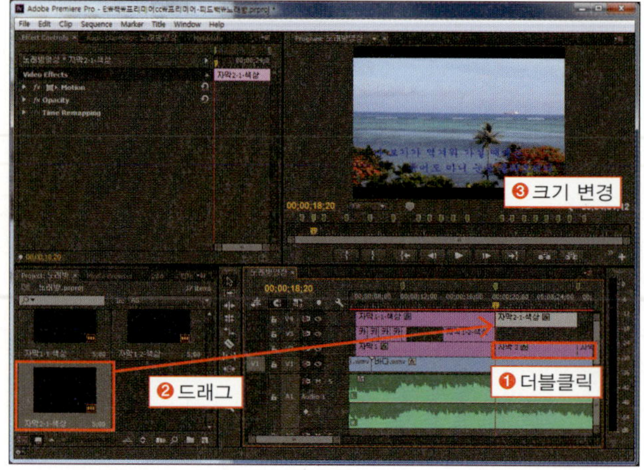

45. [Crop] 이펙트를 '자막2-1-색상' 클립에 적
용하고 [Effect Controls] 패널에서 [Crop]을 선택한
다음 [Program] 패널에서 조절하여 모든 색상이
보이지 않도록 합니다.

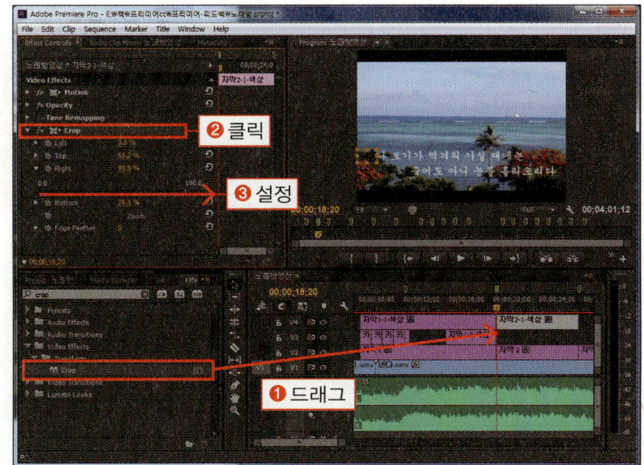

46. [Right]의 [Toggle animation]을 클릭하여 키
프레임을 생성합니다. 가사의 [나 보기가], [역겨
워], [가실], [때에는]에 정지하고 가로 막대 값을
각각 왼쪽으로 이동시켜 색상이 덮이도록 합니다.

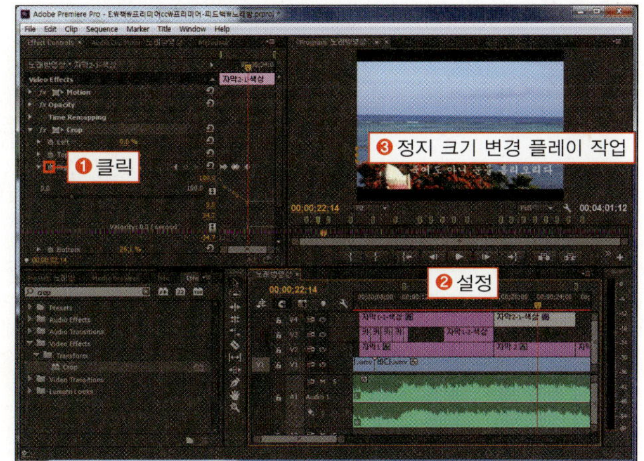

47. '자막2-1-색상' 클립을 더블클릭하여 새로
운 '자막2-2-색상' 타이틀을 만들고 1소절이 끝나
는 '22:14' 타임라인에 배치하고 크기를 마커에 맞
춥니다. [Crop] 이펙트를 '자막2-2-색상'에 적용합
니다.

> **TIP :** [V4] 트랙에 '자막*-1-색상'을 넣고 [V3] 트랙에 '자
> 막*-2-색상'을 넣고 이펙트를 적용해야 하는데 '자막*-1-
> 색상'은 위에 있는 소절이 색상이 표현하는 효과를 주고, '자
> 막*-2-색상'은 아래 소절이 색상이 표현하는 효과를 줍니다.
> 이펙트를 이용하여 한 번에 위, 아래 소절의 효과를 보기는
> 어렵습니다.

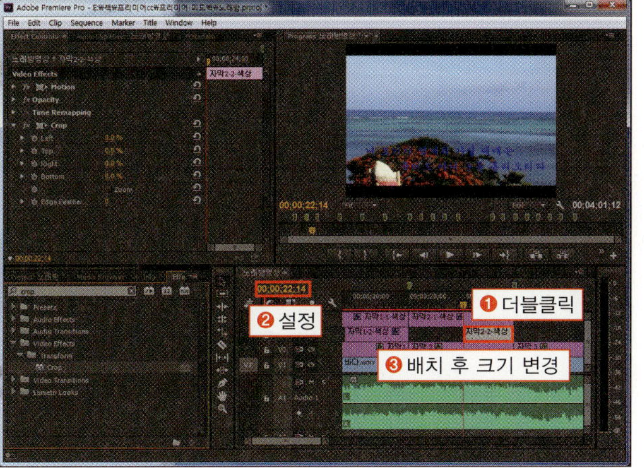

48. [Crop] 이펙트를 선택하고 [Program] 패널의
색상이 보이지 않도록 조절합니다.

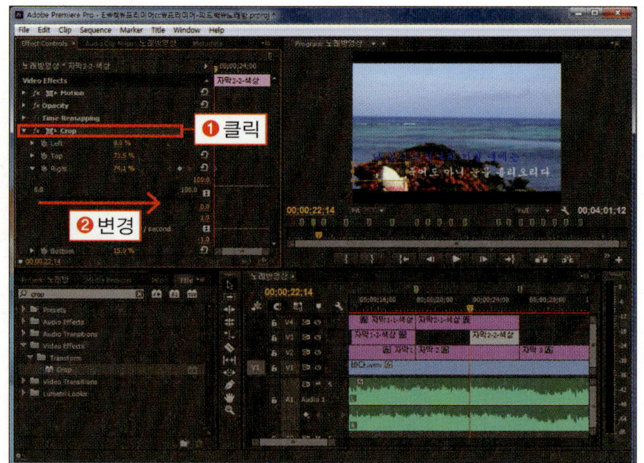

49. [Right]의 [Toggle animation]을 클릭하여 키
프레임을 생성합니다. 가사의 [죽어도], [아니 눈
물], [흘리오리다]에서 정지하고 가로 막대 값을
각각 왼쪽으로 이동시켜 색상이 덮이도록 합니다.

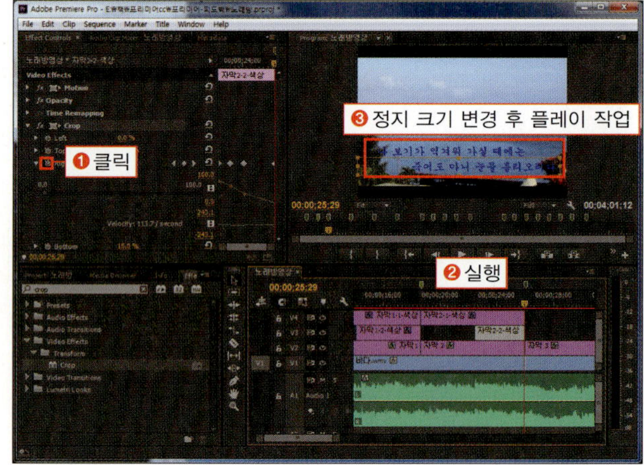

50. 같은 방법으로 '자막3-1-색상'과 '자막3-1-
색상'을 만들고 적용하면 됩니다. 단, 가사가 바로
시작하는 것이 아니므로 [Crop] 이펙트에 적용되
는 값을 가사 시작 전에 키프레임을 만들어 사용
하면 됩니다.

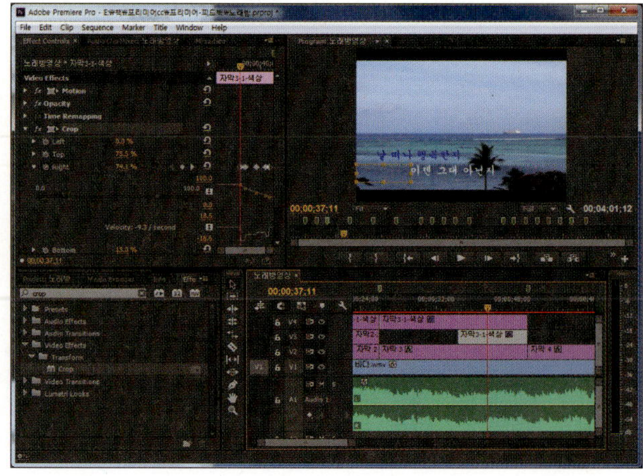

51. 계속 같은 방법으로 자막 4, 5, 6, 7, 8, 9 ,10 을 이용하여 색상 자막들을 만들고 같은 방법으로 배치하고 [Crop] 이펙트를 이용하여 노래방 자막을 만들어 봅니다.

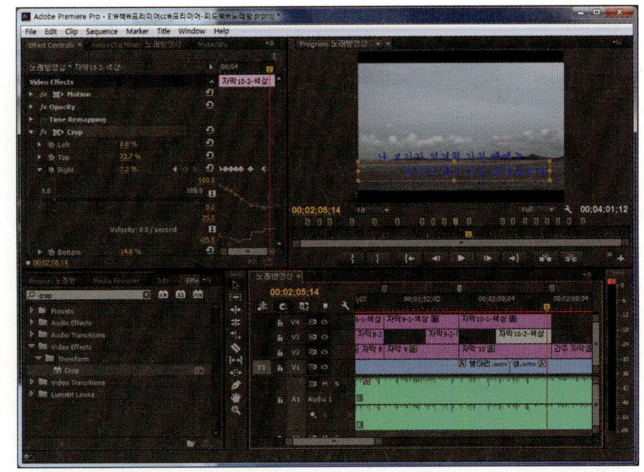

52. '자막11'을 잔주 자막 끝에 맞추고 색상 자막을 만들어 같은 방법으로 배치하고 [Crop] 이펙트로 노래방 형태의 자막을 만들어 줍니다.

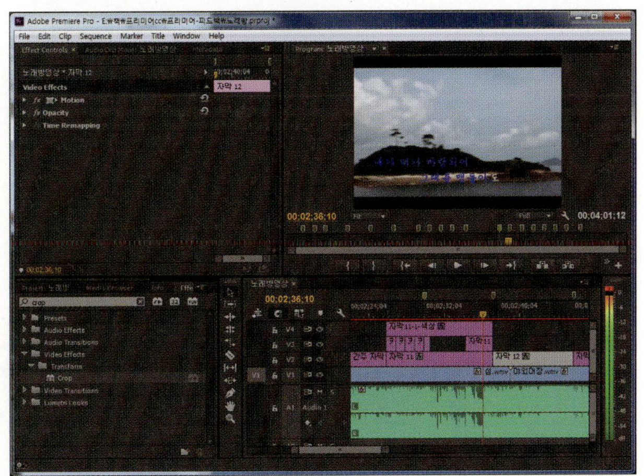

53. 나머지 자막인 12, 13, 14, 15, 16, 17을 이용하여 색상 자막들을 만들고 같은 방법으로 배치하고 [Crop] 이펙트를 이용하여 노래방 자막을 만들어 봅니다.

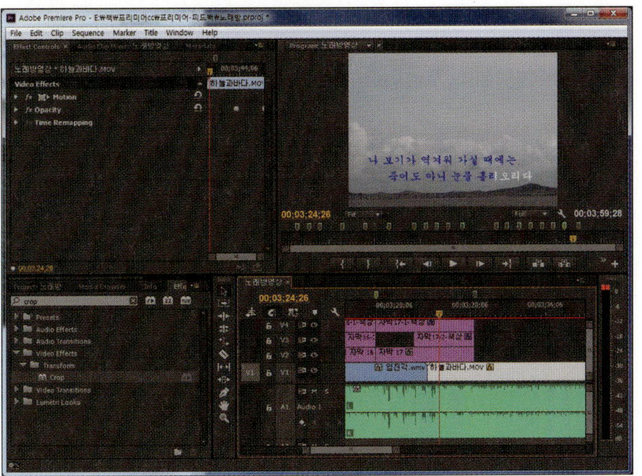

54. 비디오 이미지를 mp3 파일과 같도록 이미지를 잘라서 맞추고 [V1] 트랙을 확장한 후 오디오 파일의 페이드 아웃이 되는 지점과 같은 위치에 키프레임을 찍고 마지막에 키프레임을 클릭하여 만듭니다. 마지막 키프레임을 제일 아래로 내려 비디오도 같은 페이드 아웃 효과를 설정합니다. [A1] 트랙의 오디오 클립을 삭제합니다.

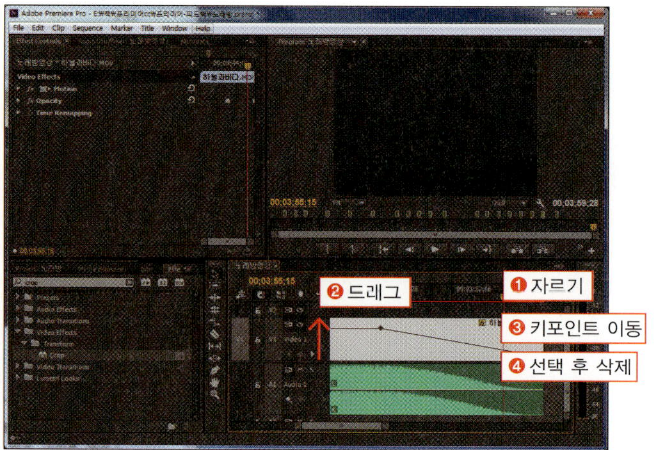

55. 지금까지 모든 영상 작업은 보컬이 들어 있는 오디오로 작업을 했으므로 오디오 파일을 지우고 [Project] 패널에 있는 '오디오파일-노래방'인 보컬을 낮춘 오디오 파일을 [A1] 트랙에 이동시켜 놓습니다.

56. Enter 를 눌러 랜더링을 합니다.

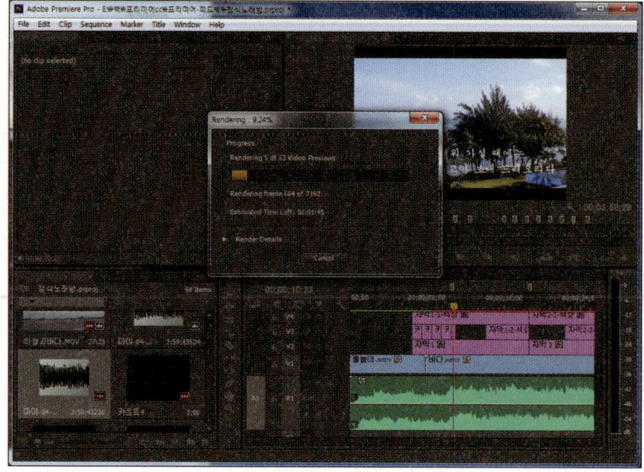

57. 동영상을 추출하기 위해 [File]-[Export]-
[Media]를 클릭하고 [Export Settings] 창이 나
타나면, [Format]을 'H.264'로 변경한 후 하단의
[Export] 단추를 클릭하여 추출합니다.

58. 결과를 확인합니다.

자막을 이용한 영상의 표현

레벨 ● ● ●

모 커피 광고에서는 기본적인 영상에서 물건이나 배치에 따라 자막을 배치하여 광고 효과를 높인 사례가 있습니다. 이런 방식을 따라해 보고 자막에 영상에 어떻게 배치하는가에 따라 어떤 효과를 줄 수 있는지도 알아봅니다.

완성 파일 | PART6₩영상을 위한 자막.prproj   **추출 파일** | PART6₩영상자막.mp4

01. 프리미어 프로 CC를 실행하고 프로젝트 이름을 '영상을 위한 자막'이라고 입력합니다. 시퀀스에 'DV-NTSC Standard 48KHz'를 선택하고 이름을 '영상자막'으로 설정합니다.

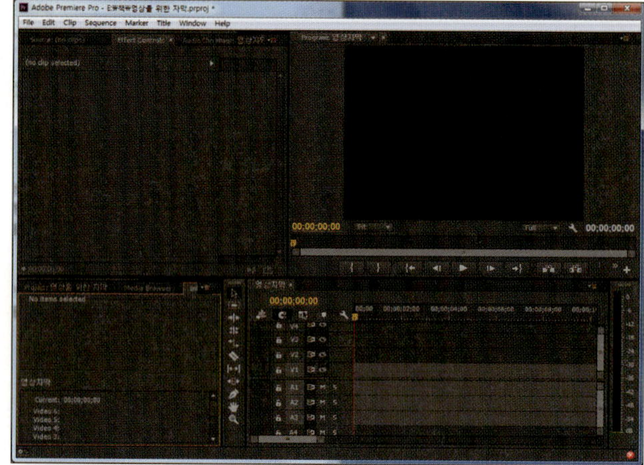

02. [Project] 패널의 빈 곳을 더블클릭하여 [Import] 창을 열고 '임진각', '하늘과 바다'을 선택한 후 [열기] 단추를 클릭합니다.

03. [Project] 패널의 '임진각'을 [V1] 트랙에 드래
그하고 자막을 열기 위해서 [New item]-[Title]을
선택합니다.

04. 타이틀 창이 나타나면 '자막1'을 넣고 [OK]
단추를 클릭합니다. 타이틀 창이 나타나면 [Type
Tool]이 선택된 상태에서 오른쪽 중앙을 클릭하고
'아름'을 입력합니다.

05. 입력한 글자를 선택하고 글꼴은 'HY견명조',
크기는 '50', 글자색은 '파란색'으로 변경합니다.
다시 [Type Tool]을 클릭하여 약간 위쪽을 클릭하
고 '다운'을 입력합니다.

06. 상단의 [New title based on Current Title] 단
추를 클릭하여 새로운 타이틀 창을 만들고 '자막
2'를 입력합니다. '아름' 아래 위치에서 [Type Tool]
을 이용하여 '이'를 입력하고 색상을 '흰색'으로 변
경합니다.

07. 같은 방법으로 [New title based on Current
Title] 단추를 클릭하여 새로운 타이틀 창을 만들
고 '자막3'을 입력합니다. '이'의 중간 하단에 '땅
에'를 입력하고, 글자의 위치가 맞지 않는 경우
[Selection Tool]을 이용하여 중앙으로 이동시킵니
다.

08. [New title based on Current Title] 단추를 클
릭하여 새로운 타이틀 창을 만들고 '자막4'를 입
력합니다. 하단의 빈 부분에 '금'을 입력하고 크기
는 '60', 글자색은 '녹색'으로 변경합니다.

09. [New title based on Current Title] 단추를 클릭하여 새로운 타이틀 창을 만들고 '자막5'를 입력합니다. '금'의 중간 하단에 '수'를 입력합니다.

10. [New title based on Current Title] 단추를 클릭하여 새로운 타이틀 창을 만들고 '자막6'을 입력합니다. '수' 중간 하단에 '강'을 입력하고 크기는 '50', 글자색은 '흰색', 투명도를 '50%'로 변경합니다. 그리고 [Type Tool]을 이용하여 '산'과 '에'를 따로 입력합니다.

11. 타이틀 창을 닫습니다. 타임코드에 '2.00'을 입력하여 2초로 이동하고 '자막1'을 [V2] 트랙으로 이동시킵니다.

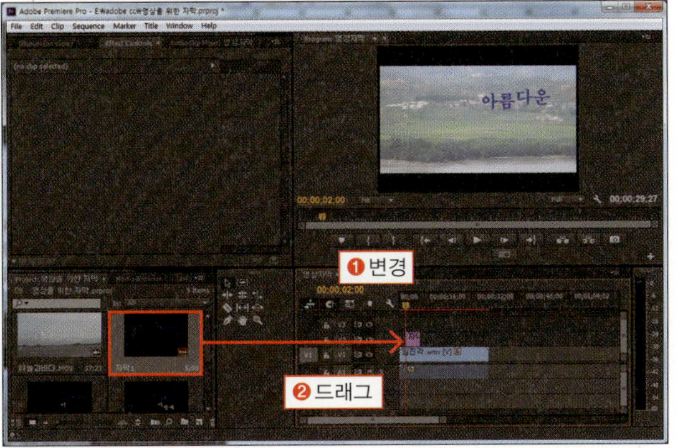

12. 자막 작업을 위해 [Timeline] 패널 하단의 스크롤을 왼쪽으로 이동하여 확대합니다. 타임코드에 '3.00'을 입력하고 [V2] 트랙의 자막을 3초만큼만 줄여줍니다.

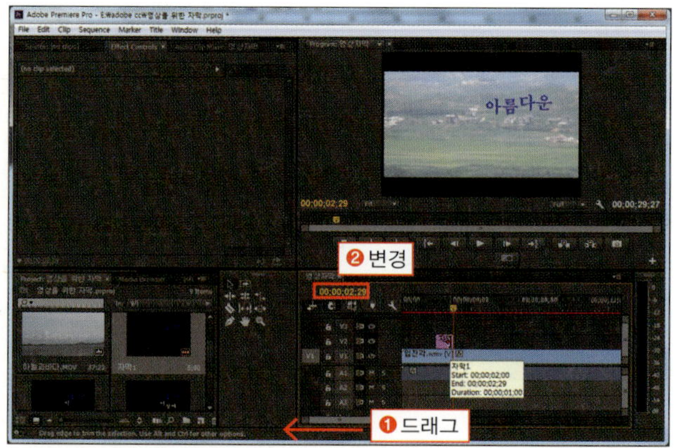

13. [Project] 패널의 '자막2'를 [V2], 트랙의 오른쪽으로 이동하고 타임코드를 '3.15'로 설정한 후 그 만큼 잘라줍니다.

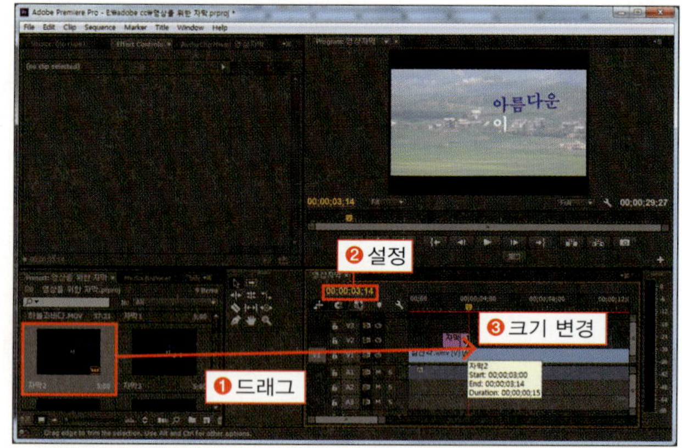

14. [Project] 패널의 '자막3'을 [V2] 트랙의 오른쪽으로 이동하고 타임코드를 '4.00'로 설정한 후 그 만큼 잘라줍니다. 나머지도 같은 방법으로 위치시키고 줄여줍니다.

자막 이름	시간
자막4	4;15
자막5	5;00
자막6	6;15

TIP : 한 글자를 표현하는 시간은 15프레임이라고 생각하고 작업하면 됩니다.

15. [Project] 패널에서 '자막6'을 선택하고 [V2] 트랙으로 이동시킵니다. [Effects] 패널을 선택하고 검색란에 'luma corrector'을 입력하여 이펙트를 찾고 두 번째로 드래그한 '자막6'에 적용합니다.

> **T I P** ： [Luma Corrector]의 이펙트는 글자가 빤짝거리는 효과를 위해 사용합니다.

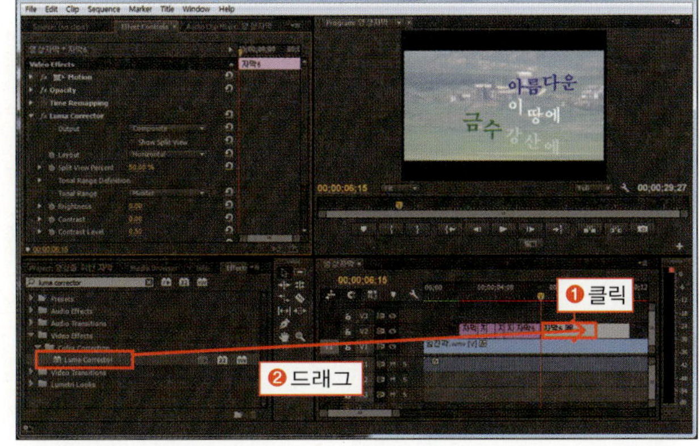

16. [Luma Corrector] 이펙트의 [Brightness]에서 [Toggle animation]을 클릭하여 키프레임을 생성합니다.

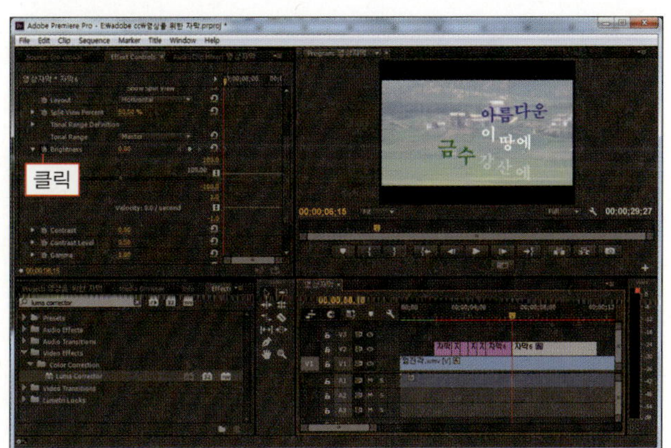

17. 타임코드를 '7;00'으로 설정하고 [Brightness]를 '-100'으로 설정합니다.

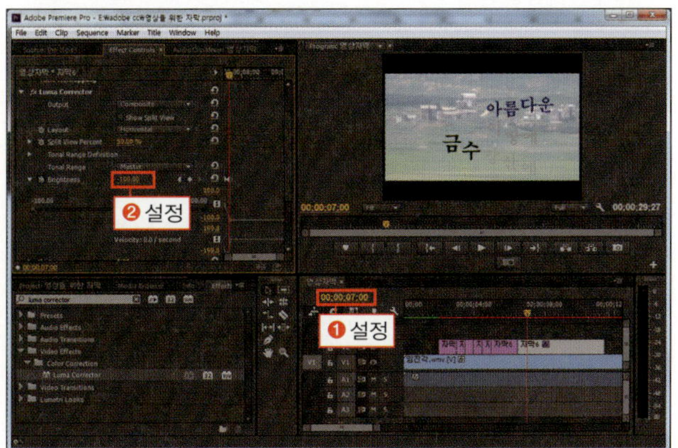

18. 같은 방법으로 다음과 같이 완성합니다.

시간	Brightness
7:00	-100
7:15	0
8:00	100
8:15	0

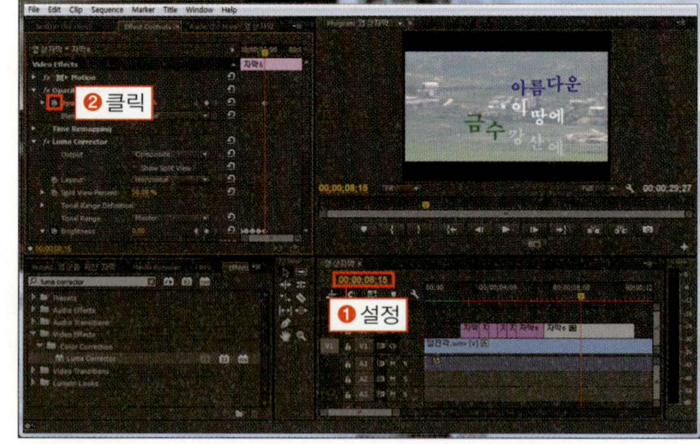

19. 타임코드를 '8:15'로 설정하고 [Effect Controls] 패널의 [Opacity]에서 [Toggle animation]을 클릭하여 키프레임을 만듭니다.

> **문제해결** 자막은 8:15부터 사라지게 해야 하므로 꼭 여기에 키프레임을 설정해야 합니다.

20. 타임코드를 '9.00'으로 설정하고 [Opacity]에 '0'을 입력하여 보이지 않도록 합니다. [V2] 트랙의 두 번째 '자막6' 클립 크기를 9초에 맞게 줄여 줍니다.

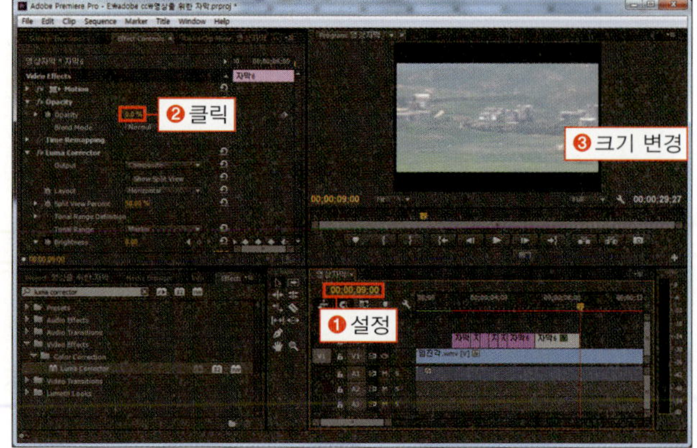

21. [Project] 패널에서 [New item]–[Title]을 클릭하여 자막을 생성하고 이름을 '자막7'로 만듭니다. 그리고 화면 중앙 상단에 '단군할아버지가'라고 입력합니다.

22. 새로운 타이틀 창에서 전체 블록을 지정하고 크기는 '30', 글꼴은 'HY견명조', 색상은 '흰색'을 설정합니다.

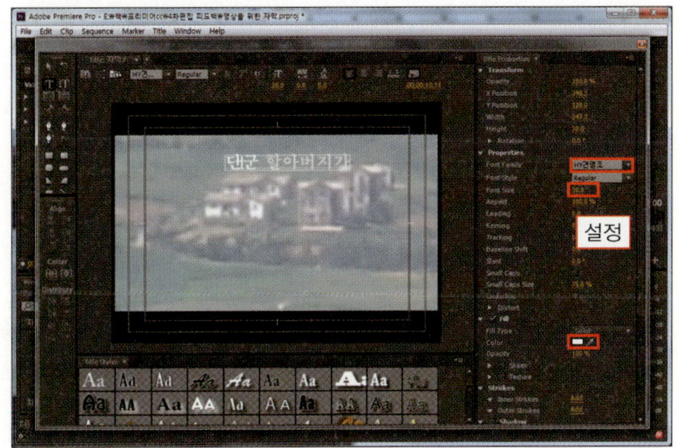

23. 내용에서 '단군'을 블록으로 설정하고 글꼴은 'HY견고딕', 크기는 '40', 색상은 '노란색'으로 설정합니다.

24. [New title based on Current Title] 단추를 클릭하여 새로운 타이틀 창을 만들고 '자막8'을 입력합니다. 글자 바로 아래에 '터잡으시고'를 입력하고 글꼴은 'HY견명조', 크기는 '30', 색상은 '흰색', 투명도는 '50%'로 변경합니다.

25. [New title based on Current Title] 단추를 클릭하여 새로운 타이틀 창을 만들고 '자막9'를 입력합니다. [Type Tool]을 이용하여 그림과 같이 '홍익인간', '뜻으로 나라세우니'를 입력합니다. '홍익인간'만 선택하고 색상을 '파란색'으로 변경합니다.

26. [New title based on Current Title] 단추를 클릭하여 새로운 타이틀 창을 만들고 '자막10'을 입력합니다. 글자 하단에 바로 '대대손손 훌륭한 인물도 많아'를 입력하고 색상을 '흰색', 투명도는 '50%'로 변경합니다. '대대손손'과 '인물도'만 블록으로 지정한 다음 투명도를 '100%'로 변경합니다.

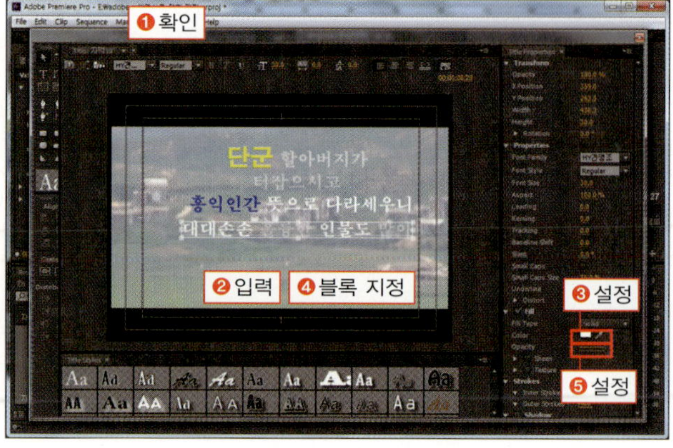

27. 타이틀 창을 닫고 [V2] 트랙의 9초에 '자막7'
을 드래그하여 입력하고 타임코드는 '11.00'로 설
정한 후 자막을 시간에 맞게 줄여줍니다. [Effects]
패널의 검색란에 'Slide'을 넣어 트랜지션을 찾아
'자막7'의 인 점(가장 앞에 있는 프레임)에 맞추어
드래그합니다.

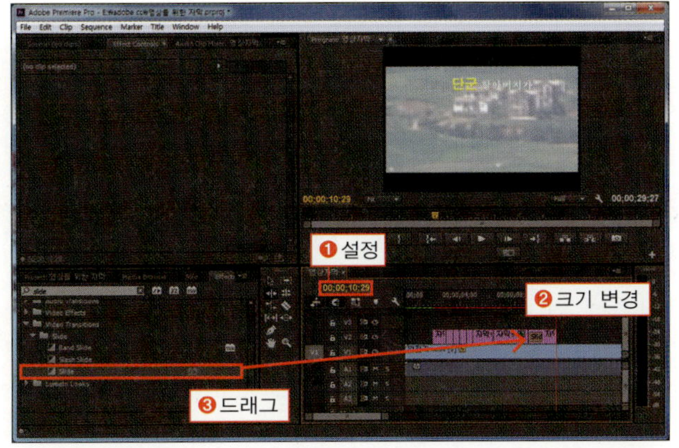

28. [V2] 트랙의 11초에 '자막8'을 드래그하여 넣
고 타임코드에 '12.00'을 입력해 이동한 다음 자막
을 시간에 맞추어 줄여줍니다.

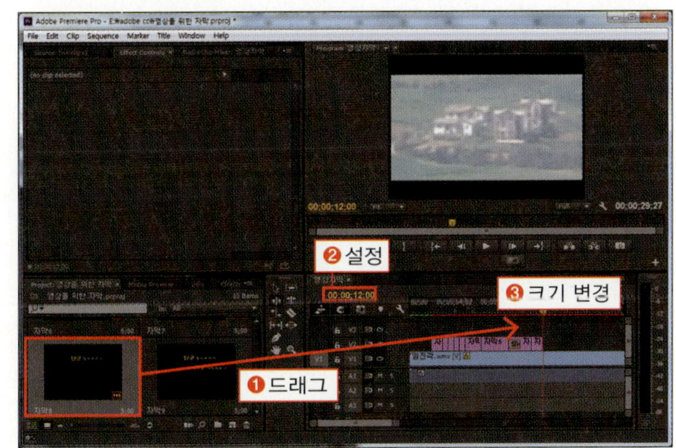

29. 12초에 맞추어 [V3] 트랙에 '자막9'을 드래그
하여 줍니다. 그리고 [Project] 패널의 [New item]–
[Color Matte]를 선택합니다.

30. [New Color Matte] 창이 나타나면 [OK] 단추를 클릭하고 [흰색]을 선택한 다음 이름으로 '글자배경'을 입력하고 [OK] 단추를 클릭합니다. [Project] 패널에 클립이 생성되면 [V2] 트랙의 12초에 맞추어 드래그합니다.

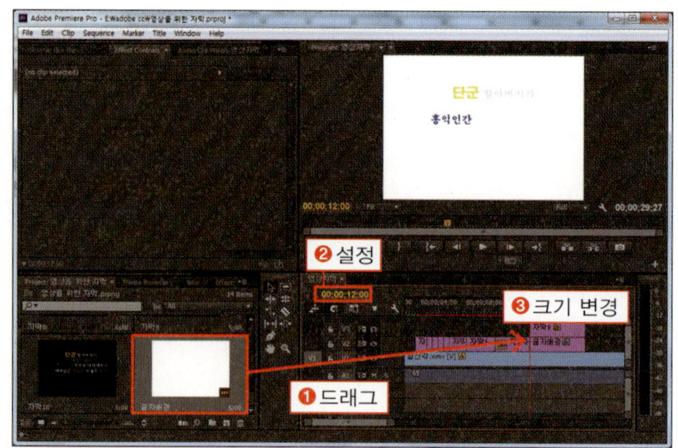

31. '글자배경' 클립을 선택하고 [Motion]을 클릭한 다음 [Scale Width]의 [Uniform Scale]을 클릭하여 체크 해제하고 [Program] 패널의 선을 이용하여 크기를 '홍익인간' 만큼 줄여줍니다.

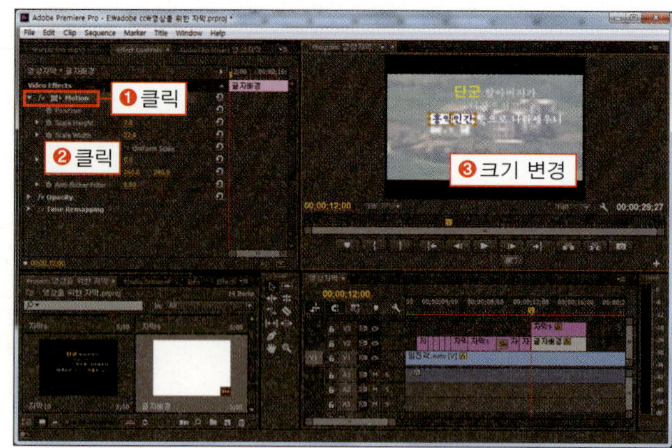

32. [Effects] 패널로 이동한 다음 검색란에 'wipe'를 입력하고 트랜지션을 찾아서 '글자배경' 클립의 앞에 위치시킵니다. [Wipe] 트랜지션을 클릭하면 [Effect Controls] 패널에 나타나는데 [End]를 '50'으로 변경합니다.

TIP : [Wipe] 트랜지션의 [End]를 '50'으로 줄여주면 글자배경이 나타나는 속도가 줄어들어 보다 효과적으로 표현할 수 있습니다.

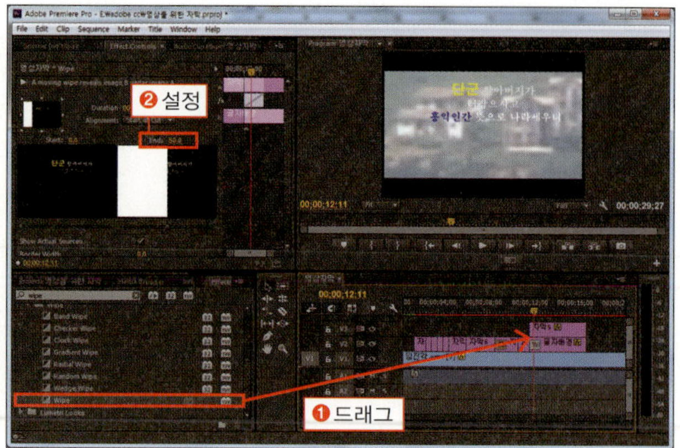

33. 타임코드에 '13.15'를 입력하여 이동하고 [V2] 트랙의 '자막9' 크기를 줄여줍니다. 바로 [Project] 패널에 있는 '자막10'을 [V3] 트랙의 '자막9' 클립 옆에 붙여줍니다.

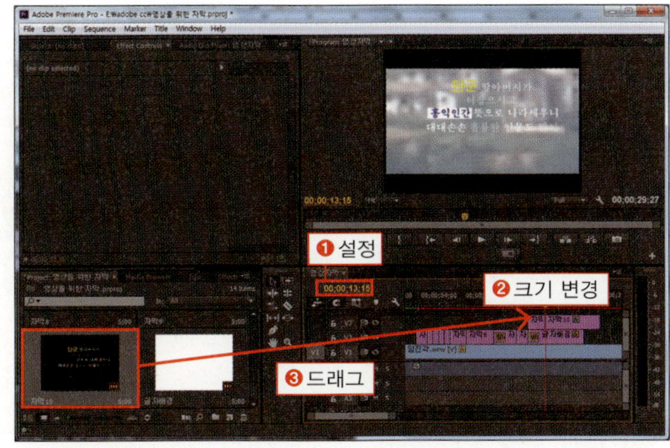

34. 타임코드에 '15.00'을 입력하고 '자막10'과 '글자배경'을 시간에 맞게 줄여줍니다.

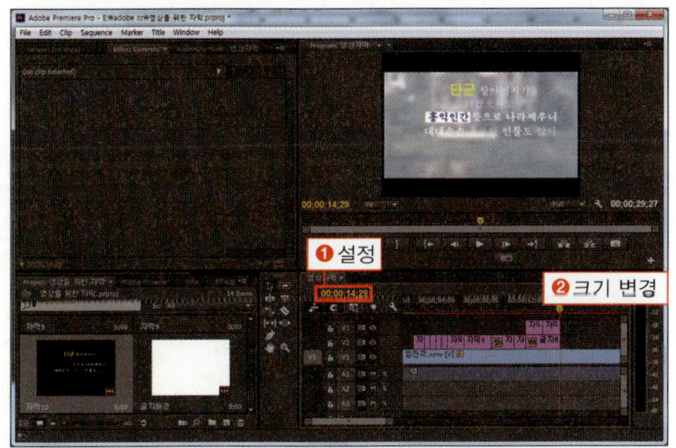

35. 15초에서 [V1] 트랙의 '임진각'을 선택하고 Ctrl + K 를 눌러 자릅니다. [Project] 패널의 '하늘과 바다'를 [V2] 트랙으로 이동시킵니다.

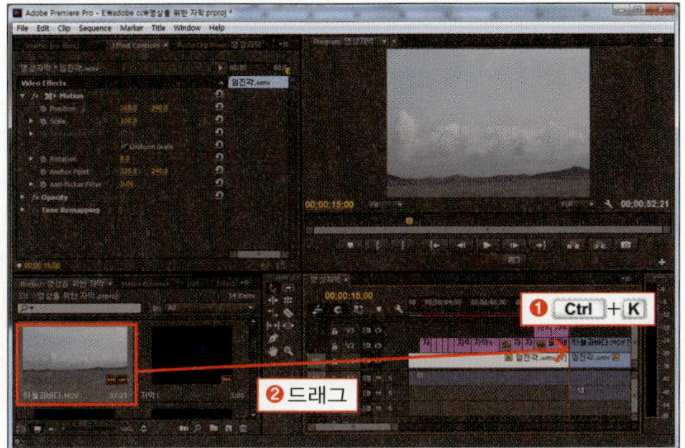

36. 먼저 '하늘과 바다' 클립을 선택하고 [Effect Controls] 패널의 [Position]에서 x, y 값을 (520, 240)으로 조정하고 [Uniform Scale]의 체크를 해제한 후 [Height]에 '50', [Width]에 '25'를 입력합니다.

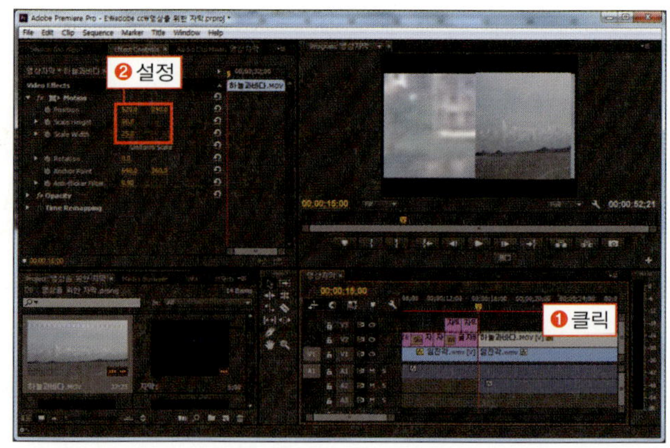

37. 같은 방법으로 '임진각' 클립을 선택하고 [Effect Controls] 패널의 [Position]에서 x, y값을 (180, 240)으로 설정하고 [Uniform Scale]의 체크를 해제한 후 [Height]에 '100', [Width]에 '50'을 입력합니다.

TIP : 두 개의 영상을 반으로 나누기 위한 작업입니다. 영상의 크기가 같지 않은 경우가 많으니 클립을 선택하고 [Motion]을 클릭한 다음 [Program] 패널에서 직접 조정하는 것이 가장 좋습니다.

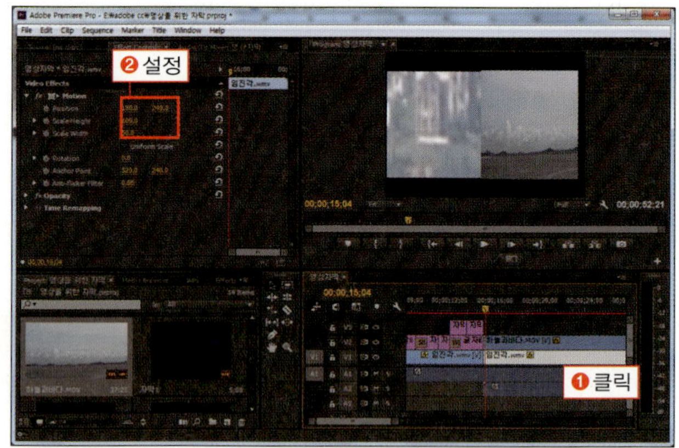

38. [Project] 패널의 [New item]—[Title]을 클릭하여 타이틀을 만들고 이름을 '자막11'로 설정합니다. [Vertical Type Tool]을 클릭하고 좌우 경계선 근처에 '역사는'을 입력합니다.

39. 글꼴은 'HY견명조'로, 크기는 '50'으로 변경합니다. [Kerning]에 '15'를 입력하여 간격을 벌려줍니다.

40. [New title based on Current Title] 단추를 클릭하여 새로운 타이틀 창을 만들고 '자막12'를 입력합니다. [Vertical Type Tool]을 클릭하고 좌우 경계선 근처에 '흐른다'라고 입력한 후 [Kerning]을 '15'로 설정합니다.

41. 타이틀 창을 닫습니다. 타임코드를 '15.01'로 설정하고 '자막11'을 [V3] 트랙으로 이동킵니다. 다시 타임코드를 '18.00'으로 변경합니다. 클립은 시간에 맞추어 줄여줍니다.

> **TIP :** 시작 시간을 '15.01'로 하는 이유는 바로 옆에 붙여 놓을 경우 나중에 트랜지션 효과를 적용할 때 앞에 있는 클립이 같이 영향을 주기 때문입니다. 여기서는 '자막11'에만 효과를 주려고 합니다.

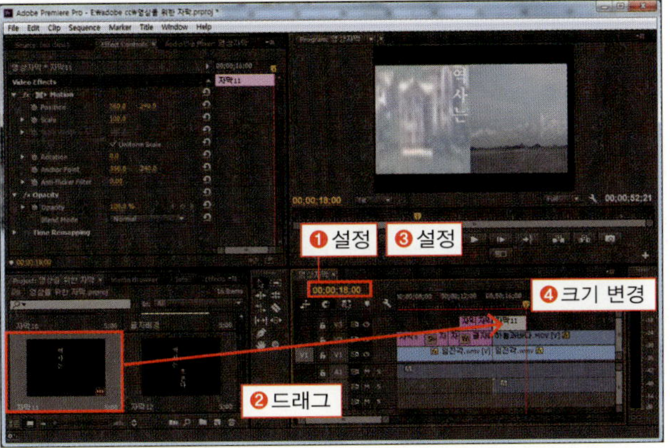

42. [Effects] 패널에서 [Wipe] 트랜지션을 찾아 '자막11'에 적용합니다. [Wipe] 트랜지션을 클릭하고 [Effect Controls] 패널에서 [Duration]을 '3.00'로 변경하고 왼쪽 실행 방법은 'North to South'를 선택하여 위에서 아래로 적용되도록 합니다.

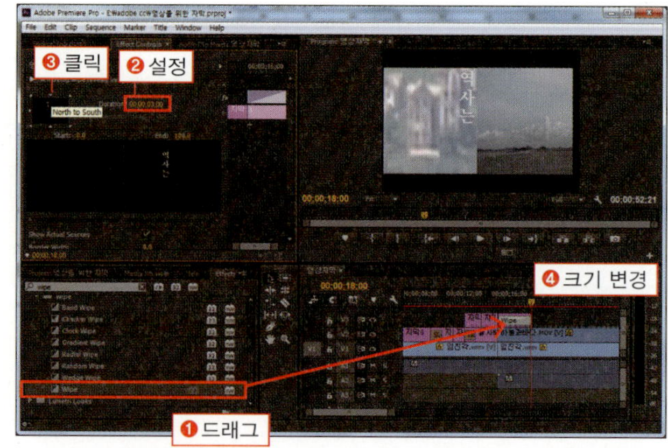

43. 타임코드를 '18.01'로 설정하고 '자막12'를 [V3] 트랙으로 이동시킵니다. 다시 타임코드를 '21.00'으로 설정한 후 클립은 시간에 맞추어 줄여 줍니다.

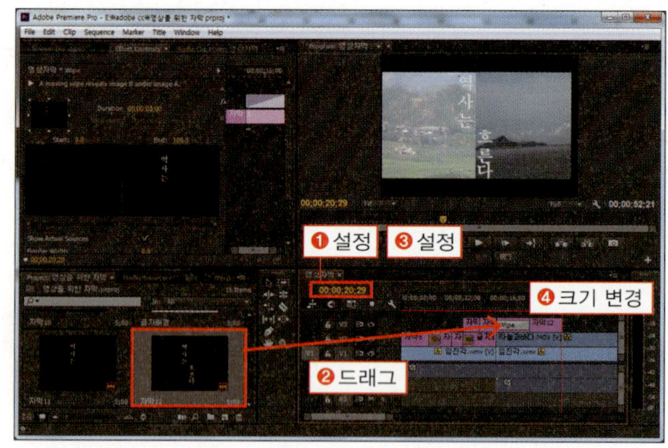

44. [Effects] 패널에서 [Wipe] 트랜지션을 찾아 '자막12'에 적용합니다. [Wipe] 트랜지션을 클릭하여 [Effect Controls] 패널에서 [Duration]을 '3.00'으로 변경하고 왼쪽 실행 방법은 'North to South'를 선택하여 위에서 아래로 적용되도록 합니다. 또한, 보다 빠른 처리를 위해 [Start]를 '50'으로 변경합니다.

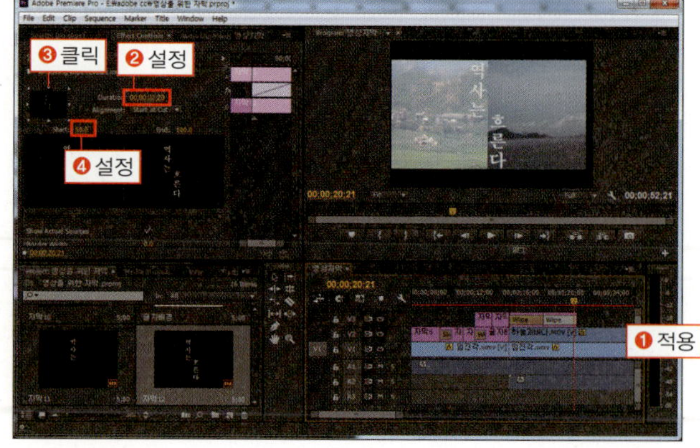

45. 영상의 오디오 클립들은 모두 삭제합니다.
Enter 를 눌러 랜더링을 시작합니다.

TIP : 여러분이 가지고 있는 음악 파일을 오디오에 적절한 크기로 넣어서 같이 랜더링하거나 '한국을 빛낸 100명의 위인들' 음악 파일이 있다면 가장 좋습니다. 단, 싱커를 맞지 않으니 경음악으로 해주세요.

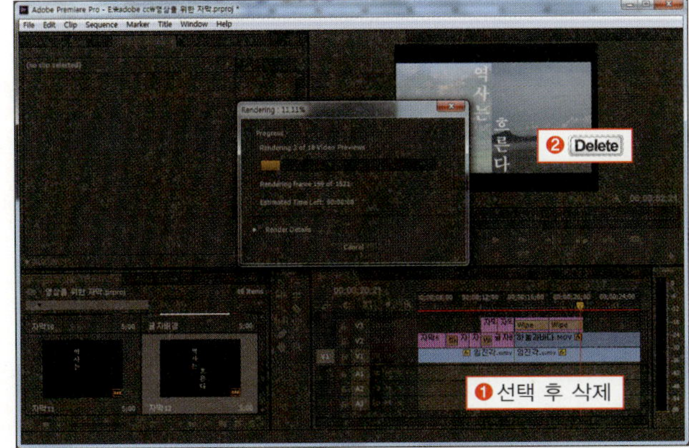

46. 21초에 뒤에 있는 영상 파일을 삭제합니다. 클립을 선택하고 Ctrl + K 를 눌러 삭제한 다음 Delete 로 모두 삭제합니다.

47. 동영상을 추출하기 위해 [File]-[Export]-[Media] 메뉴를 클릭하고 [Export Settings] 창이 나타나면 [Format]을 'H.264'로 변경합니다. 하단의 [Export] 단추를 클릭하여 추출하고 결과를 확인합니다.

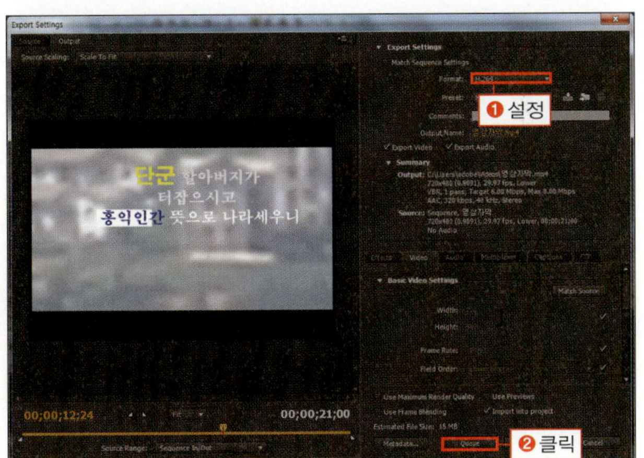

01 다음 조건에 맞게 프로젝트를 완성하시오.

예제 파일 : PART6₩PART6-문제.proproj   완성 파일 : PART6₩PART6-결과.proproj
추출 파일 : PART6₩여행.mp4

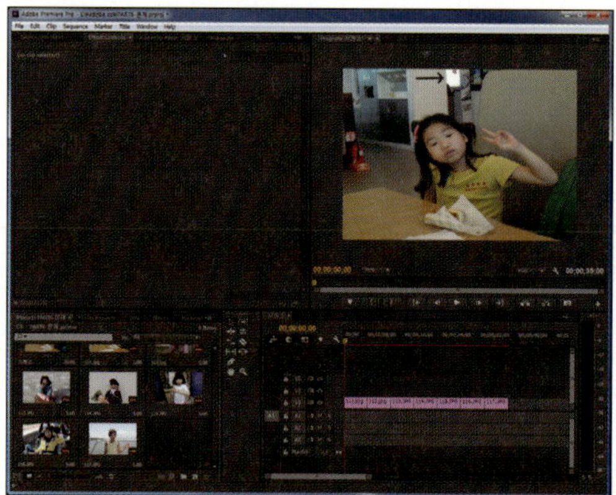 

HINT

❶ 클립 편집하기
- [Program] 패널의 미리 보기 화면을 75%로 변경합니다.
- [111] 클립의 [Scale]을 이용하여 0초에는 100을, 5초에는 150을 지정
- [112] 클립의 [Scale]을 이용하여 5초에는 100을, 10초에는 90을 지정
- [113] 클립의 [Position]을 이용하여 10초에는 (360,240)을, 15초에는 (360,220)을 지정
- [114] 클립의 [Position]을 이용하여 15초에는 (360,240)을, 20초에는 (360,260)을 지정
- [115] 클립의 [Position]을 이용하여 20초에는 (360,240)을, 25초에는 (340,240)을 지정
- [116] 클립의 [Position]을 이용하여 25초에는 (360,240)을, 30초에는 (380,240)을 지정

❷ 자막 설정하기
- 자막1을 만들고 내용은 '추억의 시작', 크기는 70, 글자체는 '양재난초체M', 색상은 파란색으로 지정
- 자막2를 만들고 내용은 '푸르른 바다', 크기는 70, 글자체는 '양재난초체M', 색상은 주황색으로 지정
- 자막3을 만들고 내용은 '즐거운 겨울', 크기는 70, 글자체는 '양재난초체M', 색상은 빨간색으로 지정
- 자막4를 만들고 내용은 '졸업...', 크기는 70, 글자체는 '양재난초체M', 색상은 흰색으로 지정
- 자막5를 만들고 내용은 '귀여운 타투?', 크기는 70, 글자체는 '양재난초체M', 색상은 주황색으로 지정
- 자막6을 만들고 내용은 '기차여행..', 크기는 70, 글자체는 '양재난초체M', 색상은 보라색으로 지정
- [V2] 트랙에 순서대로 배열하기

❸ 마무리 작업
- [A1] 트랙에 오디오 클립을 배치하고 크기에 맞게 자르기
- [V1] 트랙에 모든 비디오 클립과 비디오 클립사이에 [Cross Dissolve] 효과를 적용하기
- [117] 클립의 33초에서 잘라냅니다. 잘려진 뒤의 클립은 [V2] 트랙으로 이동하기
- 모든 [117] 클립 마지막에 'Swing In' 트랜지션을 적용하기
- [V1] 트랙의 트랜지션을 선택하고 2초로 늘려주고 시작 값은 0, 마지막 값은 50으로 변경, [Reverse]에 체크하기
- [V2] 트랙의 트랜지션을 선택하고 2초로 늘려주고 시작 값은 50, 마지막 값은 50으로 변경, [Reverse]에 체크하기
- 자막7을 만들고 내용은 '여행은 즐거움의 시작', 글꼴은 '양재깨비체B', 글자크기 '80', 줄간격 '40', 글자는 노란색으로 지정하기
- 자막을 [Roll] 형태로 변경하고 [Start Off Screen]을 체크하기
- [V3] 트랙의 33초~35초 사이에 배치하기

❹ 추출하기
- 추출 영상 파일명 : 여행
- 영상 포맷 : MP4

프리미어 프로 CC
더 쉽게 배우기

1판 1쇄 발행 2015년 04월 03일
1판 3쇄 발행 2018년 03월 20일

저   자 | 이정휘
발 행 인 | 김길수
발 행 처 | 영진닷컴
주   소 | (우)08505 서울 금천구 가산디지털2로 123 월드메르디앙
             벤처센터 2차 10층 1016호
등   록 | 2007. 4. 27. 제16-4189

©2015., 2018. (주)영진닷컴

ISBN | 978-89-314-4812-2

이 책에 실린 내용의 무단 전재 및 무단 복제를 금합니다.

도서문의처 | http://www.youngjin.com

YoungJin.com Y.
영진닷컴